제2판

파생금융상품론

장경천 · 정헌용

탑북스

머 리 말

전 세계적으로 자본시장의 규제 완화, 정보통신기술의 발전, 자본의 국제적 이동이 진전되면서 금융의 글로벌화가 급속히 전개되고 있다. 글로벌화는 많은 이점을 가져 오지만 동시에 큰 리스크도 동반한다. 이에 따라 한 나라의 자산가격의 변동이 다른 나라의 자산가격의 변동을 초래하는 등 글로벌 금융위기도 초래되고 있다. 한국거래소는 해외시장에서의 위험을 헤지할 수 있도록 해외거래소와 연계해 글로벌 야간시장을 개설, 운영하고 있다. 2009년 11월에는 미국의 시카고상품거래소(CME)와 연계해 코스피200선물 야간시장을 개설했고, 2010년 8월에는 유럽의 최대 파생상품거래소인 유렉스(Eurex)에 코스피200옵션에 대한 연계상품시장을 개설했다.

글로벌 파생상품시장은 그 규모와 영역이 크게 확대되면서 급성장하고 있다. 우리나라는 파생상품시장의 역사는 길지는 않지만 이미 주가지수선물과 옵션시장에서 가장 크게 성장한 시장이 되었다. 이제 파생상품시장은 위험관리에 필수적인 시장으로 자리 잡아가고 있다. 이 책은 파생상품에 대한 기본 원리를 접하고자 하는 학생과 파생상품 투자를 위한 기본 지식을 필요로 하는 개인 또는 자본시장 종사자들을 위한 파생상품 기본서로 활용될 수 있도록 평이하게 집필하였다. 부족한 부분은 독자들의 질타와 고견을 들어 계속 수정, 보완하고자 한다.

이 책은 총 15장으로 구성되어 있다. 1장부터 4장까지는 파생상품의 개요(선물계약의 특성, 파생상품시장의 경제적 기능), 파생상품의 주문과 거래(증거금과 일일정산, 주문의 형태, 시장안정제도), 파생상품의 가격결정(파생상품가격과 현물가격의 관계, 보유비용모형) 및 파생상품의 거래유형(헤지거래, 투기적 거래, 차익거래, 스프레드 거래 및 거래전략) 등 파생상품의 기본적인 개념과 투자전략을 소개하였다. 5장부터 7장까지는 주가지수선물(주가지수선물의 위험관리, 프로그램매매), 금리선물(T-bill 선물, 유로달러 정기예금 선물, T-bond 선물), 통화선물(선물환 거래, 통화선물거래, 통화선물의 활용) 및 상품선물(상품선물의 가격결정, 상품선물의 활용) 등 개별 기초자산별로 각 선물들을 체계적으로 다루었다. 9장부터 12장까지는 옵션의 개요(금융옵션의 종류와 구조), 옵션가격의 결정요인과 민감도(풋-콜 패리티, 옵션가격결정 민감도), 옵션의 가격결정(이항모형과 블랙-숄즈 옵션가격결정모형), 옵션의 거래전략(옵션거래의 유형, 거래전략), 선물옵션(선물옵션의 가격결정, 선물옵션의 거래 및 투자전략) 등 옵션에 대해 다루었고, 14장과 15장에서는 최근 폭발적인 성장을 보이고 있는 스왑(스왑거래의 개요, 금리스왑, 통화스왑, 스왑계약의 활용) 및 파생상품과 관련된 위험관리(파생상품과 금융공학, 파생상품의 위험관리, VaR)에 대해 다루었다.

이 책이 파생금융상품에 대한 기본적인 지식을 구축하는데 일조하기를 기대한다. 본서는 대학생들과 금융실무자들이 알아야 할 핵심적인 개념을 위주로 이해하기 쉽게 기술하고자 노력하였다. 파생상품 분야에서 다루어야 할 기본적인 개념을 망라하였으며 알기 쉬운 예제를 곁들여 풀이하였다. 또한 금융관련 자격증을 준비하는 수험생들에게는 파생상품의 개념을 이해하는 기본교재로서의 역할을 할 것으로 기대한다. 이 책의 완성에 도움을 준 탑북스 관계자분들에게 감사를 표하며, 특히 언제나 힘이 되어주는 가족에게 고마움과 감사를 전한다.

2013년 7월

저자 씀

차 례

제1장 파생상품의 개요

제2장 파생상품의 주문과 거래

제3장 파생상품의 가격결정

제4장 파생상품의 거래유형

제5장 주가지수선물

제6장 금리선물

제7장 통화선물

제8장 상품선물

제9장 옵션의 개요

제10장 옵션가격의 결정요인과 민감도

제11장 옵션의 가격결정

제12장 옵션거래전략

제13장 선물옵션

제14장 스왑거래

제15장 파생상품과 위험관리

제1장 파생상품의 개요

제1장 파생상품의 개요

증시 변동성 커지니…야간시장 다시 '북적'

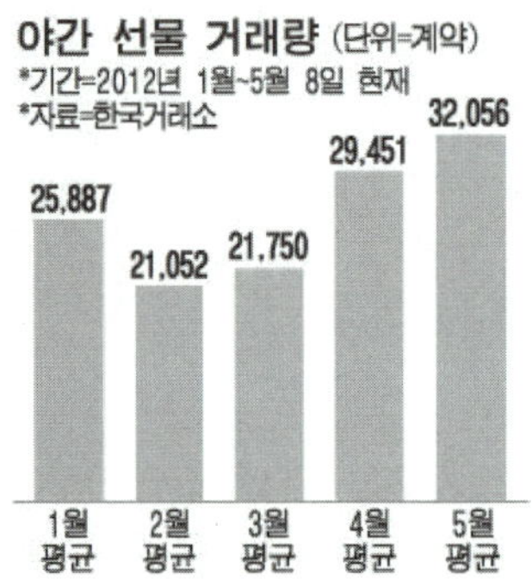

지난 8일 시카고상업거래소(CME) 연계 코스피200 야간 선물 거래량은 5만1930계약을 기록해 2009년 11월 개장 이후 사상 최고치를 기록했다. 야간 옵션 시장 거래량도 최고치를 경신했다. 8일 유럽선물거래소(EUREX) 연계 야간 옵션 거래량은 52만 5781계약이 거래돼 지난해 11월 9일 최대치였던 38만7935계약을 38%(14만계약) 웃도는 기록을 세웠다. *(매일경제, 2012. 5. 9)*

1. 선도계약

선도계약(forward contract)은 일정한 시점에서 특정한 상품에 대한 매매계약을 맺고 상당 기간이 경과한 후에 최초의 계약조건대로 상품의 인수도를 행하는 것이다. 상품의 인수도가 행하여질 때 지급되는 상품의 가격은 최초계약 당시에 결정이 된다. 이에 비하여 우리 주위에서 흔히 볼 수 있는 거래의 형태인 현물거래(spot or cash transaction)는 현재시점에서 계약과 동시에 상품의 인수도와 대금의 결제가 이루어지는 거래를 의미한다.

선도거래의 한 형태라고 할 수 있는 '밭떼기' 거래[1]는 우리 농촌에서 흔히

그림 1-1

선도계약

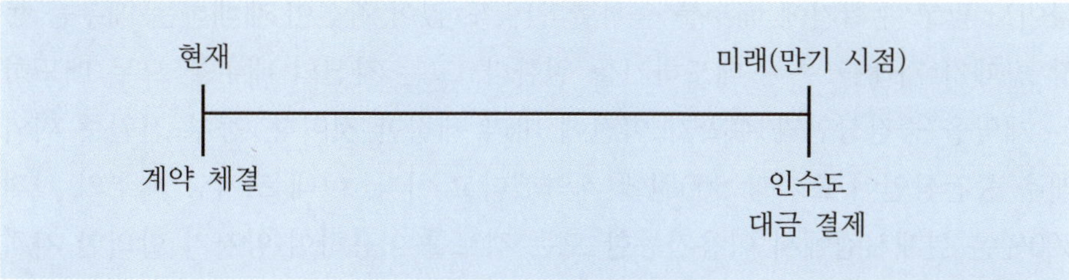

그림 1-2

밭떼기 거래의 손익

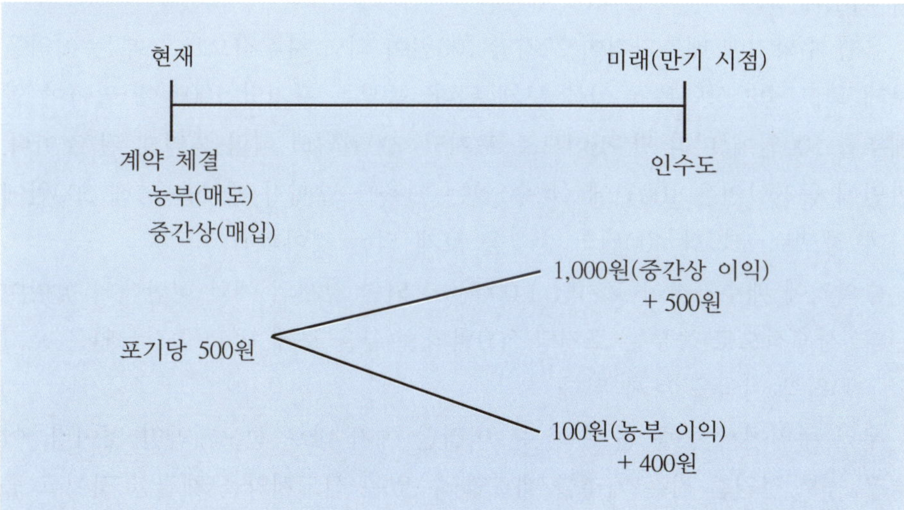

1) 밭작물을 밭에 나 있는 채로 몽땅 사고파는 거래를 말하며, 밭떼기 거래 상품은 단기간에 수확해서 출하하는 품목들이 주류를 이룬다. 인력 확보나 출하시기를 맞추기 어려운 농촌에서는 손해를 보더라도 손쉽게 대규모 농산물을 판매할 수 있는 밭떼기를 선호하는 경향이 있다. 밭떼기 거래는 70% 이상이 구두계약에 의존하고 있어 거래의 이행이 보장되지 않는 경우가 많다.

볼 수 있는 거래의 하나이다. 다음과 같은 예를 들어 보자. 배추를 재배하는 농부 전원준 씨는 작년처럼 배추가격이 폭락할 것을 두려워하고 있다. 그는 나이도 많고 수확기에 배추를 출하할 인력도 없어 자신이 재배하는 배추를 몽땅 밭떼기 거래를 통해 매도하기를 원한다. 그는 자신의 배추를 모두 매도하는 계약을 중간상인과 수확기 이전에 미리 체결한 것이다. 농부 전원준 씨와 배추 중간상인이 포기당 500원에 계약했다고 하자. 이때 포기당 배추의 가격 500원은 현재시점에서 이용가능한 모든 정보를 이용하여 양자가 합의한 가격인 것이다. 즉, 현재의 배추 재배면적 및 작황, 기후조건 등 배추 수확에 미치는 모든 요인들을 고려하여 미래시점인 수확기의 배추가격을 현재시점에서 결정한 것이다.

이제 수확기에 배추의 가격이 100원이 된 경우와 1,000원이 된 경우를 각각 가정해 보자.

우선 수확기에 배추가격이 포기당 100원이 되면 사후적으로 농부는 이익을 보게 되고 중간상인은 손실을 보게 된다. 농부는 포기당 100원에 팔아야 할 배추를 500원에 미리 판 것이므로 포기당 400원씩의 이익을 얻게 된 것이다. 반면에 중간상인은 100원에 살 수 있는 배추를 밭떼기 계약을 통해 500원에 사야 하므로 포기당 400원의 손실을 보게 되는 것이다.

수확기에 배추가격이 포기당 1,000원이 되면 앞서의 예와 정반대의 상황이 된다. 사후적으로 농부는 포기당 500원의 손실을 보게 되고 중간상인은 포기당 500원의 이익을 보게 된다.

우리 주위에서 종종 볼 수 있는 이러한 예가 바로 선도계약인 것이다. 이 경우 농부 전원준 씨는 배추를 매도할 수 있는 선도계약을 체결한 것이고 중간상인은 배추를 매입할 수 있는 선도계약을 체결한 것이다.[2)]

위의 예가 선도계약의 기본적 내용을 다 포함하고 있다. 경우에 따라서는 농부 전원준 씨가 중간상인으로부터 배추 대금의 일부를 계약금으로 미리 받아둘 수도 있지만 선도거래의 기본적 내용에는 변함이 없다. 즉 전원준 씨와

---

2) 전원준씨와 중간상인의 계약은 서로간의 신뢰를 기초로 한 것으로 배추의 수확기에 틀림없이 배추와 현금이 교환되어야 한다. 이때 전원준씨는 매도포지션(short position)을 취했다 하고, 중간상인은 매입포지션(long position)을 취했다고 한다.

중간상인은 특정상품(배추)을 상당기간 경과 후(계약시점부터 수확기까지) 약속된 가격(포기당 500원)에 사고 팔기로 계약을 맺은 것이다. 배추 수확기에 실제로 밭 전체의 배추와 포기당 500원의 배추대금이 교환되면 이 선도거래는 끝나는 것이다. 이 선도계약을 맺음으로써 전원준 씨는 배추의 수확기에 미리 정한 가격 500원으로 틀림없이 배추를 팔 수 있게 되고, 중간상인은 수확기에 가격이 폭등할지도 모르는 배추를 정해진 가격에 확실히 살 수 있게 되는 것이다.

위의 예에서 볼 수 있듯이 선도계약은 비교적 단순하면서도 미래의 불확실성을 제거시켜줄 수 있다는 유용성때문에 상당히 오랜 역사를 가지고 있다. 선도계약의 기원을 고대 로마나 그리스 시대에서 찾는 이들도 있고 인도에서 시작되었다고 하는 이들도 있으며, 본격적인 거래는 미국이나 일본이라고 주장하는 이들도 있다.[3)]

이러한 선도계약은 우리의 일상생활에서 뿐만 아니라 국제간의 외환거래나 기업간의 신용거래에서도 자주 나타난다. 특히 외국통화를 미리 정해 논 교환비율로 일정기간 경과 후에 자국의 통화와 교환하는 등의 거래는 오늘날 매우 중요한 위치를 점하고 있다. 이제 다음과 같은 외환선도계약(foreign exchange forward)의 예를 들어보기로 하자.

예제 1-1

(주)남서울무역은 미국에 자동차부품을 수출하고 수출 대금100만 달러를 3개월 후에 받기로 하였다. 2012년 9월 10일 현재의 원달러 환율은 1,400원/달러이다. (주)남서울무역은 수출대금 100만 달러를 3개월 후인 12월 10일에 수령하여 그 당시의 원달러 환율로 달러를 원화로 환전할 수도 있고, 12월 10일 만기의 외환선도계약을 체결할 수도 있을 것이다. (주)남서울무역은 (주)중앙무역과 12월 10일 만기의 달러선도 매도계약을 1,500원/달러에 체결하였다고 하자.

3) 선물 및 선도계약의 역사적 기원에 대해서는 A.Loosigian의 Interest Rate Futures (Princeton, NJ: Dow Jones Books, Inc., 1980) 과 L. Venkataramanan의 The Theory of Futures Trading (New York: Asia Publishing House 1965)에 비교적 상세히 나와 있다.

수출대금을 수령하는 12월 10일의 원달러 환율이 1,400원인 경우와 1,650원인 경우의 손익은 다음과 같다.

포지션	환율별 손익	
	1,400원	1,650원
매입(중앙무역)	-1억 원	+1.5억 원
매도(남서울무역)	+1억 원	-1.5억 원
계	0	0

2. 선물계약의 특성

선물계약(futures contract)은 그 기본내용에 있어서 앞에서 예를 든 선도계약과 차이가 없다. 즉, 선물계약은 매매계약의 성립과 동시에 상품의 인도와 결제가 이루어지는 현물거래에 대응되는 개념으로서 **일정한 품질의 상품**을 **일정한 양** 만큼 **합의된 가격**으로 **미래의 특정한 날이나 기간**에 인도하거나 인도받는 계약을 뜻한다. 따라서 선물계약을 매도한 사람은 만기 시 대상자산 또는 기초자산(underlying asset)을 인도할 의무를 지게 되고 매수한 사람은 대상물을 인수하고 대금을 지불할 의무를 지게 된다. 이와 같은 인수·인도 의무는 계약 시부터 수도결제 완료 시까지 유효하지만 선물거래에서는 계약기간 중 언제라도 반대매매를 통한 인수·인도 의무의 해소를 제도적으로 인정하고 있어서 실물 인수도는 전체 거래량에 비하면 매우 적은 편이다.

이러한 선물거래는 거래대상 상품에 따라 농산물, 광산물 등의 상품을 대상으로 하는 상품선물거래(commodity futures transaction)와 금융자산을 대상으로 하는 금융선물거래(financial futures transaction)로 구분된다.

선물계약과 선도계약은 매우 유사한 성격을 지닌 계약이지만 양자간에는 일정한 차이가 있다. 선물계약이 선도계약과 구별되는 중요한 특성으로 다음의 4가지를 들 수 있다.

1. 조직화된 거래소(organized exchange)
2. 표준화된 계약조건(standardized contracts)
3. 청산소(clearing house)
4. 증거금과 일일정산(margin and daily settlement)

2.1 조직화된 거래소

선물계약과 선도계약을 구별 짓는 첫 번째 기준으로 조직화된 거래소의 유무를 들 수 있다. 앞에서 예로 든 배추 밭떼기 거래의 경우처럼 선도계약은 특정한 장소에서만 이루어지는 것이 아니고 어느 곳에서도 이루어질 수 있다. 농부의 집에서 이루어질 수도 있고, 중간상인의 사무실에서 이루어질 수도 있으며, 심지어는 커피숍에서 이루어질 수도 있다. 즉 계약을 맺고자하는 당사자들이 편하게 생각하는 곳이면 어느 곳에서도 선도계약을 체결할 수 있다.[4)]

이와는 반대로 선물계약은 항상 조직화된 거래소에서만 그 거래가 이루어진다. 즉, 일정한 장소에 선물거래를 위한 거래소를 만들고 그곳에서만 거래가 이루어지도록 하는 것이다. 이러한 선물거래소는 비영리단체로서 회원권을 가진 회원들에 의해 운영된다. 회원들은 거래소의 운영에 따른 규칙을 정하기도 하고 선물계약을 거래하기도 한다.

또한 선도거래에서는 계약당사자간의 합의에 의해 대상자산의 가격이 결정되는 데 반해 선물거래소에서 이루어지는 거래에서는 공개호가(open outcry) 방식에 의하여 가격이 결정된다. 공개호가에 의하여 가격을 결정함으로써 대상자산을 거래하려는 모든 사람들에게 가격정보를 제공해 주는 것이다.

2.2 표준화된 계약조건

선도거래와 선물거래의 또 다른 차이점의 하나는 표준화된 계약의 존재여

---

4) 모든 선도계약이 이처럼 아무 곳에서나 이루어지는 것은 아니고 외환 선도거래 같은 것은 은행이나 브로커 등을 통하여 전 세계적 네트워크를 이용하여 이루어진다. 중요한 것은 이러한 선도계약이 특정한 지역적 장소에 국한되어서 이루어지는 것은 아니라는 것이다.

부이다. 앞에서 예로 든 밭떼기 거래의 경우에서는 농부와 중간상인이 합의만 하면 어떤 종류의 거래대상도 거래될 수가 있으며 거래단위도 양 당사자가 합의하여 결정할 수 있다. 즉 거래대상 상품과 거래조건이 특정하게 표준화되어 있지 않다는 것이다. 또한 수확기에 배추를 인수도 하기로 약속하였지만 거래 당사자 일방이 약속을 지키지 않을 수도 있다. 더욱이 전원준 씨나 중간상인에게 약속된 계약이 틀림없이 이행되게끔 보장해주는 제도적 장치도 없는 것이다. 그러나 선물거래에서는 대상자산의 품질과 수량, 인수도 시점, 인수도 조건 및 선물계약의 거래시간 등이 사전에 결정되어 있다.

예를 들어, 한국거래소(KRX)에서 거래되는 KOSPI200 주가지수선물을 살펴보자.[5] KOSPI200 주가지수선물 1계약을 매입하고자 하는 투자자는 미리 정하여진 달, 즉 3월이나 6월, 9월, 12월에 만기가 되는 선물계약 중에서 선택하게 된다. 계약단위는 KOSPI200 주가지수에 거래단위 승수인 500,000원을 곱한 금액이다. 선물계약의 가격도 주어진 호가기준에 의하여 결정된다. 이와 같이 표준화된 계약조건에 의하여 선물거래를 하게끔 함으로써 선물거래에 참여하는 사람들은 모두 무슨 상품이 어떠한 조건으로 어떻게 거래되는가를 알 수 있게 되고 이것이 선물거래의 유동성을 촉진시켜주는 것이다.

2.3 청산소

선물거래에서 계약내용이 올바로 이행되는 것을 보장하기 위하여 선물거래소는 청산소(clearing house)를 설치하여 운영하고 있다. 청산소는 거래소와는 별도의 기관으로 설치될 수도 있고 거래소 기구의 일부분으로 설치될 수도 있다. 청산소의 기본목적은 계약을 매입 또는 매도한 투자자에게 그 계약이 틀림없이 이행될 것임을 보증하는데 있다.

---

5) KOSPI200 주가지수는 한국을 대표하는 주식 200개 종목의 시가총액을 지수화한 것이다. 이들의 시가총액이 1990년 1월 3일 기준으로 얼마나 변동되었는지를 나타내는 것으로, 증권거래소가 1994년 6월에 도입하였다. 연 1회 선물·옵션주가지수 운영위원회에서 정기심의를 거쳐 종목을 새로 구성하여 7월 1일부터 적용한다. 상장이 폐지되거나 관리종목으로 지정 또는 인수합병 등이 발생하면 대상에서 제외되고 미리 정해진 순서에 따라 새 종목이 자동으로 합류된다.

그림 1-3

청산소의 역할

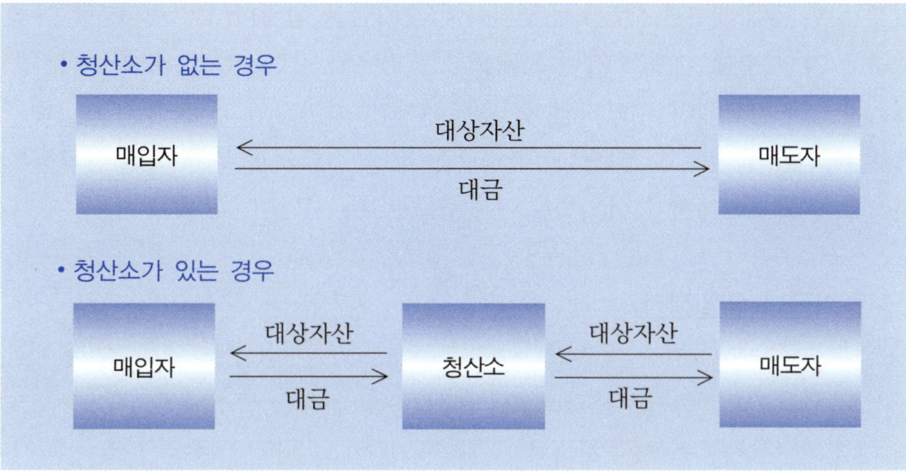

두 사람의 투자자가 각기 선물계약을 사고팔았을 경우 청산소가 이 두 사람 사이에 개입하여 사고파는 하나의 거래를 두 개의 거래로 분리하는 것이다. 즉, 선물계약을 매입한 사람에게는 청산소가 계약을 매도한 것으로 처리하고 선물계약을 매도한 사람에게는 청산소가 매입한 것으로 처리한다. 따라서 선물계약을 매입(매도)한 사람은 실제로 선물계약을 매도(매입)한 사람이 누구든지 관계없이 청산소에게 그 계약의 이행을 요구할 수 있는 것이다. 이 경우 청산소는 아무런 위험도 부담하지 않는다. 즉 청산소는 선물계약을 매도한 사람에게서 해당 상품을 받아(매입자의 역할) 이것을 계약을 매입한 사람에게 전달하고(매도자의 역할) 대금을 받아 다시 원래의 매도자에게 전달하기만 하면 된다. 이 상황을 그림으로 그려보면 다음과 같다.

그러나 선도거래에서는 위의 청산소가 없는 경우처럼 상품의 매입을 원하는 자와 매도를 원하는 자가 직접적으로 연결되므로 거래의 이행을 확실히 하기 위해서는 거래 상대방에 대한 철저한 신용조사가 필요한 반면, 선물거래에서는 청산소가 중간에 개입함으로 거래상대방의 신원파악은 물론 신용조사의 필요도 발생하지 않는다.

선물거래를 선도거래와 구분하여 주는 또 다른 요인으로 증거금과 일일정산을 들 수 있다. 선물계약을 매입 또는 매도하는 사람은 누구나 선물거래 개시를 위한 계좌개설을 한 후 선물회사에 증거금을 납입하여야 한다. 물론 전원준 씨가 배추를 밭떼기 거래로 매도하는 경우와 같은 선도거래에 있어서도 매입자인 중간상인이 매도자인 전원준 씨에게 얼마간의 금액(선금 또는 계약금)을 미리 지급할 수도 있으나 이 경우는 배추 대금의 일부를 미리 선납하는 것으로 선물거래에서 이야기되는 증거금과는 그 성격이 다르다.

2.4 증거금과 일일정산

선물거래에서의 증거금은 계약의 이행보증을 위해 청산소에 항상 예금으로서 유지해야 하는 금액인 것이다.

증거금의 액수는 계약에 따라 또는 계약을 중개하는 중개인에 따라 달라질 수 있으며 증거금은 현금, 은행 신용장, 국채 등으로 납입할 수 있다. 선물거래를 시작할 때에 납입하는 증거금을 개시증거금(initial margin)이라 하며, 그 액수는 거래하고자 하는 선물의 일일최대 가격변동폭 정도로서 대개 대상이 되는 선물가치의 10% 수준에서 결정된다.

개시증거금을 예치하고 매입 또는 매도 포지션을 설정한 고객은 보유하고 있는 선물포지션의 가격이 변동될 때마다 증거금을 조정하게 되는데, 이때 거래소에서 정한 최소한의 증거금은 계속 유지해야 한다. 이와 같이 고객계좌의 보유 포지션에 대한 가격변동에 따라 유지해야 하는 최저수준의 증거금을 유지증거금(maintenance margin)이라 하며 대개 최초증거금의 70% 수준에서 결정된다. 또한 매일 매일의 선물가격의 변동에 따라서 투자자의 증거금 수준을 변동시키는 것을 일일정산(daily settlement, 혹은 marking to market)이라 한다. 다음의 예를 살펴보자.

예제 1-2

어느 투자자가 5월 1일 현재 9월에 만기가 되는 KOSPI200 주가지수선물 1

계약을 140.00에 매입하였으며 137.00에 종가가 형성되었다. 다음날인 5월 2일에 KOSPI200 선물지수가 132.50 포인트로 하락하였고, 5월 3일에는 다시 130.00 포인트로 하락하였다. 이 투자자가 개시증거금으로 1,500만원을 납입하였다면, 이 투자자의 일일정산 결과는 다음과 같다.

구분	5월 1일	5월 2일	5월 3일
정산가격	137.00	132.50	130.00
당일차금	−1,500,000원 (= 500,000 × 3.0)		
갱신차금		−2,250,000원 (= 500,000 × 4.5)	−1,250,000원 (= 500,000 × 2.5)
일일정산	13,500,000원	11,250,000원	10,000,000원

위의 경우 거래소에서 정하고 있는 유지증거금의 수준이 1,050만원이라면, 5월 2일 이 투자자의 증거금 1,125만원은 유지증거금보다 높으므로 아무런 조치를 취할 필요가 없다. 그러나 5월 3일에 가서 선물가격이 더욱 하락하여 이 투자자는 5월 2일에 비하여 다시 1,250,000원의 손실을 보게 된다. 이 손실이 투자자의 증거금 11,250,000원에서 차감된다면 이 투자자의 증거금 수준은 10,000,000원이 되고 이것은 유지증거금 이하의 수준이 된다. 이처럼 투자자의 증거금 수준이 유지증거금 이하로 떨어지면 그 투자자는 마진콜(margin call)[6]을 당하게 되며, 자신의 증거금을 개시증거금 수준인 15,000,000원까지 회복시켜야 한다. 이때 추가로 불입하는 500만원의 증거금은 반드시 현금으로만 납입하여야 한다.

6) 마진콜은 보유 포지션의 증거금 잔액이 유지증거금 이하로 하락할 때 증거금 잔액수준을 개시증거금 수준까지 유지하도록 증거금을 추가로 납부하도록 요구하는 것을 말한다.

그림 1-4

선물거래의 증거금

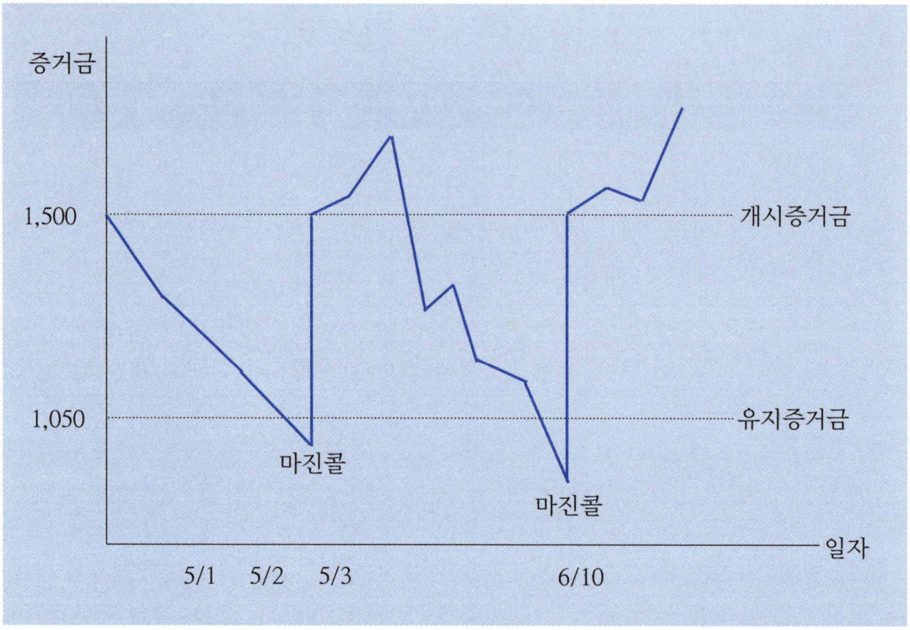

만약 추가증거금을 제대로 납입하지 못하면 이 고객의 계좌는 청산을 당하게 된다. 이 과정을 그림으로 살펴보면 다음 [그림 1-4]와 같다.

이상에서 살펴본 바와 같이 선물계약과 선도계약은 그 기본내용에 있어서 유사성이 인정되고 있으나 그 운용면에서는 많은 차이가 나타나고 있다. 다시 한 번 그 내용을 정리해 보면 다음과 같다.

첫째, 선물거래는 정형화된 거래로서 거래대상 상품, 인수도 기일, 거래단위 등이 규격화·특정화되어 있기 때문에 매매당사자는 거래가격만을 결정하면 된다. 그러나 선도거래에서는 매매당사자간에 이러한 거래조건 모두에 대해서 합의가 이루어져야 하기 때문에 거래마다 조건이 달라질 수 있다.

둘째, 선물거래는 거래소라는 조직화된 시장에서 공개호가방식(open outcry)으로 행해지나 선도거래는 1 대 1 방식으로 이루어진다.

셋째, 거래소에서 성립되는 선물거래는 모두 거래소내의 청산소를 상대방으로 하는 거래로 바뀌어 청산소가 계약의 이행과 결제를 보증하기 때문에 다른 시장참가자에 대한 신용조사를 할 필요가 없다. 이에 반해 선도거래는 그러한 조직이 없어 상대방의 신용에만 의존해야 하므로 계약불이행의 위험이 있다.

넷째, 선물거래에서는 계약이행의 보증을 위해 증거금의 적립이 의무로 되어 있다. 특히 미결제약정에 대해서는 일일정산을 하여 이에 따른 손익을 증거금의 증감에 반영시키고 있기 때문에 선물시장의 운용에 있어서 재무적 건전성이 확보 유지되고 있다. 그러나 선도시장에서는 이러한 시스템이 없다.

표 1-1 선물거래와 선도거래의 차이

구분	선물거래	선도거래
거래장소	지정된 거래소	일정한 장소가 없음
거래방법	공개호가방식(Open Outcry)	전화 또는 텔렉스를 이용한 1대1 거래
거래조건	거래방법 및 계약단위, 만기일 등 거래조건이 표준화	매매 당사자 간의 합의에 따라 결정되어 조건이 다양해짐
거래상대	알려지지 않음	알려져 있음
가격형성	매일 형성되며 성립된 거래를 만기 전에 청산할 수 있음	동일거래에 대한 가격은 단 한번 형성됨
신용위험	청산소가 거래이행을 보증하여 신용위험이 없음	당사자 간의 약속으로 계약불이행의 위험이 존재함
증거금	거래당사자는 증거금을 적립함	필요에 따라 증거금이 요구될 수 있음
인수도	대부분의 거래가 만기일 이전에 반대거래로 종료됨	대부분의 거래가 종료 시 실물인수도가 이루어짐
일일정산	가격변동에 따라 거래일별로 청산소가 수행함	계약 종료일에 단 한번 정산됨
결제일	장래 특정월의 특정일	어느 때라도 가능

다섯째, 선물거래는 인수도 기일이 도래하기 전에 반대거래를 통하여 언제든지 결제를 끝내고 거래결과에 따른 이익금을 인출할 수 있다. 즉, 선물거래는 실물의 인수도를 통하지 않고 거래목적을 달성할 수 있다. 그러나 선도거래는 거래 상대방과의 합의 없이는 만기이전 결제가 불가능하며, 반대매매에 의한 결제가 어려워 실물인수도를 원칙으로 하고 있다.

여섯째, 선물거래에 대해서는 거래소, 정부 또는 통화당국의 감독 및 규제가 가해지고 있는 반면, 선도거래에서는 이와 같은 감독 및 규제가 거의 없다.

〈표 1-1〉은 선물거래와 선도거래의 차이점을 보여주고 있다.

3. 파생상품의 태동과 성장

세계 최초의 선물시장은 1848년 4월에 미국의 시카고에 설립된 상품선물거래소(Chicago Board of Trade: CBOT)이다. 농산물 및 원자재 등에 대한 상품선물거래는 오랜 역사와 전통을 가지고 있으나 금융선물거래는 그 역사가 비교적 짧다.

1960년대 말부터 베트남전쟁 등 미국의 대외원조 및 군사비 지출증대로 인하여 미국의 경제력은 대폭 저하되고 국제수지는 악화되었다. 따라서 세계의 중심통화였던 미 '달러'의 가치는 독일 '마르크', 스위스 '프랑'이나 일본 '엔' 등 주요통화에 대하여 현저하게 낮아졌으며, 이와 동시에 외국으로부터 미국에 대하여 달러와 금과의 교환요구가 급증하여 미국의 금보유고는 격감하게 되었다. 이에 따라 1971년 8월 닉슨 대통령은 금·달러 태환정지의 단안을 내렸다. 소위 "닉슨쇼크"라고 불리워진 것으로 전후 20여년간 계속된 "브레튼우드"체제가 실질적으로 붕괴된 계기가 되었다.

당시 세계의 외환시장은 대혼란을 맞게 되었고 이 혼란을 수습하기 위해 동년 12월 선진 10개국 재무장관이 미국 워싱턴의 스미소니언 박물관에 모여 스미소니언 합의라는 사태 수습대책을 만들어 냈다. 그리하여 주요 통화간 환율의 다각적 조정이 이루어지고 미 달러의 대폭적인 평가절하가 단행되었다. 그럼에도 불구하고 미 달러의 위신하락은 수습되지 않은 채 결국 1973년 2월

미 달러는 10% 재평가절하되었고, 이를 계기로 통화제도는 완전한 변동환율제로 바뀌었다.

이러한 사태가 발생하자 곡물이나 식육 등의 생산자와 무역업자는 사업의 운영이 극히 어려워 졌다. 왜냐하면 수중에 있는 판매대금이 환율이라는 외적 요인에 따라 크게 증감되었기 때문이다. 이러한 어려움을 피하기 위해서 스미소니언협정이 이루어진 때부터 시카고 상업거래소(Chicago Mercantile Exchange; CME)는 시카고 학파의 영수인 밀튼 프리드만 박사를 위시한 수많은 경제학자들을 통해 환율변동의 위험을 회피할 수 있는 방법을 연구했다. 그 결과 이미 농산물거래에 이용되고 있던 선물거래방법이 외환선물거래에도 이용될 수 있다고 밝혀졌다.

이에 따라 금융선물거래는 1972년 5월 시카고 상업거래소(CME)가 신규사업부문으로 국제통화시장(International Monetary Market; IMM)을 창설하고 주요 외국통화의 대 달러의 선물거래를 시작한 데서 비롯되었다. 그보다 앞서 최초의 금융선물거래로 1970년 국제상업거래소(International Commerical Exchange)에서 거래된 외환선물계약이 있었으나 이는 활발히 거래가 이루어지지 않았으며 거래소 자체도 곧 폐지되었다.

한편 1973~74년에 일어난 제1차 오일쇼크 및 이에 따른 각국의 고인플레이션 표면화, 또한 국제적 금리자유화 추세와 유로커런시 시장의 급성장, 국제정치 및 경제정세의 불확실성이 심화되는 가운데 국제금리는 극심한 기복을 보이게 되었다. 1972년 4.2%까지 내려갔던 미국의 우대금리(prime rate)가 74년에는 12%까지 올랐고, 76년에 다시 6%까지 하락하였다가 79년 15.75%, 80년 12월에는 무려 21.5%까지 올라갔다. 80년 한해에 무려 42번의 이자율 등락이 있었다.

대부분의 금융시장 참여자가 이러한 격심한 금리변동에 피해를 입었지만 가장 심했던 곳이 부동산, 건축업계 및 주택 등에 대한 일종의 담보금융인 모기지(mortgage)시장이었다. 1973년 시카고거래소(Chicago Board of Trading; CBOT)는 연방주택금융공사 관리 및 캘리포니아 대학 부동산・도시경제학과 교수들과 모기지의 시장가격 및 이자율을 토대로 하여 선물거래 가능성을 협의한 결과 정부저당권협회가 보증한 저당권증서에 대한 선물거래를 권고받고

1975년 10월 정부저당채권(Government National Mortgage Association; GNMA채)이라는 이름으로 최초로 이자율변동에 따라 가치가 변하는 고정소득자산을 대상으로 한 선물거래를 개시했다. 이것이 금리선물의 시작이었다.

이러한 선물거래들이 성공을 거두자 1976년 1월 시카고 상업거래소(CME)가 단기금융시장 참여자를 위한 재무부 단기채권(T-bill) 선물을 도입하였고, 8월에는 시카고거래소(CBOT)가 15년물 재무부 장기채권(T-bond) 선물을, 9월에는 또 90일물 상업어음 (Commerical Paper; CP) 선물을 도입하였으며, 특히 1981년 12월에는 유로달러 예금증서(Certificate of Deposit; CD) 선물을 IMM이 개시하는 등 금리선물상품이 다양화되었다.

그 후 이 거래는 기존의 외환시장과 밀접한 관계를 유지하면서 급격히 발전하였으며, 특히 뉴욕증권거래소(New York Stock Exchange; NYSE)는 1980년 8월 자회사로서 뉴욕선물거래소(New York Futures Exchange; NYFE)를 설립하여 시카고의 발전에 대항하기 위해 각종의 금융선물거래를 개시하였다. 영국에서는 런던 국제금융 선물거래소(London International Financial Futures Exchange; LIFFE)가 설립되어 1982년 10월부터 업무를 개시하였다.

우리나라에서는 1996년 한국증권거래소에서 주가지수를 이용한 KOSPI 200선물과 KOSPI200옵션을 상장하여 처음 파생상품거래가 시작되었으며 1999년 한국증권선물거래소(KRX)의 설립으로 국채, 금, 달러 등 다양한 상품이 거래되고 있다.

4. 파생상품의 이용자

파생상품은 헤지 목적과 투기목적의 두 가지 기본적인 목적을 충족시킨다. 첫째, 파생상품은 투자자들이 현물시장에서의 가격변동위험을 회피할 수 있는 수단을 제공한다. 둘째, 파생상품은 투기자로 하여금 높은 레버리지 효과를 갖게 함으로써 그들의 투자수익을 높여 주는 기능을 갖는다.

일반적으로 대상자산 또는 기초자산의 가격변동이 심할수록 위험을 회피하고자 하는 헤징의 요구는 더욱 커지게 마련이다. 파생상품시장은 금리, 환율,

주가 등 대상자산 가격의 변동에 따른 위험을 회피하려는 현물포지션의 보유자, 그리고 가격변동이 매우 심한 상품에 투기하려는 거래자들의 위험증가에 대한 대응책으로 발달하여 왔다.

이와 같이 파생상품의 이용자는 크게 헤저(hedger)와 투기자(speculator)로 나눌 수 있다. 헤징(hedging)은 현물시장에서의 포지션과 반대되는 포지션을 선물시장에서 취함으로써 이자율이나 환율 등 대상자산 가격의 예기치 않은 변동에 따른 위험을 줄이려는 데 그 목적이 있다.

가령 파생상품가격이 이자율과 역의 관계에 있다고 하자. 즉, 어떤 투자자가 이자율의 상승에 따른 투자가치의 하락이 염려스럽긴 하지만 그렇다고 그 투자자산을 매도할 의사가 없다고 할 때, 투자자는 파생상품을 매도함으로써 선물가치가 이자율 상승폭만큼 하락하였을 때 반대매매를 통하여 동일 선물을 매입함으로써 발생되는 이득으로 현물시장에서의 손실을 상쇄시킬 수 있을 것이다.

이러한 선물시장을 이용하는 헤저의 유형으로는 소매업자(retailers), 기업(corporations), 연기금(pension funds), 수출입업자(exporters and importers), 투자은행(investment banks) 등을 들 수 있다. 예를 들어, 기업들은 현금의 일시적 과다보유에 따른 이자율 변동에 의한 위험의 회피 및 계획된 자금조달 시 차입이자율을 고정시키기 위하여 파생상품을 이용하며, 수출입업자들은 수출입상품 대금의 회수 및 지급 시 예상되는 환율변동의 위험을 회피하기 위하여 파생상품을 이용한다.

이상의 헤징과는 달리 파생상품시장에서의 거래에는 이자율, 환율 등 대상자산 가격의 절대적 또는 상대적 변화에 따른 이득을 얻고자 헤지 포지션을 취하는 경우가 있다. 일반적으로 이러한 금융선물거래는 다음과 같은 두 가지 유형으로 구분된다. 첫 번째 유형은 차익거래(arbitrage)로서 현물과 선물의 일시적 가격평가 차이를 이용하여 위험부담 없이 이득을 얻고자 하는 거래이며, 두 번째 유형은 스프레드 거래(spreading)로서 동일한 선물 간 또는 상이한 선물 간에 동시에 매입계약과 매도계약을 체결함으로써 동 선물가격간의 가격 차이를 이용하여 이득을 얻고자 하는 거래이다.

반면에 투기적 거래는 현물시장에서는 포지션을 설정하지 않고 파생상품계약만을 매입 혹은 매도함으로써 이자율이나 환율 등의 절대적 변화에 따른 이득을 추구하는 거래를 말한다.

파생상품시장의 효율적 운영을 위해서는 헤저와 투기자가 모두 필요한 존재이다. 투기자들은 헤저들이 어려움 없이 매매할 수 있는 유동성을 제공한다.

5. 파생상품의 경제적 기능

파생상품의 경제적 기능으로는 가격변동위험의 전가, 미래시장가격에 대한 정보제공, 파생상품거래의 활성화, 금융시장의 효율적 자원배분, 새로운 투자기회의 제공 등을 들 수 있는데 이를 구체적으로 살펴보면 다음과 같다.

5.1 가격변동위험의 전가

위험회피자, 즉 헤저(hedger)는 현물시장에서 현재 보유하고 있는 또는 장래에 보유할 예정으로 있는 금융자산이나 부채의 가격변동에 따른 위험을 파생상품시장에서 반대포지션을 창출함으로써 감소시킬 수 있다. 즉 현물시장에서의 손실(또는 이익)을 선물시장에서의 이익(또는 손실)으로 상쇄시켜 버림으로써 가격변동위험을 회피할 수 있는 것이다. 이때 헤저가 회피한 위험을 인수하는 투자자가 투기자(speculator)이다. 이와 같은 투기자는 자신의 가격전망에 기초하여 예상되는 가격변화로부터 이익을 얻을 수만 있으면 위험을 감수하여 파생상품시장에서 포지션을 창출한다. 따라서 가격변동위험은 헤저로부터 투기자로 전가될 뿐 소멸되는 것은 아니다. 이와 같이 파생상품계약은 위험을 회피하고자 하는 자로부터 그러한 위험을 기꺼이 감수하고자 하는 자로의 효율적인 위험이전 메커니즘을 제공한다.

5.2 미래 시장가격에 대한 정보제공

파생상품거래는 위험이전을 위한 거래뿐만 아니라, 대상자산의 정확한 가격에 대한 불일치 및 서로 다른 정보에 의해서도 발생한다. 이와 같은 정보에 기인한 거래에 따라 파생상품가격과 현물가격은 정확한 가치에 보다 근접하게 된다.

파생상품시장에서 형성되는 가격은 현재의 수요와 공급 상황 및 시장가격에 관한 무수히 많은 매입자와 매도자의 일치된 견해를 반영하고 있다. 이것은 물론 파생상품가격이 미래 시장가격을 항상 정확히 예측한다는 것은 아니고 파생상품가격이 단순히 미래 특정시점의 수익률곡선의 형태 및 가격수준에 관한 현재의 기대를 표현한다는 것이다. 그렇지만 파생상품가격은 모든 다양한 시장참가자들의 분산된 견해를 측정가능한 지표에 의해 하나로 집약함으로써 미래시장가격에 관해 유용한 정보를 제공하고 있다.

5.3 파생상품거래의 활성화

파생상품의 중요한 효익 중의 하나는 대상자산인 금융수단을 직접 거래할 때와 동일한 위험-수익 포지션을 파생상품을 통해 더 작은 비용으로 달성할 수 있다는 것이다. 따라서 파생상품은 금융상품을 거래할 때와 동일한 효과를 가져 오는 보다 경제적인 수단이 될 수 있다.

또한 소액의 증거금만을 적립한 가운데 매매차익을 겨냥하여 거래가 행하여지는 파생상품시장이 있음으로 해서 현물시장의 가격변동폭이 크게 축소되는데 이는 두 시장 간에 차익거래가 이루어져 현물가격의 변동폭이 그 만큼 축소되기 때문이다. 이와 같이 파생상품시장은 현물시장의 안정성과 유동성을 제고시키는 역할을 함으로써 파생상품거래의 활성화에 기여한다고 할 수 있다.

5.4 금융시장의 효율적인 자원배분

투기자는 헤저로부터 위험을 인수하기 때문에 자기가 인수한 포지션의 시장여건의 변동에 따른 위험을 최소화하고자 수시로 시장의 수급사정, 금융정책방향 등에 관한 정보를 수집·분석함으로써 그 결과가 파생상품 가격형성에 반영되게 된다. 따라서 시장정보의 수집 면에서 열세에 있는 기업, 가계 등의 경제주체도 파생상품가격을 통하여 어느 정도 미래의 현물가격을 용이하게 예측할 수 있기 때문에 투자 및 소비활동을 합리적으로 행할 수 있게 되며, 그 결과 금융시장의 자원배분기능은 보다 효율적으로 이루어진다.

5.5 새로운 투자기회의 제공

종래의 은행이나 증권회사 중심의 금융거래방식에서 새로이 선물거래소를 중심으로 한 파생상품거래가 금융 산업에 가세함으로서 금융 산업은 그 영역이 확대되었을 뿐만 아니라 금융 산업의 전체판도도 크게 바뀌고 있다. 파생상품거래의 도입은 투자자들에게 저렴한 거래비용과 높은 레버리지효과에 따른 새로운 투자수단을 제공하고 있다.

6. 파생상품거래의 이용현황[7)]

선물 및 옵션거래는 1961년 9월 19일에 시카고상업거래소(CME)가 돼지삼겹살(pork bellies)을 대상자산으로 한 선물계약을 성공적으로 도입한 이후 크게 성장하였으며, 그 후 각종 상품선물거래가 도입되었다. 1970년대까지는 농산물을 위시한 상품거래가 주류를 이루었으며, 세계경제의 급속한 변화에 따라 금융선물시장의 필요성이 증가되었다. 이에 따라 1972년 5월 CME에서 세계 7개국 통화선물을 IMM에서 상장거래하게 되었으며, 그 후 각종 금융선물이 속속 도입되었다. 그리고 1982년에는 주가지수선물거래가 도입되는 등 금융선물의 지속적인 발전이 이루어 졌다. 이후 전 세계 파생상품거래는 해를 거듭할수록 비약적인 발전을 해 왔다.

2011년 글로벌 장내파생상품시장의 전체 거래량은 250억 계약으로 2010년의 224억 계약에 비해 11.4% 증가하였다. 2011년 글로벌 선물시장은 122억

7) 금융투자협회, "2011년도 글로벌 파생상품시장 거래 현황", 2012.3 참조

계약으로 전년대비 7.6% 증가하였고, 글로벌 옵션시장은 128억 계약으로 전년대비 15.1% 증가하였다.

표 1-2 2011년 글로벌 장내파생상품 시장 현황

(단위 : 백만 계약)

	2010년	2011년	증가율
선 물	11,304	12,167	7.6%
옵 션	11,121	12,805	15.1%
전 체	22,425	24,972	11.4%

금융파생상품은 세계경제 악재에 따른 자산가격변동의 심화로 전년대비 14% 증가한 222억 계약을 기록했으나, 실물파생상품은 2010년에 큰 폭의 상승세를 기록한 것과는 달리 2011년에는 거래가 감소하여 28억 계약을 기록하였다.

표 1-3 금융파생상품과 실물파생상품의 거래량

(단위 : 백만 계약)

	2010년	2011년	증가율
금융선물	8,469	9,528	12.5%
금융옵션	10,970	12,632	15.2%
금융파생상품	19,439	22,160	14.0%
상품선물	2,835	2,639	-6.9%
상품옵션	150	173	14.9%
실물파생상품	2,985	2,812	-5.8%
합 계	22,425	24,972	11.4%

글로벌 파생상품시장에서 금융파생상품과 실물파생상품의 비중은 89:11로 금융부문의 비중이 압도적이었다. 선물거래에 있어서 금리선물은 11%, 주가지수선물은 14%, 통화선물은 15.4% 증가하였다. 옵션거래에서는 주가지수옵션이 14.1%, 주식옵션이 13.5% 증가하였다.

표 1-4 글로벌 선물과 옵션의 거래량

(단위 : 백만 계약)

	선 물			옵 션		
	2010년	2011년	증감률(%)	2010년	2011년	증감률(%)
금 리	2,556	2,836	11.0	646	655	1.3
주가지수	2,327	2,654	14.1	5,089	5,805	13.1
개별주식	1,116	1,687	6.3	5,179	5,876	13.5
통 화	2,470	2,850	15.4	56	297	431.7
농 산 물	1,246	919	-26.2	59	72	21.8
에 너 지	651	736	13.1	73	79	8.2
귀 금 속	165	328	98.8	10	13	33.9
비철금속	636	427	-32.8	8	8	3.7
기 타	136	229	67.1	0	0	0
합 계	**11,304**	**12,167**	**7.6**	**11,121**	**12,805**	**15.1**

2011년 전 세계 70여개 파생상품거래소 중 가장 많은 선물과 옵션 거래량을 보인 거래소는 KRX로 39억 3천만 계약을 기록했다. 인도 NSE가 22억 계약으로 최초로 2위에 올랐고, 독일 EUREX가 20억 4천만 계약, 미국 CME가 18억 계약, CBOE가 11억 5천만 계약을 기록하였다.

표 1-5 거래량 기준 상위 10개 거래소

(단위 : 백만 계약)

순위	거래소	2010년	2011년	증감률(%)
1	한국거래소(한국)	3,749	3,928	4.8
2	NSE(인도)	1,616	2,200	36.2
3	EUREX(독일/스위스)	1,897	2,043	7.7
4	CME(미국)	1,656	1,804	8.9
5	CBOE(미국)	1,115	1,152	3.3
6	NYSE LIFFE,(유럽)	1,223	1,148	-6.1
7	RTS(러시아)	624	1,083	73.5
8	CBOT(미국)	924	1,038	12.4
9	NASDAQ OMS PHIL(미국)	847	983	16.1
10	MCX-SX(인도)	885	850	-3.9

연습문제

기본문제

1. 선물거래의 특징에 대한 설명으로 가장 거리가 먼 것은?
① 계약조건이 표준화되어 있다.
② 거래장소의 구애를 받지 않는다.
③ 청산소에 의해 계약이행이 보증된다.
④ 만기일 이전이라도 언제든지 반대매매를 통해 거래를 마감할 수 있다.

2. 일일정산제도에 대한 설명으로 가장 거리가 먼 것은?
① 선물거래를 하고자 하는 고객이나 회원은 일정액의 증거금을 납부하여야 한다.
② 증거금은 계약이행의 보증금 성격을 갖는다.
③ 거래소는 매일 거래가 끝난 후 매입자와 매도자의 손익으로부터 발생되는 일일대차를 영(0)으로 만든다.
④ 손실이 크게 발생한 고객이 요구되는 증거금을 추가로 납부하지 않을 경우, 다음 날 해당 고객의 포지션에 대한 강제청산이 이루어진다.

3. 선도거래와 선물거래의 특징과 기능에 대한 설명으로 가장 올바른 것은?
① 선도거래와 선물거래 모두 계약이 표준화되어 있다.
② 선물거래만 장소의 제한 없이 어느 곳에서나 거래될 수 있다.
③ 선도거래만 청산소가 모든 거래를 보증한다.
④ 선도거래와 선물거래 모두 가격변동위험의 전가가 가능하다.

4. 10월 10일 현재 원달러 환율은 1,250원/달러이다. (주)서울무역은 12월 만기 달러선물 2계약을 1,200원/달러에 매도하였다. 12월 10일에 원달러 환율은 1,150원/달러이며, 12월 만기 달러선물 가격은 1,180원/달러이다. (주)서울무역이 12월 10일에 달러선물을 매입하여 청산할 경우, (주)서울무역의 선물포지션에서의 손익은 얼마인가?(거래단위는 US $10,000이고 가격의 표시는 US $1당 원화로 표시되며, 모든 거래비용은 없다고 가정한다)
① 400,000원　　② 600,000원
③ 1,000,000원　　④ 2,000,000원

5. 다음 중 청산소에 대한 설명으로 가장 거리가 먼 것은?
① 선물거래가 올바로 이행되는 것을 보증하는 기능을 한다.
② 선물거래에서는 청산소가 존재함으로써 거래상대방에 대한 신용조사를 할 필요가 없게 된다.
③ 청산소는 거래소 기구의 일부분으로 설치된다.
④ 청산소는 선물계약을 사고 파는 두 투자자 사이에 개입하여 하나의 거래를 두 개의 거래로 분리하는 역할을 한다.

6. 선물거래의 경제적 기능에 대한 설명으로 가장 거리가 먼 것은?
① 가격변동위험의 전가
② 미래시장가격에 대한 정보제공
③ 금융시장의 효율적 자원배분
④ 안정된 투자기회의 제공

7. 어느 투자자가 9월 1일 현재 12월 만기 KOSPI200 주가지수선물 1계약을 100.00에 매입하였으며 당일 97.00에 종가가 형성되었다. 다음날인 9월 2일에 KOSPI200 선물지수가 92.00 포인트로 하락하였다. 이 투자자가 개시증거금으로 1,500만원을 납입하였으며 유지증거금은 1,200만원이라고 하자. 이 투자자는 일일정산 결과 9월 3일에 얼마를 추가로 납입하여야 하는가?
① 100만원 ② 200만원
③ 300만원 ④ 400만원

▶ 다음 빈 칸에 알맞은 말을 넣으시오.

8. 선물계약을 매도한 사람은 만기 시점에 대상자산 또는 기초자산을 매수자에게 (　　　　)할 의무를 지게 되고 매수한 사람은 대상물을 (　　　　)하고 대금을 매도자에게 지불할 의무를 지게 된다.

9. 선물계약을 매입 또는 매도하는 사람은 누구나 선물거래 개시를 위한 계좌개설을 한 후 선물회사에 (　　　　　)을 납입하여야 한다.

10. 선물거래를 시작할 때에 납입하는 증거금을 (　　　　)이라 한다.

11. 매일 매일의 선물가격의 변동에 따라서 투자자의 증거금 수준을 변동시키는 것을 (　　　　　　)이라 한다.

12. 거래소에서 성립되는 선물거래는 모두 (　　　　　)를 상대방으로 하는 거래로 바뀌어 (　　　　　　)가 계약의 이행과 결제를 보증한다.

13. 파생상품은 투기자로 하여금 높은 (　　　　　　)효과를 갖게 함으로써 그들의 투자수익을 높여 주는 기능을 갖는다.

14. (　　　　　)은 현물시장에서의 포지션과 반대되는 포지션을 선물시장에서 취함으로써 이자율이나 환율 등 대상자산 가격의 예기치 않은 변동에 따른 위험을 줄이려는 데 그 목적이 있다.

15. (　　　　　　)는 현물과 선물의 일시적 가격평가 차이를 이용하여 위험부담 없이 이득을 얻고자 하는 거래이다.

▶ 다음 문장이 맞으면 O, 틀리면 X를 하시오.

16. 선물계약은 매매계약의 성립과 동시에 상품의 인도와 결제가 이루어진다. (　　)

17. 선물거래에서는 계약기간 중 언제라도 반대매매를 통한 인수·인도 의무의 해소를 제도적으로 인정하고 있어서 실물인수도는 전체 거래량에 비하면 매우 적은 편이다. (　　)

18. KOSPI200 주가지수는 한국을 대표하는 주식 200개 종목의 주가를 다우존스 방식으로 지수화한 것이다. (　　)

19. 고객계좌의 보유 포지션에 대한 가격변동에 따라 유지해야 하는 최저수준의 증거금을 유지증거금이라 한다. (　　)

20. 선물거래는 정형화된 거래로서 거래대상 상품, 인수도 기일, 가격, 거래단위 등이 규격화·특정화되어 있다. (　　)

21. 선물거래에서는 계약이행의 보증을 위해 증거금의 적립이 의무로 되어 있다. ( )

22. 파생상품은 투자자들이 현물시장에서의 가격변동위험을 회피할 수 있는 수단을 제공한다. ( )

23. 투기적 거래는 현물시장에서는 포지션을 설정하지 않고 파생상품계약만을 매입 혹은 매도함으로써 이자율이나 환율 등의 상대적 변화에 따른 이득을 추구하는 거래를 말한다. ( )

24. 파생상품계약은 위험을 회피하고자 하는 자로부터 그러한 위험을 기꺼이 감수하고자 하는 자로의 효율적인 위험이전 메커니즘을 제공한다. ( )

제2장 파생상품의 주문과 거래

제 2 장 파생상품의 주문과 거래

파생상품 금융사 통해서만 거래해야

투자위험이 다른 금융상품에 비해 높은 파생상품은 반드시 금융회사를 통해서만 가입할 수 있고 투자경험이 적은 투자자에게는 위험도 높은 상품의 투자권유가 제한될 수 있다. 파생상품 투자권유를 할 수 있는 금융사도 상품별로 판매범위가 다르다. 장내 파생상품은 선물회사 및 증권회사가 할 수 있고 장외 파생상품은 증권사와 은행이 취급할 수 있으며 파생결합증권(ELS, ELW 등)은 증권사만 판매할 수 있다. 금융사는 또 금융투자협회에서 제정한 "표준투자권유준칙"에 따라 만 65세 이상이고 투자경험 1년 미만인 개인투자자에게는 원금보장형 파생결합상품만 투자를 권유할 수 있다. 일반 투자자가 파생상품을 거래하기 위해서는 금융사에 투자목적, 재산상황, 투자경험 등 투자자정보를 제공한 뒤 자신에게 적합한 상품을 확인받아 가입하는 것이 바람직하다. 아울러 일반 투자자는 위험회피 목적으로만 장외 파생상품을 거래할 수 있으며 금융사는 투자자가 회피하려는 위험의 종류와 금액을 확인하고 관련 자료를 보관해야 한다.

(*아시아투데이, 2009.2.23*)

1. 파생상품시장의 구조

1.1 거래소와 청산소

선물거래소 또는 파생상품거래소는 각국마다 운영형태가 조금씩 다르지만 일반적으로 회원제로 운영되는 비영리법인이 대부분이다. 선물거래소는 회원들이 파생상품계약을 거래할 수 있는 물리적인 장소(floor)를 제공하며, 새로운 파생상품계약을 개발하여 상장시키는 역할을 한다. 또한 선물거래소는 파생상품계약의 공정한 거래를 위한 규정을 제정하고 시행하는 역할을 한다.

청산소(clearing house)는 파생상품거래에 있어서 필수적인 조직이다. 파생상품계약의 인수도는 청산소를 통하여 이루어진다. 공개호가방식에 의해서 거래가 이루어지는 파생상품시장에서 청산소는 결정적인 역할을 수행한다.[1] 청산소가 존재함으로써 파생상품계약의 거래자들은 개인이나 기업 등 거래상대방의 신용상태를 따로 조사할 필요가 없다.

청산소는 계좌의 정산(settling accounts), 거래의 청산(clearing trades), 증거금의 수납 및 유지(collecting and maintaining margin monies), 인수도의 규제(regulating delivery), 그리고 거래자료의 통보(reporting trading data) 등의 역할을 수행한다. 청산소는 모든 거래와 계좌를 다음 영업일의 영업개시 이전에 대차조정하는 것을 보증하는 것 이외에 파생상품시장의 재무건전성(financial integrity)을 보증하게 된다. 청산소의 이와 같은 역할은 파생상품거래의 급속한 성장과 효율성 증대에 크게 기여해 왔다.[2]

청산소는 모든 파생상품거래의 제3자(third parties) 역할을 수행한다. 즉, 청산소는 모든 매도청산회원(clearing member seller)에 대해서는 매입자로서의 역할을 수행하고, 모든 매입청산회원(clearing member buyer)에 대해서는 매도자로서의 역할을 수행한다. 따라서 파생상품계약의 매입자와 매도자들은 서로 거래상대방의 신용에 신경을 쓸 필요가 없으며, 거래의 의무이행은 청산회원을 통해 청산소가 담당하게 된다. 즉, 어떤 투자자가 파생상품계약에 참여한다면 청산소는 매입자와 매도자 사이에 개입되어 0(zero)의 포지션을 유지하면서 양자 사이에 거래가 반드시 이루어질 것이라는 확신을 주게 된다. 이는 파생상품거래 당사자는 거래상대방의 성격이나 재무건전도에 관심을 가질 필요가 없다는 것을 의미한다.

청산소는 파생상품거래에서 중요한 역할을 수행하는데, 청산소의 일반적인

1) 우리나라의 한국거래소에서는 모든 파생상품거래가 공개호가방식이 아닌 전산매매에 의해 이루어진다.
2) CBOT, Commodity Trading Manual, Chicago Board of Trade Publications, 1989, p.65.

역할은 다음과 같다.

1) 청산소는 모든 거래를 중개하고 체결시키는 기능을 수행한다. 즉, 시장에서 매일 거래되는 모든 계약을 등록시키고 체결시킨다. 따라서 현재 합의된 포지션의 최근 기록을 전체 및 각 청산회원별로 제공한다.

2) 청산소는 대차원리에 따라 거래되는 모든 계약의 상대방이 된다. 따라서 모든 거래는 청산소를 통하여 보증되고 효율적으로 수행된다. 청산소의 존재는 사실상 모든 신용위험을 제거시키며, 거래상대방의 자산이나 신용도를 평가할 필요성을 제거시켜 준다. 이러한 과정은 또한 최초의 거래가 이루어진 당사자와 관계없이 어떤 거래나 포지션의 청산을 가능하게 한다.

이러한 대차과정은 파생상품시장에서의 공개호가방식에 의한 매매를 가능하게 한다. 청산소는 파생상품거래를 체결시키고 보증하는 기능 외에 발행된 파생상품계약의 손익을 매일매일 평가하고 청산하는 체제운용의 기능을 갖는다. 청산소는 또한 인수도 과정에서 중요한 역할을 한다. 설정된 매입 포지션은 만기일에 인도가능한 대상자산과 현금의 교환을 통하여 매도 포지션과 연결된다. 일단 인도할 의사가 청산회원(clearing member)에 의해 청산소에 통지되면, 청산소는 규정에 따라 매입 포지션과 매도 포지션을 연결시켜 주는 기능을 한다.

대부분의 거래소는 오직 청산회원들만이 청산소에서 거래를 청산할 수 있으며, 기타 회원들은 청산회원을 통하여 청산할 수 있도록 규정하고 있다. 청산소의 보증은 단지 파생상품거래의 상대방인 청산회원에게만 적용된다. 이와 같은 청산소의 보증기능에 의하여 파생상품계약의 이행에 따른 손실을 방지할 수 있다.

일반적인 주문의 처리과정은 다음과 같다.

1) 고객이 중개회사(brokerage firm)[3]를 통해 주문을 낸다.
2) 중개회사는 주문을 수행한다.
3) 주문은 거래소회원(청산회원)을 통해 청산된다.(만약 중개회사가 청산소의 회원이 아니면, 다른 청산회원을 통해 청산한다.)

3) 우리나라의 경우 중개회사는 선물회사 또는 증권회사가 된다.

그림 2-1

청산소의 역할

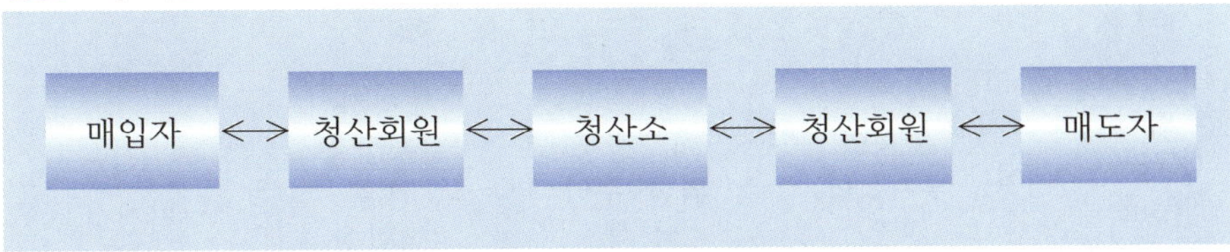

4) 청산회원사는 청산소에 주문을 이전시킨다.
5) 청산소는 주문을 확인하고, 거래를 보증하며, 거래의 손익에 따라 청산회원의 계좌를 정산한다.

그림 2-2

파생상품계약의 거래절차

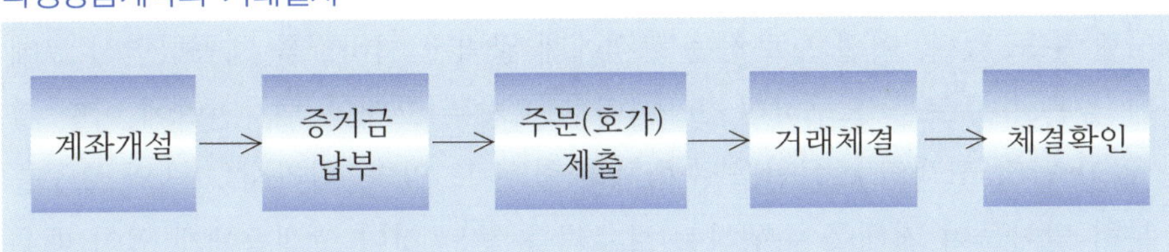

[그림 2-2]에서 보는 바와 같이, 투자자가 회원에게 파생상품의 거래를 위탁하려면 서면으로 파생상품 계좌설정 계약을 체결하고 계좌를 개설하여야 한다. 파생상품계약은 매우 위험이 높은 계약이므로 파생상품의 구조와 위험 및 수익 특성을 사전에 잘 인지하여야 한다. 따라서 회원은 파생상품거래의 개요 및 위험에 관한 내용을 기재한 위험고지서를 교부하여야 한다.

회원은 투자권유를 위해서는 다음과 같은 투자권유 절차(flow)를 거쳐야 하며, 특히 파생상품의 경우 면담, 질문 등을 통하여 투자자에 대한 정보를 반드시 파악하여야 한다. 또한 회원은 고객정보에 비추어 해당 파생상품이 투자자에게 적정하지 않다고 판단되는 경우에는 그 사실을 투자자에게 알려야 한다.

파생상품의 투자권유의 과정을 나타내면 다음 [그림 2-3]과 같다.

그림 2-3

파생상품의 투자권유 절차

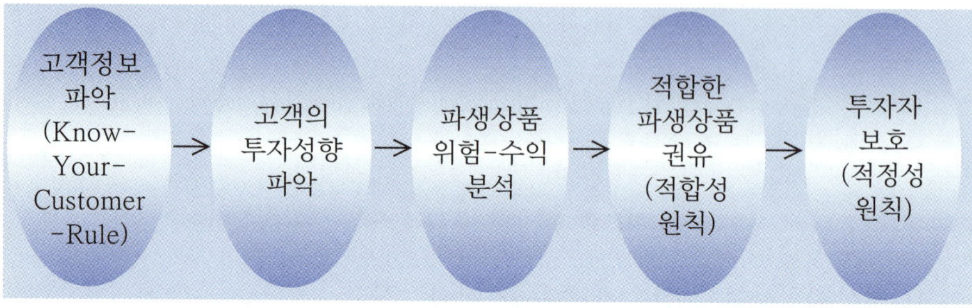

공개호가원칙에 따라 거래가 이루어지는 미국의 선물거래소를 중심으로 거래의 수행과정을 살펴보기로 하자. 거래소의 회원이 아닌 자가 파생상품거래를 시작하기 위해서는 우선 거래소의 회원과 파생상품거래를 위한 계좌를 개설하여야 한다. 브로커는 고객의 유형별로 서로 다른 증거금 혹은 예탁금을 요구할 수도 있다. 어떤 브로커는 고객에게 완벽한 서비스를 제공하면서 그에 따른 높은 수수료를 요구하며, 또 어떤 브로커는 고객의 투자전략에 어떤 자문 없이 단지 고객의 주문만을 수행하려 할 수도 있다. 따라서 고객의 요구를 충분히 받아들여 거래를 수행하는 브로커를 찾는 것이 고객들에게 있어 매우 중요한 일인 것이다.

한편 주문서에는 매매의 구분, 파생상품계약의 종류와 계약 수 등을 기재하여야 한다. 또한 주문서에는 주문이 체결될 수 있는 가격의 명시 및 주문의 유효기간도 포함될 수 있다. 그러면 거래소의 회원은 고객의 예탁금이 그 주문을 충족시키기에 충분한가를 점검한다. 주문은 고객에게 구두로 확인된 후 주문서에 기재되며, 일반적으로 시간이 기재된다.

주문은 접수되는 즉시 거래소 장내의 회원부스(members booth)에 전송되어, 표준주문표(standard order slip)에 일체의 내용과 함께 시간이 기재된다. 주문표에는 주문의 형태, 가격 또는 가격범위에 관한 명세가 포함될 수 있다. 주문표는 회원부스에 하나 또는 두 개의 복사본이 보관된 후 러너(runner)를 통해서 거래를 수행하는 피트 브로커(pit broker)에게 전달된다.

그림 2-4

주문체계의 흐름

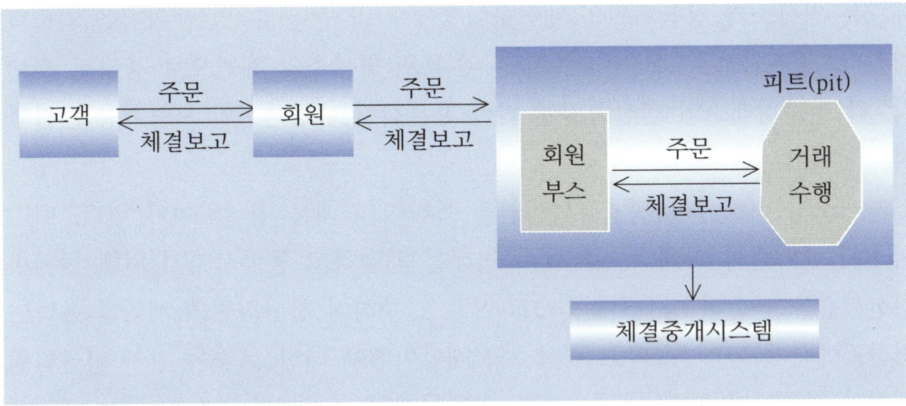

피트 브로커는 주문이 체결되면 호가표에 주문의 체결내용에 대한 세부사항을 기재한 후 회원부스에 전달한다. 주문이 고객의 지시에 따라 수행된 것이 확인되면, 거래의 명세와 거래상대가 표시된 청산표(official exchange clearing slip)가 준비된다. 파생상품계약의 매입자와 매도자는 모두 매매체결을 위해 거래소 또는 청산소에 보내질 청산표를 준비하여야 한다.

회원사의 장내직원은 청산표의 준비와 함께 주문의 체결과 체결내용을 회원사에 통보하여야 하며, 이에 따라 회원사는 고객에게 거래의 체결내용을 통보하게 된다. 그리고 거래의 명세표는 청산시스템과의 조정을 거쳐 회원사에 우송되며 이는 고객계좌에 기재된다.

일단 확인된 거래가 청산시스템으로 보내지면, 거래소의 회원들은 오직 청산소와 거래하게 된다. 이때 청산소는 각 파생상품계약 포지션의 상대방으로서 매입 포지션과 매도 포지션의 중간에 개입되어 매매를 중개한다.

거래가 종료되면 청산소는 청산절차를 밟은 당일의 모든 거래명세를 각 청산회원에게 통보한다. 이러한 등록된 거래를 청산회원이 확인한 후 거래에 따른 증거금 수령이 완료되면 청산소는 이러한 파생상품계약의 이행을 보증하게 된다. 즉, 청산회원의 계약이행은 실질적인 매매 당사자의 계약 불이행에 관계없이 청산소에 의하여 보증된다.

청산소가 청산회원의 계약이행을 보증할 수 있는 것은 이미 앞서 설명한 파생상품의 증거금제도에 따른 것이다. 파생상품계약의 증거금 및 일일정산 제도는 청산소가 청산회원의 계약불이행에 따라 받을 수 있는 위험을 최소화시킨다. 증거금으로 보충될 수 없는 손실은 청산소의 재원으로 충당될 것이다. 각 선물거래소의 청산회원에 의한 자본적립은 청산소의 보증기능을 강화시켜 준다.

거래소의 비청산회원은 청산회원을 통하여 거래를 청산하여야 한다. 따라서 비청산회원이 거래소 장내에서 거래를 체결하고 등록시키기 위해서는 비청산회원을 단순히 청산회원의 고객으로 간주하여 청산회원의 계좌를 통하여 청산소에 등록된다. 그리고 청산소의 계약이행에 대한 보증은 단지 청산회원에게만 적용된다. 따라서 거래소의 비청산회원을 통하여 거래를 하는 고객은 비청산회원의 신용을 고려하여야 한다.

청산소는 선물거래를 보증하는 기능 외에 다음과 같은 기능을 수행한다. 첫째, 청산소는 청산회원이 청산소에 예치하여야 하는 개시증거금과 유지증거금의 수준을 결정한다.

청산회원은 자신을 통하여 파생상품거래를 하는 비청산회원과 비청산회원을 거치지 않고 직접거래를 하는 고객에게 증거금을 청구한다. 청산소가 청산회원에게 증거금(거래증거금)을 요구하는 것과 마찬가지로 청산회원도 비청산회원과 고객들에게 증거금(위탁증거금)을 청구할 수 있다. 그리고 후자의 경우가 전자보다 더 많은 증거금을 청구하는 것이 일반적이다.

청산소는 또한 모든 파생상품계약을 종료하여 청산시키는 역할을 한다. 선물계약의 청산은 동일한 결제월을 갖는 매입 포지션과 매도 포지션을 연결시켜줌으로써 이루어진다. 즉, 청산소는 매도 포지션과 매입 포지션을 중개시킴으로써 파생상품계약을 청산시키게 된다. 마지막으로 청산소는 파생상품계약의 인수도를 책임지는 기능을 수행한다.

이상에서 논의한 파생상품계약의 거래수행과정을 단일 파생상품계약의 매입을 통하여 단계적으로 살펴보면 다음과 같다.

1. 회원에게 매입주문을 의뢰한다. 이때 회원은 고객에게 주문을 확인시킨다.
2. 주문이 선물거래소에 전송되어 시간이 기입된 후 거래소의 피트(pit)에

서 거래가 수행된다.
3. 청산표가 준비되고, 수행된 거래의 명세가 회원사에 전달되어 고객에게 거래의 체결내역이 보고된다.
4. 청산표가 거래소와 청산소에 의해 작성되며, 거래가 청산회원에게 등록된다.
5. 청산회원이 청산소에 거래를 추인하면, 청산소의 거래보증이 개시된다.
6. 청산소는 거래에 따른 개시증거금을 청산회원에게 요구하며, 청산회원은 이를 다시 비청산회원과 고객에게 청구한다.
7. 비청산회원은 청산회원에게 개시증거금을 지급하며, 고객은 청산회원 또는 비청산회원에게 개시증거금을 지급한다.

위의 과정에서 6, 7단계는 일일정산에 따라 매일 반복된다.

1.2 인수도

거의 모든 파생상품계약에서 실질적인 인수 및 인도가 이루어지지는 않는다. 그러나 인수도 과정은 현물가격과 파생상품가격간의 관계를 결정하는 데 중요한 역할을 한다. 여기서 인수도(delivery)란 파생상품계약의 만기에 파생상품계약의 매도자로부터 매입자에게 대상자산의 실물이 인도되는 것을 말한다. 논리적으로 선물의 매도 포지션(short position)을 취한 투자자는 가능한 가장 값싼 현물상품을 인도하고자 할 것이다. 따라서 파생상품계약의 시장가격은 최저가 인도등급(cheapest deliverable grade)의 현물가격과 연계될 것이다.

실물인수도가 불가능하다면 만기에 파생상품가격이 현물가격에 수렴한다는 것을 보장하지 못할 것이다. 실물인수도가 발생하는 결제월에는 현물가격과 파생상품가격이 거의 동일하거나, 차익거래의 이득이 발생할 수 없을 정도의 차이만 보일 것이다. 거래소에 따라 약간의 차이는 있으나 모든 거래소는 금융파생상품의 경우 대부분 3, 6, 9, 12월의 결제월을 운영하고 있다. 인수 및 인도가 발생하는 결제월까지의 기간은 거래소와 계약에 따라 차이가 있을 수 있다.

인수도는 파생상품계약에 따라 차이는 있으나 대개 특정기간 동안에만 발생한다. 예를 들어, T-bill선물계약의 경우 인수도기간은 결제월의 특정 3일간이며, T-bond선물계약의 경우는 선물계약 매도자의 선택에 따라 결제월의 어느 날에서나 인수도가 가능하다. 따라서 선물의 매입포지션을 취하고 있는 투기거래자는 기초현물상품의 실물인수를 원하지 않는 경우에는 선물계약을 인수도 기간 동안에 보유하는 것을 피해야 할 것이다. 그리고 인수도를 위한 매입포지션의 선택은 가장 오래된 매입포지션부터 배정되기 때문에, 장기간 매입포지션을 보유하고 있는 투자자는 현물상품을 인수하게 될 확률이 높다는 것을 인식해야 할 것이다.

2. 증거금과 일일정산

청산소는 회원들에게 그들 고객의 포지션에 기초한 증거금을 납부하게 함으로써 거래소 장내에서 발생하는 모든 거래를 보증하게 된다. 청산증거금 또는 거래증거금(clearing margins)은 파생상품계약의 개인투자자가 브로커에게 납부해야 하는 위탁증거금(brokerage margins)과는 구별된다. 일반적으로 중개회사는 자신들이 청산소에 납부해야 하는 청산증거금보다 많은 금액을 개인투자자들에게 요구하며, 투기적 거래에 대해서는 헤지거래보다 높은 증거금율이 책정된다.

개시증거금(initial margins)은 파생상품계약의 매입 또는 매도주문을 낼 때에 계좌에 예치하여야 하는 증거금을 말한다. 파생상품거래에서는 실물인수도 이외엔 증권거래에서와 같이 거래대금의 전액을 납입할 필요가 없다.

증거금수준은 시장위험수준에 따라 결정되며, 일반적으로 파생상품계약 액면금액의 10% 내외에서 책정된다. 대부분의 거래소에 있어서 개시증거금은 일일 최대가격변동폭(daily maximum price fluctuations)을 커버할 수 있는 수준에서 결정된다. 증거금의 납입수단은 현금, 미 재무부증권과 같은 이자발생증권, 신용장의 세 가지로 대별할 수 있다.[4]

4) 우리나라의 경우 증거금은 현금과 대용증권 및 외화로도 납입할 수 있다. 증거금으로 납입 가능한 외화로는 미국 달러화, 일본 엔화, 유럽연합 유로화, 영국 파운드화, 홍

파생상품거래의 증거금은 신용거래의 증거금과 그 개념이 유사하나, 다음과 같은 차이점이 있다.[5)]

첫째, 신용거래로 주식을 매입할 경우 보증금은 매입대금의 일부가 되고, 대금의 나머지는 주식을 담보로 자금을 차입하게 되어 신용이 창출되며, 차입자금에 대하여는 이자를 지급하여야 한다. 이에 반해 파생상품거래의 증거금은 매매대금의 일부로서의 기능을 수행하지 않으며 다만 계약이행을 보증하는 성격만을 가지고 있을 뿐이다. 그리고 주가지수선물거래의 경우는 만기일에 미결제약정(open interest)에 대하여 만기일의 정산가격(settlement price)에 따라 현금결제에 의하여 거래가 종결된다. 따라서 매매대금을 차입할 필요도 이자지급의 문제도 발생하지 않는다.

둘째, 신용거래의 경우 개시증거금이 유지증거금을 하회할 경우에는 단지 유지증거금 수준만 유지하면 된다. 반면에 파생상품거래의 경우는 개시증거금이 유지증거금을 하회할 경우에는 개시증거금 수준까지 추가증거금을 예치하여야 한다.

셋째, 파생상품거래의 경우 개시증거금과 유지증거금의 수준을 거래소 자체에서 결정할 수 있으나, 신용거래의 경우에는 이를 FRB(Federal Reserve Board)에서 관장하고 있다.

넷째, 파생상품거래에 대한 증거금은 일정한 금액으로 책정되어 있어서, 파생상품가격이 상승함에 따라 증거금 수준이 하락하는 경향이 있다. 이에 반해 신용거래의 증거금은 40% 등 일정한 비율로 책정되어 있다.

청산소는 모든 계좌를 매일 손익에 따라 정산한다. 이러한 대차정산(debiting and crediting)은 각 영업일의 거래종료에 따른 가격변화에 따라 행해지며, 이를 일일정산(marking-to-the-market)이라 한다. 모든 계좌는 일일정산에 따라 포지션 개설시의 파생상품가격과 청산일의 파생상품가격간의 차이를 계산하여 조정된다.

콩 달러화, 싱가포르 달러화, 스위스 프랑화 및 캐나다 달러화가 있다.

5) Wunsch, R. S., "Comparative Guide to Stock Index Futures Contraints", in "Stock Index Futures" by Fabozzi, F. J. & Kipnis, G. M., Dow Jones-Irwin, 1984, pp. 25-26.

다음 예제를 통해 파생상품거래의 결제과정을 살펴보기로 하자.[6)]

예제 2-1

네 명의 거래자 A, B, C 및 D가 선물거래에 참여하고 있다고 하자.[7)] 1일에는 거래자 A와 B가 각각 1,000만원의 증거금을 납입하고 KOSPI 200 주가지수선물 1계약씩을 140.00에 매입과 매도하였다. 2일에는 141.00에 거래자 C가 신규로 1계약을 매입하고 거래자 A가 1일자에 매입하였던 1계약을 매도하여 거래를 청산하였다. 3일에는 139.00에 거래자 C가 다시 1계약을 추가로 매입하였고 거래자 D가 신규로 1계약을 매도하였다. 4일에는 139.00에 거래자 B가 매도하였던 1계약을 매입하여 청산하였으며 거래자 C가 전에 매입하였던 2계약 중 1계약을 매도하여 청산하였다. 마지막으로 5일에는 거래자 D와 C가 각각 전에 매도 및 매입하였던 계약을 매입 및 매도하여 청산하였다. 이에 따라 각각의 거래자들은 자신들의 포지션을 모두 청산하였으며 매일의 손익과 증거금은 다음과 같게 된다.

일자	매입자	매도자	누적거래량	미결제약정	선물가격	계약가치(만원)	일별 손익 (만원)				증거금(만원)			
							A	B	C	D	A	B	C	D
1	A	B	1	1	140.00	7,000					1,000	1,000		
2	C	A	2	1	141.00	7,050	+50	-50			-1,000		+1,000	
3	C	D	3	2	139.00	6,950		+100	-100				+1,000	+1,000
4	B	C	4	1	139.00	6,950						-1,000	-1,000	
5	D	C	5	0	140.00	7,000			+50	-50			-1,000	-1,000
계							+50	+50	-50	-50	0	0	0	0

매입 또는 매도된 파생상품계약이 만기일 이전의 어느 특정일 현재 반대매매에 의해 청산되지 않고 남아있는 계약을 미결제약정(open interest)이라고 한다. 따라서 미결제약정은 만기일을 포함하여 어느 특정일에 인도 또는 인수의 의무를 가지고 있는 계약으로서 반드시 반대매매에 의해 청산되어야

6) Stoll, H. S. & Whaley, R. E., "Futures and Options-theory and applications", South-Western Publishing Co., pp.24-26.

7) 여기서는 편의상 하루 중의 선물가격이 140.00포인트 등으로 동일하다고 가정하였다.

그림 2-5

파생상품거래의 청산

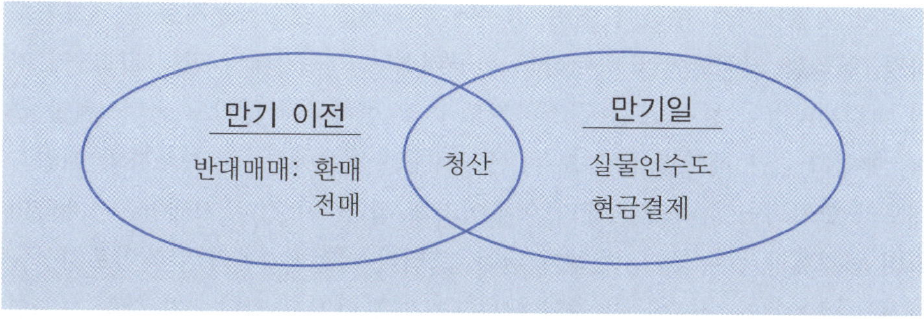

할 계약인 것이다.

파생상품계약의 청산에는 실물인수도, 현금결제 및 반대매매의 세 가지 방식이 있다. 실물인수도(physical delivery)는 파생상품 포지션에 대해 최종결제일(만기일)에 거래소가 지정한 창고(warehouse)를 통해 매도자와 매수자가 실물을 인도하고 인수하는 방식을 말한다. 현금결제(cash settlement)는 만기일에 대상자산을 인수도하는 대신 차액을 현금으로 결제하는 방식이다. 마지막으로 가장 일반적인 방식인 반대매매(liquidation)는 만기일 이전에 파생상품거래를 결제하기 위하여 매도한 경우에는 환매하고, 매수한 경우에는 전매하여 이전과 반대로 매매하는 것을 말한다. 따라서 파생상품거래의 청산은 크게 만기일 이전의 반대매매와 만기일의 실물인수도와 현금결제로 나눌 수 있다.

미결제약정은 실무적으로 파생상품의 매매시점을 포착할 때 이용되기도 한다. 앞서 설명한 바와 같이 미결제약정은 향후 반대매매를 하여야 계약이 종료되는 계약으로서 현재 파생상품거래에 참여하고 있는 모든 투자자들의 순매수(혹은 순매도) 포지션의 합계로 생각할 수 있다. 따라서 전체 미결제약정 수량의 증가나 감소를 이용하여 시장의 향방을 예측하는데 이용된다. 일반적으로 미결제약정 수량이 증가될 때에는 현재의 추세를 지속시킬 자금의 유입으로 판단하며, 미결제약정 수량이 감소될 때에는 자금의 유출 및 추세의 전환으로 판단한다. 예를 들어, 가격이 상승하는 시기에 미결제약정 수량이 증가한다면 상승이 지속되는 상태로 간주할 수 있을 것이며, 반대로 가격은 상승하나 미결제약정 수량이 감소한다면 조만간 하락반전이 예상되는 것으로 볼 수 있을 것이다.

이제 미결제약정 수량이 어떤 경우에 증가하고 감소하는지를 살펴보기로 하자. 동일한 거래량이라 하더라도 신규매매냐 기존거래의 반대매매냐에 따라 미결제약정이 증가 또는 감소하기도 하고 변화하지 않기도 한다. 예를 들어, 매입자 A와 매도자 B가 모두 신규매매인 경우에는 두 거래자의 매입과 매도가 합치되어 하나의 거래가 이루어지게 된다. 이 경우 거래량은 1계약이 되며 미결제약정 수량도 1계약이 된다. 그러나 이전에 1계약의 매입포지션을 가지고 있던 C와 이전에 1계약의 매도포지션을 가지고 있던 D가 각각 포지션을 청산하기 위하여 1계약씩을 매도 및 매입하였다면 거래량은 1계약이 증가하지만 미결제약정은 1계약이 감소하게 된다. 즉, 이전에 open되어 있던 기존의 거래가 반대매매에 의해 청산되면서 미결제약정이 1계약 감소되는 것이다. 마지막으로 신규로 매입하는 거래자 E와 이전에 매입하였던 기존거래를 반매매매하는 거래자 F의 매도거래가 매치되었다면 거래량은 역시 1계약이 증가하지만 미결제약정은 open과 close가 서로 상쇄되어 변화가 없게 된다. 이상의 논의를 표로 정리하면 다음 〈표 2-1〉과 같다.

표 2-1 미결제약정 수량의 변화

거래형태	거래량	미결제약정
신규거래-신규거래	+1	+1
반대매매-반대매매	+1	-1
신규거래-반대매매	+1	0

이제 위의 (예제 2-1)의 경우를 이용하여 미결제약정 수량과 증거금의 변화를 살펴보기로 하자.

1일에 거래자 A와 B가 140포인트에 KOSPI200 선물 1계약을 거래하였다. 1일의 거래량은 1계약이 되며, 당일말의 미결제약정(open interest)도 역시 1계약이 된다. 이때 A는 B와 직접적으로 손익을 정산하지 않고, 청산소가 B에 대해서는 매입자가 되고 A에 대해서는 매도자가 된다. A는 B에게 어떤 금액도 지불하지 않으며, 대신에 A와 B는 모두 청산소에 1,000만원의 증거금을 납입하게 된다.

2일에 거래자 A가 매도하면, 청산소는 A에 대해 매입자가 되며 새로운 시장참가자인 C에 대해서는 매도자가 된다. 이때 A는 동일한 KOSPI200 주가지수선물에 대해 매입포지션과 매도포지션을 취했으므로, A의 포지션은 청산소의 결제계좌에서 청산된다. 2일의 거래는 A의 반매매매와 C의 신규거래가 매치된 거래이므로 미결제약정은 변화가 없다. 따라서 2일말의 누적거래량은 2계약이 되며, 미결제약정은 계속 1계약으로 남아있게 된다.

1일과 2일 사이에 KOSPI200지수가 140.00에서 141.00으로 상승하였다면, A의 포지션가치는 500,000원(=1.00포인트 × 500,000원)만큼 증가한다. B는 매도포지션을 취하고 있으므로 그의 포지션가치는 500,000원 만큼 감소하게 된다. 비록 B가 2일에 아무런 거래를 하지 않았다 하더라도, 그의 손익과 계좌잔고는 일일정산(daily settlement)에 따라 변화된다.

3일에 C가 D로부터 두 번째 계약을 매입하면, 누적거래량은 3계약이 되고 미결제약정은 2계약으로 증가한다. KOSPI200지수가 141.00에서 139.00으로 하락했다면, B는 100만원(=2.00포인트 × 500,000원)의 이득을 얻고 C는 100만원의 손실을 입는다.

4일에 B가 1계약을 매도하면 B와 C간에 이전에 설정된 포지션이 상쇄되고, 미결제약정은 1계약으로 감소된다. 이때 KOSPI200지수가 불변이라면 시장참가자들의 손익도 또한 불변이다. 5일에 C가 1계약을 매입하면, 이는 이전에 설정된 포지션의 상쇄거래이므로 미결제약정은 0이 된다.

위의 예제에서 4명의 거래자의 일별손익의 합계가 0이라는 사실에서 보는 바와 같이, 파생상품거래는 제로섬(zero-sum)이다. 즉, A와 B의 이득이 C와 D의 손실과 정확히 상쇄된다.

파생상품을 이용한 높은 레버리지는 이미 언급한 바 있다. 예를 들어 유로달러 정기예금 선물계약에서 1계약($1,000,000)의 매입 포지션을 설정하기 위해서는 단지 $2,000의 개시증거금(initial margin)만이 요구된다. 이때 만약 유로달러 이자율이 1/2%(또는 50베이시스 포인트) 하락한다면, 선물계약의 가격은 그에 상당하는 금액만큼 상승할 것이므로 매입자의 선물 포지션은

$1,250(50ticks × $25)의 이익을 얻게 될 것이다.

반면에 이자율이 50베이시스 포인트 상승한다면, 매입자는 $1,250의 손실을 감수해야 할 것이다. 따라서 매입자는 이를 보충하기 위하여, 즉 그의 개시증거금 $2,000를 유지하기 위하여 $1,250를 추가로 예치하여야 한다. 선물의 손익은 매 영업일이 끝날 때 계산하며, 이에 따른 개시증거금을 유지하기 위하여 추가로 지급되는 증거금을 변동증거금(variation margin)이라 한다는 것은 이미 설명한 바 있다.

이와 같이 증거금은 변동될 수 있으므로 매일 점검되어야 한다. 따라서 파생상품의 매매자는 원하는 포지션의 설정을 위해서 필요한 현금의 액수를 정확히 알아야 하며, 잠재적 이득과 비교하여 이러한 현금을 조달하는 이자비용이 얼마인가를 산정할 수 있어야 한다. 보통 미국의 거래소에서는 순수한 헤지 포지션과 투기 포지션에 대해 서로 다른 증거금을 요구하고 있다.

만약 이자율이나 환율 등이 과도하게 변동할 것으로 보이거나, 또는 과도한 투기가 발생할 가능성이 있다고 판단되며, 그러한 투기적 포지션이 설정될 경우에는 개시증거금을 올릴 수도 있다. 증거금 수준을 지정하는 기본적 이유는 계약의 불이행으로부터 청산시스템을 보호하고자 하는 것이다.

앞에서 언급한 바와 같이, 대부분의 미국 거래소들은 개시증거금의 납부로서 T-bill 등과 같은 이자발생증권(interest bearing security)을 허용하고 있다. 따라서 파생상품 거래자들은 개시증거금으로 납부한 증권에 대한 이자를 받을 수 있다. 반면에 변동증거금은 일반적으로 현금납입이 요구되며, 따라서 이자가 지급되지 않는다. 그리고 증거금 계정의 잉여금은 인출이 가능하다.

파생상품의 거래자들은 변동증거금의 추가납입 청구가 있을 때에는 이에 즉시 응해야 한다. 만약 일정기일 내에 변동증거금을 납입하지 않으면, 그 포지션은 거래소에서 청산할 수 있으며 그에 따른 손실은 해당 증거금계정에서 차감할 수 있다.

3. 주문의 형태

주문표(order slip)에는 거래가 수행될 수 있는 가격범위와 시간이 기재된다. 파생상품거래의 주문형태는 계속 발전되어 왔으며, 여기서는 이 중 중요한 것들에 대해 살펴본다.

3.1 시장가주문(market order 또는 market price order)

주문의 주요한 구성요소는 매입 또는 매도의 구분, 거래소의 지정, 기초자산(underlying assets), 선물계약의 수, 결제월, 가격, 주문의 유효기간 등을 들 수 있다. 시장가주문은 주문의 가장 일반적인 형태로써 이는 시장에서 형성되는 가장 유리한 가격으로 매입 또는 매도하고자 하는 주문을 말한다. 즉, 시장가주문은 종목과 수량은 지정하되 가격은 지정하지 않는 주문을 말한다.

예를 들어 장내 브로커가 KOSPI200 주가지수선물계약을 시장가격으로 5계약 매입해 달라는 주문을 받았다고 하자. 이때 이 선물계약의 매수호가가 189.50이고 매도호가가 189.75라면, 장내 브로커는 가능하면 189.75나 그 이하로 매입하고자 할 것이다. 그러나 그는 모든 계약을 동일한 가격으로 체결할 수 없을 수도 있으며, 단지 2계약을 189.75에 매입하고 나머지 3계약은 그 이상의 가격 예를 들어 190.00에 매입할 수도 있고 매도호가 이하의 가격인 189.60 등에 매입할 수도 있다. 즉, 선물계약의 시장가격이 변화함에 따라 매입가격은 계속 변화될 수 있다.

3.2 지정가주문(limit order)

지정가주문이란 고객이 제시한 특정가격으로 매입 또는 매도하고자 하는 주문이다. 매입주문의 경우에는 특정제시가격이나 그 이하로, 매도주문의 경우에는 특정제시가격이나 그 이상으로 매매하고자 하는 주문을 말한다. 일반

그림 2-6

지정가주문

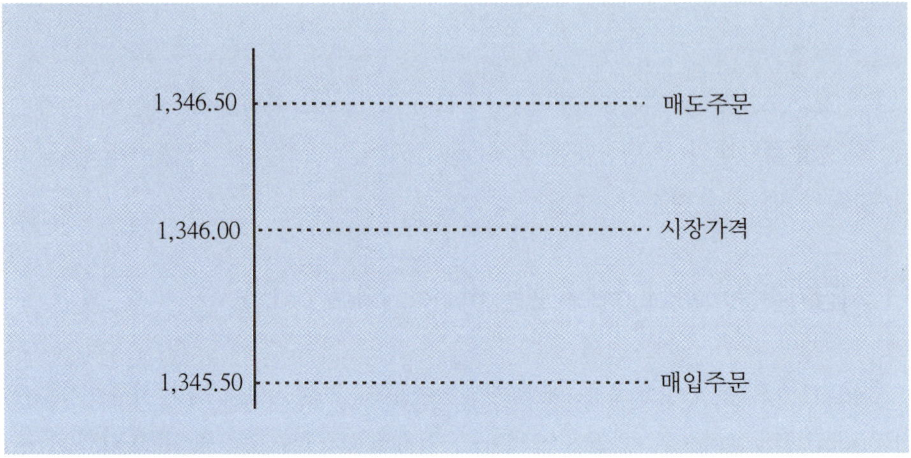

적으로 지정가 매도주문은 시가(current market price)보다 높게 지정되며, 지정가 매입주문은 시가보다 낮게 지정된다. 즉, 지정가주문은 가격을 지정하는 주문으로서 지정한 가격 또는 그 가격보다 유리한 가격으로 거래를 하고자 하는 주문을 말한다.

지정가주문은 현재가격보다 유리하게(better than current price) 매입 또는 매도하고자 하는 주문이다. 이러한 지정가주문의 경제적 기능으로는 유동성(liquidity)을 제공하는 기능을 들 수 있다. 즉, 지정가주문은 어떤 자산의 가격이 하락하면 매입주문이 성사되고, 가격이 상승하면 매도주문이 성사됨으로써 시장에 유동성을 제공하여 시장을 활성화시키는 작용을 한다.

예를 들어 장내 브로커가 6월물 미국달러선물 2계약을 1,346.50 또는 그 이상으로 매도해 달라는 주문을 받았다고 하자. 현재의 가격이 1,346.00이라면 장내 브로커는 이 주문을 수행할 수 없으나, 가격이 1,346.50 이상으로 상승한다면 6월물 미국달러선물 2계약을 매도할 수 있을 것이다. 이 경우 주문의 유효기간이 지정되지 않았다면 당연히 당일주문(day order)으로 간주된다. 당일주문에 있어서는 지정된 가격으로 주문이 당일에 체결되지 않으면 자동적으로 취소된다.

3.3 조건부 지정가주문과 최유리 지정가주문(Best limit order)

조건부 지정가주문(Conditional limit order)은 최종약정가격을 결정하는 때에는 시장가주문으로 전환되는 것을 조건으로 하는 지정가주문이다. 그리고 최유리 지정가주문(Best limit order)은 종목 및 수량은 지정하되 가격은 매도의 경우 가장 높은 매수호가의 가격, 매수의 경우 가장 낮은 매도호가의 가격을 지정한 것으로 보아 거래를 하고자 하는 주문이다.

위에서 논의한 주문형태에 일정한 조건을 부여하여 거래체결수위가 가장 낮은 전량충족조건 주문(FOK; fill-or-kill)을 만들 수 있다. 전량충족조건 주문은 immediate-or-cancelled order 또는 quick order라고도 한다. 전량충족조건 주문은 미국의 경우 거래소 장내에서 단지 세 번 호가된 후 거래가 체결되지 않으면 즉시 그 주문이 취소되는 주문형태를 말하며, 우리나라의 경우에는 주문전달 즉시 전량 체결되지 않으면 모든 주문이 자동 취소되는 조건의 주문을 말한다.

일부충족조건 주문(FAK; Fill and Kill)은 주문전달 즉시 체결가능수량만 체결하고 나머지 주문잔량은 취소되는 조건의 주문이다.

예를 들어 어떤 투자자가 FAK 지정가주문을 했다고 하자. 이 투자자가 브로커에게 3월 인도분 S&P500 주가지수선물을 FOK 기준으로 510.00이나 그 이하의 가격으로 2계약 매입해 줄 것을 의뢰했다고 하자. 이때 브로커가 단지 1계약만을 지정한 가격으로 매입하고 나머지 1계약의 주문은 취소되었다고 하자. 이러한 경우 브로커는 즉시 거래의 체결내역과 최근의 거래가격을 투자자에게 통보하여야 한다.

현재 우리나라의 한국거래소(KRX)에서 투자자가 제출할 수 있는 주문유형에는 가격지정여부에 따라 지정가주문(Limit order), 시장가주문(Market order), 조건부 지정가주문(Conditional limit order) 및 최유리 지정가주문(Best limit order)이 있다. 그리고 시장가주문 및 시장가주문의 성격이 있는 최유리 지정가주문 및 조건부 지정가주문은 유동성이 낮은 원월종목의 가격왜곡을 방지하기 위하여 최근월물에만 허용하고 있다. 단, 최근월 종목의 최종거래일부터 기산하여 소급한 4거래일간은 차근월 종목에 대해서도 허용하고 있다. 한편, 선물스프레드 거래의 경우에는 지정가주문만 허용하고 있다. 또한 접속거래의 경우 지정가호가에 대해서만 전량충족조건과 일부충족조건을 부여할 수 있다.

3.4 MIT(market if touched) 주문

MIT 주문은 시장가주문과 지정가주문을 혼합한 주문형태이다. MIT 주문은 거래가 반드시 지정가로 수행될 것을 요구하지는 않으며, 지정가가 시장가격과 합치되지 않을 경우에는 시장가격으로 거래를 체결시켜줄 것을 요구하는 주문을 말한다. 즉, MIT 주문은 시장가격이 지정한 가격을 터치하면 시장가주문으로 전환되어 주문이 수행된다.

예를 들어 3월물 90일 T-bill이 시장에서 91.00으로 거래되고 있으며, 한 고객이 이 선물 3계약에 대해 매도 포지션을 형성하고 있다고 하자. 이 고객이 90.00의 가격으로 MIT 매입주문을 하였다고 가정할 경우, 브로커는 가격이 하락하여 거래가 90.00으로 수행될 것인가를 살펴야 한다. 이때 이 선물의 가격이 90.00으로 하락하면, 브로커는 즉시 시장에 개입하여 가장 유리한 가격으로 매입하여야 한다. 그러나 90.00의 가격이 당일의 가장 낮은 가격일 경우에는 3계약을 90.00보다 높은 가격으로 매입할 수도 있다. 즉, MIT 주문은 지정가주문과는 달리 지정가 이상으로 매입할 수도 있다.

3.5 가격역지정 주문(stop order)

가격역지정 주문은 MIT 주문과 유사한 형태로서, MIT 주문에 의한 매도주문을 내는 경우에는 시장가격이 지정가에 도달하거나 그 이상으로 상승할 경우 주문이 수행되는데 반하여, 가격역지정 주문에 의한 매도주문의 경우는 시장가격이 지정가에 도달하거나 그 이하로 하락할 경우 주문이 수행된다. MIT 주문에서와 마찬가지로 시장가격이 지정가에 도달하면 가격역지정 주문은 시장가격주문으로 전환된다.

그림 2-7

가격역지정 주문

가격역지정 주문에서 매도주문은 매입자가 향후 선물가격이 더 하락할 것에 대비하여 손실을 제한하기 위해 이용하며, 매입주문은 매도자가 향후 선물가격이 더 상승할 것에 대비하여 손실을 제한하기 위하여 이용한다. 따라서 가격역지정 주문은 선물가격이 하락하면 매도주문이 추가되고, 가격이 상승하면 매입주문이 증가됨으로써 유동성(liquidity)을 감소시키는 경제적 기능이 있다.

예를 들어 한 고객이 3월물 T-bill 선물 2계약의 매입 포지션을 취하고 있으며, 당해 선물의 시장가격이 불리하게 움직일 경우 손실을 줄이고자 한다고 하자. 이 경우 그는 현재의 가격이 90.00일 때 88.50의 가격으로 2계약에 대하여 stop 매도주문으로 할 수 있다. 이러한 주문을 받은 브로커는 수일 후 선물의 시장가격이 88.50에 도달하면 매도주문을 체결시킨다. 이러한 stop주문의 유효기간은 GTC(good till cancelled) 주문이 된다. 즉, 이러한 주문형태에서는 고객이 주문을 취소하지 않는 한 주문은 유효하게 된다.

가격역지정 주문과 지정가주문이 혼합된 형태로서 지정가격 역지정 주문인 stop-limit 주문과 stop and limit 주문이 있다. 이 경우 시장가격이 지정가에 도달하면 시장가주문이 아닌 지정가주문으로 전환된다. stop-limit 주문과

그림 2-8

stop-limit 주문

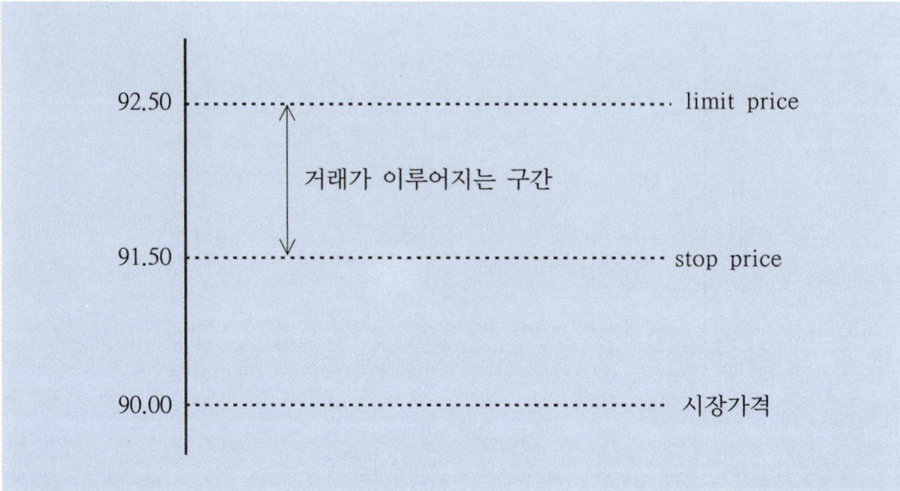

stop and limit 주문의 차이는 stop-limit 주문에서는 stop가격(주문을 수행할 수 있는 지정가격)과 limit가격(체결을 원하는 지정가격)이 서로 다르나, stop and limit 주문에서는 양 가격이 동일하다는 것이다.

예를 들어 어떤 투자자가 6월물 미국달러선물에 대하여 2계약의 매도 포지션을 설정하고 있다고 하자. 이때의 시장가격이 90.00이고 91.50의 stop price와 92.50의 limit price를 갖는 stop-limit 주문을 받은 경우, 브로커는 선물의 시장가격이 91.50에 도달하는가를 살펴야 한다. 만약 선물의 시장가격이 91.50이 되면, 이 주문은 92.50의 가격에 매수할 수 있는 지정가 주문으로 전환된다. 즉, 브로커는 선물 2계약을 92.50이나 그 이하의 가격으로 매입할 수가 있을 것이다. 만일 브로커가 선물의 시장가격이 92.50을 상회할 때까지 주문을 실현시키지 못할 경우에는 선물의 가격이 91.50~92.50의 범위로 다시 하락할 때까지는 주문을 수행하지 못한다. 따라서 여기서 limit price는 매입할 수 있는 최대한도의 가격이 됨을 알 수 있다.

다시 한 고객이 3월물 T-bill 선물에 대하여 2계약의 매입 포지션을 설정하고 있다고 하자. 그는 선물가격이 급락할 것을 우려하여 손실을 줄이고자

그림 2-9

stop and limit 주문

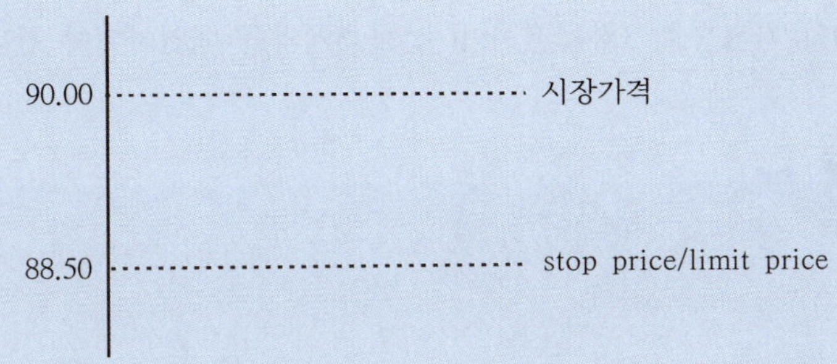

88.50에 stop and limit 주문을 하였다고 하자. 이때 브로커는 선물의 거래가격이나 매수호가가 88.50이 되면 지정가격인 88.50이나 그 이상의 가격으로 선물 2계약을 매도하여야 한다. 이 경우의 주문은 당월주문(month order)으로서 해당월 마지막 거래일까지 주문이 체결되지 않을 경우 주문은 자동적으로 취소된다.

3.6 개장참여주문과 폐장참여주문

주문의 시간을 지정한 주문으로는 개장참여주문(at the opening order)과 폐장참여주문(at the close order)이 있다. 이러한 주문은 당해 선물거래소의 개장 시 및 폐장 시에 거래를 체결시켜 줄 것을 요구하는 주문을 말한다. 만일 그 주문이 시장가주문이라면, 거래의 체결가격은 개장시의 가격범위 내에 놓이게 될 것이다. 그리고 그 주문이 지정가주문 또는 stop 주문이라면, 브로커가 개장 및 폐장 시에 거래를 체결시키지 못할 경우 그 주문은 취소된다.

거래자는 또한 이러한 주문을 혼합한 형태를 이용할 수도 있다. 즉, 그는 당해 영업일 내에서 지정가 매입주문을 하고, 그 주문이 체결되지 않을 경우 종가주문으로 매입해 줄 것을 의뢰할 수 있다. 예를 들어 어떤 투자자가 90.00의 지정가로 3월물 T-bill 선물 5계약을 매입해 줄 것을 의뢰하였다 하자. 이때 브로커가 지정가로 거래를 체결시키지 못할 경우, 이 투자자는 폐장 시에 시장에서 가장 유리한 가격으로 매입해 줄 것을 요구한다는 것이다. 만약 3월물 T-bill 선물의 가격이 하루 종일 90.50에 머물러 있다면 브로커는 폐장 시에 90.50의 가격으로 3월물 T-bill 선물 5계약을 매입하여야 한다.

4. 시장안정제도

4.1 가격제한폭

레버리지효과가 큰 파생상품거래의 특성상 손실이 크게 확대될 수 있다. 일시적인 수급불균형으로 인한 가격의 급변을 방지하기 위하여 대부분의 거래소들은 파생상품에 대해 가격제한폭을 설정하고 있다.

사실상 모든 파생상품계약은 전일의 정산가격(settlement price)에 따라 당일의 가격변동범위가 제한을 받는다. 따라서 파생상품거래는 규정에 따라 정해지는 일일 가격제한폭(daily price limits)의 범위 내에서 이루어진다.

가격제한폭 제도에 대해서는 지지론자와 반대론자가 있다. Roll[8]은 정보의 비효율성을 지적하며 가격제한폭 제도를 반대하였다. 그는 가격제한폭이 부과되지 않았을 때보다 부과되었을 때의 오렌지쥬스 선물가격이 기후변화에 더 느리게 반응한다고 주장하였다. 반면에 Brennan[9]은 가격제한폭 제도의 경제적 합리성을 주장하였다. 그는 가격제한폭제도에 따라 증거금을 보다 낮은 수준에서 결정할 수 있다고 주장하였다.

카센터의 경우를 예로 들어 보자. 어떤 고객이 출고한지 7년이 된 중고자동차를 소유하고 있는 데, 고장으로 집 부근의 카센터에 수리를 의뢰하였다고 하자. 그리고 이 차의 현재시세는 100만원이라고 하자. 카센터의 수리공은 차

---

8) Roll,R.,"Orange Juice and Weather," American Economic Review, December 1984, 861-880.

9) Brennan,M.," A Theory of Price Limits in Futures Markets," Journal of Financial Economics, June 1986, 213-234.

를 점검한 결과 완벽하게 수리하는 데 120만원이 든다는 결론을 내렸다. 이때 카센터의 수리공은 그 고객에게 두 가지 제안을 할 수 있을 것이다. 첫째는 수리비용이 120만원이라고 솔직히 밝힘으로써 그 고객이 수리하지 않고 폐차시키도록 하는 방법이다. 두 번째 제안은 우선 급한 부분만 수리하고 수리비용이 12만원이라고 말하는 방법이다. 당연히 수리공은 두 번째 방법을 택할 것이고, 1차 수리 후 다시 고장이 나서 찾아오면 2차 수리비용 12만원을 청구하는 과정을 반복하여 10회에 걸쳐 총 120만원의 수리비용을 받게 될 것이다. 이 경우 고객은 총수리비용을 추정할 수 있는 능력이 없으므로, 12만원의 1차 수리비용을 수용할 것이며 10회에 걸친 수리비용을 부담하게 될 것이다.

만약 파생상품거래에 가격제한폭 제도가 없다면 거래자는 해당 파생상품의 가격이 큰 폭으로 하락할 경우 추가증거금 납부를 거부하고 거래의 이행을 포기할 수도 있을 것이다. 이러한 경우 가격제한폭 제도는 일정 수준 이상으로의 당일 중의 가격급락을 방지함으로써 거래의 이행에 기여하게 되며, 따라서 증거금의 수준을 낮추는 역할을 하게 될 것이다.

가격제한폭은 각 거래소와 파생상품의 종류에 따라 각기 다르다. 가격제한폭을 설정하는 목적은 시장의 질서유지와 지나친 투기를 억제하는 데 있다. 특히 가격제한폭의 설정은 거래자들로 하여금 파생상품가격에 대한 즉석에서의 평가를 배제하고 특별한 정보의 효과를 평가할 수 있는 시간적 여유를 제공한다. 또한 이것은 파생상품가격의 임의의 큰 변동을 제거시키는 효과를 갖는다.

가격제한폭의 설정은 파생상품가격의 갑작스러운 큰 변동을 제거시키는 효과를 갖는다. 그러나 때때로 가격제한폭의 설정은 선물가격의 기본적인 상향반전 또는 하향반전을 방해하는 역할을 할 수도 있다. 파생상품가격이 계속적으로 가격제한폭에 묶일 경우에 몇 일 동안 거래가 이루어지지 않을 수도 있다. 이와 같이 특정 파생상품의 거래가 이루어지지 않을 경우, 투자자들은 이득을 획득하거나 손실을 줄이기 위하여 그들의 포지션을 청산하는 것이 불가능하게 된다. 따라서 이와 같은 문제점을 해결하기 위하여 대부분의 거래소들은 파생상품가격이 특정방향으로 일정기간 계속하여 움직이는 경우에는 가격제한폭을 확장 설정한다.

현재 우리나라의 코스피200선물거래 및 스타지수선물거래의 가격제한폭은 전일 종가 대비 ±10%이다.

4.2 파생상품거래의 중단

한국거래소는 시스템의 장애발생 등의 사유 기타 거래상황에 이상이 있거나 그 우려가 있어 거래를 계속하는 것이 곤란하다고 인정하는 경우 전부 또는 일부종목의 거래를 중단할 수 있다. 전부 또는 일부종목의 거래를 중단할 수 있는 경우로는 거래소 파생상품시스템 또는 회원 파생상품시스템의 장애발생으로 정상적인 거래를 할 수 없는 경우, 주식시장의 시스템 장애발생으로 주가지수 구성종목 중 일정 종목 수 이상의 거래를 할 수 없는 경우 및 주식선물・옵션거래에 있어서 기초주권의 매매거래가 중단・정지된 경우 등을 들 수 있다.

한국거래소는 현물가격 또는 선물가격이 급변하는 경우, 일정기간 냉각기간을 부여하여 냉철한 투자판단을 할 수 있도록 하는 Circuit Breakers를 마련하여 주가지수선물거래를 중단하도록 하고 있다. 즉, 선물가격이 급변하여 과도하게 현물가격을 선행하는 경우 선물시장 자체의 Circuit Breakers가 발동된다. 또한, 현물시장(유가증권시장 또는 코스닥시장) 지수의 급변에 따른 자체 Circuit Breakers가 발동된 경우에도 파생상품(선물・옵션)거래를 중단하게 된다.

4.3 미결제약정수량 제한

한국거래소는 특정인이 미결제약정 수량을 과다 보유함에 따른 결제불이행 및 시세조종위험을 방지하고 대량 미결제약정수량의 일시 해소에 따른 시장충격을 방지하기 위해 미결제약정수량을 제한하고 있다. 즉, 회원이 자기계산으로 행하거나 동일인 위탁자별로 위탁받을 수 있는 순미결제약정 수량을 제한하고 있다.

스타지수선물거래의 경우 순미결제약정수량을 5,000계약으로 하되, 코스피

200선물거래의 경우 10,000계약 이내에서 위탁자별로 차등적용하고 있다. 차익거래 및 헤지거래 관련 수량은 제외된다.

5. 자본시장법과 파생상품시장

5.1 자본시장법의 의의

2009년 2월 4일 자본시장법(자본시장과 금융투자업에 관한 법률)의 시행에 따라 우리나라 금융산업 전반에 걸쳐 변화가 진행되고 있다.

자본시장법에서는 금융상품의 열거주의(positive system)에서 포괄주의(negative system)로 전환하였다.[10] 기존의 증권거래법에서는 유가증권의 범위를 제한적으로 열거하고 있으며, 법률에서 열거하지 않은 상품은 유가증권으로 인정되지 않았다. 그러나 금융공학의 발전에 따라 새로운 금융상품 등이 계속 개발됨에 따라 열거주의로는 더 이상 유가증권을 포함하기 어려운 상황이 도래하였다. 금융상품에 대한 포괄주의가 적용되면 향후 어떠한 새로운 파생금융상품이 출현하더라도 법률과 규제의 대상이 될 수 있다.

자본시장법은 또한 기존의 기관별 규제(institutional regulation)에서 기능별 규제(functional regulation)로 전환하였다. 기관별 규제는 금융기관의 종류에 따라 은행법 또는 증권거래법 등에 의한 서로 다른 규제를 받았다. 그러나 기능별 규제에 의하면 금융기관의 유형에 관계없이 취급하는 업무에 따라 동일한 규제를 받게 된다. 따라서 과거 장외파생상품에 대한 규제를 받지 않던 은행이 이제는 규제의 대상이 되었다.

---

10) 열거주의는 원칙적으로 모든 것을 금지하고 예외적으로 규제나 금지가 되지 않는 사항을 나열하는 반면, 포괄주의는 제한하거나 금지하는 규정 및 사항을 나열하고 나머지는 원칙적으로 자유화하는 규제원칙이다. 따라서 포괄주의가 열거주의보다 훨씬 자유로운 제도라고 할 수 있다.

마지막으로 자본시장법의 시행에 따라 투자자 보호가 강화되었다. 이미 앞 절에서 설명한 바와 같이, 금융투자회사는 투자권유 시에 권유하는 상품의 위험을 고객에게 상세하게 설명하여야 한다. 금융투자회사가 권유하는 상품의 내용과 위험을 상세하게 설명하여야 하는 설명의무(product guidance)를 위반하여 불완전판매를 하게 되면, 금융투자회사는 투자자의 원금손실액을 배상하여야 한다. 또한 금융투자회사는 고객의 재산상태나 투자지식 등에 따른 적합한 투자상품을 권유하도록 하는 적합성(suitability)의 원칙을 도입하여 투자자를 보호하고 있다.

5.2 내부통제

금융투자회사는 임·직원의 업무수행의 공정성 제고 및 위법·부당행위의 사전 예방 등에 필요한 내부통제조직을 구성하여 운영하여야 한다. 금융투자회사는 효율적인 준법감시체제를 구축·운영하여야 하며 준법감시부서와 준법감시인을 두어야 한다. 준법감시인은 독립적으로 그 직무를 수행할 수 있도록 하여야 하며, 적정 임기를 보장하여야 한다. 또한 금융투자회사는 효율적인 내부통제를 위하여 회사의 업무진행절차를 구체적으로 규정화하고 전산화하여야 하며, 전산시스템은 적절한 단계로 구분하여 집행되도록 설계되어야 한다.

금융투자회사는 각종 거래에서 발생하는 제반 위험을 적시에 인식·평가·감시·통제하는 데에 필요한 리스크관리 체제를 갖추어야 한다. 이를 위해 부서별, 거래별 또는 상품별 위험부담한도·거래한도 등을 적절히 설정·운영하여야 하며, 각종 거래에서 발생할 수 있는 시장위험, 운영위험, 신용위험 및 유동성 위험 등 각종 위험을 종류별로 평가하고 관리하여야 한다.

이사회와 최고경영자는 금융거래의 내부통제에서 중요한 역할을 한다. 이사회는 리스크관리에 대한 다음 각 호의 사항을 심의·의결하며, 효율적인 리스크관리를 위하여 이사회 내에 리스크관리를 위한 리스크관리위원회를 두고 그 업무를 담당하게 할 수 있다. 금융투자회사는 경영상 발생할 수 있는 위험을 실무적으로 종합관리하고 이사회와 경영진을 보조할 수 있는 전담조직을

그림 2-10

리스크관리를 위한 내부통제조직

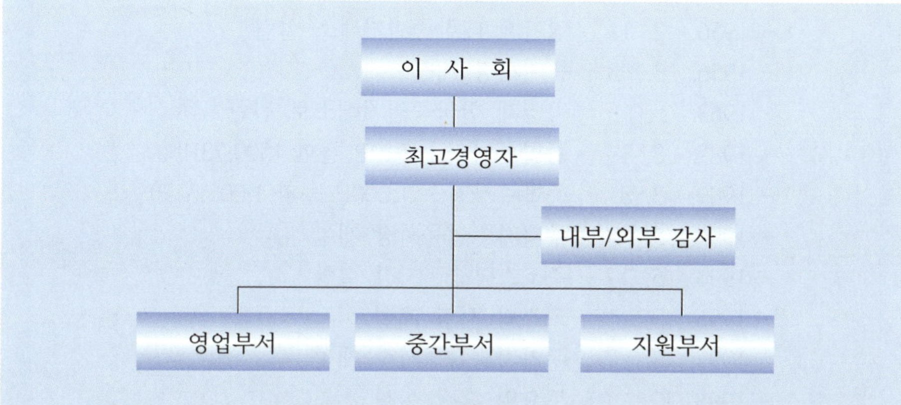

두어야 한다. 이때 전담조직은 영업부서 및 지원부서 와는 독립적으로 운영되어야 한다. 리스크관리 전담조직은 위험한도의 운영상황 점검 및 분석, 리스크관리정보시스템의 운영, 이사회와 경영진에 대한 리스크관리정보의 적시 제공 등의 기능을 수행한다. 금융투자회사의 효율적인 리스크관리를 위한 내부통제조직 구조는 [그림 2-10]과 같다.

[그림 2-10]에서 리스크관리 전담조직으로서의 중간부서(middle office)는 거래를 담당하는 영업부서(front office)와 거래를 확인하고 기장하는 지원부서(back office)와 독립적으로 운영되어야 한다. 중간부서의 장은 최고경영자 또는 이사회에 위험관리에 대한 사항을 직접 보고하여야 한다. 특히 특정한 거래자(임직원)가 영업부서, 중간보고 및 지원부서의 업무를 동시에 수행하여서는 안된다. 이는 기능의 분리(separation of function) 원칙에 위배되는 것으로서 커다란 위험을 야기할 수 있다. 이는 부록에서 언급하는 영국 베어링스 파산사건에서 극명하게 드러난다.

[한국거래소(KRX; Korea Exchange)]의 역사

- 1956. 2. 11 영단제 대한증권거래소 설립
- 1956. 3. 3 증권시장 개장
- 1963. 5. 3 공영제 한국증권거래소로 전환
- 1987. 8. 19 종합주가지수 520P 돌파 (500.73P)
- 1989. 3. 31 종합주가지수 1,000P 돌파(1,003.31P)
- 1996. 5. 3 주가지수선물시장 개설
- 1996. 5. 17 ㈜코스닥증권시장 설립
- 1996. 7. 1 코스닥 시장 개설
- 1997. 7. 7 주가지수옵션시장 개설
- 1998. 12. 7 토요일 휴장 실시
- 1999. 4. 23 미국달러선물 상장
- 2000. 5. 22 시장의 전·후장 구분 폐지
- 2001. 1. 30 코스닥50선물 상장
- 2001. 12. 14 코스닥50옵션 상장
- 2002. 1. 28 개별주식옵션시장 개설
- 2002. 5. 10 국채선물옵션 상장
- 2002. 12. 6 통안증권금리선물 상장
- 2003. 4. 28 ETF 시장 개설
- 2003. 6. 2003년 상반기 채권선물거래량 부분 세계5위 거래소로 기록
- 2003. 7. 1 금선물 당월물 상장 시행
- 2003. 8. 22 5년국채선물 상장
- 2005. 1. 27 한국증권선물거래소 합병 설립
- 2005. 11. 7 스타지수 선물시장 개설
- 2005. 12. 1 주식 워런트 증권시장 개설
- 2006. 5. 26 엔화선물, 유로화선물시장 개설
- 2007. 8. 17 외국기업 최초 상장
- 2007. 10. 10 해외ETF 최초 상장
- 2008. 5. 6 주식선물시장 개설
- 2008. 7. 21 돈육선물시장 개설

- 2008. 9. 18 FTSE 선진국지수 편입 확정
- 2009. 11. 16 CME연계 코스피 200선물 글로벌 시장 개설
- 2010. 8. 30 Eurex 연계 코스피200옵션 글로벌시장 개설
- 2010. 9. 13 미니금선물시장 개설
- 2012. 3. 30 석유전자상거래시장 개설

(*www.krx.co.kr*)

연습문제

기본문제

1. 청산소에 대한 설명으로 가장 거리가 먼 것은?

① 청산소는 모든 거래를 중개하고 체결시키는 기능을 수행한다.

② 청산소는 파생상품계약의 공정한 거래를 위한 규정을 제정하고 시행한다.

③ 청산소는 대차원리에 따라 거래되는 모든 계약의 상대방이 된다.

④ 모든 거래는 청산소를 통하여 보증되고 효율적으로 수행된다.

2. 파생상품거래의 증거금과 신용거래의 증거금에 대한 비교 설명으로 가장 거리가 먼 것은?

① 신용거래로 주식을 매입할 경우 보증금은 매입대금의 전부가 된다.

② 파생상품거래의 증거금은 계약이행을 보증하는 성격만을 가지고 있을 뿐이다.

③ 신용거래의 경우 개시증거금이 유지증거금을 하회할 경우에는 단지 유지증거금 수준만 유지하면 된다.

④ 파생상품거래에 대한 증거금은 일정한 금액으로 책정되어 있어서, 파생상품가격이 상승함에 따라 증거금 수준이 하락하는 경향이 있다.

3. 일일정산제도에 대한 설명으로 가장 거리가 먼 것은?

① 선물거래를 하고자 하는 고객이나 회원은 일정액의 증거금을 납부하여야 한다.

② 증거금은 계약이행의 보증금 성격을 갖는다.

③ 거래소는 매일 거래가 끝난 후 매입자와 매도자의 손익으로부터 발생되는 일일대차를 0으로 만든다.

④ 손실이 크게 발생한 고객이 요구되는 증거금을 추가로 납부하지 않았을 경우, 다음 날 해당 고객의 포지션에 대한 강제청산이 이루어진다.

4. 파생상품거래의 결제불이행을 방지하고자 하는 제도와 가장 거리가 먼 것은?

① 증거금제도　　② 일일정산제도

③ 반대매매제도　　④ 내부통제제도

5. 파생상품계약의 청산 방식과 가장 거리가 먼 것은?

① 차감결제 ② 실물인수도

③ 현금결제 ④ 반대매매

6. 반대매매에 대한 다음 설명 중 (A)와 (B)에 해당하는 용어로 가장 올바르게 묶은 것은?

반대매매는 만기일 이전에 파생상품거래를 결제하기 위하여 매도한 경우에는 (A)하고, 매수한 경우에는 (B)하여 이전과 반대로 매매하는 것을 말한다.

① A(차환), B(대환) ② A(대환), B(차환)

③ A(환매), B(전매) ④ A(전매), B(환매)

7. 파생상품 거래의 주문 형태에 대한 설명으로 가장 거리가 먼 것은?

① 시장가주문은 시장에서 형성되는 가장 유리한 가격으로 매입 또는 매도하고자 하는 주문을 말한다.

② 지정가주문이란 고객이 제시한 특정가격으로 매입 또는 매도하고자 하는 주문이다.

③ 최유리 지정가주문은 종목 및 수량은 지정하되 가격은 매도의 경우 낮은 매수호가의 가격, 매수의 경우 가장 높은 매도호가의 가격을 지정한 것으로 보아 거래를 하고자 하는 주문이다.

④ MIT 주문은 시장가주문과 지정가주문을 혼합한 주문형태이다.

▶ 다음 빈 칸에 알맞은 말을 넣으시오.

8. 파생상품계약의 인수도는 ( )를 통하여 이루어진다.

9. 청산소가 청산회원에게 요구하는 증거금을 ( )이라 한다.

10. 선물계약의 청산은 동일한 ( )을 갖는 매입 포지션과 매도 포지션을 연결시켜줌으로써 이루어진다.

11. ( )란 파생상품계약의 만기에 파생상품계약의 매도자로부터 매입자에게로의 대상자산의 실물이 인도되는 것을 말한다.

12. 매입 또는 매도된 파생상품계약이 만기일 이전의 어느 특정일 현재 반대매매에 의해 청산되지 않고 남아있는 계약을 (   )이라고 한다.

13. 지정가주문이란 고객이 제시한 특정가격으로 매입 또는 매도하고자 하는 주문으로서, 매입주문의 경우에는 특정제시가격이나 그 (   )(으)로, 매도주문의 경우에는 특정제시가격이나 그 (   )(으)로 매매하고자 하는 주문을 말한다.

14. (   )은 최종약정가격을 결정하는 때에는 시장가주문으로 전환되는 것을 조건으로 하는 지정가주문이다.

15. (   )은 거래가 반드시 지정가로 수행될 것을 요구하지는 않으며, 지정가가 시장가격과 합치되지 않을 경우에는 시장가격으로 거래를 체결시켜줄 것을 요구하는 주문을 말한다.

▶ 다음 문장이 맞으면 O, 틀리면 X를 하시오.

16. 선물거래소는 파생상품계약의 공정한 거래를 위한 규정을 제정하고 시행하는 역할을 한다. (   )

17. 청산소는 파생상품계약의 손익을 매일매일 평가하고 청산하는 기능을 갖는다. (   )

18. 거래소의 비청산회원은 청산회원을 통하여 거래를 청산하여야 한다. (   )

19. 일반적으로 중개회사는 자신들이 청산소에 납부해야 하는 청산증거금보다 적은 금액을 개인투자자들에게 요구한다. (   )

20. 미결제약정은 만기일을 포함하여 어느 특정일에 인도 또는 인수의 의무를 가지고 있는 계약으로서 반드시 반대매매에 의해 청산되어야 할 계약이다. (   )

21. 일반적으로 미결제약정 수량이 증가될 때에는 현재의 추세를 지속시킬 자금의 유입으로 판단하며, 미결제약정 수량이 감소될 때에는 자금의 유출 및 추세의 전환으로 판단한다. ( )

22. 시장가주문은 가격과 수량은 지정하되 종목은 지정하지 않는 주문을 말한다. ( )

23. 지정가주문은 현재가격보다 유리하게 매입 또는 매도하고자 하는 주문이다. ( )

24. 시장가주문은 어떤 자산의 가격이 하락하면 매입주문이 성사되고, 가격이 상승하면 매도주문이 성사됨으로써 시장에 유동성을 제공하여 시장을 활성화시키는 작용을 한다. ( )

25. 일부충족조건 주문(FAK; Fill and Kill)은 주문전달 즉시 체결가능수량만 체결하고 나머지 주문잔량은 취소되는 조건의 주문이다. ( )

제3장 파생상품의 가격결정

제 3 장 파생상품의 가격결정

파생상품도 예상체결가격 6월부터 공개

한국거래소는 그동안 국채선물과 통화상품 등에만 제한적으로 공개되던 예상체결가 정보를 지수 선물・옵션, 주식 선물・옵션 등 모든 파생상품에 적용해 공개하기로 했다. 이 밖에도 주식시장과 동일한 방식으로 파생상품시장에도 접속거래시간(9시~15시 5분)에 잔량 기준 연속 5잔량 우선호가(개별주식 선물・옵션은 10잔량 우선호가) 공개 방식이 도입된다. 장중 공개되던 총호가수량에 대한 정보는 공개하지 않기로 했다. 가격 조작 가능성을 차단하기 위해 단일가매매 종료 전 1분간 호가 취소나 변경이 금지된다. 변경된 기준에 따르면 장중 지수 선물・옵션은 '5잔량 합계수량'이, '개별주식 선물은 10잔량 합계수량'이 공개된다. 5잔량(10잔량) 합계수량이란 시장가격을 기준으로 실제로 주문 수량이 존재하는 매수와 매도 호가 5개(10개) 틱이 공개된다는 의미다. 파생상품에서 '틱(tick)'은 최소 호가 단위다. 선물・옵션 상품에서 1틱은 각각 2만5000원으로 환산된다.

(매일경제 2012.4.2)

1. 파생상품의 가격결정

파생상품의 가격결정이란 미래에 매입 또는 매도하려는 파생상품의 가격을 현재 시점에서 결정하는 것이다. 따라서 파생상품의 가격은 미래시점에서 실제로 이루어질 거래가격에 대하여 현재 주어진 모든 정보를 이용하여 예측함으로써 결정될 수 있다.

다음의 예를 살펴보기로 하자. 남서울무역은 3개월 후에 수입대금 100만

달러를 미국의 수출업자에게 지급하여야 한다. 현재의 원-달러 환율은 1,400원/$이다. 남서울무역은 현재 시점에서 14억 원을 100만 달러로 환전하여 3개월간 보관한 후에 미국의 수출업자에게 지급할 수도 있다. 이 경우 3개월 동안 원-달러 환율의 변동이 없다면 남서울무역은 14억 원에 대한 3개월간의 기회비용을 부담하여야 한다. 기회비용을 월 1%라 하면 그 부담은 4,200만 원(= 14억 원 × 1% × 3개월)이 될 것이다. 만약 3개월 후 실제 환율이 1,350원/$이 되었다면 13.5억 원으로 100만 달러의 교환이 가능한 것을 미리 교환하여 둔 바람에 5천만 원의 손실까지도 부담하여야 한다. 기회비용과 합하여 모두 9,200만원의 손실을 부담하게 된다. 반면 3개월 후의 실제 환율이 1,450원/$이라면 100만 달러를 교환하기 위하여 14.5억 원이 필요하다. 그러나 미리 교환하여 둔 덕분에 남서울무역은 환율변동에 의해 5천만 원의 이득을 보고 기회비용을 고려해도 800만원의 이득을 보게 된다. 만일 3개월 후의 환율을 정확히 예측할 수 있다면 남서울무역은 100만 달러의 수입대금 지급에 대하여 그 교환시점을 손쉽게 결정할 수 있을 것이다.

표 3-1 남서울무역의 환율별 손익

구 분	3개월 후 원-달러 환율		
	1,350원/$	1,400원/$	1,450원/$
환율변동손익 기회(이자)비용	−50,000,000 −42,000,000	0 −42,000,000	+50,000,000 −42,000,000
총손익	−92,000,000	−42,000,000	+8,000,000

그러나 현재시점에서 3개월 후의 원-달러 환율이 얼마가 될지는 누구도 정확하게 예측할 수 없다. 다만 현재시점에서 이용가능한 모든 정보를 이용하여 3개월 후의 환율에 대한 예측만을 할 수 있을 뿐이다. 또한 그 예측은 언제나 틀릴 가능성을 내포하고 있다.

만약 3개월 후에 100만 달러를 특정 환율(예를 들어 1,420원/$)에 환전할 수 있는 파생상품계약이 존재한다면, 남서울무역은 이 계약을 이용하여 교환시점의 결정에 따른 번거로움을 피할 수 있을 것이다. 남서울무역은 3개월 후의 원-달러 환율변동에 관계없이 1,420원/$의 환율로 100만 달러를 환전할 수 있다. 이때 1,420원은 원화로 미 달러화를 구입하기 위한 3개월 만기 파생상품의 가격이고, 이 가격은 현재시점에서 이용가능한 모든 정보가 이용되어 결정된 것이다. 물론 이 가격은 시장에서 이 파생상품에 대한 수요와 공급이 일치함으로써 결정되는 것이다. 이 경우 남서울무역은 파생상품을 이용하지 않고 미리 환전하는 경우에 발생하는 기회비용으로서의 이자비용도 부담할 필요가 없다.

파생상품시장에서의 균형가격은 다른 금융상품의 경우와 마찬가지로 수요와 공급이 일치되는 수준에서 결정된다. 파생상품의 균형가격 결정에는 3가지 유형의 거래자들이 참여한다. 그 첫째는 헤저(hedger)이다. 헤저는 파생상품시장에서 보수적인 입장에 있는 거래자로서 투기거래자와는 달리 현물시장의 가격변동에 따른 위험을 회피하고자 한다. 즉, 미래의 시점에 일정한 가격으로 파생상품을 사거나 파는 계약을 함으로써 자신이 현물시장에서 부담하게 될 가격변동에 따르는 위험을 줄이려는 거래자이다. 따라서 헤저는 정상적인 영업활동 중에 직면하게 되는 가격변동위험이나 대규모 포트폴리오에 내재된 가격변동위험을 회피하기 위하여 파생상품시장에 참여한다.

둘째는 투기거래자(speculator)이다. 투기거래자는 파생상품시장에서 가격의 변동에 따른 잠재적 이익을 얻고자하는 자로서 포지션 창출에 따른 상대적으로 작은 증거금(margin)과 이에 따른 레버리지 효과에 매력을 느껴 참여하게 된다. 투기거래자에게 있어서는 단기간에 걸쳐 계속적인 가격변동 가능성이 큼과 동시에 가격전망이 어려울 때 투기의 기회를 발견할 수 있으며, 이와 같은 투기적 활동은 파생상품시장에 풍부한 유동성을 공급함으로써 시장의 활성화에 기여하게 된다.

셋째는 차익거래자(arbitrageur)이다. 파생상품시장 자체만 존재할 경우에는 헤저와 투기거래자들 만으로도 파생상품의 균형가격을 설명할 수 있다. 그러나 대개의 경우에 있어서 파생상품시장에서 거래되는 상품들은 또한 현물시장에서도 거래가 이루어지고 있다. 따라서 현물시장에서 현물상품을 매입(매도)함과 동시에 파생상품시장에서 파생상품을 매도(매입)하는 행위에 의해 위험부담 없이 이익을 얻는 것이 가능할 수가 있다. 이러한 거래자들을 차익거래자라고 한다. 차익거래자는 파생상품시장 내 또는 파생상품시장과 파생상품시장간, 파생상품시장과 현물시장간의 대상상품의 가격차이로 부터 이익을 얻고자 하는 전문적인 거래자로서 이들의 활동에 의해 파생상품시장과 현물시장간에 정상적인 가격관계가 유지된다. 즉, 파생상품시장에서의 균형가격은 파생상품시장에서의 수요, 공급뿐 아니라 현물시장에서의 수요, 공급 또한 영향을 미친다. 물론 그 반대로 파생상품시장에서 헤저와 투기거래자의 행위가 현물시장의 가격에도 영향을 미치게 된다. 결국 차익거래자들은 파생상품시장과 현물시장을 연결시키는 고리와 같은 역할을 하는 자들이다. 이들이 차익거래를 통해 이익을 올릴 수 있느냐의 여부는 저렴한 자금조달, 신속한 거래실행 및 현물상품에 대한 최선의 거래가격을 획득할 수 있는 능력에 달려 있으므로 차익거래자들은 파생상품계약에 앞서 자신의 포지션은 물론 거래할 파생상품계약의 가격과 현물시장 가격간의 관계를 항상 관찰함으로써 양 시장간에 균형가격을 성립시킨다.

2. 파생상품가격과 현물가격의 관계

파생상품가격이란 파생상품거래소에서 장래 일정시점에 인도·인수될 대상상품에 적용될 가격으로 매도·매수 쌍방간의 공개경쟁에 의해 결정되는 가격이다. 이에 반하여 현물가격이란 우리가 일상 접하는 가격으로 매매와 동시에 실물이 인도되고 대금이 지불될 때의 가격을 말한다. 예를 들어, 시장에서 사과 1개를 1,000원을 주고 사거나 증권회사에서 삼성전자 보통주 10주를 1,500만원에 매입하는 경우 등은 모두 현물가격에 해당된다.

파생상품시장은 현물시장을 토대로 성립되는 만큼 양자간에는 불가분의 관계가 있다. 이러한 관계는 결국 양 시장에서 동시매매를 행하는 차익거래[1)]

1) 차익거래란 어떤 상품의 가격이 시장 간에 상이할 경우 가격이 싼 시장에서 매입하여 비싼 시장에서 매도함으로써 매매차익을 얻는 행위를 말한다. 따라서 동 상품이 외환일 때는 외환차익, 자금일 때는 금리차익이 발생하며 각각의 가격을 균형가격으로 환원시키는 데 기여하게 된다.

(arbitrage trading)를 통하여 다음과 같은 관계식으로 나타낼 수 있다.

파생상품가격 = 미래의 현물가격 기대치
= 현물가격 + 순보유비용
= 현물가격 + (보유비용 - 보유수익)

여기에서 순보유비용은 파생상품을 보유하고 있을 경우에 발생하는 순비용이다. 보유수익은 현시점에서 파생상품의 결제시점까지 대상상품을 보유함으로써 얻을 수 있는 수익이며, 보유비용이란 대상상품을 매입하기 위하여 차입한 자금의 비용, 보관비용, 운송료, 보험료 등이 포함된다.

그러나 현실적으로 양 시장의 가격은 균형가격에서 이탈해 있는 것이 일반적이다. 양 시장의 가격이 균형에서 이탈해 있는 경우에는 시장가격과 균형가격 간의 차이를 이용하여 이익을 취하려는 차익거래자에 의해 균형가격으로 회귀하게 된다.

그림 3-1

베이시스의 수렴

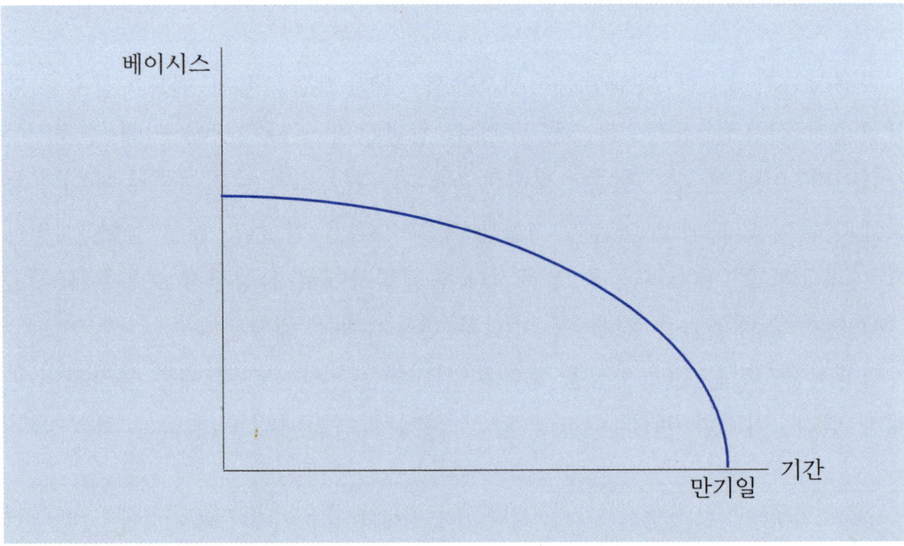

파생상품가격과 현물가격간의 관계를 보기 위하여 앞에서의 관계식을 변형하면 다음과 같다.

베이시스 = 파생상품가격 - 현물가격
= 현물가격 - 파생상품가격

파생상품가격과 현물가격 또는 현물가격과 파생상품가격의 차이를 베이시스(basis)라 하며, 파생상품가격과 현물가격에 따라 베이시스는 양(+)이 될 수도 있고 음(-)이 될 수도 있다. 즉, 베이시스를 파생상품가격에서 현물가격을 뺀 수치로 정의할 때, 파생상품가격이 현물가격보다 클 때에는 베이시스는 양(+)이 되며 그 반대의 경우에는 베이시스는 음(-)이 된다. 일반적으로 베이시스는 결제일에 다가갈수록 0(zero)에 수렴하게 된다.

현물시장과 파생상품시장은 그 이용목적이 다르기 때문에 전혀 관계없는 가격이 형성될 것으로 생각할 수도 있다. 그러나 인수도 가능성 때문에 양 시장은 일정 범위의 가격폭을 유지하는 경향이 있는 것이다. 즉, 파생상품계약에서는 대상상품의 실물인수도가 결제월에 발생하기 때문에 파생상품가격과 현물가격 사이에는 일정한 논리적 가격관계가 유지된다. 실물인수도가 적거나 없을 경우라도[2] 실물인수도가 발생할 수 있다는 것을 파생상품시장 참여자 모두가 알고 있다. 이러한 논리로 파생상품가격과 현물가격은 밀접한 관계를 유지하는 것이다.

파생상품거래의 결제월이 도래하면 파생상품가격은 대상상품이 인수도 될 수 있다는 사실에 따라 현물가격에 수렴(converge)하게 된다. 만일 결제월의 파생상품가격이 현물가격에 비하여 불합리하게 높다면 팔 상품을 갖고 있는 사람은 파생상품을 고가로 매도한 후 상품의 보유비용에 비하여 이익이 가장 커지는 시점에 실물을 인도하면 이익을 얻을 수 있다. 반대로 파생상품가격이 현물가격에 비하여 불합리하게 낮으면 실물이 필요한 사람은 현물대신 파생상품을 저가에 매입하고 결제시점에 실물을 인수받으면 이익을 얻게 된다.

---

2) 주가지수선물의 경우에는 주가지수를 구성하는 모든 주식을 실물인수도하는 것이 사실상 불가능하다. 따라서 주가지수선물은 지수에 일정한 가격을 곱한 금액을 기준으로 그 차액만을 현금결제한다.

예를 들어 3월 17일에 만기가 도래하는 3월물 파생상품가격이 3월 15일 현재 1,000원인데 반하여 이 파생상품계약의 대상상품의 현물가격이 500원이라고 가정하자. 이 상품을 팔려는 사람은 현물매도와 파생상품 매도계약의 두 가지 선택을 할 수 있다. 우선 현물매도의 경우 3월 15일에 상품을 현물시장에서 매도하여 500원을 받을 수 있다. 둘째, 파생상품 매도의 경우 3월 17일에 1,000원을 받고 대상상품을 인도하기로 지금 계약하는 것이다. 이 경우 만기가 2일 남은 파생상품의 가격이 현물가격보다 두 배가 비싸므로 파생상품 매도가 훨씬 유리할 것이다.[3] 반대로 현물의 가격이 1,000원이고 파생상품의 가격이 500원이라면 동일한 상품을 사려는 사람은 현물시장에서 1,000원으로 구입하는 것보다 파생상품을 매입하는 것이 훨씬 더 유리할 것이다. 따라서 파생상품의 결제시점이 가까워 올수록 파생상품가격은 현물가격에 접근하게 되는 것이다.

이와 같이 결제시점이 다가옴에 따라 매수를 희망하는 사람과 매도를 희망하는 사람들의 상호작용을 통하여 파생상품가격과 현물가격은 일정한 가격관계를 유지하게 된다. 또한 파생상품가격은 실물이 인도될 수도 있고 실물인도가 요구될 수도 있다는 이유로 상품자체의 수급요소에 영향을 받는다. 그러므로 현재 또는 장래에 현물가격에 미칠 수 있는 영향은 파생상품가격에도 정도만 다를 뿐 마찬가지의 영향을 미친다는 것을 알 수 있다.

이론상으로는 파생상품가격이 즉시 인도될 수 있는 현물가격보다 최소한 파생상품계약에 드는 제비용, 즉 이자비용, 저장·운송비용, 보험료 등 보유비용만큼은 높아야 한다. 바꿔 말하면 현물가격은 파생상품가격보다 낮아야 한다. 만일 파생상품가격과 현물가격간에 왜곡현상이 생겼을 경우에는 앞에서 예로 든 차익거래 등에 의해 가격은 정상수준으로 회귀하게 된다. 그러므로 파생상품시장을 주로 이용하는 거래자는 파생상품가격 자체보다는 파생상품가격과 현물가격의 차이인 베이시스(basis)에 관심을 기울이게 된다.

파생상품가격이 현물가격 보다 높은 현상(즉, 베이시스가 양(+)의 값을 갖는 현상)을 콘탱고(contango)라고 하며, 파생상품의 만기일이 길면 길수록 베이

3) 현물가격이 3월 15일 이후 급격히 상승하여 1,000원 이상으로 오르는 것이 불가능하여야 하며, 동 상품을 보유하는 데 드는 비용이 파생상품과 현물의 가격차이 보다는 작아야 할 정도로 파생상품의 가격이 현물의 가격보다 높아야 한다.

시스의 폭은 더 커진다. 즉, 1개월 파생상품보다 2개월 파생상품의 가격이 더 높은 것이 일반적이다.

노동자의 파업, 생산공장의 대형화재 등으로 공급측면에서 장애가 발생하여 일시적으로 공급이 수요보다 부족하게 되면 현물가격이 파생상품가격 보다 높아지게 되는 현상(즉, 베이시스가 부(-)의 값을 갖게 되는 현상)이 생기게 된다. 이때 현물가격이 파생상품가격 보다 높은 현상을 백워데이션(backwardation)이라고 한다. 공급측면의 장애가 해소되면 수요와 공급이 다시 균형을 찾게 되고 콘탱고 시장상태로 복귀하게 된다. 콘탱고 상태의 시장을 정상시장(normal market)이라 하고 백워데이션 상태의 시장을 비정상 또는 역조시장(abnormal or inverted market)이라 한다.

정상시장은 파생상품의 만기일이 길수록 현물가격에 비해 파생상품가격이 높게 형성되는 시장이다. 이론적으로 정상시장에서 파생상품가격은 만기까지 소요되는 보유비용 또는 재고유지비용(cost of carry) 만큼 높은 가격수준을 나타낸다. 여기서 보유비용이란 해당 현물을 파생상품계약의 만기까지 유지(보관)하는데 드는 비용으로 금융비용(이자), 보험료, 창고료 등으로 구성된다. 파생상품을 매도한다는 것은 만기일에 가서 현물을 인도해야 할 의무를 지는 것으로 계약시점으로부터 만기까지 해당상품을 잘 보관하여 두었다가 인도시점에 가서 대금과 교환해야 한다. 따라서 파생상품 매도포지션의 경우 파생상품 만기까지 보유비용이 발생하는 것은 당연하다. 따라서 파생상품의 만기가 길면 길수록 보유비용이 증가하고 또한 만기일이 다가옴에 따라 보유비용이 감소되면서 만기일에는 0이 되어 현물가격에 수렴하게 된다. 따라서 파생상품가격은 이론상으로 미래의 현물가격이라 할 수 있다.

기대모형에 의하면 현재의 파생상품가격은 투자자들이 파생상품계약의 만기일에 기대하는 현물가격과 일치한다. 예를 들어, 7월물 계약에 대한 1월 현재의 파생상품가격은 파생상품계약이 만기가 되는 7월의 가격에 대한 시장에서의 1월 현재의 기대치라고 할 수 있다.

시장참가자들이 어떤 상품(현물)의 1년 후의 가격이 $10일 것이라고 기대한다고 하자. 이 가격은 기대미래현물가격(expected future spot price)이다. 이 경우 파생상품가격은 기대된 미래의 현물가격과 동일하거나 근접하여야만 한다. 그렇지 않다면 이익을 위한 차익거래가 발생할 것이다.

만약 파생상품가격이 $15이고 기대된 미래의 현물가격이 $10이라면, 투자자들은 파생상품계약을 매도하고 현물을 $10에 매입할 것이다. 투자자는 이 거래를 통해 $5의 이익을 얻을 수 있다. 이와는 반대로 파생상품가격이 $7이라면 선물계약을 매입하고 현물을 매도할 것이다.

결국 시장에서의 이러한 거래는 파생상품가격을 기대되는 미래의 현물가격에 근접시킨다. 두 가격 사이의 큰 차이는 거래유인을 제공할 것이며, 이익을 추구하는 투자자들은 파생상품가격과 기대되는 미래의 현물가격이 차이가 있는 한 거래할 것이다.

여기서는 파생상품가격과 현물가격간의 관계를 살펴보기 위하여 시장에서 "차익거래의 기회가 없다"(no arbitrage)는 개념을 이용하며, 또한 단순화를 위해 파생상품시장이 완전시장이라고 가정한다. 그러나 실제시장은 이러한 이상적인 시장과는 거리가 멀기 때문에 점진적으로 가정을 완화하면서 보다 실질적인 분석을 하기로 한다.

우선 차익기회의 개념에 대해 알아보기로 하자. 만약 순투자비용의 지출이 없이 무위험수익의 창출이 가능한 거래가 존재한다면, 차익기회(arbitrage opportunity)가 존재한다고 할 수 있다. 즉, 차익거래는 전혀 투자자금을 지출하지 않으면서 위험이 전혀 없이 이익을 얻을 수 있는 기회를 말한다. 예를 들어, 두 거래소에서 동시에 거래되는 어떤 주식이 동일한 시점에 A거래소에서는 2만원에 그리고 B거래소에서는 2만1천원에 거래된다고 하면, 투자자는 B거래소에서 그 주식 1주를 2만1천원에 공매하고 A거래소에서 그 주식 1주를 2만원에 매입함으로써 1천원의 차익을 얻을 수 있을 것이다. 이 투자자는 이러한 거래를 통해 무위험이익(riskless profit) 1천원을 얻는다. 또한 이러한 가격이 유지되는 한 이 투자자는 거래주식수를 증가시킴으로써 이익을 증가시킬 수 있을 것이다. 따라서 이러한 차익기회는 하늘에서 떨어진 돈에 비유할 수 있을 것이다. 그러나 기능이 잘 수행되는 시장에서는 이러한 차익기회가 존재하지 않으며, 세상에는 하늘에서 떨어진 돈이 존재하지 않는다. 따라서 지금부터는 차익기회가 존재하지 않는다는 가정 하에서 파생상품 가격결정과정을 살펴보기로 한다.

3. 보유비용모형

3.1 베이시스와 보유비용

보유비용(cost-of-carry 또는 carrying charge)이란 선물계약의 매도자가 만기 시에 인도해야 할 현물을 매입하여 이를 만기일까지 보유하는 데 드는 모든 비용이라고 할 수 있다. 이러한 보유비용에는 저장비용, 보험료, 운송비용, 이자비용 등이 포함된다.

저장비용은 상품을 적절한 시설에 보관하는 비용을 포함한다. 그리고 보관된 상품을 위해 보험 역시 필수적이다. 예를 들어 저장된 목재는 화재로부터 보호되어야만 하며, 밀은 수해로 부터 보호되어야 한다. 그리고 보유비용에는 운송비도 포함된다. 예를 들어 강원도로부터 서울로의 밀의 운반은 비용이 들며, 이러한 두 지역간의 운송비는 두 지역 사이의 가격차이를 결정한다.

그러나 보유비용에서 가장 큰 비중을 차지하는 것은 역시 이자비용이다. 대부분의 경우에 이자비용이 다른 비용에 비해 훨씬 크다. 예를 들어 밀이 뷰셀당 \$100이고 이자율이 월 1% 라면 밀 보유비용 중 이자비용은 월 \$1(= 1% × \$100)이다.

선물시장을 활용하는 사람들은 베이시스의 변동을 분석하여 자기의 선물포지션을 결정 또는 변동시켜 나간다. 이제 다음과 같은 예를 살펴보기로 하자.

투자자 A가 100만원 상당의 밀을 구입하여 창고에 보관하고 있다. 투자자 A는 이미 이 상품의 대금을 지급하였기 때문에 소유권은 A에게 귀속되어 있으며 이 상품이 타인에게 판매되어 A가 그 대금을 현금으로 받을 때까지는 A가 밀을 구입할 때 지불한 금액에 대한 이자와 상품 보관비용을 부담하고 있는 것으로 해석할 수 있다.

투자자 B와 C가 각기 다른 조건으로 A가 소유한 밀을 매입하고자 희망한다고 하자. B의 조건은 현물매입으로서 즉시 대금을 지불하겠다는 것이고, C의 조건은 3개월 후에 대금을 지급하고 상품도 3개월 후에 인수받겠다는 3개월 선도매입이다. 만일 B와 C의 매입 희망가격이 같은 가격, 즉 110만원이라면 이미 이자비용을 부담하고 또 창고료를 계속 지불하고 있는 투자자 A로서는 B에게 판매하는 것이 당연할 것이다. C가 A로부터 상품을 구입하기 위해서는 3개월에 해당하는 이자, 창고료 및 보험료에 해당하는 금액만큼을 더 지불해야 하는 것이다.

간단한 예로 이자비용만 고려하면, 만일 현재의 이자율이 월 1%이고 B가 제시하는 현물매입가격이 110만원일 경우, C가 제시해야만 하는 3개월 선도계약의 매입 희망가격은 적어도 3개월간의 해당이자인 3.3만원(= 110만원 × 1% × 3개월)을 더 지불하겠다고 해야만 A의 소유인 밀을 매입할 가능성이 있다. 따라서 A가 소유하고 있는 밀의 가격은 이자율이 월 1%일 때 현물가격이 110만원이면 3개월 선물가격은 113.3만원으로 결정되게 되는 것이다.

선물가격은 이자비용 외에도 창고료, 보험료 등의 보유비용 만큼 차이가 있는 것이며 이러한 관계가 유지되지 않을 때에는 차익거래에 의한 이익이 발생하게 되는 것이다. 그러나 현실적으로는 상품별로 차이가 있기는 하지만 이자비용이 보유비용의 대부분을 차지하고 있으므로, 단순히 이자비용을 보유비용으로 가정한 가운데 차익거래의 예를 들어 보기로 한다.

앞의 예에서 B의 매입 희망가격(현물가격)과 C의 매입 희망가격(3개월 선도가격)이 월 1%의 이자율과 관련하여 3.3만원의 차액(콘탱고)을 발생시키는 자연스러운 현상을 보았다. 만약 어떤 이유에서든 3개월 선물가격이 이자율을 상회하는 콘탱고로 형성되어 115만원이 되었다고 가정하면 시장상황은 아래와 같이 정리되어 설명될 수 있다.

① 밀의 현물가격 110만원
② 밀의 3개월 선물가격 115만원(3개월 기간의 콘탱고 5만원)
③ 이자율 월 1%

이와 같은 시장상황에서 파생상품시장을 활용하는 기초적인 상식을 갖춘 사람이 취하는 행동은 다음과 같은 단계를 따른다고 볼 수 있다.

① 은행에서 월 1%의 이자율로 110만원 차입

② 현물을 110만원에 매입함과 동시에 3개월 선도계약을 115만원에 매도
③ 인수받은 현물을 3개월 동안 보관했다가 선도계약 만기일에 인도하고 선도계약 매도금액 115만원을 수령
④ 은행에 110만원의 원금과 3개월간의 이자 33,000원을 상환해서 차입금을 정리
⑤ 17,000원(= 50,000원 - 33,000원)의 차익

이상의 설명과 같은 과정을 이행하는 단순한 차익거래의 결과 누구나 17,000원의 이익을 얻을 수 있지만 이는 곧 현물에 대한 초과수요를 가져와 밀의 현물가격은 이러한 차익거래 기회가 사라질 때까지 상승하게 된다. 즉, 파생상품시장에서는 한 상품의 베이시스가 보유비용 보다 커지거나 커지려는 기미가 보이는 순간, 수많은 자금이 몰려들어 현물을 매입하고 동시에 선물을 매도하여, 베이시스의 폭은 순식간에 보유비용에 접근하거나 보유비용과 같게 되는 것이다. 따라서 보유비용이 선물가격을 형성한다는 이론에서는 베이시스는 기껏해야 보유비용 만큼의 폭을 유지하여 '**시장의 균형 선물가격 = 현물가격 + 보유비용**'의 등식이 성립되는 것이다.

다른 예를 하나 더 살펴보자. 투자가 A는 장기채권을 매입할 것을 고려하고 있다. 장기채권의 현물가격이 100만원이며 이 채권의 6개월 선물의 가격은 97만원이다. 자금의 차입에 따르는 이자비용이 년 6%라고 하면 이 채권을 현물시장에서 매입하기 위해서는 월평균 5천원의 이자를 부담해야 하기 때문에 6개월간의 차입비용은 총 3만원이 된다.

장기채권의 표면이자율이 년 12%라면 지금 장기채를 매입하여 6개월간 보유하였을 경우 6만원의 이자수입이 생기게 된다. 그러므로 장기채를 지금 매입하여 6개월간 보유하는 순수한 비용은 97만원이 된다.

현 재 :	장기채의 매입	(100 만원)
	6개월간 보유로 인한 차입비용	(+ 3 만원)
	장기채의 보유로 인한 이자수입	(- 6 만원)
		(97 만원)
6개월 후 :	선물계약을 매입하여 결제	(97 만원)

이와 같은 분석의 결과 오늘 100만원에 장기채를 매입하는 것은 6개월 후에 만기가 되는 장기채선물을 97만원에 매입하는 것과 동일한 결과를 가져온다.

이것은 앞에서 예로 든 밀의 경우와 마찬가지이다. 다만 밀의 경우에는 선물의 만기 시까지 보유할 경우 수입의 발생이 없었으나 장기채의 경우에는 이자수입이 발생한 것만 다를 뿐이다. 즉, '**선물가격 = 현물가격 + 금융비용 - 수익**'으로 변화되었을 뿐이다. 이 예에서 금융비용은 앞의 밀의 예에서 설명한 보유비용과 마찬가지로 장기채를 6개월간 보유하기 위해 부담하는 이자비용 3만원이고 관련 수익은 곡물, 육류, 금속 등과 같은 상품선물과 관련해서는 특별히 발생하지 않는 것으로 채권의 경우에는 수입이자, 주식의 경우에는 수입배당금, 외환의 경우에는 외화단기수입 등이 이에 해당된다. 이 예에서는 이자수입 6만원이 수익에 해당된다.

앞에서 선물시장을 이용하는 사람들은 선물가격 자체보다는 베이시스에 더 관심을 가지며 베이시스는 파생상품가격과 현물가격의 차이라고 정의했다. 위의 예에서 볼 수 있듯이 베이시스는 금융비용, 수익에 의해 영향을 받는 것을 알 수 있으며 또한 만기까지의 기간에 의해서도 영향을 받는다는 것을 알 수 있다.

장기채의 예에서 만기까지의 기간이 6개월인 경우 베이시스는 3만원이었다. 만기까지의 기간이 3개월일 경우는 베이시스가 1만 5천원[4]이 된다(만기까지의 기간이 2개월이면 1만원, 1개월이면 5천원이 됨도 각자 살펴보기 바란다).

이상에서 살펴본 바와 같이 보유비용은 선물계약의 가격결정에 있어서 중요하다. 왜냐하면 만기가 다른 선물가격과의 관계뿐만 아니라 현물가격과 선물가격 사이의 가격관계를 결정하는 데 중요한 역할을 하기 때문이다. 이제 차익거래의 기회가 존재하지 않기 위해서는 선물가격이 어떻게 결정되어야 하는지를 다음의 예제를 통해 살펴 보기로 하자.

---

4)
장기채의 매입	1,000,000
3개월간 보유로 인한 차입비용	+15,000
장기채 보유로 인한 이자수입	−30,000
선물가격	985,000

따라서 베이시스는 1,000,000 - 985,000 = 15,000원

예제 3-1

유일한 보유비용은 연 10%의 이자율만 있다고 가정하고, 다음과 같은 가격을 가정해 보자.

밀의 현물가격	\$100
밀의 선물가격(인도일은 1년 후)	\$112
이자율	10%

만약 이러한 가격이 존재한다면, 다음과 같은 거래를 수행할 수 있을 것이다.

현　재 : 현물시장에서 1뷰셀[5]의 밀을 \$100에 매입
밀을 \$10(= \$100 × 0.10)의 차입비용으로 보유
1년 후에 만기가 도래하는 선물계약을 \$112에 매도
총현금흐름 : 0

1년 후 : 1뷰셀의 밀을 총비용 \$110에 인도
선물계약 매도금액 \$112를 수령
총현금흐름 : +\$2

포지션	현금흐름(t)	현금흐름(T)
1년간 \$100 차입(10%)	+\$100	-\$110
밀 1뷰셀 매입	-\$100	
선물계약 매도	0	+\$112
총현금흐름	\$ 0	\$ 2

위의 예제와 같은 거래는 성공적인 매입차익거래(cash-and-carry arbitrage)를 보여준다. 위에서 투자자는 현재시점에서 순투자비용의 지출 없이 무위험 수익을 보장받을 수 있었다. 현재시점에서의 총현금흐름이 0이라는 사실은 투자자가 투자비용을 지출하지 않았음을 의미한다. 이 투자자는 단지 자금을 차입하여 밀을 매입하고 이를 선물계약의 만기까지 보유하였다. 이러한 거래에서 보는 바와 같이, 차익거래의 기회를 방지하기 위해서는 선물가격이 현물가격에 보유비용을 합한 금액보다는 작거나 같아야 한다는 것을 알 수 있다.

5) 뷰셀은 곡물의 무게단위(1bushel = 27.216kg)

$$F_{t,T} \leq S_t(1+c) \tag{3.1}$$

여기서, $F_{t,T}$: T시점에서 인도할 t시점에서의 선물가격
S_t : t시점에서의 현물가격
c : 보유비용

앞의 (예제 3-1)에서 살펴본 바와 같이 만약 이러한 조건이 충족되지 않는다면, 거래자는 자금을 차입하여 현물을 매입하고 선물계약을 매도하여 선물계약에 대한 인도를 위해 현물상품을 선물계약의 만기 시까지 보유할 수 있다. 이러한 거래는 아무런 투자금액의 지출 없이 확실한 이익을 얻을 수 있는 차익거래를 가능하게 한다. 그러나 이러한 차익거래의 기회는 효율적인 시장에서는 존재할 수 없다. 이제 다음과 같은 경우를 살펴보기로 하자.

예제 3-2

유일한 보유비용은 연 10%의 이자율만 있다고 가정하고, 다음과 같은 가격을 가정해 보자.

밀의 현물가격	\$100
밀의 선물가격(인도일은 1년 후)	\$95
이자율	10%

만약 이러한 가격이 존재한다면, 투자자는 다음과 같은 거래를 수행할 수 있을 것이다.

현 재 : 현물시장에서 1뷰셀의 밀을 \$100에 공매
1년 후에 만기가 도래하는 선물계약을 \$95에 매입
공매금액 \$100를 10%의 수익률로 투자
총현금흐름 : 0

1년 후: 투자원리금 \$110(= \$100 × 1.10)를 수령
선물계약에 따라 밀 1뷰셀을 \$95에 인수
1뷰셀의 밀을 반환하고 공매포지션 청산
총현금흐름 : +\$15

포지션	현금흐름(t)	현금흐름(T)
밀 1뷰셀을 공매	+$100	
선물계약 매입	0	-$ 95
공매수익 투자	-$100	+$110
공매포지션 청산		
총현금흐름	$ 0	$ 15

이 거래에서 투자자는 공매자로서 공매수익을 10%의 이자율로 투자하였다. 또한 이 투자자는 1년 후 공매한 밀을 상환하는 데 필요한 밀을 확보하기 위하여 선물계약을 매입하였다. 앞의 거래에서와 마찬가지로 이 거래에서도 차익거래의 기회가 존재함을 알 수 있다. 즉, 현재 이러한 거래를 수행함으로서 1년 후에 $15의 이득이 확실히 보장됨을 알 수 있다. 또한 현재시점의 총현금흐름이 0이기 때문에 순투자가 0이다. 결국 이러한 거래는 성공적인 매도차익거래(reverse cash-and-carry arbitrage)를 보여주고 있다. 따라서 차익기회가 존재하지 않기 위해서는, 선물가격은 현물가격에 인도일까지의 보유비용을 합한 금액보다 같거나 커야 한다.

$$F_{t,T} \geq S_t(1+c) \tag{3.2}$$

따라서 (식 3.1)과 (식 3.2)를 결합하면, 차익거래의 기회가 존재하지 않기 위해서는 선물가격은 현물가격과 선물계약의 인도일까지의 보유비용의 합과 동일해야 함을 알 수 있다.

$$F_{t,T} = S_t(1+c) \tag{3.3}$$

(식 3.3)은 거래비용이 없으며 공매수익의 이용에 제한이 없는 완전시장의 가정 하에서 도출된 것이라는 사실에 유의해야 한다. 실제로는 선물계약의 매입과 매도 시에 비용이 존재하며, 특히 공매의 경우에는 보다 큰 비용이 수반된다.

3.2 스프레드와 보유비용

이러한 보유비용관계는 또한 만기가 다른 동일물간의 선물계약 사이에 존재하는 가격관계를 결정한다. 다음과 같은 예제를 통해 이를 살펴보기로 하자.

예제 3-3

유일한 보유비용은 연 10%의 이자율만 있다고 가정하고, 다음과 같은 가격을 가정해 보자.

밀의 선물가격(인도일은 1년 후)	\$100
밀의 선물가격(인도일은 2년 후)	\$112
이자율(현재-2년 후까지의 2년간)	10%

만약 이러한 가격이 존재한다면, 투자자는 다음과 같은 거래를 수행할 수 있을 것이다.

현 재 : 1년 후에 만기가 도래하는 선물계약을 \$100에 매입
2년 후에 만기가 도래하는 선물계약을 \$112에 매도
총현금흐름 : 0

1년 후 : 10%의 이자율로 \$100를 1년간 차입
선물계약에 따라 밀 1뷰셀을 \$100에 인수하고, 1년 동안 보유
총현금흐름 : 0

2년 후: 선물계약에 따라 밀 1뷰셀을 인도하고 \$112 수령
차입 원리금 \$110(= \$100 × 1.10) 상환
총현금흐름 : +\$2

포지션	현금흐름(t=0)	현금흐름(t=1)	현금흐름(t=2)
1년물 선물계약 매입	\$ 0		
2년물 선물계약 매입	\$ 0		
1년간 \$100 차입(10%)		+\$100	-\$110
밀 1뷰셀 인수(1년물 선물)		-\$100	
밀 1뷰셀 인도(2년물 선물)			+\$112
총현금흐름	\$ 0	\$ 0	\$ 2

앞의 예제에서 보듯이 두 선물계약 사이의 스프레드는 한 선물계약의 인도일에서 다른 선물계약의 인도일까지의 보유비용을 초과할 수 없다. 즉, 원월물 선물가격(distant futures price)은 근월물 선물가격(nearby futures price)에 근월물 선물계약의 인도일로부터 원월물 선물계약의 인도일까지의 보유비용을 합한 금액보다 작거나 같아야 한다는 것을 알 수 있다.

$$F_{t,d} \leq F_{t,n}(1+c), \text{ (이때 } d > n) \tag{3.4}$$

여기서, $F_{t,d}$: 원원물계약(만기 d)의 $t=0$ 시점의 선물가격
$F_{t,n}$: 근월물계약(만기 n)의 $t=0$ 시점의 선물가격
c : $t=n$에서 $t=$d까지의 백분율 보유비용

(예제 3-3)에서 본 바와 같이, 만약 이러한 관계가 성립하지 않는다면, 근월물 선물계약을 매입하고 원월물 선물계약을 매도함으로써 차익을 얻을 수 있을 것이다. 또한 앞에서와 동일한 논리로, 다음과 같은 결론을 유도할 수 있을 것이다. 원월물 선물가격은 근월물 선물가격에 근월물 선물계약의 인도일로부터 원월물 선물계약의 인도일까지의 보유비용을 합한 금액과 같아야 한다.

$$F_{t,d} = F_{t,n}(1+c), \text{ (이때 } d > n) \tag{3.5}$$

3.3 불완전시장 하에서의 가격결정모형

지금까지는 완전시장 하에서의 보유비용모형을 살펴보았다. 그러나 현실시장에서는 여러 가지 시장불완전요소가 작용한다. 첫째, 거래비용, 둘째, 공매에 대한 제한이 차익거래전략을 불가능하게 만든다. 셋째, 차입과 대출이자율이 완전시장의 가정에서와 같이 동일하지 않다. 마지막으로 일부상품들의 경우 보관이 불가능하다. 여기서는 이러한 시장불완전요소들 중에서도 주로 거래비용의 존재에 따라 어떤 영향을 미치는지를 분석해 보기로 하자.

거래자는 시장에서 거래비용에 직면하게 된다. 우선 주문을 내기 위해서는 수수료를 지불해야 한다. 이러한 수수료는 선물회사 수수료와 다양한 거래 수수료를 포함한다. 그리고 모든 시장에는 호가스프레드(bid-ask spread)가 있다.[6]

시장조성자(market maker)로서의 거래소의 딜러는 매입호가(bid price)로 매입하고, 매도호가(ask price)로 매도한다. 이때 매입호가와 매도호가의 차이를 호가스프레드라고 한다. 여기서는 단순화시키기 위해서 거래비용은 현물시장에만 적용되고 선물시장에는 적용되지 않는다고 가정하자.

거래비용의 영향을 알아보기 위해서 완전시장에서와 동일한 가격을 이용하기로 하고, 3%의 거래비용을 고려해 보자. 거래비용 때문에 현물을 매입하여 만기에 인도하는 매입차익거래전략은 발생하지 못한다. 즉, 거래비용 때문에 차익거래는 차익이 아닌 손실을 보게 된다.

거래비용의 존재에 따라 투자자는 현물상품의 매입을 위해 \$103 (=\$100 × 1.03)를 지불해야 한다. 따라서 차입이자 \$10을 포함하여 만기까지의 비용은 \$113가 된다. 이에 반해 선물계약의 만기 시에 받을 수 있는 금액은 단지 \$112에 불과하다. 결국 이러한 거래는 \$1의 손실을 가져올 것이고, 투자자는 이러한 조건 하에서는 매입차익거래를 수행하지 않을 것이다.

이상에서 살펴본 바와 같이 거래비용이 존재할 경우에는 가격관계식이 다음과 같이 변형된다. 즉, 공매에 대한 제한은 없고 거래비용만이 존재할 경우, 차익기회가 존재하지 않기 위해서는 다음과 같은 관계식이 성립하여야 한다.

$$S_t(1+c) - T \le F_{t,T} \le S_t(1+c) + T \tag{3.6}$$

여기서, T: 거래비용

(식 3.6)은 선물가격은 $S_t(1+c)$와 유사해야 하며, 선물가격이 이 가치로부터 거래비용 이상으로는 벗어날 수 없음을 보여주고 있다.

완전시장의 보유비용모형에서는 선물가격이 현물가격에 비해 상대적으로 높지 않았다. 그렇지 않다면 차익기회가 존재한다는 것을 알 수 있다. 완전시장에서는 (식 3.2)가 매도차익거래가 존재하지 않는 선물가격을 나타낸 바 있다.

$$F_{t,T} \ge S_t(1+c)$$

---

6) 우리 나라의 경우는 broker market으로서 호가스프레드가 큰 의미가 없으나, 미국의 경우 dealer market으로서 호가스프레드가 있다.

여기에 거래비용을 포함시키면, 다음과 같이 변형된다.

$$F_{t,T} \geq S_t(1-t)(1+c) \qquad (3.7)$$

$$F_{t,T} \leq S_t(1+t)(1+c) \qquad (3.8)$$

(식 3.7)과 (식 3.8)을 합치면, 다음과 같은 균형관계식을 얻을 수 있다.

$$S_t(1-t)(1+c) \leq F_{t,T} \leq S_t(1+t)(1+c) \qquad (3.9)$$

(식 3.9)는 차익거래가 존재하지 않는 선물가격의 범위를 나타낸다.

차익거래자는 거래비용을 감수하고도 적정이윤을 얻을 수 있을 것으로 판단될 때는 차익거래를 취하게 된다. 따라서 선물가격은 이론선물가격에 거래비용을 더하거나 뺀 가격대 사이에서 결정된다.

이론선물가격 – 거래비용 ≤ 선물가격 ≤ 이론선물가격 + 거래비용

선물가격이 이 범위 사이에 놓이면 차익거래는 일어나지 않는다. 만약 선물가격이 이 범위에서 이탈되어 있다면, 차익거래자들은 기회를 이용하기 위하여 시장에 모여들 것이다. 예를 들어 선물가격이 매우 높으면 차익거래자는 현물을 매입하고 선물계약을 매도할 것이다. 이러한 행위는 선물가격을 하락시키고 현물가격을 상승시키며, 따라서 선물가격을 차익기회가 존재하지 않는 범위 내로 환원시키게 될 것이다. 그리고 선물가격이 이러한 범위 내에 있다면, 차익거래는 불가능하고 차익거래자는 선물가격에 영향을 미칠 수 없을 것이다.

이상의 논의를 통해 3가지 중요한 점을 알 수 있다. 첫째, 거래비용이 클수록 차익기회가 존재하지 않는 선물가격의 범위가 커진다. 둘째, 지금까지 시장의 모든 참가자가 동일한 거래비용을 가진다고 가정해 왔다. 그러나 거래자들은 서로 다른 거래비용을 가진다. 예를 들어 거래소회원이 아닌 개별투자자들을 대상으로 하는 소매거래인(retail trader)은 장내거래인(floor trader)보다 더 많은 거래비용이 든다. 셋째, 차익거래가 존재하지 않는 범위 내에서 선물가격을 유지하기 위한 시장의 힘이 존재하며, 따라서 각 거래자들은 거래자

의 거래비용에 따라 특유의 영역을 가진다.

이상과 같은 점을 살펴볼 때, 거래비용의 차이는 준차익거래(quasi arbitrage)라는 개념을 가져온다. 소규모투자자들은 매우 큰 거래비용을 가진다. 그러나 거액투자자와 기관투자자들은 상대적으로 적은 거래비용을 가진다. 그리고 거래소회원은 장외거래자보다 적은 거래비용을 지불한다. 따라서 준차익거래는 상대적으로 적은 거래비용을 지닌 투자자들에 의한 매입차익거래 또는 매도차익거래를 의미한다. 이에 따라 선물가격은 가장 적은 거래비용을 지닌 투자자의 영역 사이에 놓이게 된다.

결국 실제시장에서 가장 낮은 거래비용을 지닌 거래자의 무차익 범위 내로 선물가격이 존재하게 된다. 가격이 완전시장의 균형으로 부터 벗어나기 시작한다면, 낮은 거래비용을 지닌 거래자가 차익거래를 통한 이익을 가장 먼저 취하게 될 것이다. 따라서 차익거래는 거래자의 거래비용에 따라 영향을 받게 됨을 알 수 있다.

완전시장에서는 무위험이자율로 차입과 대출을 할 수 있으나, 현실적으로는 그렇지 못하다. 일반적으로 거래자의 입장에서 차입이자율이 대출이자율보다 높다. 반대로 금융기관의 입장에서는 대출이자율이 차입이자율보다 높다. 차입이자율과 대출이자율의 이러한 차이는 차익기회가 존재하지 않는 선물가격의 범위를 확장시킨다.

지금까지 투자자가 현물을 공매할 수 있다고 가정하였다. 또한 현물을 매도하는 자가 공매로부터의 자금을 사용하는데 제한을 받지 않는다고 가정하였다. 그러나 모든 시장에는 실질적으로 공매에 대한 제약이 존재한다. 공매에 대한 제약이 존재하는 경우 선물가격의 범위는 차입 및 대출 이자율이 상이한 경우와는 달리 선물가격의 범위가 공매수익의 이용가능비율에 따라 축소된다.

상품의 저장성은 선물가격에 있어서 중요하다. 왜냐하면 차익거래전략이 대상물을 저장할 수 있느냐의 여부에 달려있기 때문이다. 예를 들어 매입차익거래 전략은 현재 현물을 매입하고 선물계약이 만기가 될 때까지 현물을 보유한다고 가정한다. 상품을 저장할 수 없다면 그러한 전략은 가치가 없다. 따라서 차익기회가 존재하지 않는 선물가격의 범위가 저장상의 한계를 반영하기 위해 변경되어져야 할 것이다. 따라서 저장이 제한되었을 때 매입차익거래 전략도 또한 제한을 받는다.

지금까지는 시장불완전요소에 대해서 살펴보았다. 이러한 시장불완전요소들을 고려하기 위하여 완전보유비용시장(full carry market 또는 full carrying charge market)을 고려해 보자. 완전보유비용시장은 선물가격이 창고비용, 보험료, 운송비용, 이자비용 등의 모든 보유비용을 완전히 반영하고 있는 선물시장을 가리킨다.

완전보유비용시장에서 선물가격은 (식 3.3)을 따른다. 가격이 이 식에서 지정한 관계와 일치한다면, 시장이 full carry라고 말할 수 있다. 선물가격이 (식 3.3)보다 높게 된다면 시장은 above full carry라 하며, 선물가격이 완전보유비용가격(full carry price)보다 낮다면 시장이 below full carry라 한다. 시장가격에 영향을 주고 가격을 full carry에 근접 혹은 이산시키는 5가지 주요한 요인으로는 공매조건, 공급, 생산의 계절성, 소비의 계절성, 저장의 용이를 들 수 있다.

앞서 공매에 대한 제한이 차익기회가 존재하지 않는 선물가격의 범위를 확대시킨다는 것을 살펴본 바 있다. 비록 공매에 대한 제한이 없는 경우라 할지라도 재화의 재고에는 한계가 있으며, 따라서 이러한 경우에는 어느 정도 공매에 대한 제한이 존재한다고 볼 수 있다. 그러나 금융상품의 경우에는 이러한 공매의 제한이 거의 없다고 할 수 있다. 따라서 금융자산은 full carry 자산이라고 볼 수 있다.

공급이 수요보다 상대적으로 크다면 시장은 완전보유비용시장에 접근할 것이다. 매입차익거래의 측면에서 대량공급은 거래자가 인도를 위해 현물을 취득하는 것을 용이하게 한다. 예를 들어 보석과 같은 재화에 비해 금의 공급은 대단히 많다. 이것은 금을 full carry에 접근하게끔 한다. 이에 비해 구리의 공급은 세계적으로 수요보다 적으며, 따라서 구리와 같은 금속의 시장은 완전보유비용시장이 아니다.

공급과 수요에 있어서 일시적인 불안정은 정상시장가격의 왜곡을 초래한다. 생산이 높은 계절성을 가진다면 그 재화의 재고가 크게 변하기 쉽다. 대부분의 농산물은 수확주기 때문에 큰 계절성을 갖는다. 이러한 시장에서 가격은 수확 전에 상승하고 수확 후에 하락하는 경향이 있다.

농산물의 경우 생산은 계절성을 가지지만 소비는 비계절성을 갖는다고 볼 수 있다. 이와는 반대로 어떤 상품에 있어서는 생산이 비계절적이지만 소비는 계절적인 경우도 있다. 예로 등유(heating oil)의 선물가격은 겨울에 높은 가격으로 계절성을 보이는 반면, 가솔린의 가격은 여름에 상대적으로 높다.

어떤 상품을 저장할 수 없다면 매입차익거래 전략은 선물가격과 현물가격을 연관시킬 수 없다. 따라서 보유비용모형은 저장할 수 없는 상품에는 적용되지 않는다. 그러나 선물거래소에서 거래되는 대부분의 상품은 저장성이 있다.

일반적으로 보유비용모형에서 자산이 편의수익률(convenience yield)을 가질 때 선물가격은 full carry보다 낮게 된다. 극단적인 경우 현물가격이 선물가격보다 높거나 근월물의 선물가격이 원월물의 선물가격보다 높을 때 이 시장을 백워데이션(backwardation)이라고 한다. 거래자가 현물을 소유하는 데 프리미엄을 기꺼이 지불하려고 할 때 자산은 편의수익률을 갖는다. 예를 들어 등유의 가격은 사람들이 연료를 필요로 하는 겨울에 높으며, 농산물의 가격은 공급이 적고 수요가 많은 수확직전에 가장 높다는 것을 보았다.

이제 편의수익률의 개념을 더 잘 알아보기 위해 다음과 같은 예를 살펴보기로 하자. 밀 가공업자의 경우는 비록 베이시스가 0 또는 부(-)일지라도 상품(밀)을 기꺼이 보유하고자 할 수도 있다. 예를 들어 2월 16일에 5월물 선물가격과 현물가격이 모두 $5이며, 단위저장비용은 $1이라고 하자. 이 경우 저장업자는 밀을 보유하고자 하지 않을 것이지만, 가공업자의 경우는 밀을 매입하여 보유하고자 할지도 모른다. 왜냐하면 밀을 매입하여 생산을 지속하는 편의가치가 가동중지에 따른 손실보다 더 클 수도 있기 때문이다. 이때 단위저장비용이 베이시스를 초과하는 금액을 편의수익률이라고 한다.[7] 이 예에서는 편의수익률은 $1이다.

7) H.R.Stoll and R.E.Whaley,"Futures and Options-theory and applications," South-Western Publishing co., 1993, p.84

파생상품거래 실패사례

Metallgesellschaft 사건

1. 개요

Metallgesellschaft는 독일의 14위 복합기업으로써 5만 8천여 명의 종업원을 거느린 거대한 기업이었다. 주 영업은 비철금속과 원유 거래였다. 이 회사는 많은 여타 기업들이 그러하듯 세계 최대 시장인 미국에 진출하려는 노력의 일환으로 미국 현지에 자회사인 MG Refinery and Marketing(MGRM)을 세웠다.

MGRM은 치열한 미국 석유시장에 빠른 시간 내 진입하려는 욕심으로 과감한 마케팅전략을 세운다. 즉, 1993년까지 이 회사는 1억 8천만 배럴의 석유를 원매자에게 10년간 고정가격으로 공급하겠다는 장기 원유선도계약을 맺었다. 이 물량은 쿠웨이트의 85일분 원유생산량에 달하는 상당히 큰 규모였다.

계약은 향후 10년간 원유가격이 계약가격 이상으로 상승하면 MGRM이 손해를 보는 구조로 되어 있었다. 당연히 회사로서는 원유가격 상승 위험을 관리할 헤징수단을 찾았으나 불행히도 10년간 위험을 관리할 장기 파생금융상품시장이 없었다.

이 회사는 대신 단기선물시장에서 연속헷지(rolling hedge)를 활용하기로 하였다. 원래의 장기 원유선도계약은 10년 기한인 데 비해 헤징거래에 이용된 단기 원유선물거래는 3개월물로써 지속적 헤징을 위해서는 단기 원유선물을 3개월마다 반복적으로 매입하는 것이다. 장기적으로 노출된 위험을 일련의 단기선물계약을 연속적으로 이용해 헤지하는 방법이었다.

따라서 MGRM은 원유가격 상승 시 단기선물거래에서 이익을 내게 되며, 이는 원래의 장기원유선도계약으로부터의 손해를 보전하는 헤징의 역할을 수행한다.

이때 단기 원유선물가격과 장기 원유가격은 정확히 일치하지 않으므로 이러한 헤징거래에서 베이시스 위험이 존재하였으며, 이에 대한 관리 소홀은 후에 MGRM 실패의 한 원인으로 지적받았다.

이상의 계약을 체결한 이후 원유의 시장가격은 하락하여 1993년이 지나면서 원유가격은 배럴당 20달러에서 15달러로 떨어졌다.

이는 현금으로 약 10억 달러의 증거금 납입요청으로 이어졌다. MGRM으로서는 장기원유선도계약에서 이익을 내고 반대로 헤징거래에서는 손해를 보게 되었다. 회사 전체로 보아서는 약간의 차이는 있을지언정 큰 이익도 손해도 없는 위험관리를 시행한 것이었다.

문제는 독일의 모회사는 10억 달러에 달하는 많은 현금을 납입시켜야 할 것을 예상치 않았다는 것이다. 회계처리에서도 당시 미국 회계기준에서는 원래의 장기 원유선도계약과 헤징거래를 한 묶음으로 간주하여 전혀 문제가 없었으나, 본사가 위치한 독일의 회계기준은 달랐다.

결국 독일 본사는 원래 장기 원유선도계약에서의 이익은 무시한 채 헤징거래에서의 손실과 그로 인한 마진콜(margin call)에 따른 추가증거금 마련을 위한 현금흐름상의 어려움을 문제 삼아 계약을 중도에 청산하고 MGRM의 경영진을 교체하기에 이르렀다. 중도해지에 따른 손실까지 포함하여 총 손실은 13억 달러에 달했다.

한편, 도이치은행에 의해 주도된 채권단의 대출금 일부는 주식으로 출자전환되었으며, MGRM의 주가는 64마르크에서 24마르크로 폭락하였다.

2. 교훈

MGRM사건은 10년이라는 장기간에 걸친 현물포지션의 위험을 단기선물을 통해 헤지하려다 실패로 마감한 특이한 경우이다.

이 사건은 몇 가지 점에서 헤징상의 부적절함이 지적된다.

첫째, 베이시스 위험의 관리문제를 들 수 있다. 현실적으로 10년이라는 긴 기간에 걸쳐 달리 적합한 헤징시장이 없었던 점을 고려하면 당시 회사가 준비한 연속헤징 방식이 불가피했다고도 볼 수 있다. 그러나 장기원유가격과 단기선물가격 간 괴리에 따른 베이시스 위험이 MGRM의 사건에서는 적절히 관리되지 않았던 것으로 판단된다.

둘째 유동성 관리를 들 수 있다. MGRM의 실패는 최종적으로 선물거래 손실에 따른 거래증거금 납입과 관련하여 나타났다. 실제 현금흐름이 부족하였든, 회계처리상 증거금 납입이 어려웠든 헤징거래를 행하면서 유동성에 대한 준비가 부족했던 것은 주요 문제점으로 지적된다.

회계제도를 비롯하여 내부에서 헤징을 보는 시각의 문제점도 중요 지적사항이다. 헤징의 성과를 헤징거래의 사후적인 손익으로 평가하는 것은 MGRM 경우에서뿐만 아니라 흔히 발견되는 실수이다. 헤징의 성과는 원래 의도했던 대로 위험을 적절히 관리했는가의 여부로 평가할 뿐

사후적 손익으로 갈음해서는 곤란하다.

MGRM의 경우는 장기 원유선도계약에서 손해가 나면 헤징계약에서 이익이 나서 이를 보전하는 방식이었다. 따라서 원계약에서 이익이 나면 헤징계약에서 손해가 나는 것은 당연하다. 이를 피하려면 프리미엄을 지급하고 옵션을 사용한 헤징거래를 했어야 한다. 그러나 실제 MGRM의 경우 10년 장기옵션이 시장에 없어 이를 사용한 헤징은 어려웠을 것으로 판단된다. 결론적으로 원계약에서 이익이 나고 헤징계약에서 손해가 났다고 하여 이에 대한 책임을 물은 것은 위험관리에 대한 기본인식이 결여된 것이다. 여기서 우리는 위험관리를 위해서는 적절한 상품, 시장형성, 전산시스템 완비에 못지않게 경영진의 위험관리에 대한 정확한 인식이 중요하다는 교훈을 얻게 된다.

(www.riskmania.com)

연습문제

기본문제

1. 베이시스에 대한 설명으로 가장 거리가 먼 것은?

① 잔존기간이 줄어들수록 베이시스는 감소하는 성향을 갖는다.
② 만기 이전에는 베이시스의 변화가 일정하게 움직이는 경향이 있다.
③ 선물가격과 현물가격의 변동폭이 동일하다면 항상 일정한 베이시스폭을 유지할 수 있다.
④ 선물가격에 비해 현물가격의 변동성이 클 때에 베이시스의 위험이 존재한다.

2. 곡물시장에서의 일시적인 공급부족으로 곡물가격이 급격히 상승하고 있는 상황에서 편의수익률에 대한 설명으로 가장 거리가 먼 것은?

① 현물이 아닌 선물계약의 재고를 보유함으로써 편의수익을 얻을 수 있다.
② 현물재고를 보유하고 있는 가공업자는 편의수익을 얻을 수 있다.
③ 상품의 재고가 희소할 경우 편의수익이 보다 증가한다.
④ 편의수익은 상품의 재고량에 대한 감소함수이다.

3. 현재 A주식의 주가는 5만원, 이자율은 년 4%, 배당수익률은 2%, 그리고 잔존일은 3개월이라고 하자. A주식과 A주식선물을 이용한 차익거래를 통해 얻을 수 있는 손익에 대한 설명으로 가장 올바른 것은?(단, 거래비용은 무시)

① A주식을 50,000원에 매입하고 A주식선물을 50,250원에 매도하는 매수차익거래를 통해 이익을 얻을 수 있다.
② A주식을 50,000원에 매도하고 A주식선물을 50,250원에 매입하는 매수차익거래를 통해 이익을 얻을 수 있다.
③ A주식을 50,000원에 매입하고 A주식선물을 50,250원에 매도하는 매수차익거래를 통해 어떠한 손익도 발생하지 않는다.
④ A주식을 50,000원에 매도하고 A주식선물을 50,500원에 매입하는 매도차익거래를 통해 이익을 얻을 수 있다.

4. 다음 중 매도헤지의 거래손익이 0(zero)이 되는 경우로 가장 올바른 것은?
① 가격이 상승하였으나 베이시스가 강화된 경우
② 가격이 상승하였으나 베이시스가 약화된 경우
③ 가격이 하락하였으나 베이시스가 강화된 경우
④ 가격이 하락하였으나 베이시스가 변동이 없는 경우

5. 베이시스에 대한 설명으로 가장 거리가 먼 것은?
① 베이시스는 다른 변수들이 모두 변하지 않으면 만기일에 근접해도 동일한 값을 유지한다.
② 선물 시장가격과 이론가격이 일치하지 않을 경우에는 시장베이시스와 이론베이시스 역시 동일하지 않게 된다.
③ 베이시스 위험이 존재하면 완전헤징이 거의 불가능하다.
④ 거래시점과 청산시점의 베이시스가 차이를 보일 경우에는 전체 포트폴리오의 손익은 변동하게 된다.

6. 베이시스를 현물가격에서 선물가격을 뺀 차이로 정의할 때, 베이시스의 강화에 대한 설명으로 가장 거리가 먼 것은?
① 베이시스의 축소라고도 한다.
② 음(-)의 베이시스의 경우 절대값이 더 작아지는 것을 의미한다.
③ 가격상승시 선물가격이 현물가격보다 상대적으로 더 상승하는 경우를 의미한다.
④ 가격하락시 선물가격이 현물가격보다 상대적으로 더 하락하는 경우를 의미한다.

7. 파생상품가격과 현물가격과의 관계에 대한 설명으로 가장 거리가 먼 것은?
① 파생상품가격이 현물가격 보다 높은 현상을 콘탱고(contango)라고 한다.
② 일시적으로 수요가 공급보다 부족하게 되면 현물가격이 파생상품가격 보다 높아지게 되는 현상이 발생한다.
③ 콘탱고 상태의 시장을 정상시장(normal market)이라 하고 백워데이션 상태의 시장을 비정상 또는 역조시장(abnormal or inverted market)이라 한다.
④ 이론적으로 정상시장에서 파생상품가격은 현물가격보다 만기까지 소요되는 보유비용 또는 재고유지비용 만큼 높은 가격수준을 나타낸다.

▶ 다음 빈 칸에 알맞은 말을 넣으시오.

8. 파생상품가격과 현물가격 또는 현물가격과 파생상품가격 간의 차이를 (   ) 라 한다.

9. (   )이란 해당 현물을 파생상품계약의 만기까지 유지(보관)하는데 드는 비용으로 금융비용(이자), 보험료, 창고료 등으로 구성된다.

10. (   )에 의하면 현재의 파생상품가격은 투자자들이 파생상품계약의 만기일에 기대하는 현물가격과 일치한다.

11. (   )는 전혀 투자자금을 지출하지 않으면서 위험이 전혀 없이 이익을 얻을 수 있는 기회를 말한다.

12. 보유비용에서 가장 큰 비중을 차지하는 것은 (   )이다.

13. 차익기회가 존재하지 않기 위해서는, 선물가격은 현물가격에 인도일까지의 (   )을 합한 금액보다 같거나 커야 한다.

14. 매입호가와 매도호가의 차이를 (   )라고 한다.

15. (   )은 선물가격이 창고비용, 보험료, 운송비용, 이자비용 등의 모든 보유비용을 완전히 반영하고 있는 선물시장을 가리킨다.

▶ 다음 문장이 맞으면 O, 틀리면 X를 하시오.

16. 일반적으로 베이시스는 결제일에 다가갈수록 0(zero)에 수렴하게 된다. (   )

17. 파생상품 매입포지션의 경우 파생상품 만기까지 보유비용이 발생한다. (   )

18. 만약 순투자비용의 지출이 없이 무위험수익의 창출이 가능한 거래가 존재한다면, 차익기회(arbitrage opportunity)가 존재한다고 할 수 있다. ( )

19. 두 선물계약 사이의 스프레드는 한 선물계약의 인도일에서 다른 선물계약의 인도일까지의 보유비용을 초과할 수 없다. ( )

20. 원월물 선물가격(distant futures price)은 근월물 선물가격(nearby futures price)에 근월물 선물계약의 인도일로부터 원월물 선물계약의 인도일까지의 보유비용을 합한 금액보다 작거나 같아야 한다. ( )

21. 거래비용이 작을수록 차익기회가 존재하지 않는 선물가격의 범위가 커진다. ( )

22. 금융상품의 경우에는 이러한 공매의 제한이 거의 없다고 할 수 있다. 따라서 금융자산은 full carry 자산이라고 볼 수 있다. ( )

23. 일반적으로 보유비용모형에서 자산이 편의수익률을 가질 때 선물가격은 full carry보다 높게 된다. ( )

24. 현물가격이 선물가격보다 높거나 근월물의 선물가격이 원월물의 선물가격보다 높을 때 이 시장을 콘탱고라고 한다. ( )

25. 단위저장비용이 베이시스를 초과하는 금액을 편의수익률이라고 한다. ( )

제4장 파생상품의 거래유형

제 4 장 파생상품의 거래유형

증시 변동성 커지니… 야간시장 다시 '북적'

1. 헤지거래

1.1 헤징의 개요

선물거래의 종류는 선물시장에 참여하는 거래자의 유형에 따라 헤지거래, 투기거래 및 차익거래로 대별될 수 있다.

헤저는 선물시장에서 포지션을 창출함으로써 위험을 회피하려는 자로서 선물상품을 매입하느냐, 매도하느냐에 따라 매입헤저(long hedger)와 매도헤저(short hedger)로 구분된다. 매입헤저는 선물을 매입함으로써 위험의 회피를 꾀하고 매도헤저는 선물을 매도함으로써 위험의 회피를 꾀한다. 따라서 매입헤저는 선물의 수요를, 매도헤저는 선물의 공급을 가져온다.

선물시장에 헤저만이 존재한다면 선물의 균형가격은 이들 매입헤저와 매도헤저의 수요와 공급이 일치되는 수준에서 결정되게 된다.

헤징(hedging)의 일차적인 목표는 현재 보유하고 있거나 미래에 보유하고자 하는 현물포지션의 위험을 줄이는 것이다. 그러나 위험의 감소는 또한 수익의 감소를 가져온다. 따라서 헤징을 하기 전에 먼저 얼마만큼의 위험을 부담하면서 어느 정도의 수익을 올릴 것인가 하는 목표의 설정이 선행되어야 한다. 올바른 목표의 설정 없이 이루어지는 헤징은 불필요한 결과를 야기할 수 있다. 따라서 헤징은 투자자들이 자신들의 위험을 관리하는 하나의 수단으로 인식되어야 한다.

파생상품계약의 대표적인 이용자로는 헤저(hedger)와 투기자 (speculator)를 들 수 있다. 헤징의 핵심은 헤저가 이자율, 환율 또는 주식가격의 변동에서 야기되는 위험을 다른 시장참여자에게 전가하는데 있다. 헤저는 이자율의 불리한 변동 또는 잠재적 이자율 변화에 따른 수익의 변동가능성에 대하여 염려를 하게 된다.

헤저는 현물시장의 포지션과 그 현물시장 포지션과 경제적으로 관련된 파생상품시장 포지션을 상쇄시킴으로써 이자율, 환율이나 주식가격 변동에 따른 위험을 전가시키는 사람이다. 자금의 차입자는 미래의 높은 차입비용에 대해 자신을 보호하고, 이자지급상의 여유를 갖기 위해서 선물시장을 이용한다. 대여자 역시 현재의 높은 수익률로 파생상품계약을 매입함으로써 미래의 이자율 하락에 대해 자신을 보호할 수 있다.

그리고 포트폴리오 관리자는 미래에 구입하려는 금융수단에 대한 예상가격과 수익률로부터 야기될 수 있는 위험을 어느 정도 회피할 수 있고, 소유하고 있는 금융자산 가치를 보호할 수 있다. 또한 수출입업자와 같은 외환사용자들도 선도시장에 대한 대안으로서 통화선물을 이용할 수 있다.

1.2 매입헤지

전통적인 완전헤지는 한 특정 금융수단의 현물포지션과 동일한 현물금융수단을 기초자산으로 하는 동일가치의 선물계약을 반대포지션으로 하여 구성된다. 헤지는 매입헤지와 매도헤지로 구분할 수 있다.

매입헤지(long hedge)는 주로 미래 매입예정인 현물자산의 가격변동을 고정(lock-in)시키고자 하는 경우에 이용된다. 예를 들어 어느 기업이 현재의 환율에 비해 1개월 후의 원-달러 환율이 상승할 것으로 예측된다고 하자. 이 경우 이 기업이 미국 달러선물시장을 이용하여 이 위험을 헤지하기로 결정했다고 할 때, 전형적인 매입헤지의 예는 다음과 같다.

예제 4-1

A기업은 1개월 후에 US $500,000을 매입하여야 하는데, 1개월 후 미국 달러화의 강세가 예측되고 있다. A기업은 미국달러선물 10계약을 매입할 계획이며, 미국달러선물의 거래단위는 US $50,000이다. 현재 시점과 1개월 후의 가격자료에 따른 매입헤지의 손익은 다음과 같다.

	현물시장	선물시장
4/1	원-달러 환율 1,400.30	5월 인도분 미국달러선물 10계약을 1415.20에 매입
5/1	미국달러화를 현물환율 1,418.80에 US $500,000 매입	5월 인도분 미국달러선물 10계약을 1433.70에 매도
손익	기회손실 9,250,000원 (=500,000 × 18.50)	이익 9,250,000원 (=18.50 × 10 × $50,000)

이것은 완전헤지의 예이다. 환율은 기대한 대로 상승하고, 선물가격이 현물가격과 정확히 평행하게 움직인 경우이다.

다음에는 완전헤지보다는 약간의 이익 또는 손실이 발생하는 보다 일반적인 매입헤지의 경우를 살펴보기로 하자.

예제 4-2

(주)굿모닝카드는 카드와 연하장의 매출에 따라 2월초에 거액의 자금유입을 예측하고 있다. 재무담당자는 1,000만 달러의 자금을 높은 수익률이 예상되는 장기채권에 투자하기로 결정하였다. 현재시점은 11월 1일이며, 그는 자금이 유입되는 2월 1일에 이자율이 큰 폭으로 하락할 것으로 예측하고 있다. 이에 따라 그는 지금 매입헤지를 설정하지 않으면 투자수익이 상당부분 감소될 것으로 믿고 있다.

일자	현 물 시 장	선 물 시 장
11.1	쿠폰 8%, 12년물 T-bond의 가격은 86-20	3월물 T-bond선물 100 계약을 87-16에 매입
2. 1	1,000만 달러의 자금유입 1,000만 달러의 T-bond를 100에 매입	T-bond선물을 100-02에 매도
	현물기회손실= $10,000,000×13 12/32% = $1,337,500	선물이득= $100,000×100×12 18/32% = $1,256,250

순손실 = $1,256,250 - $1,337,500 = -$81,250

위의 예제에서 (주)굿모닝카드의 재무담당자는 이자율의 하락을 정확히 예측하였으나, 자금이 3개월 후에 유입됨으로써 T-bond의 가격상승에 속수무책이었다. 그러나 그는 선물의 매입포지션을 취함으로써 현물 T- bond의 가격상승을 상당부분 상쇄시킬 수 있었다. 비록 위의 예에서 매입헤지의 순손실이 $81,250이지만, 이는 헤지를 하지 않았을 경우의 기회손실 $1,337,500에 비하면 극히 미미한 금액이라는 것을 알 수 있다.

1.3 매도헤지

전형적인 매도헤지(short hedge)는 변동이자율(floating rate)로 대출을 받는 기업이 다음 차환일(rollover date)까지 이자율이 상승할 것을 우려하는 경우에 설정될 수 있다. 이런 경우 기업은 파생상품계약을 매도함으로써 현재의 이자율을 고정시키고자 할 것이다.

예제 4-3

변동차입이자율의 헤지: 매도헤지

(주)남서울은 2개월 15일 후에 상환기간이 도래하는 변동대출을 가지고 있다고 하자. 금리는 3개월 파운드화 정기예금 이자에 1%의 프리미엄(스프레드)을 제공하는 조건이라고 하자. 재무담당자는 2개월 15일 후의 상환일까지 이자율이 상승할 것으로 믿고 있다고 하자.

현 물 시 장	파운드화 정기예금시장(IMM)
3/1: 500만파운드를 75일 후에 상환하기로 결정 현재의 차입이자율은 14%(= 13% + 1%)	86.25=(100-13.75)에 500만 파운드의 6월인도분 파운드화 정기예금선물 20계약을 매도
5/15: 500만파운드를 3개월간 16%(15%+1%)로 차입	500만파운드의 6월인도분 정기예금선물을 84.25 (= 100 - 15.75)에 매입
(결과) 500만 파운드를 14%로 3개월간 차입한 비용 = 175,000파운드 500만 파운드를 16%로 3개월간 차입한 비용 = 200,000파운드 이자지출증가 = 25,000파운드 순손익 = 0	(결과) 선물계약 당 이익= 200ticks 이익 = 20 ×200 × £6.25 = 25,000파운드

위의 완전헤지에 있어서 이자율 상승에 대한 기업의 예측은 정확했으며, 이에 따라 기업은 25,000파운드의 추가된 이자를 지급하여야 할 것이다. 그러나 이것은 선물시장에서의 25,000파운드의 이익으로 상쇄되었다. 물론 이러한 헤지는 현실적으로 쉽지 않다. 왜냐하면 시간에 따라 베이시스가 항상 일정하리라고 기대할 수도 없으며, 현물포지션을 항상 동일한 금융수단을 기초자산으로 하는 선물계약으로 헤지할 수도 없을 것이다.

그러나 이러한 완전헤지는 헤징전략의 기본적인 특성을 제시해 준다고 할 수 있다. 이자율이 기대했던 것과 역으로 움직이면, 대출이자 또는 투자수익이 감소하거나 차입이자의 증가나 금융자산의 매도에 따른 손실이 발생할 수 있다. 이런 경우에는 현금손실 또는 기회손실을 선물시장에서의 이익으로 상쇄시킬 수 있다.

실제로 완전헤지를 기대하기 어려운 중요한 이유는 선물가격과 현물가격의 차이를 나타내는 베이시스가 시간에 따라 심하게 변동하기 때문이다. 베이시스가 헤지 기간 동안에 기대했던 것과 역으로 움직인다면, 헤지가 불완전하게 되어 헤지에 의한 선물부분에서의 상쇄이익이 일부 제거될 수 있다. 위에서 상술한 완전매도헤지가 이를 증명하고 있다. 3개월 파운드화 정기예금선물의 가격이 5월 15일에 84.60이라면, 즉 현물과 선물간의 차이가 인도월이 다가옴에 따라 같아지기 시작했다면 어떤 일이 일어났을까를 생각해 보자. 이것은 베이시스가 3월 1일의 75베이시스포인트에서 5월 15일에는 40베이시스포인트로 변화하였다는 것을 나타낸다.[1)]

이런 경우 선물이익은 선물계약 당 틱(tick)이 200에서 165로 감소함에 따라 상당히 감소하게 될 것이다.[2)] 그리고 선물이득은 20×165×6.25, 즉 20,625파운드가 될 것이다. 따라서 이 경우는 베이시스의 변동에 따른 선물이익이 현물시장에서의 손실 가운데 82.5%만을 보호할 수 있으므로, 이러한 헤지는 결코 완전헤지라고 할 수 없다. 만일 여기서 베이시스가 반대방향으로 움직였다면, 헤지에 따른 선물부분에서의 우연의 이득이 있었을 것이다.

---

1) 3월 1일의 베이시스는 13.75-13.00=0.75, 즉 75 베이시스 포인트이며, 5월 15일의 베이시스는 84.60(=100-15.40)에서 15.40-15.00=0.40, 즉 40 베이시스 포인트이다.

2) 200 ticks = 86.25 - 84.25, 165 ticks = 86.25 - 84.60

한편 미래 베이시스의 변화를 예측하기 위하여 공격적 헤징전략을 세우기도 한다. 그러나 베이시스가 한 현물금융수단과 이를 기초자산으로 하는 선물계약간의 베이시스인가 또는 한 현물금융수단과 이와는 상이한 금융수단을 기초자산으로 하는 선물계약간의 베이시스인가에 관계없이 베이시스에 대한 변동가능성은 적합한 헤징전략의 선택을 어렵게 만든다.

이제 포트폴리오헤지(portfolio hedge)의 경우를 살펴보기로 하자. 재무담당자가 금융자산 포트폴리오의 가격하락을 예측하고 있다면, 그는 다음 3가지 중의 한 가지 전략을 선택할 수 있을 것이다.

1) 아무 것도 취하지 않는 전략
2) 현물자산의 매도
3) 선물계약 또는 대체적인 헤징수단을 이용한 매도헤지의 수행

첫 번째 전략의 경우에는 재무담당자의 예측이 맞을 경우 가격하락에 따른 손실을 피할 수 없을 것이며, 두 번째 전략의 경우에는 현실적으로 현물자산을 모두 매도하는 것이 불가능할 수도 있다. 따라서 이러한 경우 선물계약을 이용한 매도헤지가 일반적인 전략이 된다.

(주)남서울의 포트폴리오관리자가 이자율 상승을 예측하여 $1,000,000의 T-bond를 헤지하는 경우를 살펴보기로 하자.

예제 4-4

(주)남서울의 포트폴리오관리자는 향후 수개월동안 이자율이 상승할 것으로(따라서 채권가격이 하락할 것으로) 예측하고 있다. (주)남서울은 만기가 2011년 5월인 $1,000,000의 T-bond를 보유하고 있다. 포트폴리오관리자는 장기이자율이 7.8%인 9월 16일에 매도헤지를 설정하였으며, 다음해 2월 22일에 장기이자율은 9.1%로 상승하였다고 하자.

일자	현 물 시 장	선 물 시 장
9/16	액면 $1,000,000의 T-bond 보유(현재가격 159 13/32)	3월 인도분 T-bond선물 10계약을 100-00에 매도

2/22	T-bond 가격이 144 30/32로 하락	3월 인도분 T-bond선물 10계약을 87 18/32에 매입

현물손실 = 14 15/32 × $1,000,000 = $144,687.50

선물이득 = 12 14/32 × 10 × $100,000 = $124,375.00

순손실 = -$144,687.50 + $124,735 = -$20,312.50

위의 예에서 현물포지션에서의 손실 $144,687.50이 선물포지션에서의 이득 $124,375로 상쇄되어 순손실이 $20,312.50으로 감소되었음을 알 수 있다. 따라서 (주)남서울의 포트폴리오관리자는 헤지를 통해 현물포트폴리오의 손실을 약 86%(= $124,375 / $144,687.50) 감소시킬 수 있었다.

1.4 베이시스 위험

헤지에서 중요한 것은 선물시장에서 특정 이자율위험을 적절하게 헤지할 수 있는가 하는 것이다. 위의 예에서는 헤지하고자 하는 현물 금융수단을 동일한 현물을 기초증권으로 하는 파생상품으로 헤지하는 것으로 가정하였다. 그러나 현실적으로 이러한 경우는 쉽지 않다. 투자자들은 선물시장에는 존재하지 않는 회사채 혹은 국채 등에 대한 포트폴리오의 헤지를 원할지도 모른다. 이러한 경우 그러한 현물과 일치하는 선물은 존재하지 않으며, 따라서 자신이 헤지하고자 하는 현물과 가장 유사한 선물을 선택하여 헤지할 수밖에 없다. 이러한 경우에는 그에 따른 추가적인 위험을 감수할 수밖에 없을 것이다.

현물금융수단을 그와는 상이한 금융수단을 기초자산으로 하는 선물계약으로 헤징하는 것을 교차헤징(cross hedging)이라 부르며, 이러한 경우 헤저는 또 다른 형태의 베이시스 위험(basis risk)에 노출된다. 왜냐하면 상이한 금융수단의 이자율들이 항상 동일하게 변동하리라는 것을 보장할 수 없기 때문이다. 이런 경우 투자자는 헤지하고자 하는 금융수단과 가장 밀접한 관계가 있는 것으로 입증된 선물계약을 선택하여 헤징하여야 할 것이다.

그러나 어떤 경우에는 현물금융수단과 밀접한 상관관계를 갖는 파생상품계약이 존재하지 않을 수도 있다. 또한 가장 이상적인 선물계약에서도 충분한 유동성이 없을 수도 있으며, 이런 경우에는 차선의 대안이지만 유동성이 풍부한 선물계약이 이용될 수도 있다. 결국 상관관계가 매우 낮더라도 베이시스 위험의 수준이 여전히 이자율 위험수준보다 현저히 낮다면 기업은 헤지를 원할 수도 있다. 만약 선물가격과 현물가격간의 차이가 선물계약기간동안 보유비용에 따른 차이를 유지하면서 수렴하지 않는다면, 헤지는 완전헤지가 되지 않는다. 즉, 선물가격과 현물가격의 차이가 일정한 베이시스에서 벗어난다면 베이시스 위험이 증가된다. 일반적으로 베이시스가 기대하지 않은 수준으로 확장(widen)되면 매도헤저는 손실을 입게 되며, 반대로 베이시스가 기대하지 않은 수준으로 축소(narrow)되면 매도헤저는 이익을 얻는다. 이때 총이익은 헤저가 지불하는 보유비용에 따라 좌우된다.

우선 월별 베이시스가 일정한 경우의 매도헤저의 손익을 살펴보기로 하자.

예제 4-5

(주)남서울의 재무담당자가 9월 10일에 KOSPI200 주식포트폴리오를 매입하였으며, 주식의 가격하락위험을 헤지하기 위해 12월 인도분 KOSPI200 선물 1계약을 매도하였다고 하자. 그리고 주식포트폴리오 매입을 위한 차입금의 이자는 월 500,000원(= 50,000,000 × 0.12 × 1/12)이라고 하자.

	현물시장	선물시장	베이시스
9.10	주식 매입 100.00	선물1계약 매도 103.00	300
11.10	주식 매도 97.00	선물1계약 매입 98.00	100
손 익	-300 × 5,000 = -1,500,000원	500 × 5,000 = 2,500,000원	
순 손 익	2,500,000 - 1,500,000 = 1,000,000원		
이자비용	1,000,000원(= 500,000 × 2)		
총 손 익	1,000,000 - 1,000,000 = 0		

위의 예제에서 헤지 후 2개월 후인 11월 10일에 현물인 KOSPI 200의 가격은 100.00에서 97.00으로 하락하여 현물시장에서 1,500,000원의 손실이 발생하였다.[3] 그러나 또한 선물가격도 103.00에서 98.00으로 하락하여 선물시장에서는 2,500,000원의 이익을 얻었다. 이때 베이시스는 300에서 100으로 축소(narrow)되었지만, 선물계약의 잔여만기가 1개월밖에 남지 않았으므로 월간 베이시스는 100으로 불변임을 알 수 있다. 따라서 헤저의 순손익은 2개월간의 이자비용 1,000,000원을 차감하면 0이 되며, 이 헤지는 완전히 유효한 헤지가 됨을 알 수 있다.

이제 베이시스 위험이 존재하는 경우 매도헤저의 손익이 어떻게 변경되는가를 다음 예제를 통해 알아보기로 하자.

예제 4-6

(예제 4-5)의 경우와 동일한 상황 하에서, 단지 선물가격만이 99.00으로 하락하였다고 하자. 즉, 11월 10일에 베이시스가 월별 200의 수준으로 확장되었다고 하자.

	현물시장	선물시장	베이시스
9/10	주식 매입 100.00	선물1계약 매도 103.00	300
11/10	주식 매도 97.00	선물1계약 매입 99.00	200
손 익	-300 × 5,000 = -1,500,000원	400 × 5,000 = 2,000,000원	
순손익	2,000,000 - 1,500,000 = 500,000원		
이자비용	1,000,000원(= 500,000 × 2)		
총손익	500,000 - 1,000,000 = - 500,000원		

3) KOSPI 200 선물의 매매단위는 지수 × 50만원, 호가단위는 0.05포인트이며, 가격제한폭은 기준가격의 상하 10%이다. 그리고 1 베이시스 포인트는 5,000원이며 따라서 최소가격변동금액은 25,000원(= 0.05포인트 × 5,000원)이다. 현물시장에서의 손실은 현물주식포트폴리오 가치이지만 여기서는 설명의 편의상 300b.p. × 5,000원 = 1,500,000원으로 하였다.

위의 경우 순손익은 500,000원이 되며, 2개월간의 이자비용 1,000,000원을 고려하면 오히려 500,000원의 순손실이 발생함을 알 수 있다. 이 경우 헤저는 11월에 현물을 매도하지 않고 12월까지 보유하여 선물계약의 만기 시에 현물을 인도하면,[4] 만기 시 선물가격과 현물가격의 수렴에 따라 포지션설정 시의 베이시스와 같은 1,500,000원(=300 × 5,000)의 이익을 보장받을 수 있을 것이다.

이때 만약 이자비용이 잔여만기기간인 1개월 동안에도 월 500,000원이라면, 잔여월인 12월에 500,000원의 초과이익을 얻을 것이다. 왜냐하면 베이시스가 200(=99.00 - 97.00 × 100)이므로 만기 시 선물가격과 현물가격의 수렴에 의해 200 - 100 = 100 베이시스, 즉 100 × 5,000 = 500,000원의 순이익이 발생할 것이다. 따라서 이는 처음 2개월 동안의 순손실 500,000원을 상쇄시켜 결국 순손익은 0이 될 것이다.

그러나 만약 잔여 1개월 동안에 이자비용이 700,000원으로 상승한다면, 손실은 피할 수가 없게 된다. 왜냐하면 선물계약의 만기인 12월까지 보유해도 잔여1개월 동안의 이익 1,000,000[=(99.00 - 97.00) × 100 × 5,000]은 이자비용 700,000원과 처음 2개월 동안의 손실 500,000원과 비교하면 200,000원의 손실은 회피할 수 없게 된다.

따라서 매도헤저는 ① 현물가격의 변동위험, ② 보유비용의 변동위험이라는 2가지 위험에 직면하게 된다. 선물시장은 첫 번째 위험을 헤지하는데는 유효할 수 있으나, 두 번째 위험인 보유비용의 변동위험을 헤지하는데는 유효하지 못하다는 것을 알 수 있다.

이제 다음과 같이 베이시스가 축소되는 경우의 매도헤저의 손익을 살펴보기로 하자.

예제 4-7

(예제 4-5)의 경우와 동일한 상황 하에서, 단지 선물가격만이 97.50으로 하락하였다고 하자. 즉, 11월 10일에 베이시스가 축소되었다고 하자.

---

4) 주가지수선물의 경우 현물인수도가 불가능하나 기타 파생상품계약의 경우에는 현물인수도가 가능하다. 그러나 여기에서는 편의상 KOSPI 200 주가지수선물의 현물인수도가 가능하다고 가정하였다.

	현물시장	선물시장	베이시스
9/10	주식 매입 100.00	선물1계약 매도 103.00	300
11/10	주식 매도 97.00	선물1계약 매입 97.50	50

손　　익　-300 × 5,000　　　　550 × 5,000
　　　　　= -1,500,000원　　　= 2,750,000원
순 손 익　2,750,000 - 1,500,000 = 1,250,000원
이자비용　1,000,000원(= 500,000 × 2)
총 손 익　1,250,000 - 1,000,000 = 250,000원

위의 예제는 베이시스가 헤저에게 유리하게 변동하여 250,000원의 순이익이 발생한 경우이다.

2. 투기적 거래

투기적 거래는 위험을 감수함으로써 큰 이득을 취하고자 하는 거래이다. 투기적 거래자(speculators)들은 이자율, 환율, 주가 등을 정확히 예측할 수 있다고 확신하거나 다른 시장참여자들보다 상대적으로 보다 정확한 예측을 할 수 있다고 자부함으로써 파생상품시장에 참가한다.

투기적 거래자들은 일반적으로 헤저들이 회피하고자 하는 이자율이나 환율 위험을 기꺼이 감수하고자 함으로써, 파생상품거래에 있어서 헤저로부터 투기적 거래자들에게로의 순수한 자금이전이 발생하게 한다. 파생상품시장에서 투기적 거래자들의 특성은 미래의 이자율이나 환율의 전개양상에 대한 특유의 견해를 가지고 있다는 것이다. 즉, 그들은 대다수 시장참가자들보다 정확한 예측을 한다거나, 일부 선물 또는 현물의 가격이 균형가격에서 벗어나 있다고 믿고 있는 것이다. 이에 따라 이자율이나 환율 등의 전반적인 시장수준

의 견해에 따른 투기적 거래를 open position trading이라 한다.

투기적 거래자들은 각각 선물시장에서의 거래시간에 따라 구분될 수 있다. 몇몇 투기적 거래자들은 몇 분, 심지어는 몇 초 동안에 거래를 행하는 경우가 있는데, 이러한 투기적 거래자들을 초단기거래자 또는 스캘퍼(scalpers)라고 부르며, 선물시장에서 포지션을 하루정도 유지하는 투기적 거래자들은 초단기일 거래자 또는 일일거래자(day traders)라고 부른다. 그리고 포지션을 몇 일 또는 수주일이나 수개월동안 유지하는 투기적 거래자들은 단기거래자(longer duration traders)로 분류할 수 있을 것이다.

투기적 거래자들은 거래시간에 관계없이 변동이 심하고, 위험이 큰 금융수단을 이용하고 있는 것이다. 따라서 각 투기적 거래자들은 그들이 모든 거래에서 이득을 얻기를 바랄 수는 없으며, 일정기간 동안의 투기거래 포지션의 합계가 이득을 가져올 수 있느냐의 여부가 관심의 대상이 된다.

투기적 거래자가 파생상품계약에 대하여 평범한 오픈포지션을 설정하였다면, 이는 파생상품가격에 암시된 이자율이나 환율 등이 특정한 방향으로 움직이리라는 그의 확신을 뒷받침하는 것이라고 볼 수 있다. 만일 투기적 거래자가 S&P500 주가지수가 상승할 것으로 확신한다면, 그는 S&P500 주가지수선물의 매입포지션을 취하게 될 것이다. 반대로 S&P500 주가지수가 하락할 것으로 확신한다면, 그는 S&P500 주가지수선물의 매도포지션을 취하게 될 것이다.

이 투기적 거래자는 S&P 500 주가지수선물가격이 상승할 것으로 확신하여, $22,000의 개시증거금을 예치하고 9월 인도분 S&P 500 주가지수선물의 매입포지션을 취한 것이다. 처음에 선물가격이 하락함에 따라 이 거래자는 선물

예제 4-8

6월1일 투기적 거래자가 S&P500 주가지수선물가격이 상승할 것으로 확신하여 9월 인도분 S&P 500 주가지수선물 1계약을 520.00의 가격으로 매입하였다고 하자. S&P 500 주가지수선물의 증거금은 투기적 거래의 경우에 개시증거금이 $22,000이고 유지증거금은 $9,000라고 가정하자.

일자	거래행위	선물가격	개시증거금	변동증거금	손익
6/1	1계약 매입	520.00	$22,000	0	0
6/2	보유	518.00	-	-$1,000	-$1,000
6/3	보유	518.50	-	-$ 750	-$ 750
6/4	보유	519.00	-	-$ 500	-$ 500
6/7	보유	521.50	-	+$ 750	+$ 750
6/8	1계약 매도	523.00	+$22,000	+$1,500	+$1,500

포지션의 손실을 보전하기 위해서 6월 2일에 $1,000의 변동증거금을 추가로 납입해야 했다. 그러나 6월 8일에는 그의 포지션이 300 베이시스 포인트의 이득을 실현하여 9월 인도분 S&P 500 주가지수선물 1계약을 매도함으로써 포지션을 청산하였다. 그리고 포지션의 청산과 함께 $22,000의 개시증거금을 인출할 수 있었다.

대부분의 경우 오픈포지션 거래는 투기적 거래자가 시장의 일반적 견해와는 상반된 견해를 가지게 될 때 설정된다. 전형적인 오픈포지션 거래는 중요한 경제통계치의 발표직전에 파생상품 포지션을 설정하는 것이다. 미국의 경우 선물거래량의 대부분은 주간 통화공급 물량의 발표 전후에 집중되어 있다.

예제 4-9

<u>11월16일 금요일 오후2시</u>

연방준비은행이 금일 오후 늦게 M2의 변화수치를 발표할 것이다. 시장에서는 10억 달러의 증가를 예측하고 있다. 한 거래자가 M2의 증가치가 시장의 기대보다 클 것이라고 믿고 있으며, 발표직후에 이자율이 크게 상승할 것으로 확신한다고 하자. 따라서 그는 CBOT의 12월 인도분 T-bond선물 10계약을 현재가격 74-00에 매도하는 포지션을 설정함과 동시에, 71-16에 sell limit order와 75-00에 stop-loss 매입주문을 취한다고 하자.

11월16일 금요일 오후5시

통화공급 수치는 10억불이 감소한 것으로 발표되었다.

11월19일 월요일

CBOT의 12월 인도분 T-bond 선물계약은 74-30에 시초가를 형성한 이후 75-10으로 급반등하였다. 따라서 75-00에 stop-loss 주문이 성립되어 선물 10계약이 매입되었다.

오픈포지션 거래의 결과

74 - 00에 10계약 매도

75 - 00에 10계약 매입

손실 = 10 × 32틱 × \$31.25 = \$10,000

이 투기적 거래자의 예측은 빗나갔으며, T-bond 선물계약 당 32틱 만큼의 손실을 가져왔다. 그러나 이 거래자는 limit order를 이용함으로써 손실폭을 줄일 수 있었다. 만일 시장가격이 74-30에서 75-10으로 변화할 때 limit order를 취해놓지 않았다면, 75-00에 매입할 수 없었을 것이다. 이자율의 주어진 변화는 단기선물계약보다 T-bond 선물계약의 가격에 보다 큰 영향을 미친다. 즉, 기초증권의 만기가 길면 길수록, 파생상품의 오픈포지션 거래는 보다 큰 위험을 수반한다.

성공적인 오픈포지션 거래의 비결은 거래자의 정확한 이자율 또는 환율의 예측능력에 달려있다고 할 수 있다. 그러나 거래자가 간과해서는 안될 사항은 적절한 limit order와 stop order를 구사할 줄 알아야 한다는 것이다. "손실폭을 줄이고 새로운 수익수단을 강구하라"는 격언과 같이 빗나간 예측에 바탕을 둔 거래는 과감한 방향전환을 필요로 한다. 위의 예에서 75-00에서의 stop-loss 매입주문과 71-16에서의 sell limit order는 적절한 거래기법으로 여겨지며, 만일 76-00에서의 stop-loss 매입주문과 73-00에서의 이익취득을 위한 limit 매도주문을 취했다면, 보다 큰 손실을 감수했어야 했을 것이다.

3. 차익거래

지금까지는 위험포지션(risky position)이 오픈포지션이든 스프레드포지션이든 간에 파생상품거래에서 상당한 이익을 기대하면서 위험포지션을 취하는 파생상품거래 형태에 대해서 살펴보았다. 파생상품거래의 네 가지 형태 중의 하나로써 차익거래(arbitrage)를 들 수 있는데, 이는 파생상품시장에서의 일시적 가격불균형 또는 수익률불균형을 이용하여 이득을 얻고자 하는 거래이다.

파생상품시장의 실무자들은 흔히 선물계약간 또는 선물시장간 스프레드(inter-contract or inter-market spread)를 이용하는 거래형태를 차익으로 받아들인다. 그러나 여기서는 차익이라는 말을 그 본래의 의미인 동일한 자산을 서로 다른 가격으로 동시에 매입과 매도함으로써 무위험 또는 거의 무위험에 가까운 이득을 얻는 거래행위로 정의한다.

상품차익거래의 전형적인 예로는 어떤 과일시장의 한 곳에서 일정한 가격으로 오렌지를 사서 과일시장의 다른 한 곳에서 보다 비싼 가격으로 오렌지를 파는 것을 들 수 있다. 이러한 단순한 차익거래는 거래가 매우 활발하고 복잡한 거래장소에서는 가끔 발생하기도 하지만, 파생상품시장의 집중화된 거래특성인 공개경쟁호가(open outcry)에 의한 거래방식에서는 거의 발생할 수 없다. 그러나 파생상품시장에서의 차익거래는 인위적인 금융수단의 설정과 그 금융수단의 현물가격 또는 파생상품가격 간의 비교에 따라서 차익거래기회가 종종 발생할 수 있다.

선물계약의 가격결정과 현물간의 차익거래는 아주 밀접한 관계를 갖는다. 선물계약의 적정가격은 기초자산인 현물의 가치, 선물계약의 만기, 현물포지션 설정의 자금조달비용, 자산으로부터의 현금유입 등을 반영한 가격결정모형에 의해서 결정된다. 물론 거래비용과 세금이 무시되는 완전시장 하에서는 실제 선물가격은 적정가격과 동일하여야 한다.

차익거래는 실제선물가격이 적정가격으로부터 거래비용 이상으로 벗어나 있을 때 발생한다. 무위험이익보다 큰 이익이 존재할 때, 차익거래자들은 저평가된 증권을 매입하고 고평가된 증권을 매도한다. 이러한 차익기회는 저평가 및 고평가된 증권을 적정가격으로 환원시키는 역할을 한다. 이러한 차익기회가 존재하지 않는다면 선물가격은 적정가격으로부터 상당히 이탈되어 있을 수 있으며, 따라서 헤저들이 위험회피를 위해 선물시장을 이용하는 것이 불가능할 수도 있을 것이다.

4. 스프레드 거래

스프레드 거래는 오픈포지션 거래보다 위험이 작은 투기적 거래로서, 선물계약의 매입과 동시에 연관 있는 선물계약을 매도하는 거래를 말한다. 스프레드 거래에 있어서 거래자는 두 개의 선물가격간의 관계에 대한 일정한 견해를 가지고 거래에 참가하게 된다. 스프레드 거래는 순수한 오픈포지션 거래보다 변동성이 작으며, 단일선물계약의 스프레드 거래에 있어서는 보다 적은 증거금만으로 거래가 가능하다.

스프레드 거래는 미국의 파생상품거래의 주종을 이루는 거래중의 하나이다. 스프레드 거래는 다양한 형태로 세분될 수 있으며, 단순히 스프레드 거래라고 할 때는 하나의 선물계약을 매입함과 동시에 서로 다른 그러나 연관성이 있는 선물계약을 매도하는 거래를 나타낸다. 즉, 다음과 같은 경우를 예로 들 수 있다.

예제 4-10

1/2 : 3월 인도분 NYSE 주가지수선물 1계약을 280.00에 매입
6월 인도분 NYSE 주가지수선물 1계약을 276.00에 매도

스프레드의 크기는 단순히 근월물 선물가격에서 원월물 선물가격을 차감함으로써 구할 수 있다.

3월 인도분 선물가격 = 280.00
6월 인도분 선물가격 = 276.00
스프레드 = 280.00 - 276.00 = 400 베이시스 포인트

1/3 : 3월 인도분 선물가격 = 275.00
6월 인도분 선물가격 = 270.00
스프레드 = 275.00 - 270.00 = 500 베이시스 포인트

스프레드 거래를 통한 손익
1/2 : 3월 인도분 선물1계약을 280.00에 매입
6월 인도분 선물1계약을 276.00에 매도
손실 = (+276.00 - 280.00) × 100 b.p.
= -400 베이시스 포인트

1/3 : 3월 인도분 선물1계약을 275.00에 매도
6월 인도분 선물1계약을 270.00에 매입
이익 = (+275.00 - 270.00) × 100 b.p.
= +500 베이시스 포인트
순이익 = 20틱 × $25 = $500[5)]

앞의 예에서 투자자는 강세스프레드(bull spread) 전략을 구사하였다. 즉, 이 투자자는 스프레드를 매입(buying the spread)함으로써, 스프레드가 증대됨에 따라 $500의 이득을 얻을 수 있었다. 만일 이 투자자가 반대로 근월물을 매도하고 원월물을 매입하는 약세스프레드(bear spread) 전략 또는 스프레드를 매도(selling the spread)하는 전략을 세웠다면, 스프레드가 증대됨에 따라 손실이 초래되었을 것이다.

이와 같이 스프레드를 매도한 거래자의 경우에는 스프레드가 감소됨에 따라 이득을 취하게 된다. 따라서 스프레드 거래자는 스프레드가 증대 또는 감소함에 따른 스프레드 포지션의 손익에 대한 영향을 이해해야만 한다.

스프레드의 증감에 따른 포지션의 손익

(1) 스프레드가 증대될 것으로 기대하여 스프레드를 매입한 경우
① 스프레드가 보다 큰 정(+)의 값으로 변동할수록 이득이 증가

5) 베이시스 포인트와 틱은 다른 개념이다. 베이시스 포인트는 1%의1/100, 즉 0.01%를 말하며, 틱(tick)은 호가단위(최소가격변동폭)를 의미한다. S&P 500, MMI, NYSE 주가지수선물의 경우 호가단위인 틱은 0.05 포인트, 즉 5 베이시스 포인트이며, 따라서 100 베이시스 포인트는 20틱이 된다.

② 스프레드가 보다 작은 부(-)의 값으로 변동할수록 이득이 증가

(2) 스프레드가 감소할 것으로 기대하여 스프레드를 매도한 경우

① 스프레드가 보다 큰 부(-)의 값으로 변동할수록 이득이 증가

② 스프레드가 보다 작은 정(+)의 값으로 변동할수록 이득이 증가

스프레드 거래의 성공비결은 두 가지 선물가격간의 관계가 균형가치를 벗어나는 시점을 포착하는 능력에 달려있다. 스프레드 거래자는 이러한 결정을 위하여 기본적 분석 및 기술적 분석의 기법을 활용할 줄 알아야 한다. 기본적 분석은 베이시스(선물가격과 현물가격의 차이)와 스프레드(근월물 가격과 원월물 가격의 차이)의 결정과정으로 압축할 수 있다.

첫째, 거래자가 이자율예측에 있어서 시장예측과 다른 견해를 가지게 될 때, 그는 스프레드 포지션을 설정할 수 있을 것이다. 둘째, 기본적 분석에 의하면 스프레드의 변동상태에 상한선을 제시할 수 있을 것이다. 현물과 선물가격 또는 두 가지 선물가격간의 차이는 특정일에 금융수단을 매입하고 그 후의 특정일에 선물계약에 대한 금융수단을 인도하는 순비용인 보유비용을 초과할 수 없다는 것이다.

이자율의 상승 또는 하락은 선물시장에서의 이자율 패턴과 일치해야만 하며, 만일 양자가 일치하지 않는다면 스프레드 거래를 통한 이득을 얻을 수 있을 것이다. 기술적 분석은 또한 과거의 자료로부터 거래의 시계열을 예측하기 위하여 이용될 수 있을 것이다. 즉, 실제 이자율 또는 환율의 시계열 움직임을 통해서 스프레드의 시계열 움직임을 예측하는 데 이용될 수 있을 것이다.

4.1 동종계약간 스프레드 거래

이 스프레드 거래는 동일한 거래소에서의 동일한 선물계약에 대해서 단지 만기가 다른 두 가지 선물계약의 매입과 매도포지션을 취하는 거래를 말하며, 일명 스트래들(straddle) 거래라고도 한다. 예를 들어 스트래들을 매입한다는 것은 6월 인도분 S&P 500 주가지수선물을 매입하고 12월 인도분 S&P 500 주가지수선물을 매도하는 경우 또는 9월 인도분 T-bill선물을 매입하고 12월 인도분 T-bill선물을 매도하는 경우 등을 들 수 있다.

스프레드 거래자는 두 선물가격간의 관계의 변화에 주시할 것이다. 만일 근월물 S&P 500 선물가격이 500.00이고 원월물의 가격이 510.00이라면, 양자의 가격이 각각 510.00과 520.00으로 변동할 경우 스프레드는 아무런 변화를 가져오지 않으며, 전혀 손익에 영향을 미치지 못한다.

동종계약간 스프레드 거래에 있어서 보유비용의 개념은 매우 중요하다. 균형 하에서 포지션의 순이득은 그 포지션의 조달비용과 동일해야 한다. 만일 조달비용이 이자수익을 초과하면, 투자자는 근월물과 원월물 선물가격 간의 부(-)의 스프레드(negative spread)에 의해서 보상받아야 할 것이다. 이러한 현상을 부(-)의 보유비용 상태(negative cost of carry)라고 부른다. 반대로 만일 조달비용이 이자수익보다 작다면, 보유비용이 정(+)인 경우로서 근월물 선물가격은 원월물 선물가격보다 높게 형성될 것이다.

다음의 예는 거래자가 단기조달비용이 미래에 상승할 것으로 믿는 경우, 즉 보유비용이 보다 큰 정(+)의 값을 가지게 되리라고 믿는 경우를 나타낸다.

예제 4-11

투자자 A는 T-bill 가격곡선이 보다 큰 부(-)의 기울기를 가질 것으로 확신하여, 스프레드를 매입하기로 하였다.[6)]

1/5 : IMM의 T-bill 선물가격: 3월인도분: 88.00
6월인도분: 87.50

예측: 보유비용 상승, 즉 원월물 선물가격이 근월물 선물가격 비하여 상대적으로 더 하락할 것으로 예측

거래행위: 스프레드 매입
3월인도분 선물을 88.00에 매입
6월인도분 선물을 87.50에 매도
스프레드= 88.00 - 87.50 = 50 베이시스 포인트

6) T-bill 가격곡선이 보다 큰 부(-)의 기울기를 가진다는 것은 근월물의 가격하락에 비해 원월물의 가격은 보다 크게 하락한다는 것을 의미한다. 따라서 이러한 경우 투자자는 스프레드를 매입하는 포지션을 취하게 된다.

1/20: IMM의 T-bill 선물가격: 3월인도분: 87.30
6월인도분: 86.48

거래행위: 스프레드 매도
3월인도분 선물을 87.30에 매도
6월인도분 선물을 86.48에 매입
스프레드= 87.30 - 86.48 = 82 베이시스 포인트스프레드의
이득= (82 - 50)b.p. × $25 = $800

거래자가 단기이자율이 자신의 예측보다 상당히 높다고 확신하는 경우에는 T-bond 선물가격의 전반적인 수준이 변경되어 스프레드가 감소할 것으로 기대할 수 있을 것이다. 따라서 이 거래자는 스프레드를 매도하게 될 것이다.

예제 4-12

투자자 A는 단기이자율이 너무 높다고 확신하여 스프레드를 매도하기로 결정하였다.

T-bond 선물가격: 6월 인도분(89 - 09), 9월 인도분(89 - 16)

4월 10일 스프레드 매도:
6월 인도분 T-bond선물 1계약을 89-09에 매도
9월 인도분 T-bond선물 1계약을 89-16에 매입
스프레드 = -7/32

4월 17일 스프레드 매입:
6월 인도분 T-bond선물 1계약을 91 - 00에 매입
9월 인도분 T-bond선물 1계약을 91 - 08에 매도
스프레드 = -8/32

스프레드 거래의 이익 = -7/32 - (-8/32) = +1틱 × $31.25
= +$31.25

이 거래에서 스프레드는 4월 10일의 -7/32에서 4월 17일의 - 8/32로 부(-)의 스프레드가 확대하였다. 따라서 스프레드를 매도한 이 거래에서는 1틱

(=$31.25)의 순이익이 발생하였다.

스프레드 거래에 있어서 거래자는 선물가격은 흔히 인도일이 가까워짐에 따라 불규칙적으로 움직인다는 사실을 알아야 한다. 따라서 근월물 선물계약의 인도일이 가까운 시점에서는 스프레드 포지션을 설정하거나 보유하는 것을 피해야 한다. 그리고 외환선물의 동종계약간 스프레드 거래도 이자율 스프레드 거래와 유사한 원리에 따라 행해진다.

동종계약간 스프레드 거래의 우선적인 목표는 스프레드가 어떻게 움직일 것인가를 예측하는 것이다. 거래자는 스프레드를 예측하기 위하여 기본적인 분석기법과 기술적 분석기법을 활용할 수 있는 능력이 있어야 한다. 그리고 거래자는 추가적인 정보를 이용하기 위하여 다른 선물시장에서의 가격을 검토해 보아야 한다. 또한 현재의 스프레드가 정확한 것인가를 검토하기 위하여 동일한 형태의 과거의 최고·최저스프레드 및 평균스프레드를 살펴보아야 한다. 마지막으로 거래자는 스프레드 포지션을 설정함으로써 그의 판단을 확인하게 된다.

4.2 이종계약간 스프레드 거래

이종계약간 스프레드 거래는 보다 복잡한 스프레드 거래로서, 동일한 또는 상이한 파생상품거래소에서의 상이한 선물계약을 동시에 매입, 매도하는 거래를 말한다. 예를 들어 전형적인 이종계약간 스프레드 거래는 6월 인도분 파운드화선물을 매입하고 동시에 유로달러 선물을 매도하는 경우와 3개월물 T-bill 선물을 매입하고, 동시에 90일물 CD 선물을 매도하는 경우를 들 수 있다. 그리고 상이한 거래소에서의 이종계약간 스프레드 거래는 LIFFE의 6월 인도분 유로달러 선물을 매입하고, 동시에 IMM의 6월 인도분 CD 선물을 매도하는 경우를 들 수 있다.

이제 유로달러 선물계약을 매입하고 파운드화 선물계약을 매도하는 스프레드 거래를 가정해 보자.

예제 4-13

투자자 A는 파운드화 정기예금 이자율이 유로달러 정기예금이자율보다 상대적으로 상승할 것으로 기대하여, 유로달러 정기예금 선물계약을 매입하고 파운드화 정기예금 선물계약을 매도하는 포지션을 설정하였다. 1월 7일의 선물가격 및 현물환율이 다음과 같다고 하자.

	3월인도분	6월인도분	9월인도분
유로달러 선물	91.13	90.81	90.53
파운드화 선물	90.05	89.97	89.91

현물환율 = \$1.6100

이 투자자는 전반적인 이자율변동의 위험을 회피하기 위하여 유로달러 선물을 매입하고 파운드화 선물을 매도한다고 하자. 그는 두 가지 선물에 각각 적절한 가중치를 줄 필요가 있다. 만일 두 이자율이 모두 50 베이시스 포인트씩 상승한다면, 유로달러 선물의 손실을 파운드화 선물의 이득으로 정확히 상쇄시키고자 할 것이다.

유로달러 선물의 50틱의 손실 = 50 × \$25 = \$1,250
파운드화 선물의 50틱의 이득 = 50 × £6.25 = £312.50
현재의 £/\$ 현물환율: £312.50 = \$503.125

이 투자자는 유로달러 선물 1계약에 대하여 파운드화선물 2.48계약[7]의 비율로 3월인도분 파운드화 선물/유로달러선물 스프레드를 매도하고자 할 것이다.

3월인도분 파운드화 선물 5계약을 90.05에 매도
3월인도분 유로달러 선물 2계약을 91.13에 매입

여기서 1월14일의 선물가격 및 현물환율은 다음과 같다고 하자.

	3월인도분	6월인도분	9월인도분
유로달러 선물	91.23	90.88	90.56
파운드화 선물	89.52	89.64	89.54

7) \$1,250/\$503.125 = 2.48계약

$/£의 현물환율 = $1.5830

이종계약간 스프레드 거래의 결과는 다음과 같다.

파운드화 선물 5계약을 89.52에 매입

이득 = 5 × {(90.05-89.52)×100} × £6.25

= £1,656.25

유로달러 선물 2계약을 91.23에 매도

이득 = 2 × {(91.23-91.13) × 100} × $25

= $500

총이득 = $(1,656.25)(1.5830) + $500

= $3,121.84

앞의 예에서 스프레드는 1월 7일의 -108틱(90.05-91.13)으로부터 1월 14일까지 -171틱으로 움직였다. 따라서 기대수익(달러금액)은 2 × 63틱 × $25 = $3,150.00이 된다. 그러나 기대수익과 실제수익에 약간의 차이가 발생한 것은 환율이 거래자가 예상한대로 움직이지 않았기 때문이다. 스프레드의 손익의 일부는 달러로 표시되며, 나머지 일부분은 파운드화로 표시된다. 따라서 비록 거래자의 예측이 정확했다 하더라도 환율의 변화는 이자율 스프레드의 손익을 변화시킬 수 있는 것이다.

게다가 선물계약의 표준규모 때문에 유로달러 선물과 파운드화 선물포지션을 정확히 일치시킨다는 것은 거의 불가능한 일이다. 즉, 위의 예에서 정확한 비율은 1:2.5가 아니라 1:2.48이었다. 따라서 비록 거래자가 유로달러 이자율과 파운드화 이자율의 상대적 변동에 따른 투기적 거래를 위하여 이종계약간 스프레드 거래를 이용한다 하더라도, 이러한 환율에 따른 추가적 위험을 주의 깊게 평가해야만 할 것이다.

5. 거래전략

파생상품의 거래자는 파생상품의 개념과 거래전략의 각종 형태 및 이용 가능한 각종 기간개념을 이해해야 한다. 이러한 거래전략은 다음과 같이 4단계로 구분할 수 있다.

5.1 전문화

거래자가 파생상품시장에서 발생할 수 있는 모든 이득기회를 포착한다는 것은 불가능하다. 따라서 거래자는 하나의 전문영역을 개발하여야 하며, 그 거래행태에 알맞은 주문형태, 전략, 분석 및 예측기법 등을 숙지해야 한다. 거래자는 목표를 분명히 설정하여야 하며, 그에 따른 주문이 수행되어야 한다.

5.2 손익의 관리

선물거래의 가장 중요한 원칙중의 하나는 손실을 적절히 제한시키는 것이다. 거래자는 어떤 포지션을 설정하기 전에 그 포지션의 가능한 최대손실을 산정할 수 있어야 하며, 가능하면 limit order를 이용하여 미리 손실을 일정수준으로 한정시킬 수 있어야 한다. 미리 손실을 한정시키지 않는 거래자는 선물시장에서 오래 존속할 수 없을 것이다. 반면에 훌륭한 거래자는 포지션의 이득을 조속하게 청산시키지도 않는다.

이상과 같은 문제점을 해결하는 방법의 하나는 손실을 제한하는 주문과 이익을 취하고자 하는 주문을 병행시키는 것이다. 훌륭한 거래자는 수익성 있는 포지션을 너무 오래 보유함으로써 손실을 가져오는 일이 없도록 시장상황이 변화할 때에는 포지션을 청산하여 이득을 취할 수 있어야 한다. 이와 같이 훌륭한 거래자에게는 손익의 관리계획은 필수적인 것이다.

5.3 위험자본의 이용

거래자나 거래회사는 파생상품거래가 고유의 위험을 가지고 있다는 사실을 알아야 한다. 이러한 위험은 두 가지로 구분될 수 있다. 하나는 전반적인 손실 위험이며, 또 다른 위험은 거래자의 예측이 정확했다 하더라도 거래기간 중의 가격변동은 커다란 변동증거금의 추가납부를 요구할 수도 있다는 것이다. 따라서 거래자들은 파생상품거래에 할당해야 할 위험자본의 양을 결정해야 할 필요성이 있다.

이에 따라 거래자들은 파생상품거래에 할당해야 할 위험자본 중에서 개시증거금 지급에 할당해야 할 몫을 결정하여야 한다. 비록 이러한 결정들이 개별거래자들의 위험선호에 의존한다 하더라도, 이러한 결정들은 주의 깊게 결정되고 고수되어야 한다.

5.4 수익성 평가

거래의 마지막 단계는 거래자가 주어진 기간 동안 투자자본에 대해서 적절한 수익을 얻었는가를 평가하는 것이다. 일단 위험자본이 파생상품거래에 할당되면 유효수익이 결정될 수 있다. 만약 이 이득이 선물거래의 추가위험을 보상하기에 충분하지 않다면 거래기법을 개선하거나 거래를 중단시켜야 한다.

파생상품거래 실패사례

Barings 사건

베어링사는 1862년 영국에서 설립된 세계 유수의 금융회사였다. 233년의 유구한 역사와 명성을 자랑하던 이 회사는 닉 리슨(Nich Leeson)이라는 20대 젊은 직원으로 인해 망하고, 1995년 2월 네덜란드의 ING에 단돈 1파운드에 구제합병되고 말았다. 이 사건은 한 직원으로 인해 거대한 회사가 망했다는 점에서 전세계적으로 큰 충격을 주었는데, 금융위험관리 측면에서는 전세계적으로 파생상품거래의 위험성에 대한 논의에 불을 붙인 계기가 되기도 하였다.

영국 베어링사의 자회사인 싱가포르의 베어링 선물회사(Baring Futures, Singapore)에서 닉리슨은 일본 오사카 거래소(OSE)와 싱가폴 거래소(SIMEX)간 Nikkei 225 지수선물의 차익거래를 담당하였다. 문제는 닉 리슨이 손해를 감추기 위해 "계좌88888"이라는 특별계좌를 고안하며 시작되었다. 리슨은 차익거래 이외에도 시장의 방향성에 베팅을 거는 투기거래를 하기 시작하면서 여기서 발생되는 손실을 "계좌88888"에 감추었다. 시간이 갈수록 그의 특별계좌에 있는 손실의 금액은 점점 불어났고, 결국엔 선물거래손실에 의한 마진콜 금액을 감당할 수 없게 된다.

그러자 리슨은 손실을 메울 수 있는 다른 방법을 모색하던 중 Nikkei225 주가지수 옵션을 이용한 스트래들 매도 포지션을 취하게 된다. (스트래들 매도는 동일한 행사가격을 갖는 콜옵션과 풋옵션을 동일한 수량으로 매도를 하는 전략으로서 매도가 체결되는 순간 프리미엄 대금을 받게 되며 주가지수가 행사가격 중심에서 큰 변화를 보이지 않으면 계약체결 시 받은 프리미엄 만큼의 이익이 나는 반면 주가가 급등이나 급락을 하게 되면 이론상 무한대의 손해가 나게 되는 구조를 가지고 있다.) 하지만 Nikkei225의 변동성이 작아질 것이라는 리슨의 예상과는 반대로 Nikkei225지수는 크게 하락하여 선물과 누적 총손실은 94년에 2,800만 파운드에 달했고, 이 손실은 모두 "계좌88888"에 숨겨졌다. 이와 같은 막대한 손실에도 불구하고 가공거래를 통해 리슨의 업적은 계속 뛰어난 것으로 평가되어 100만불의 보너스를 받는 등 추가적인 보상을 받았다.

설상가상으로 1995년 1월 일본에서는 고베지진이 발생하였고, Nikkei 225지수는 다시금 하락하여 리슨의 손실은 더욱 커지게 되었다. 리슨은 이제까지의 손실을 일시에 회복하기 위해 마지막으로 큰 모험을 한다. 고베지진 복구를 위한 재정지출 증가로 일본경제가 회복되고 주가도 상승할 것이라는 전망을 근거로 주가지수선물을 대량 매입하였다. 한편으로는 스트래들도 추가 매도하였고, 일본국채선물에도 투자하였다. 그러나 기대와 달리 주가지수는 하락을 거듭한 결과 1995년 1-2월중 15% 이상 하락하여 리슨은 선물 거래에서만 3억 파운드의 손실을 내게 되었다. 더불어 스트래들 추가 매도에 따른 손실 1억2천만 파운드, 일본국채 선물거래 손실 1억9천만 파운드로 마지막 순간 베어링의 총손실 금액은 13억불에 달한 것으로 보고 되었다.

이 사건에서 가장 두드러진 교훈은 내부통제시스템의 결핍을 들 수 있다. 베어링의 닉 리슨은 본인이 금융거래를 하고(front office 기능), 이에 대한 장부정리(back office 기능)까지 함으로써 사실상 대규모 부정이 발생할 소지가 있었다. 그리고 당시 베어링선물회사의 조직체계상 리슨은 아무런 내부통제도 받지 않고 있었다.

통제시스템의 결핍은 리슨의 포지션 관리에서도 나타난다. 최후 순간 베어링선물이 보유한 Nikkei 225 선물계약수는 43,000계약이며 금액으로는 70억불에 달하였다. 이는 SIMEX의 미결제 잔고의 30%에 달하는 엄청난 규모였음에도 리슨의 과도한 포지션 보유에 대해 제동을 걸 수 있는 시스템이 없었다는 것은 놀랍기만 하다. 위험관리의 핵심은 포지션에 대한 위험을 측정하고 적정 위험순준과 비교하여 위험을 줄이거나 늘이는 것이다. 베어링사의 경우 한 직원의 포지션을 파악하지 못했고, 위험에 그대로 노출되었던 것이다.

(*www.riskmania.com*)

연습문제

기본문제

1. 강세스프레드거래에 대한 설명으로 가장 거리가 먼 것은?
① 만기가 가까운 근월물을 매입하고 만기가 먼 원월물을 매도하는 거래이다.
② 강세시장의 경우 근월물의 가격상승폭이 원월물의 가격상승폭보다 클 것으로 예상하는 거래이다.
③ 약세시장의 경우 근월물의 가격하락폭이 원월물의 가격하락폭보다 클 것으로 예상하는 거래이다.
④ 근월물의 가격이 상승하는 반면에 원월물의 가격이 하락하면 이익을 얻을 수 있다.

2. KOSPI200 주가지수선물 3월물과 6월물의 설정시점과 청산시점의 매입 또는 매도가격이 다음과 같다고 하자. 3월물을 매입하고 6월물을 매도하는 결제월간 스프레드거래의 손익은 얼마인가?(단, 거래와 관련된 모든 비용은 무시)

	선물 3월물	선물 6월물
설정시점	100.00	102.00
청산시점	105.00	107.50

① 5만원 이익　　② 25만원 이익
③ 5만원 손실　　④ 25만원 손실

3. 헤징에 대한 설명으로 가장 거리가 먼 것은?
① 헤징을 하기 전에 먼저 얼마만한 위험을 부담하면서 어느 정도의 수익을 올릴 것인가 하는 목표의 설정이 선행되어야 한다.
② 헤징의 핵심은 헤저가 이자율, 환율 또는 주식가격의 변동에서 야기되는 위험을 완전히 제거하는데 있다.
③ 헤징은 투자자들이 자신들의 위험을 관리하는 하나의 수단으로 인식되어야 한다.
④ 완전헤지는 한 특정 금융수단의 현물포지션과 동일한 현물금융수단을 기초자산으로 하는 동일가치의 선물계약을 반대포지션으로 하여 구성된다.

4. 주식포트폴리오의 가격하락을 예측하고 있는 경우, 투자자가 취할 수 있는 전략들로 묶인 것은?

A. 주식포트폴리오의 매입 B. 주식포트폴리오의 매도 C. 주가지수선물을 이용한 매입헤지 D. 주가지수선물을 이용한 매도헤지

① A와 C ② A와 D
③ B와 C ④ B와 D

5. 교차헤징에 대한 설명으로 가장 거리가 먼 것은?
① 현실적으로 교차헤지는 아주 드문 특수한 경우에 해당된다..
② 현물금융수단을 그와는 상이한 금융수단을 기초자산으로 하는 선물계약으로 헤징하는 것을 말한다.
③ 헤저는 또 다른 형태의 베이시스 위험에 노출된다.
④ 일반적으로 자신이 헤지하고자 하는 현물과 가장 유사한 선물을 이용한다.

6. 투기적 거래자에 대한 설명으로 가장 거리가 먼 것은?
① 이자율, 환율, 주가 등을 정확히 예측할 수 있다고 확신하거나 다른 시장 참여자들보다 상대적으로 보다 정확한 예측을 할 수 있다고 자부함으로써 파생상품시장에 참가한다.
② 일반적으로 헤저들이 회피하고자 하는 이자율이나 환율위험을 기꺼이 감수하고자 함으로써, 파생상품거래에 있어서 헤저로부터 투기적 거래자들에게로의 순수한 자금이전이 발생하게 한다.
③ 투기적 거래자들은 일반적으로 대다수 시장참가자들보다 정확한 예측을 한다거나, 일부 선물 또는 현물의 가격이 균형가격에서 벗어나 있다고 믿고 있다.
④ 투기적 거래자들은 일반적으로 변동이 심하지 않은 금융수단을 이용한다.

7. 스프레드 거래에 대한 설명으로 가장 거리가 먼 것은?
① 선물계약의 매입과 동시에 연관 있는 선물계약을 매도하는 거래를 말한다.
② 스프레드 거래자는 두 개의 선물가격간의 관계가 아닌 현물가격과 선물가격간의 관계에 대한 일정한 견해를 가지고 거래에 참가하게 된다.
③ 스프레드 거래는 순수한 오픈포지션 거래보다 변동성이 작다.

④ 단일선물계약의 스프레드 거래에 있어서는 보다 적은 증거금만으로 거래가 가능하다.

다음 빈 칸에 알맞은 말을 넣으시오.

8. (　　　　　)의 목표는 현재 보유하고 있거나 미래에 보유하고자 하는 현물 포지션의 위험을 줄이는 것이다.

9. (　　　　　)는 주로 미래 매입예정인 현물자산의 가격변동을 고정(lock-in) 시키고자 하는 경우에 이용된다.

10. (　　　)헤지는 변동이자율(floating rate)로 대출을 받는 기업이 다음 차환일(rollover date)까지 이자율이 상승할 것을 우려하는 경우에 설정될 수 있다.

11. 완전헤지를 기대하기 어려운 중요한 이유는 선물가격과 현물가격의 차이를 나타내는 (　　　　　　　)가 시간에 따라 심하게 변동하기 때문이다.

12. 현물금융수단을 그와는 상이한 금융수단을 기초자산으로 하는 선물계약으로 헤징하는 것을 (　　　　　　　)이라 한다.

13. 일반적으로 베이시스가 기대하지 않은 수준으로 확장되면 (　　　　　)헤저는 손실을 입게 되며, 반대로 베이시스가 기대하지 않은 수준으로 축소되면 (　　　　　)헤저는 이익을 얻는다.

14. (　　　　　)는 파생상품시장에서의 일시적 가격불균형 또는 수익률불균형을 이용하여 이득을 얻고자 하는 거래이다.

15. (　　　　　)거래는 오픈포지션 거래보다 위험이 작은 투기적 거래로서, 선물계약의 매입과 동시에 연관 있는 선물계약을 매도하는 거래를 말한다.

▶ 다음 문장이 맞으면 O, 틀리면 X를 하시오.

16. 선물거래의 종류는 선물시장에 참여하는 거래자의 유형에 따라 헤지거래, 투기거래 및 차익거래로 대별될 수 있다. ( )

17. 올바른 목표의 설정 없이 이루어지는 헤징은 불필요한 결과를 야기할 수 있다. ( )

18. 교차헤지의 경우 투자자는 헤지하고자 하는 금융수단과 가장 밀접한 관계가 있는 것으로 입증된 선물계약을 선택하여 헤징하여야 한다. ( )

19. 만약 선물가격과 현물가격간의 차이가 선물계약기간동안 보유비용에 따른 차이를 유지하면서 수렴하지 않아도, 헤지는 완전헤지가 된다. ( )

20. 스프레드 거래는 위험을 감수함으로써 큰 이득을 취하고자 하는 거래이다. ( )

21. 투기적 거래자들은 각각 선물시장에서의 거래시간에 따라 구분될 수 있으며, 몇 분, 심지어는 몇 초 동안에 거래를 행하는 투기적 거래자를 일일거래자라고 부른다. ( )

22. 선물계약의 적정가격은 기초자산인 현물의 가치, 선물계약의 만기, 현물포지션 설정의 자금조달비용, 자산으로부터의 현금유입 등을 반영한 가격결정모형에 의해서 결정된다. ( )

23. 차익거래는 실제선물가격이 적정가격으로부터 거래비용 이상으로 벗어나 있을 때 발생한다. ( )

24. 근월물을 매도하고 원월물을 매입하는 스프레드 전략을 강세스프레드전략이라고 한다. ( )

25. 약세 스프레드 전략을 수행한 거래자의 경우에는 스프레드가 감소됨에 따라 이득을 취하게 된다. ( )

제5장 주가지수선물

제 5 장 주가지수선물

주가지수선물 투자자별 매매동향

1. 코스피 200선물 매매동향

(단위 : 계약)

구분	자산운용	증권/선물	종금/저축	은행	보험	기관합계	개인	외국인
매도	4,567	63,859	0	761	953	70,167	85,177	107,241
매수	2,592	66,060	0	662	604	70,009	85,509	107,108
순매수	-1,975	2,201	0	-99	-349	-158	332	-133

2. 프로그램 매매현황

(단위 : 백만원)

구분	유가증권시장		코스닥시장	
	매도	매수	매도	매수
차익거래	82,719	81,229	0	0
비차익거래	500,192	490,842	8,525	10,677
합계	582,911	572,070	8,525	10,677

(이데일리 증권부 2012.06.08)

1980년대에 가장 혁신적인 금융수단이라면 역시 주가지수선물을 꼽을 수 있을 것이다. 최초의 주가지수선물은 1982년 2월 KCBT(Kansas City Board of Trade)에서 도입한 밸류라인지수선물이었다. 그 뒤 곧 이어 CME(Chicago Mercantile Exchange)에서 1982년 4월에 S&P500 주가지수선물이, 1984년 7월에 CBOT(Chicago Board of Trade)에서 MMI선물이 도입된 이래 주가지수선물은 비약적인 성장을 거듭해 왔다. 이 중 현재 가장 활발한 주가지수선물은 S&P500 주가지수선물이다. 주가지수선물은 미국에서 성공적으로 거래되고 있으며, 일본과 아시아지역에서도 경쟁적으로 도입하여 성공적인 거래가 이루어지고 있다. 이에 따라 우리나라에서도 1996년 5월 3일 금융선물 중 주가지수선물을 가장 먼저 도입하였다.

1. 주가지수선물의 개요

주가지수선물계약의 계약단위(contract size)는 주가지수에 일정액을 곱한 금액이다. 예를 들어, S&P500 주가지수선물계약은 기초지수에 $500을 곱한 금액이 계약단위가 된다. 계약단위는 거래소에서 결정하며, 시장상황에 따라 변화될 수 있다.

주가지수선물계약은 모두 현금결제(cash settlement)방식을 취하며, 따라서 주가지수선물시장에서 실물의 인수도는 발생하지 않는다. S&P 500지수 선물계약은 3, 6, 9, 12월의 분기별 인도월을 가진다.

주가지수선물계약은 1982년 도입된 이래 전세계적으로 급속히 확산되어 경쟁적으로 거래되고 있다. 주가지수선물은 도입 2년 후인 1984년에 이미 현물거래량을 상회한 바 있다.

주가지수선물은 다양한 거래에 활용될 수 있다. 투기거래자는 선물계약을 이용하여 주식시장의 예측을 통한 아주 단순한 투기거래나 보다 정확한 주가예측에 따라 선물포지션을 설정하는 복잡한 스프레드 거래를 행할 수도 있다. 게다가 선물시장의 낮은 거래비용은 선물시장의 투기거래를 주식시장에서의 투기거래보다 더 용이하게 만드는 요인이 된다.

단순한 투기포지션의 하나는 향후 시장움직임에 대한 투기거래자의 예측에서 비롯된다. 만약 거래자가 시장의 상승을 예상한다면, 그는 단순히 선물계약을 매입하고 실제로 시장이 상승하여 선물가격이 오르기를 기다릴 것이다.

시장이 상승하면 소형주가 대형주보다 일반적으로 상승폭이 크다. 만약 거래자가 시장이 상승할 것으로 예상한다면, 그는 S&P500지수보다는 NYSE종합주가지수를 선호하게 될 것이다. S&P500지수는 대형주의 비중이 크기 때문에 전체시장의 움직임보다 완만하게 움직일 것이다. 이러한 주가지수의 특성을 이용하는 거래자는 두 가지 주가지수간의 스프레드를 이용한 투기거래 전략을 수립할 수 있을 것이다.

표 5-1 KOSPI200 주가지수선물 상품명세

거래대상	코스피200지수
거래단위	코스피200 선물가격×50만원(거래승수)
결제월	3, 6, 9, 12월
상장결제월	1년 이내의 4개 결제월
가격의 표시	코스피200선물 수치(포인트)
호가가격단위	0.05 포인트
최소가격변동금액	25,000원(=50만원×0.05)
거래시간	09:00 ~ 15:15 (최종거래일 09:00~14:50)
최종거래일	각 결제월의 두 번째 목요일 (공휴일인 경우 순차적으로 앞당김)
최종결제일	최종거래일의 다음 거래일
결제방법	현금결제
가격제한폭	기준가격 ± 10%
단일가격경쟁거래	개장시(08:00~09:00) 및 거래종료시(15:05~15:15)
필요적 거래중단 (Circuit Breakers)	선물가격/현물가격 급변시 선물거래 일시중단

표 5-2 스타지수선물 상품명세

거래대상	스타지수
거래단위	스타지수 선물가격×1만원(거래승수)
결제월	3, 6, 9, 12월
상장결제월	1년 이내의 4개 결제월
가격의 표시	스타지수선물 수치(포인트)
호가가격단위	0.50 포인트

최소가격변동금액	5,000원(=1만원×0.50)
거래시간	09:00~15:15 (최종거래일 09:00~14:50)
최종거래일	각 결제월의 두 번째 목요일 (공휴일인 경우 순차적으로 앞당김)
최종결제일	최종거래일의 다음 거래일
결제방법	현금결제
가격제한폭	기준가격 ± 10%
단일가격경쟁거래	개장시(08:00~09:00) 및 거래종료시(15:05~15:15)
필요적 거래중단 (Circuit Breakers)	선물가격/현물가격 급변시 선물거래 일시중단

다음 예제에서는 시장의 하락이 예상될 때 스프레드를 이용한 투기거래를 보여주고 있다.

예제 5-1

투자자 A는 4월18일 시장의 하락을 예상하여 9월 인도분KOSPI200선물 1계약을 100.00에 매입하고, 9월 인도분 스타지수선물(여기서 스타지수선물은 소형주의 비중이 상대적으로 큰 것으로 가정함) 100계약을 50.00에 매도하였다.

그의 예상대로 곧 시장이 급락하였으며, 그는 욕심을 버리고 포지션을 청산하기로 결정하였다. 그는 5월2일 KOSPI200선물계약을 97.00에 매도하고, 스타지수선물계약을 47.00에 매입하였다.

투자자 A의 스프레드 예상이 적중하여, KOSPI200선물이 3% 하락한 반면, 스타선물은 6% 하락하였다. 이러한 하락률의 차이는 지수의 금액가치로 환산하여, KOSPI200 지수선물포지션에서의 150만원의 손실을 스타지수선물포지션에서의 300만원의 이득으로 상쇄하고도 총 150만원의 이득을 얻을 수 있었다.

4/18 : 9월인도분 KOSPI200선물 1계약을 100.00에 매입
9월인도분 스타지수 선물 100계약을 50.00에 매도

5/2 : 9월인도분 KOSPI200선물 1계약을 97.00에 매도
9월인도분 스타지수 선물 100계약을 47.00에 매입

	KOSPI200선물	스타지수선물
매도	97.00	50.00
매입	100.00	47.00
차이	-3.00	3.00
손익	-150만원 (=-3 × 500,000)	300만원 (=3 × 10,000 × 100)
총손익	+ 150만원	

원월물(distant contracts)은 일반적으로 근월물(nearby contracts)과 기초주가지수보다 탄력적이다. 따라서 투기거래자는 시장의 급등이 예상될 때 동일상품의 만기차이를 이용하여 동종상품 간 스프레드 거래를 통해 이익을 얻을 수 있다. 다음의 예제에서는 KOSPI200 지수선물을 이용한 동종상품 간 스프레드 거래를 보여주고 있다.

예제 5-2

투자자 A는 원월물이 근월물보다 시장움직임에 보다 민감하게 반응할 것으로 믿고 있다. 그는 시장이 상승할 것으로 예상하여, 4월 18일에 12월 인도분 KOSPI200선물 1계약을 102.00에 매입함과 동시에 6월 인도분 KOSPI200선물 1계약을 104.00에 매도하였다. 그의 예상대로 시장이 급등하여, 5월2일에 6월 인도분 KOSPI200선물 1계약을 107.00에 매입하고 12월 인도분 KOSPI200선물 1계약을 105.50에 매도함으로써 포지션을 청산하였다.

표의 하단에서 보는 바와 같이, 6월 인도분 선물계약은 3.00포인트 상승한 반면, 12월 인도분 선물계약은 3.50포인트 상승하였다. 이 스프레드 거래는 원월물이 근월물보다 시장움직임에 더 민감하다는 원리를 이용한 것이며, 가격변화의 차이는 그리 크지 않다. 사실 이 스프레드 거래의 총이득은 25만원으로서 거래비용을 고려한다면 실익이 적다고 볼 수 있다.

4/18 : 12월인도분 KOSPI200선물 1계약을 102.00에 매입
6월인도분 KOSPI200선물 1계약을 104.00에 매도

5/2 : 12월인도분 KOSPI200선물 1계약을 105.50에 매도
6월인도분 KOSPI200선물 1계약을 107.00에 매입

	6월인도분	12월인도분
매도	104.00	105.50
매입	107.00	102.00
손익	-3.00	3.50
	-150만원	175만원
총손익	+25만원	

이상의 두 가지 예보다는 좀 더 공격적인 투자방법이기는 하지만 시장의 상승기조가 예상될 때 스프레드 거래의 위험수준을 조절하는 방법의 하나는 시장움직임에 가장 탄력적인 선물계약을 매입하고, 시장움직임에 가장 비탄력적인 선물계약을 매도하는 전략일 것이다.

다음의 예제는 이러한 전략에 따른 좀 더 공격적인 스프레드 거래를 보여주고 있다. 시장움직임에 가장 탄력적인 선물계약과 가장 비탄력적인 선물계약간의 스프레드가 격차를 유지하고 있으면, 투기거래자는 두 선물계약의 매입계약수와 매도계약수를 달리함으로써 보다 공격적인 투자를 할 수 있다. 여기서는 원월물이 근월물보다 탄력적이라는 점에 기초하여 원월물의 계약수를 근월물의 계약수보다 크게 하는 경우를 고려해 보기로 하자.

예제 5-3

공격적인 투자자인 A는 12월 인도분 KOSPI200선물을 3계약 매입하고 6월 인도분 KOSPI200선물을 1계약 매도하는 전략을 수립하였다. 표에서 보는 바와 같이 총이득은 675만원이 될 것이다. 이와 같이 시장움직임에 대한 탄력성의 차이를 이용하여 두 선물계약의 가중치를 달리함으로써 투자자가 원하는 위험수준에 맞는 투자전략을 수립할 수 있다.

4/18 :	12월인도분 KOSPI200선물 3계약을 102.00에 매입 6월인도분 KOSPI200선물 1계약을 104.00에 매도	
5/2 :	12월인도분 KOSPI200선물 3계약을 107.00에 매도 6월인도분 KOSPI200선물 1계약을 105.50에 매입	

	6월인도분	12월인도분
매도	104.00	107.00
매입	105.50	102.00
손익	-1.50	5.00
	-1.50× 50	5.00× 50× 3
	-75만원	750만원
총손익	+ 675만원	

2. 주가지수선물의 위험관리

주가지수선물계약을 이용한 헤지거래는 주식포트폴리오의 위험관리에 직접 이용될 수 있다. 주가지수선물계약이 주식포트폴리오의 위험관리에 직접 이용될 수 있는 것은 선물계약의 기초가 되는 주가지수가 시장포트폴리오 자체를 나타내기 때문이다. 게다가 선물거래에는 다른 금융수단에 비해 매우 적은 거래비용이 요구되기 때문에, 주가지수선물계약은 주식포트폴리오의 위험관리에 적절한 수단이 되고 있다.

2.1 매도헤지와 헤지비율의 산정

KOSPI200지수와의 베타계수가 1.10인 100억 원의 잘 분산된 주식포트폴리오를 가정해 보자. 여기서 베타계수가 1.10이라는 것은 KOSPI200지수가 1% 변화될 때, 이 주식포트폴리오는 1.10% 변화된다는 것을 나타낸다. 포트폴리오관리자는 주식시장의 하락을 염려하여 포트폴리오의 가치하락을 헤지하기를 원한다고 하자. 이용 가능한 한 가지 방법은 주식을 모두 매도하여 그 매도대금을 단기금융상품에 투자한 후, 주식시장이 하락했을 때 다시 주식을 매수하는 것이다. 그러나 이러한 방법은 근본적으로 실현 불가능한 것이다. 첫째, 이 방법에 소요되는 거래비용이 매우 크며, 둘째 기금의 규모가 방대하여 일시적으로 매도할 시 물량압박에 의한 주가하락을 초래할 수 있다.

이러한 막대한 거래비용과 물량압박을 회피할 수 있는 대안은 KOSPI200 주가지수선물을 이용하는 것이다. 즉, 전체시장의 하락에 대비하여 적절한 수의 선물계약을 매도함으로써, 선물포지션에서의 이득으로 주식포트폴리오(현물포지션)의 손실을 상쇄시킬 수 있다. 단순헤징전략(naive hedging strategy)은 주식포트폴리오의 1원의 가치에 대하여 1원의 가치의 주가지수선물계약을 포함시키는 것이다. KOSPI200지수선물계약의 가격이 100.00이라고 가정하면, 적절한 선물계약수는 다음과 같을 것이다.

$$\frac{\text{포트폴리오의 가치}}{\text{선물계약의 가치}} = \frac{\text{100억원}}{100.00 \times \text{50만원}} = \text{200계약}$$

이러한 접근법의 한 가지 문제점은 KOSPI200지수의 변동성에 비해 주식포트폴리오의 변동성이 더 크다는 것을 무시하고 있다는 것이다. 이 주식포트폴리오의 KOSPI200지수에 대한 베타는 1.10이라고 가정하였다. 다음 예제는 이러한 방법으로 계산된 선물계약수를 이용한 헤징의 결과를 보여주고 있다.

예제 5-4

포트폴리오관리자는 3월 20일 100억 원의 주식포트폴리오에 대하여 12월 인도분 KOSPI200 지수선물 200계약을 매도하였다. 그의 예상대로 주식시장이 하락하여 8월 20일에 KOSPI200지수와 선물계약이 4% 하락하여 96.00이 되었다. 그리고 주식포트폴리오는 보다 큰 변동성으로 인해서 1.10배 하락하여 4억 4천만원의 손실이 발생하였다. 이러한 헤징의 결과 4천만원의 순손실을 가져왔다. 이와 같이 주식포트폴리오와 주가지수선물계약간의 변동성의 차이를 무시한 결과, 이 헤지거래는 최적 헤지결과를 얻을 수 없었다.

	현 물 시 장	선 물 시 장
3/20	100억 원의 주식포트폴리오 보유	12월 인도분 KOSPI200선물 200계약을 100.00에 매도
8/20	주식포트폴리오가 4.40% 하락하여 95억 6천만원이 됨	KOSPI200선물 200계약을 96.00에 매입
손 익	- 4억 4천만원	+ 4억원
	순손실 : -4,000만원	

이러한 문제점을 극복하기 위해서는 다음과 같이 주식포트폴리오의 베타를 가중한 헤지비율을 이용할 필요가 있다.

$$\frac{\text{포트폴리오의 가치}}{\text{선물계약의 가치}} \times \text{포트폴리오의 베타} = \text{선물계약수}$$

따라서 위의 예에서 적절한 선물계약수는 다음과 같이 계산할 수 있다.

$$\frac{100\text{ 억원}}{100.00 \times 50\text{만원}} \times 1.10 = 220\text{계약}$$

위의 예에서 220계약의 주가지수선물이 거래되었다면, 선물포지션에서의 이득은 4억 4천만원(= 4.00 × 50만원 × 220계약)이 되어 선물포지션에서의 손실 4억 4천만원을 정확히 상쇄시킬 수 있었을 것이다. 그러나 이러한 결과는 두 가지 중요한 가정에 기초한 것이다. 첫째, 이러한 결과는 헤지기간 동안 주식포트폴리오가 주어진 베타만큼 변동한다는 가정에 기초한 것이다. 둘째, 이 선물계약수 계산방식은 선물대상지수 자체에 대한 주식포트폴리오의 베타를 가중치로 사용하였다. 이러한 가정은 선물계약이 현물주가지수에 대하여 동일한 변동성을 갖는다는 것을 의미한다. 그러나 이러한 가정은 최근의 분석결과 타당하지 않은 것으로 밝혀졌다. 왜냐하면 모든 주가지수를 기초지수로 한 선물계약들은 기초주가지수 자체보다 변동성이 큰 것으로 알려지고 있다. 즉, 주가지수선물계약은 기초주가지수 자체보다 큰 베타계수를 갖고 있다는 것이다. 따라서 이러한 방법은 헤지기간 동안 베타를 조정하거나 가중하는 방법을 통해 보다 정교하게 이용되어야 할 것이다.

2.2 주가지수선물의 매입헤지

기금관리자가 시장의 상승을 확신하고 있으나, 50억 원의 기금이 3개월 후에 유입된다고 가정하자. 그가 주식을 매입하기 위해서 3개월을 기다려야 한다는 것은 주식시장의 상승기조를 놓칠 수도 있다는 것을 의미한다. 따라서 그는 주식시장의 상승기조를 놓치지 않기 위한 방안의 하나로 주가지수선물시장을 이용할 수 있을 것이다. 그는 단순히 기대되는 투자기금의 유입금액과 동일한 금액의 주가지수선물계약을 매입할 수 있을 것이다.

예제 5-5

2월 20일에 6월 인도분 KOSPI200선물계약의 가격이 100.00이라고 가정하면, 금액으로 환산하여 5천만 원이 된다. 기금관리자는 50억 원의 선물계약에 대한 매입포지션을 취하게 되며, 투자기금의 유입시기가 3개월 후이므로 6월 인도분 선물계약을 이용하게 된다.

따라서 그는 다음과 같이 6월 인도분 KOSPI200선물 100계약을 매입한다. 그의 예상대로 시장이 상승하였으며 5월 20일에 50억 원의 기금이 유입되었으나, 이 금액으로는 2월 20일에 매입가능했던 주식수만큼 매입할 수가 없게 되었다. 그러나 그는 주가지수선물시장을 이용함으로써 선물포지션에서의 1억 원의 이득으로 현물시장에서의 주식매입대금의 상승을 상쇄시켜 동일한 주수를 매입할 수 있었다.

	현 물 시 장	선 물 시 장
2/20	3개월 후에 50억 원의 기금유입이 예상	6월 인도분 KOSPI200선물 100계약을 100.00에 매입
5/20	50억 원의 기금이 유입	시장이 상승하여 KOSPI200 선물의 가격이 102.00이 됨
	주가가 상승하여 50 억원의 기금으로 2/20과 동일한 주수의 매입이 불가능	선물이득: 1억 원

2.3 주식시장의 전망에 따른 헤징사례

2.3.1 하락이 예상되며, 실제로 하락한 경우

예제 5-6

남서울펀드는 8월 15일 현재 시가총액 120억 원의 주식을 보유하고 있다. 이 펀드의 보유주식은 전체 주식시장을 대표할 수 있을 정도로 충분히 분산되어 있다. 펀드매니저는 장기적으로는 주식시장의 전망이 밝으나, 단기적으로는 연내에 일시적인 요인으로 시장이 하락할 것으로 예상하고 있다. 그러나 이런 연유로 현재 보유주식의 매각을 검토하고 있지는 않다.

펀드매니저는 보유주식의 매각대신에 예상되는 주식시장의 하락위험을 회피하기 위하여 12월 인도분 종합주가지수선물의 매도포지션을 설정하기로 결정하였다. 남서울펀드의 종합주가지수에 대한 베타는 1.18이며, 종합주가지수선물의 계약단위는 지수에 100,000을 곱한 금액이라고 가정하자.(여기서는 증거금과 거래비용은 고려하지 않기로 하자.)

8월 15일 현재 12월 인도분 종합주가지수선물의 가격은 560.64이며, 따라서 헤지에 필요한 선물계약수는 다음과 같다.

$$\text{선물계약수} = \frac{12{,}000{,}000{,}000 \times 1.18}{560.64 \times 100{,}000} = 252.6$$

펀드매니저의 예상대로 주식시장이 10월부터 11월까지 하락하여 11월 30일 현재의 펀드의 시가총액이 105억 원으로 하락하였다. 향후 주식시장은 안정기조를 되찾을 것으로 예상하여, 펀드매니저는 포지션을 청산하기로 결정하였다. 11월 30일 현재의 12월 인도분 종합주가지수선물의 가격은 493.36이다. 따라서 선물포지션에서의 이익은 1,702,184,000원(=67.28 × 100,000 × 253)이 되며, 결국 이 헤지거래에서의 순익은 202,184,000원이 된다.

펀드 시가총액의 하락에 따른 손실	:	(1,500,000,000원)
종합주가지수선물의 매도이익	:	1,702,184,000
순익		202,184,000원

위의 예제에서 결국 남서울펀드의 펀드매니저는 주식시장의 하락에 따른 펀드보유주식의 시가총액의 하락위험을 보유주식의 매각 없이 주가지수선물을 이용한 헤지거래로 회피할 수 있었으며, 증거금과 거래비용을 고려한다 하더라도 순익을 얻을 수 있는 성공적인 헤지거래를 수행하였다.

2.3.2 하락을 예상하였으나 반대로 상승한 경우

예제 5-7

(예제 5-6)에서, 10월부터 11월까지 주식시장이 예상과는 달리 상승하여, 11월 30일 현재 펀드의 시가총액이 135억원이 되었다고 하자. 향후 주식시장이 약세국면으로 접어들 것으로 예상하여, 펀드매니저는 포지션을 청산하기로 결정하였다. 11월 30일 현재의 12월 인도분 종합주가지수선물의 가격은 622.03이다. 따라서 선물포지션에서의 손실은 1,553,167,000 (= 61.39 × 100,000 × 253)이 되며, 결국 이 헤지거래에서의 순손실은 53,167,000원이 된다.

펀드 시가총액의 상승에 따른 이득	:	1,500,000,000원
종합주가지수선물의 매도손실	:	(1,553,167,000)
순손실		(53,167,000원)

위의 예제에서 남서울펀드의 펀드매니저는 주식시장의 예측에 실패하여 53,167,000원의 손실을 가져왔으나, 주가지수선물을 이용한 헤징의 기본목적이 주식시장의 움직임에 관계없이 펀드의 시가총액을 유지하는 것이므로 그 본래의 취지를 달성했다고 볼 수 있다.

2.3.3 상승이 예상되며, 실제로 상승한 경우

예제 5-8

남서울펀드는 향후 적극적인 주식투자를 행하기로 결정하고, 50억 원 정도의 자금을 사용하여 우량주를 매입할 예정이다. 그리고 매입예정주식은 전 업종에 걸쳐 충분히 분산투자할 계획이다. 8월 20일 현재 매입예정주식의 시가총액은 50억 원 안팎이며, 현재의 주가수준이 저점에 있는 것으로 예상되고 있다. 남서울펀드의 펀드매니저는 향후 2-3개월 후에는 주가가 상당히 상승할 것으로 판단하고 있다. 그러나 자금의 유입시기를 고려할 때, 주식의 매입 시기는 11월말 경에 가능할 것으로 보여 진다.

펀드매니저는 8월 20일 시점의 매입예정금액을 11월말까지 고정시키기 위하여, 매입예정주식의 패키지와 유사한 움직임을 갖는 12월 인도분 KOSPI200지수선물의 매입포지션을 설정하기로 결정하였다.

남서울펀드의 매입예정주식 전체의 KOSPI200지수에 대한 베타는 0.8이며, KOSPI200지수선물의 계약단위는 지수에 10,000원을 곱한 금액이라고 하자.

8월 20일 현재 12월 인도분 KOSPI200지수선물의 가격은 510.80이며, 따라서 거래에 필요한 선물계약수는 783계약이 된다.

$$\text{선물계약수} = \frac{5{,}000{,}000{,}000 \times 0.8}{510.80 \times 10{,}000} = 783.09$$

펀드매니저의 예상대로 10월부터 11월까지 주식시장이 상승하여, 11월 30일 현재의 매입예정주식의 시가총액이 5,750,000,000원이 되었다. 이때 12월 인도분 KOSPI200지수선물의 가격은 608.30으로 상승하였으며, 펀드매니저는 선물포지션을 청산하기로 결정하였다.

$$\begin{aligned}\text{선물포지션의 이득} &= 97.5 \times 10{,}000 \times 783 \\ &= 763{,}425{,}000\text{원}\end{aligned}$$

남서울펀드의 펀드매니저는 선물포지션에서의 이득과 조달자금 50억원으로 11월말에 매입예정주식을 매입할 수 있게 되었다. 즉, KOSPI200지수선물을 이용한 헤지거래를 통한 11월말의 실질적 매입가격은 4,986,575,000원이 된다.

실제 매입가격	5,750,000,000원
선물이득	(763,425,000)
실질적 매입가격	4,986,575,000원

결국 위의 예제에서 남서울펀드의 펀드매니저는 주가지수선물의 매입포지션을 취함으로써 매입예정주식의 가격상승위험을 회피할 수 있었으며, 매입시기와 자금유입시기의 시차를 극복하고 상승전의 낮은 가격으로 주식을 매입할 수 있었다.

2.3.4 상승을 예상하였으나 반대로 하락한 경우

예제 5-9

위의 예제에서 10월부터 11월까지 주식시장이 예상과는 달리 하락하여, 11월 30일 현재의 매입예정주식의 시가총액이 44억 원이 되었다고 하자. 한편 12월 인도분 KOSPI200지수선물의 가격은 434.90으로 하락하였으며, 펀드매니저는 선물포지션을 청산하기로 결정하였다.

$$\text{선물포지션의 손실} = 75.9 \times 10{,}000 \times 783 = 594{,}297{,}000\text{원}$$

남서울펀드의 펀드매니저는 KOSPI200지수선물을 이용한 헤지거래를 통해 실질적으로 4,994,297,000원에 주식을 매입한 셈이 된다.

실제 매입가격	4,400,000,000원
선물손실	594,297,000
실질적 매입가격	4,994,297,000원

위의 예제에서 남서울펀드의 펀드매니저는 주식시장이 상승할 것으로 예상하여 KOSPI200지수선물의 매입포지션을 취함으로써, 주가하락에 따른 실질적인 저가매입의 기회를 상실하였으나, 매입예정주식의 매입금액을 현재(8월 20일)의 시장가치로 고정시키고자 하는 선물계약을 이용한 헤지거래의 기본적인 목적은 달성하였다.

3. 주가지수선물의 프로그램매매

차익거래를 수행하기 위해서 거래자는 선물가격, 주가지수 구성종목의 가격, 투자기간 중에 예상되는 배당, 차입비용, 거래비용 등의 많은 요인들을 동시에 고려해야만 한다. 따라서 이러한 많은 요인들을 동시에 고려하여 신속하게 계산한다는 것은 현실적으로 어려운 일이다.

거래자가 주가지수선물의 차익거래에 요구되는 데이터를 분석하기 위해서는 컴퓨터의 이용이 필수적이다. 차익거래의 기회를 포착하기 위해서는 현물주식, 선물, 그리고 금융시장 등에 대한 리얼타임 데이터가 컴퓨터 프로그램에 즉시 입력돼야만 한다. 프로그램매매(program trading)는 컴퓨터를 이용한 매매를 의미한다. 즉, 컴퓨터를 이용해서 보유비용관계의 이탈을 검색하고, 이러한 현물가격과 선물가격간의 가격불일치를 이용해 이득을 얻고자 위험차익거래를 수행하는 거래를 프로그램매매라 한다.

프로그램거래자들이 특정한 만기의 선물계약에 대하여 현물주식의 매입포지션을 취한다면, 그들은 그 선물계약의 만기일 종가에 보유주식을 매도하려 할 것이다. 만약 프로그램매매가 현물주식의 대량거래를 수반하고 프로그램거래자들이 특정만기의 선물계약에 대하여 현물주식의 매입포지션을 설정한다면, 선물계약의 만기일에 보유주식을 전부 매도하고자 하는 프로그램거래자들의 욕구는 동시적인 대량매도주문에 의한 물량압박을 가져올 것이다.

일반적인 가격구조 하에서 대량매도주문은 주식의 초과공급을 유발시킬 것이다. 이러한 상황에서는 주가는 수급균형이 이루어지는 수준까지 급격히 하락할 것이다. 이것이 프로그램매매가 시장변동성을 증가시킨다는 비난의 요체이다.

그러나 이러한 비난에도 불구하고 몇몇 실증분석들은 시장변동성이 주가지수선물이 도입되기 이전과 크게 다르지 않다고 주장하고 있다. 이러한 사실은 주가지수선물의 도입이 주식시장의 변동성을 증가시키는 요인이 아님을 나타내는 것이다.

그러나 프로그램매매는 프로그램거래자들이 집중적으로 거래하는 특정일에는 시장변동성을 증대시키는 요인으로 작용할 수도 있다. 사실 특정일에는 프로그램매매가 시장변동성을 증대시키는 것으로 알려져 있다. 특히 프로그램거래자들은 선물계약 만기일의 종가주문을 선호하는 경향이 있으며, 이는 특정일의 시장변동성을 증대시키는 요인으로 작용할 수도 있다.

파생상품거래 실패사례

Union Bank of Switzerland(UBS) 사건

1. 사건개요

이 사건은 UBS가 파생금융상품에 대한 투자실패로 6억 9천만 달러의 손해를 보게 된 경우이다. UBS는 일본 후지은행이 발행한 전환우선주에 투자를 하면서 헤지수단으로서 니케이 225지수를 선물매도하였다. 비교적 간단한 거래였을 뿐 아니라, 주가위험을 사전에 인식하고 헤징거래를 취했음에도 결과적으로 큰 손해를 보게 된 경우이다.

전환 우선주는 발행당시에는 우선주이지만 일정조건하에 보통주로 전환 될 수 있다. 국내에서도 널리 거래되는 전환사채(CB)는 발행당시 채권이라는 점에서 서로 다르다. 국내 우선주와 달리 외국의 우선주는 고정배당금을 지급받는다는 점에서 채권과 유사하면서도 채권이 갖지 못하는 주식으로서의 일부 권리를 가지므로, 전환우선주는 일반적으로 전환사채에 비해 선호된다. 이때문에 전환우선주에는 사전에 정해진 수준 이상의 주가상승분만큼은 매입자가 매도자에게 돌려주는 장치를 마련해둔다. 따라서 전환 우선주 매입은 배당금이 지급되는 채권을 매입함과 동시에 해당주식에 대한 풋옵션을 발행한 것과 동일한 효과를 갖게 된다.

UBS는 자체적으로 갖고 있던 컴퓨터 프로그램을 사용하여 후지은행 전환우선주의 적정가치를 계산한 후 충분한 수익성이 있다고 판단하여 투자를 했는데, 이때 문제는 모형이 부적절하게 설정되어 가치를 과대평가했다는 점이다.

결과적으로 UBS는 적정가치보다 비싸게 주고 전환우선주를 매입하였으나 이후 1997년 11월 일본 야마이치증권 파산의 여파로 후지은행을 포함한 은행들의 주가가 계속 하락함에 따라 큰 손해를 보기에 이르렀다. 그렇다면 전환우선주 매입에 대해 헤징수단으로 선물매도한 니케이 225 지수로부터 어느 정도의 손실보전을 받았을까? 답은 '아니오'이다.

은행주 매입포지션에 대해 주가지수 매도포지션으로 헤징을 했으므로 이 거래는 베이시스 위험에 노출되어 있었다. 많은 경우 주가지수와 은행주 주가는 같은 방향으로 움직이는데 반해 UBS의 경우는 반대방향으로 움직였다. 즉, 후지은행 주가는 하락하고 니케이 225 지수는 상승하는 베이시스 위험의 최악의 경우가 발생한 것이다.

2. 교훈

UBS사건은 전환우선주 매입과 함께 주가지수선물 매도를 함으로써 위험을 관리했음에도 큰 손실을 본 경우이다. 이 사건은 모형위험과 베이시스 위험관리에 실패한 예라고 할 수 있다.

첫째, UBS의 실수로는 당시 후지은행 전환 우선주의 적정가치를 과대평가한 것이 꼽힌다. 이를 금융위험 중에서 특히 모형위험(model risk)이라고 한다. 흔히 재무학자들과 더불어 '로켓 과학자'라 불리는 수학과 컴퓨터의 천재들이 파생금융상품의 적정가치를 산정하는 모형을 수립하는데, 이 과정에서 오류를 범할 경우 UBS 사건에서와 같은 치명적 손해를 볼 수 있다.

둘째, 개별 주가위험을 헤지하기 위해 주가지수선물을 사용하는 경우 베이시스 위험에 노출된다는 점이다.

UBS사건은 앞에서 지적한 바와 같이 베이시스 위험이 최악으로 나타난 경우로 볼 수 있을 것이다. 통상 베이시스 위험은 다른 금융위험에 비해 작으므로 무시되는 경향이 있는데, UBS사건은 이러한 무시가 얼마나 위험할 수 있는가를 극명하게 보여준 사건이라 할 것이다.

(*www.riskmania.com*)

연습문제

기본문제

1. 주가지수선물에 대한 설명으로 가장 거리가 먼 것은?
① 현금결제 방식을 취한다.
② 대부분의 경우 반대매매가 되지만, 일부는 실물인수도된다.
③ 주가지수선물계약의 계약단위(contract size)는 주가지수에 일정액을 곱한 금액이다.
④ 주가지수선물시장의 낮은 거래비용은 선물시장의 투기적 거래를 주식시장에서의 투기적 거래보다 더 용이하게 만드는 요인이 된다.

2. KOSPI200 주가지수선물의 상품명세에 대한 설명으로 가장 거리가 먼 것은?
① 호가단위는 0.05포인트이다.
② 최소가격변동금액은 25,000원이다.
③ 가격제한폭은 기준가격 ±10%이다.
④ 거래시간은 09:00-15:00이다.

3. 100억 원의 주식포트폴리오의 베타가 1.10이라고 하자. KOSPI200 주가지수선물지수가 100.00포인트일 때, KOSPI200 주가지수선물을 이용한 헤지에 필요한 선물계약수로 가장 알맞은 것은?
① 200계약
② 210계약
③ 220계약
④ 250계약

▶ 다음 빈 칸에 알맞은 말을 넣으시오.

4. (　　　　)선물계약은 주식포트폴리오의 위험관리에 적절한 수단이 된다.

5. (　　　　)헤징전략은 주식포트폴리오의 1원의 가치에 대하여 1원의 가치의 주가지수선물계약을 포함시키는 것이다.

6. 컴퓨터를 이용해서 보유비용관계의 이탈을 검색하고, 이러한 현물가격과 선물가격간의 가격불일치를 이용해 이득을 얻고자 위험차익거래를 수행하는 거래를 ( )매매라 한다.

▶ 다음 문장이 맞으면 O, 틀리면 X를 하시오.

7. 주가지수선물계약을 이용한 헤지거래는 주식포트폴리오의 위험관리에 직접 이용될 수 있다. ( )

8. 전체시장의 하락에 대비하여 적절한 수의 선물계약을 매입함으로써, 선물포지션에서의 이득으로 주식포트폴리오(현물포지션)의 손실을 상쇄시킬 수 있다. ( )

9. 차익거래를 수행하기 위해서 거래자는 선물가격, 주가지수 구성종목의 가격, 투자기간 중에 예상되는 배당, 차입비용, 거래비용 등의 많은 요인들을 동시에 고려해야만 한다. ( )

10. 컴퓨터를 이용해서 보유비용관계의 이탈을 검색하고, 이러한 현물가격과 선물가격간의 가격불일치를 이용해 이득을 얻고자 위험차익거래를 수행하는 거래를 프로그램매매라 한다. ( )

11. 프로그램매매는 프로그램거래자들이 집중적으로 거래하는 특정일에는 시장변동성을 증대시키는 요인으로 작용할 수도 있다. ( )

제6장 금리선물

제 6 장 금리선물

미 FOMC, 추가 금리 인하

미국 FRB가 이틀간의 일정으로 공개시장위원회를 열었습니다. 현재 1.5%인 기준금리를 역대 최저수준인 1%대까지 내릴지가 관심입니다.

버냉키 의장이 주재하는 이번 회의에서는 최근 금융시장을 분석해 금리인하 폭과 앞으로 통화정책 방향을 결정하게 됩니다. 미 연준리는 2003년 6월부터 약 1년 동안 기준금리를 1%로 유지한 적이 있습니다.

금리 선물시장에서는 이번에 0.75%포인트를 내려 기준금리를 역대 최저 수준까지 끌어내릴 확률을 26% 정도로 보고 있습니다. 금리 인하 기대에 세계 자금시장 기준이 되는 리보금리는 하락세를 이어갔습니다. 3개월짜리 달러 리보는 0.04%포인트 하락한 3.47%로 12일째 하락했고, 하루짜리 리보도 0.03%포인트 떨어진 1.24%를 기록했습니다.

미국에 이어 유럽중앙은행과 영국 중앙은행은 다음달 6일 기준금리를 0.5% 포인트 내립니다. 트리셰 유럽중앙은행 총재가 어제 이같은 방침을 밝혔고, 브라운 영국 총리도 금리인하 국제공조가 필요하다고 언급했기 때문입니다. 유럽중앙은행은 금리인하 사전조치로 앞으로 3개월간 은행에 유로화를 무제한 공급하겠다고 발표했습니다.

(*2008.10.29 mbn뉴스*)

1. 금리선물

1.1 금리선물의 개요

본 장에서는 선물시장의 생성 이후 가장 크게 발전을 하여온 금리선물

(interest rate futures)을 살펴본다. 1975년 10월 20일 처음으로 거래가 시작된 이래 금리선물은 급속히 성장하기 시작했다. 초창기 이래 금리선물은 모든 금융선물 거래량의 과반수를 차지할 정도로 중요한 위치를 점해 왔으며 앞으로도 그 중요성은 변하지 않을 것으로 기대되고 있다.

미국에서의 금리선물거래는 거의 대부분이 CBOT(Chicago Board of Trade)와 CME(Chicago Mercantile Exchange)에서 이루어지고 있다. CBOT는 대개 만기가 긴 금리선물 위주이고 CME는 대개 만기가 짧은 선물 위주로 거래가 이루어지고 있다.

금리선물거래는 금리(이자율)의 변동에 따라 가격이 변동하는 금융상품을 선물거래의 대상물로 하는 거래를 말한다. 물론 일반적으로 모든 상품의 가격은 금리의 변화에 의해 영향을 받는 것이 사실이다. 그러나 여기서는 금리변화의 영향이 직접 가격에 반영되는 금융상품을 지칭하는 것으로 한정한다.

금융상품의 범위에는 일반적으로 외환, 채권, 예금증서, 상업어음, 주식(주가지수) 등이 일반적으로 포함되나 이러한 모든 금융상품에 대한 선물거래는 금융선물거래라는 용어를 사용하고 있으며 외환과 주가지수에 대하여는 통화선물거래, 주가지수선물거래라는 용어로 사용하고 있다. 채권에 대하여는 채권선물거래 또는 금리선물거래로 표현하고 있다. 현재 미국의 선물거래소에서 주로 거래되고 있는 관련 선물상품들이 T-bond 선물, T-note 선물, T-bill 선물, 유로달러선물, CD선물, CP선물 등인데 이들의 대부분이 채권이기 때문에 채권선물거래라 부르기도 하나 이들 선물거래의 구체적인 대상이 모두 장래 예상되는 금리이며 상품은 이를 표현하는 수단 또는 매개물에 불과하므로 금리선물거래라는 표현이 보다 자주 쓰이고 있다.

본장에서는 다양한 금리선물계약의 특성을 다루게 되지만 특히 CBOT에서 거래되는 T-bond 와 T-note 선물 및 CME에서 거래되는 T-bill과 유로달러 선물을 중점적으로 설명한다.

1.2 현물이자율과 선도이자율

현물이자율(spot rates)은 지금 현재 관측가능한 이자율을 말한다. 채무불이행위험이 없는 3개월물 증권의 현물이자율은 3개월물 T-bill의 수익률과 같다. 여기서 만기가 t인 현물이자율을 r_1라 하면, 선도이자율(forward rates)은 미래 대출금에 대한 이자가 되며 현재의 현물이자율의 기간구조에 내재되어 있다고 볼 수 있다. 따라서 n기간 후의 t만기(즉, $n+t$시점) 대출금에 대한 선도이자율 ${}_nf_{n+t}$는 다음과 같이 계산된다.

$$(1+{}_nf_{n+t})^t = \frac{(1+r_{n+t})^{n+t}}{(1+r_n)^n}$$

그림 6-1

선도이자율

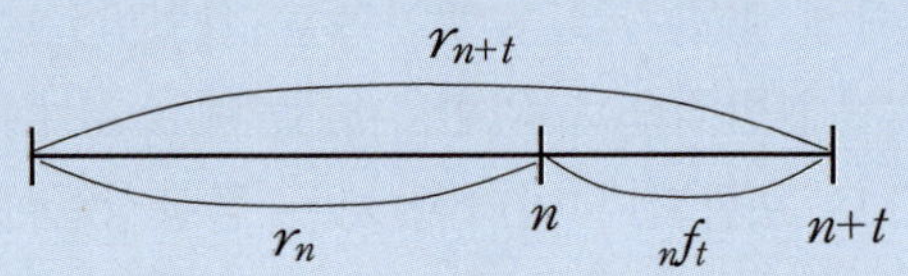

예를 들어, 오늘 현재 1년 만기 대출에 대한 선도이자율은 다음과 같다.

$$(1+{}_0f_1)^1 = (1+r_1)^1$$

그리고 3년 후 시점에서의 1년 만기(즉, 4년 시점) 대출에 대한 선도이자율은 다음과 같다.

$$(1+{}_3f_4)^1 = \frac{(1+r_{3+1})^{3+1}}{(1+r_3)^3}$$

그림 6-2

선도이자율 $_3f_4$

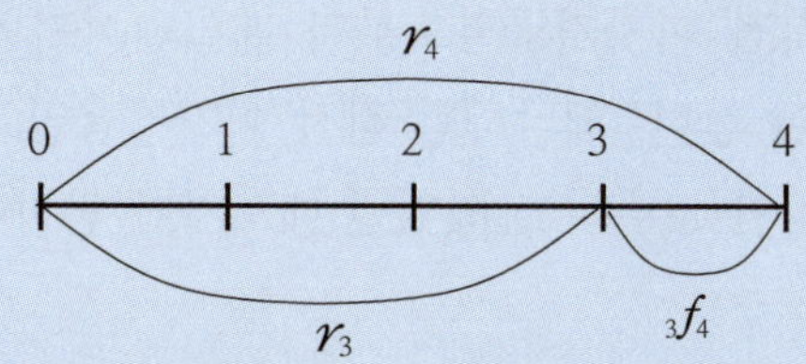

이제 다음과 같은 예제를 통해 현물이자율과 선도이자율의 관계를 살펴보기로 하자.

예제 6-1

1년 만기 현물이자율이 10%이고, 2년 만기 현물이자율이 11%라고 하자. 이때 1년 후의 1년 만기 내재선도이자율(implied forward rates)은 다음과 같다.

$$(1+{}_1f_2)^1 = \frac{(1+r_2)^2}{(1+r_1)^1} = \frac{(1.11)^2}{(1.10)}$$

또는 $_1f_2$ = 12.01%

1.3 채권의 일수계산

채권의 일수계산방식(day count convention)은 확정소득증권(fixed income securities)의 발생이자를 계산하는데 중요한 역할을 한다. 미국의 경우 이표채의 이자는 일반적으로 반년 단위로 지급되며, 우리나라의 이표채는 일반적으로 이자가 3개월 단위로 지급된다. 채권은 최초 보유자가 만기까지 보유하기도 하지만, 주식과 마찬가지로 만기 이전에 다른 투자자에게 매매되는 것이 보다 일반적이다. 또한 어떤 채권이 최초 보유자로부터 중도 보유자로 매매되는 경우 이자지급일에 거래가 이루어지기보다는 한 이자지급일과 그 다음 이자지급일 사이에 거래가 이루어지는 것이 보다 일반적인 상황이다. 따라서 어떤 투자자(매입자)가 최초 투자자(매도자)로부터 채권을 매입하는 경우, 매입자는 매도자에게 직전 이자지급일로부터 매입일까지의 발생이자(accrued interest)를 지급하여야 한다. 왜냐하면 직전 이자지급일로부터 매입일까지의 발생이자는 그 기간 동안 보유하고 있었던 매도자가 받아야 할 이자이기 때문이다.

다음 [그림 6-3]에서 보는 바와 같이 이자가 6개월 단위로 지급되기 때문에 매입자는 자신의 보유기간에 관계없이 다음 이자지급일에 6개월 동안의 이자를 지급받는다. 한편 매도자는 자신이 보유하고 있던 기간 동안의 이자를 지급받지 못한다. 따라서 매입자는 매도자가 응당 받아야 할 이자인 직전 이자지급일로부터 매입일까지의 발생이자를 매도자에게 지급하여야 하는 것이다.

[그림 6-3]의 발생이자 지급구조에 따라 발생이자는 다음과 같이 계산될 수 있다.

$$\text{발생이자} = \text{이자지급액(6개월)} \times \frac{\text{직전 이자급일부터 매매일까지의 일수}}{\text{이자지급일수}}$$

이와 같이 채권을 중도에 매매함에 따라 매입자와 매도자간에 발생이자를 주고받게 된다. 따라서 보유기간을 일수 단위로 계산하여 발생이자를 수수하여야

그림 6-3

발생이자

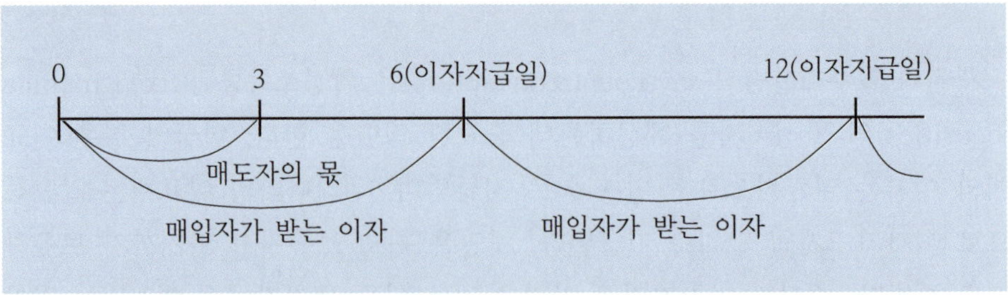

하며, 이를 위해 용인된 일정한 일수계산방식이 필요하다. 일반적으로 미국의 경우 채권의 일수계산방식은 다음과 같이 세 가지 경우로 구분할 수 있다.

1. T-bond: 실제일수/실제일수
2. 회사채와 지방채: 30/360
3. T-bill(1년 미만 채권 포함): 실제일수/360

예제 6-2

6개월 단위로 이자가 지급되는 T-bond의 액면가가 $100라고 하자. 그리고 이 채권의 이자지급일은 매년 3월1일과 9월 1일이라고 하자. 연간이자율은 4%라고 하자. 7월 10일 현재 이 채권을 매매하였다고 하면 매입자가 매도자에게 지급하여야 할 발생이자는 얼마인가?

T-bond의 일수계산방식은 (실제일수/실제일수)이므로 직전 이자지급일로부터 매매일까지의 실제일수와 직전 이자지급일부터 다음 이자지급일까지의 실제일수를 계산하여야 한다.

직전 이자지급일인 3월 1일로부터 매매일인 7월 10일까지의 실제일수는 131일이고, 직전 이자지급일인 3월1일로부터 다음 이자지급일인 9월1일까지의 실제일수는 184일이다. 따라서 매입자가 매도자에게 지급하여야 할 발생이자는 다음과 같다.

$$\text{발생이자} = \frac{131}{184} \times \$2 = \$1.4239$$

예제 6-3

(예제 6-2)와 모든 상황이 동일하나 채권이 지방채라고 가정하면, 매입자가 매도자에게 지급하여야 할 발생이자는 얼마인가?

지방채의 일수계산방식은 (30/360)이므로, 여기서는 180일을 기준으로 하고 한 달을 30일로 가정하여 일수를 계산하여야 한다.

직전 이자지급일인 3월 1일로부터 매매일인 7월 10일까지의 실제일수는

129일(= 30 × 4개월 + 9일)이고, 직전 이자지급일인 3월 1일로부터 다음 이자지급일인 9월 1일까지의 일수는 180일이다. 따라서 매입자가 매도자에게 지급하여야 할 발생이자는 다음과 같다.

$$\text{발생이자} = \frac{129}{180} \times \$2 = \$1.4333$$

2. T-bill 선물

2.1 T-bill

T-bill 에 대한 선물거래는 1976년 1월 2일 CME에서 처음으로 시작되었다. 이 선물계약은 만기까지 3개월(91일)이 남아있는 T-bill의 인도를 그 대상으로 한다.

T-bill 선물을 이해하기 위해서는 먼저 T-bill 이라는 상품 자체에 대하여 알아보아야 한다. T-bill은 1년 미만의 만기를 갖는 할인채로서 미국 정부(재무부)가 연방정부의 자금조달을 위해 직접 발행하는 채무증서이다. 종류별로 13주(91일), 26주(182일), 52주(364일)의 만기를 갖고 있다. 최소 발행단위는 1만 달러이고 그 위로 5천 달러 폭으로 발행된다. T-bill은 높은 유동성과 낮은 위험성 때문에 투자가들로 부터 각광을 받고 있으며 연방준비은행은 이를 통해 공개시장조작을 행한다.

T-bill은 연간 할인율 기준으로 거래된다. 즉 T-bill은 액면가에서 할인액을 공제한 금액으로 거래되며, 통상 1년을 360일로 하여 계산한다. 앞서 우리는 T-bill과 1년 미만의 금융상품의 경우 (실제일수/360)의 일수계산방식이 이용된다는 것을 알았다. 따라서 T-bill에 대한 할인율은 다음과 같이 나타낼 수 있다.

$$할인율 = \frac{액면가 - 시가}{시가} \times \frac{360}{만기잔여일수}$$

T-bill은 할인채로서 매입가격과 액면가격과의 차액을 이자의 명목으로 얻게 되는 것이다.

예제 6-4

만기까지 42일이 남아있고 액면가의 99%의 가격으로 거래되는 T-bill의 할인율은 얼마인가?

$$\frac{100 - 99}{99} \times \frac{360}{42} = 0.0866 \text{ 혹은 } 8.66\ \%$$

즉, 이 T-bill은 액면가에서 1%로 할인된 가격으로 판매되고 있지만 만기까지 42일이 남아있으므로, 이 할인율을 년 단위로 환산하면 8.66%가 된다는 것이다.

T-bill을 매입한 투자자의 실제 연 수익율은 1년을 365일로 하여 다음과 같이 계산된다.

$$수익률 = \frac{액면가 - 시가}{시가} \times \frac{365}{만기잔여일수}$$

따라서 위의 예제에서 예로 든 T-bill의 실제 연 수익율은 다음과 같다.

$$\frac{100 - 99}{99} \times \frac{365}{42} = 0.0878 \text{ 혹은 } 8.78\ \%$$

즉, 액면가에서 1% 할인된 금액으로 이 T-bill을 구입한 투자자의 수익률은 년 단위로 환산하였을 경우 8.78%가 되는 것이다.

2.2 T-bill 선물

T-bill 선물의 1계약은 만기까지 90일[1)]이 남아있는 액면가 100만 달러의 T-bill을 인수도 대상으로 한다. 결제월은 3, 6, 9, 12월이며, 만기일은 91일물 T-bill의 신규발행일 직전영업일이다. 그리고 T-bill 선물계약의 인수도 대상은 신규발행된 91일물 T-bill, 기발행된 182일물 T-bill과 364일물 T-bill이다.

단기금리 선물계약의 일반적인 가격결정원칙과 같이 T-bill 선물계약의 가격은 지수 베이시스(index basis)에 따라 결정된다.

T-bill 선물계약의 가격지수 =100 - 할인율

따라서 98.50의 선물가격은 1.50%의 할인율을 갖는 91일물 T-bill 선물가격과 동일하다. T-bill 선물의 가격지수 베이시스는 설정된 선물포지션의 손익을 결정한다. 즉, 선물의 가격은 100에서 할인율을 빼준 가격지수로 표현되고, 91일물 T-bill의 결제 시에 실제 지불되는 가격은 만기까지의 기간을 반영시키기 위하여 거래가격을 조정함으로써 결정된다. 이를 보다 자세히 표현하면 다음과 같다.

결제시의 가격 = 100 - (할인율 × 90 / 360)

또는

= 100 - [(100 - 호가가격) × 90 / 360]

예를 들어, 선물계약의 결제월에 매도자가 인도하는 액면금액 1백만 달러의 90일 만기 T-bill에 대하여 매수자가 지불해야 하는 가격이 98만 5천 달러라면, T-bill의 할인율은 다음과 같이 계산된다.

---

1) T-bill 선물계약의 인수도 대상 T-bill은 91일물 T-bill이지만, 만기일이 91일물 T-bill의 신규발행일 직전영업일이므로 실질적인 만기는 90일이 된다. 따라서 T-bill 선물계약의 가격결정에 있어서는 90일을 기준으로 하며, 1년은 은행거래의 관행에 따라 360일로 한다.

$$\frac{1{,}000{,}000 - 985{,}000}{985{,}000} \times \frac{360}{90} = 0.06(6\%)$$

따라서 이 선물의 가격지수는 94(= 100 - 6)가 되며, 결제 시 실제 지불가격은 98.5[= 100 - (6 × 90 / 360)]로 위의 98만 5천 달러가 된다. 즉, 할인율을 알면 결제 시 가격을 알 수 있고 결제 시 가격을 알면 할인율을 알 수 있다.

T-bill선물은 이와 같은 가격지수를 이용하여 매매한다. 즉 할인율은 T-bill 현물시장의 매매에 이용되나 선물시장에서는 가격지수를 이용하는 것이다. 그 이유는 T-bill의 수익률(할인율)이 상승하면 가격이 하락하고, 수익률(할인율)이 하락하면 가격이 상승하게 되는데 이러한 수익률과 가격간의 상반관계가 시장참여자들에게는 많은 혼란을 가져올 우려가 있기 때문이다. 또한 이러한 방법은 CD, CP, 유로달러 등 기타 단기금리선물의 경우에도 동일하게 적용되고 있다.

T-bill 선물의 최소가격변동단위(tick)는 1 basis point 인데 이는 1/100 %에 해당된다. 즉, 1 basis point 는 0.01%가 된다. 이러한 최소가격변동단위를 금액으로 표시하면 91일 만기 T-bill 선물의 경우 거래단위가 100만 달러 이므로 1 basis point 는 100만 × 0.0001 × 90 / 360 = 25.00으로서 25달러에 해당된다.

$$\begin{aligned}\text{tick value} &= \text{T-bill 액면가} \times \text{tick size} \times (\text{만기까지의 일수}/360)\\ &= 1{,}000{,}000 \times 0.0001 \times (90/360) = \$25\end{aligned}$$

따라서 어느 선물의 할인율이 8.25에서 8.26으로 변했다면 선물계약의 가치는 979,375 달러에서 979,350 달러로 25달러만큼 변하게 된다.

$$97.9375 = 100 - 8.25\ (90 / 360)$$
$$97.9350 = 100 - 8.26\ (90 / 360)$$

예제 6-5

한 거래자가 3월 인도분 T-bill 선물 2계약을 89.50에 매입하여 10일후 89.62의 가격으로 매도하였다고 하자. 선물거래의 이익은 얼마인가?

선물계약 당 이익 = 12틱(= 89.62 − 89.50)
총이익 = 2계약 × 12틱 × $25(틱의 가치) = $600

대부분의 금융선물거래소는 가격제한폭을 설정하고 있다. 가격제한폭은 거래소마다 상황에 따라 변동될 수 있다. 예를 들어 T-bill 선물계약의 경우 가격제한폭이 정상적인 경우 ±60베이시스 포인트라면 일일 최대 가격변동범위는 120베이시스 포인트가 된다. 따라서 3월 인도분 T-bill 선물이 85.00에 종료되었다면, 다음날에 선물가격은 84.40~85.60까지 변동될 수 있다. 증거금은 거래소마다 시장상황에 따라 변동될 수 있으며, 거래소의 회원은 거래소가 요구하는 증거금보다 높은 금액을 고객에게 요구하는 것이 일반적이다.

2.3 T-bill선물시장의 활용

이론적으로는 단기금리의 변동에 따른 위험을 회피하고자 하거나 또는 단기금리의 정확한 예측에 의거 수익을 얻으려는 개인이나 기관투자가들이 T-bill선물시장에 참여한다. 그러나 실제로는 자금의 단기차입이나 대여를 많이 행하는 은행, 브로커, 딜러 등이 주요 참여자들이며 시장성 유가증권을 많이 보유하고 있거나, 거액의 CP를 자주 발행하거나, 변동금리로 은행에서 단기차입을 행하는 정부기관이나 기업들도 주요 참여자가 된다. 그 외 T-bill의 수익률 변화나 T-bill과 관련된 다른 단기증권의 금리 변화에 의거 수익을 얻으려는 개인투자가들이 이 시장에 참여한다.

단기자금을 보유하고 있는 투자자에게 일반적인 선택대안은 수익률은 낮으나 단기자산에 직접 투자할 것인가 또는 수익률은 높으나 그 자산이 매도될 때에 이자율이 불리하게 변화될 수도 있는 위험을 갖는 장기자산에 투자할 것인가에 관한 것이다. 다음과 같은 예제를 살펴보기로 하자.

예제 6-6

4월20일 현재 61일물 T-bill의 수익률은 10.70%이고, 152일물 T-bill의 수익률은 11.25%라고 하자. 선물이 없다는 가정 하에서 자금을 6월21일까지 운용할 수 있다면, 61일물 T-bill과 152일물 T-bill을 이용하는 두 가지 대안이 모두 가능하다. 여기서 잉여자금은 금융시장에서 10.50%로 투자된다고 가정한다. 그리고 91일물 T-bill의 할인율은 12.50%라고 하자. 61일물 T-bill과 152일물 T-bill을 이용하는 두 가지 대안의 수익률은 각각 얼마인가?

(대안1)

4월20일: 61일물 T-bill을 매입하여 만기까지 보유

61일물 T-bill의 할인율 = 10.70%

매입가격 = 1,000,000 – (1,000,000 × 61 × 0.107)/360

= $981,869.44

이득 = $18,130.56

$$\text{등가수익률(연간)} = \frac{1{,}000{,}000 - 981{,}869.44}{981{,}869.44} \times \frac{365}{61}$$

$$= 11.05\%$$

(대안2)

4월20일: 152일물 T-bill을 매입

할인율 = 11.25%

매입가격 = 1,000,000–(1,000,000 × 152 × 0.1125)/360

= $952,500

$29,369.44(=981,869.44–952,500)를 61일 동안 10.50%로 투자

6월21일: 91일물 T-bill의 할인율 = 12.5%

T-bill의 매도가격 = $968,402.78

T-bill의 매매에 따른 이득 = 968,402.78 – 952,500

= $15,902.78

잉여자금 = 981,869.44 – 952,500 = 29,369.44

잉여자금의 이득 = 29,369.44 × 0.1050 × 61/360

= $522.53

총이득 = $15,902.78 + $522.53 = $16,425.31

$$등가수익률(연간) = \frac{16,425.31}{981,869.44} \times \frac{365}{61}$$
$$= 10.01\%$$

위의 예에서 4월20일에 152일물 T-bill의 수익률이 61일물 T-bill의 수익률보다 55 베이시스 포인트 정도 높다 하더라도, 4월20일과 6월21일 사이의 역의 이자율변동은 100 베이시스 포인트 이상의 연간수익률의 유효손실을 가져왔다. 이때 T-bill선물의 거래개념은 투자수익률을 극적으로 변화시킬 수 있을 것이다. 즉, T-bill선물의 매도는 투자자로 하여금 91일물 T-bill을 시장에서 매도하게 되는 시점의 이자율을 고정시킬 수 있도록 만들어 준다.

예제 6-7

인도일이 6월21일인 T-bill선물이 4월20일에 88.70에 거래되고 있다고 가정하자. 이 경우 선물의 유효수익률은 11.30%가 되며, 이때의 베이시스는 매도헤저에게 유리한 상황이 된다. 따라서 거래자는 6월 인도분 T-bill선물을 매도하게 될 것이다.

4월20일: 152일물 T-bill을 매입
할인율(11.25%)
매입가격 = $952,500
6월 인도분 T-bill선물을 88.70에 매도함에 따른
개시증거금 $2,000을 지급
잉여자금 = $29,369.44 - $2,000 = $27,369.44
잉여자금 $27,369.44를 61일동안 10.50%로 투자

6월21일:
잉여자금의 이득 = $27,369.44 × 0.1050 × 61/360
= $486.94
91일물 T-bill의 인도를 위한 결제가격지수 = $87.50
결제금액의 수령 = $968,402.78
선물계약으로부터의 이득 = 1 × $25 × 120틱 = $3,000

개시증거금 수령 = \$2,000

총이득 = (968,402.78 − 952,500) + 486.94 + 3,000

= \$19,389.72

$$등가수익율(연간) = \frac{19,389.72}{981,869.44} \times \frac{365}{61}$$

$$= 11.82\%$$

따라서 152일물 T-bill의 매입과 동시에 T-bill선물을 매도하는 헤지된 수익률곡선의 편승(hedged yield curve ride)은 단순히 61일물 T-bill을 매입하는 경우보다 77 베이시스 포인트만큼 연간 유효수익률을 상승시킬 수 있었다. 이 경우 투자자는 투자기간동안 잉여증거금(surplus margin funds)을 이용할 수도 있었을 것이며, 따라서 더 높은 수익을 얻을 수도 있었을 것이다. 반대로 선물포지션이 불리하게 변동되어 변동증거금의 납부요구에 직면하게 될 가능성도 있을 수 있다. 그러나 77 베이시스 포인트라는 여분의 수익률은 이러한 위험요인을 완충시키기에 충분한 것으로 보여 진다.

이러한 예는 선물시장을 이용하여 위험의 증가없이 투자수익률을 증가시킬 수 있는 한 가지 전형적인 경우이다. 만일 자금이 필요한 날짜가 선물계약의 인도일과 일치하지 않는다면, 투자자는 추가적인 베이시스 위험요인을 고려해야만 할 것이다.

3. 유로달러 정기예금 선물

유로달러 선물거래는 시카고상업거래소(CME)에서 거래가 시작되었으며, 단기금리선물거래로는 가장 많은 거래량을 보이고 있는 주요한 선물거래이다. 우선 현물인 유로달러 정기예금을 살펴본 후, 유로달러선물에 대해 알아보기로 하자.

3.1 유로달러 정기예금

유로달러 정기예금(Eurodollar time deposit)은 미국 이외의 은행, 주로 런던 등의 유럽금융시장에 소재하는 은행에 예치되어 있는 달러표시예금을 말한다. 그리고 이러한 유로달러 정기예금은 CD와는 달리 양도성이 없다. 유로달러는 어느 국가의 통제나 규제를 받지 않고 자유롭게 국경을 넘어 이동된다. 유로달러라는 명칭과는 달리 유럽 이외의 지역, 즉 아시아나 남미 등에서 취급하고 있는 달러표시예금도 모두 유로달러 정기예금에 속한다. 따라서 미국 이외의 지역에서 취급되는 달러표시예금은 모두 유로달러 정기예금이 된다.

유로달러를 취급하는 유로은행들 상호간에는 런던은행간 대출이자율(London Interbank Offer Rate; LIBOR)이 적용된다. 그리고 유로은행이 고객에게 대출할 때는 LIBOR에 일정한 베이시스 포인트로 추가금리를 가산한다.

3.2 유로달러선물

유로달러 정기예금 선물계약은 액면가 $1,000,000의 3개월물 유로달러 정기예금을 표준물로 하고 있으며, 이미 기술한 지수체계(index system)에 기초하여 가격결정이 이루어진다. 유로달러 선물은 3, 6, 9, 12월의 주기로 거래되며, 최소가격변동폭을 0.01%, 즉 1베이시스 포인트로 정하고 있다. 유로달러 선물의 가격제한폭과 개시증거금은 거래상황에 따라 변화할 수 있다. 유로달러 선물은 현금결제방식을 택하고 있다.

이제 보유채권의 가격하락위험 또는 장래 자금조달비용의 상승을 회피하기 위하여 유로달러선물을 매도함으로써 보유채권의 가격 또는 자금조달비용을 원하는 수준으로 고정시키는 경우를 살펴보기로 하자.

예제 6-8

2009년 5월1일 현재 (주)남서울은 유로달러시장에서 6월 20일부터 3개월간 1백만 달러를 조달하기로 결정하였다. 그러나 (주)남서울의 자금관리자인 명석한 씨는 금리상승에 따른 자금조달비용의 상승을 우려하고 있다. 따라서 그는 자금조달비용을 고정시키기 위해 유로달러선물을 매도하기로 결정하였다.

일자	현물	선물
5.1	유로달러 차입이자율 6.00%	9월 인도분 유로달러선물 1계약을 90.74에 매도
6.20	유로달러 100만 달러를 6.10%에 차입	유로달러선물을 90.40에 매입하여 선물포지션을 청산
손익	(0.061-0.060) × 1백만 달러 × 90/360 = -$250	34 b.p. × $25 = +$850

위의 예제에서 (주)남서울은 유로달러 선물거래를 통해 $850의 이익을 얻었으며, 유로달러 조달금리의 0.10% 상승에 따른 $250의 손실을 선물포지션에서의 이득 $850로 상쇄하고도 $600의 순이득을 얻을 수 있었다. 따라서 오히려 유로달러 조달금리를 원하는 수준 이하로 고정시킬 수 있었다.

다음은 T-bill과 유로달러예금 이자율간의 스프레드를 이용한 거래전략을 살펴보기로 하자. 2월에 12월 인도분 T-bill선물계약의 수익률이 8.82%이고 유로달러선물의 수익률이 9.71%라고 하자. 그리고 이러한 수익률 차이가 더 커질 것으로 예상된다고 하자.

예제 6-9

투기거래자 김수익씨는 T-bill과 유로달러간의 스프레드가 더 커질 것으로 예상하여 유로달러선물을 90.29에 매도하고 T-bill선물계약을 91.18에 매입하였다. 그리고 10월 14일에 실제로 스프레드가 27 베이시스 포인트만큼 넓어져서 $675의 이익을 얻었다.

2.17	12월 인도분 유로달러선물 1계약을 IMM 지수가치 90.29에 매도

	12월 인도분 T-bill선물 1계약을 IMM 지수가치 91.18(수익률 8.82%)에 매입
10.14	12월 인도분 유로달러선물 1계약을 89.91에 매입 12월 인도분 T-bill선물 1계약을 91.07(8.93%)에 매도

손익:	유로달러선물	T-bill선물
	90.29	91.07
	-89.91	-91.18
	.38	- 0.11

총이익: 27 베이시스 포인트 × $25 = $675

예제 6-10

2008년 11월 13일 현재 (주)남서울은 2009년 3월 16일에 1백만 달러의 현금유입이 계획되어 있다. 이 자금은 받은 즉시 3개월 만기 CD에 예치하여 3개월 후의 공장증설자금으로 사용할 계획이다. 또한 (주)남서울의 재무담당자인 명석한씨는 3개월 만기 CD의 수익률이 3월까지 4%수준으로 하락할 것으로 예측하고 있다. 그리고 현재의 2009년 3월 인도분 3개월 물 유로달러선물의 내재선도이자율은 5.06%(공시지수 94.94)이다.

따라서 (주)남서울은 2009년 3월 인도분 유로달러선물 1계약을 94.94에 매입하기로 결정하였다. 그리고 재무담당자 명석한씨의 예측대로 3월 16일에 현물이자율은 4%가 되었으며, (주)남서울은 선물포지션을 매도하여 $2,650 (= 96.00 - 94.94) × 100 × $25)의 이득을 얻었다.

08.11.13	09.3 인도분 유로달러선물 1계약을 94.94에 매입
09. 3.16	09.3 인도분 유로달러선물 1계약을 96.00에 매도

위의 예제에서 (주)남서울은 2009년 3월 16일에 1백만 달러의 현금유입액과 선물이득 \$2,650을 합한 \$1,002,650을 4%의 수익률로 CD에 예치하게 될 것이다. 이에 따라 2009년 6월 15일에는 원리금이 \$1,012,787.91이 될 것이다. 결국 (주)남서울은 명목이자율이 하락했음에도 불구하고, 선물거래로 인해 5.06% (=1.2788 × 360/91)의 수익률을 고정시킬 수 있었다.

4. T-bond 선물

CBOT의 T-bond 선물계약은 거래가 활발한 금융선물계약이다. T- bond 선물계약은 3, 6, 9, 12월의 3년 주기로 거래된다. 이 선물계약의 액면가는 \$100,000이며, 최소가격변동단위, 즉 틱(tick)은 1%의 1/32이다. 따라서 틱의 가치는 \$31.25가 된다.

T-bond 선물계약의 가격은 6%의 표준수익률을 갖는 30년 만기 T-bond의 시장가격과 동일하다. 이러한 만기와 수익률을 갖는 금융상품이 현물시장에서 실제로 거래되지 않을 수도 있으나, 선물시장에서는 이러한 금융상품이 존재한다는 가정 하에 그에 상당하는 가격만을 거래하는 것이다.

4.1 T-bond 선물의 인수도

T-bond 선물계약은 실제적으로 현물시장에서 거래되지 않을 수도 있는 6%의 수익률을 갖는 30년 만기 T-bond를 표준물로 하고 있다. 따라서 인수도 과정은 표준물의 청산가격을 근거로 결정된 청구가격에 따라 이루어진다. T-bond 선물계약은 최소한 만기 15년 이상의 수의상환이 불가능한 T-bond (non-callable T-bond), 혹은 최초 수의상환일이 적어도 15년 이상인 수의상환 T-bond로 인도할 것을 요구한다. 즉, T-bond 선물계약의 인도적격증권은 실질적인 만기가 15년 이상인 T-bond를 대상으로 한다.

이제 T-bond 선물계약의 최종청산가격을 실제로 인도되는 T-bond에 대한 등가로 전환시키는 과정을 살펴보자. 이 과정은 전환계수(conversion factor)를 통해 이루어진다.

① 6%의 수익률을 갖는 30년 만기 표준 T-bond가 6%의 만기수익률을 실현할 경우 그 가격은 100이다.
② 5 1/4%의 수익률과 만기 30년 6개월을 갖는 채권의 전환가격은 그 채권이 6%의 만기수익률을 가질 경우의 가격인 89.56이 된다.
③ 따라서 청구가격을 결정하기 위한 전환계수는 0.8956이 된다.

이제 인도 시의 청구가격이 어떻게 결정되는가를 살펴보기로 한다. 예를 들어 한 매도자가 2009년 6월11일의 선물계약에 대하여 만기가 2039년이며, 5 1/4%의 수익률을 갖는 T-bond로 인도하기로 결정했다고 가정하자. 이때 청산가격은 83.16이라고 하자.

① 만기결정
청산소는 분기를 기준으로 만기를 결정하므로 이 경우의 만기는 30년 6개월이 된다.
② 전환계수의 선정
전환계수표에서 보면, 만기가 30년 6개월이고 수익률이 5 1/4%인 T-bond의 전환계수는 0.8956이다.
③ 채권이자의 계산
매도자는 또한 매입자에게 채권의 발생이자를 청구하게 된다. 당해 발행채권은 2월15일과 8월15일에 이자가 지급된다고 가정하자. 따라서 이 채권에는 2월 15일부터 6월11일까지의 117일간의 이자가 포함된다.

1일 발생이자율 = \$50,000에 대한 만기이자/만기일수
= (50,000 × 0.0525)/182
= \$2,625/182
= \$14.4230769

채권의 발생이자 = 117일 × 14.4230769
= \$1,687.50

④ 원금에 대한 청구금액의 계산

원금 = 청산가격 × 액면가 × 전환계수
= 0.835(83.16) × 100,000 × 0.8956
= 74,782.60

⑤ 총청구가격의 계산

청구가격 = 원금 + 발생이자
= 74,782.60 + 1,687.50
= $76,470.10

이상과 같이 전환계수 및 인도할 채권의 만기, 수익률, 발생이자를 알면 인도 시에 정확한 청구가격을 알 수 있다. 그러나 인도시점까지 매입포지션을 보유하고 있는 거래자가 인도전까지는 지급할 현금액과 인수할 T-bond에 관하여 알 수가 없다. 이것은 실제로 인도될 채권의 선택은 매도포지션 설정자의 옵션에 달려있기 때문이다.

CBOT의 T-bond 선물계약의 인수도과정은 3일을 요하므로 매도자는 인도월의 첫 번째 영업일 2일전에 그 과정을 시작할 수 있으며, 최종기일은 인도월의 마지막 영업일의 1일전까지가 된다. T-bond 선물계약의 인수도 과정을 살펴보면 다음과 같다.

1일: 인도의사 표명일(position day)
매도자는 그의 청산회원에게 인도의사를 표명하고 청산 회원은 청산소에 그 인도의사를 표명한다.

2일: 인도통지일(notice of intention day)
① 매도자는 인도의사 표명일의 청산가격에 기준하여 매입자에게 송장을 제출한다.
② 청산소는 가장 오래된 매입자를 매도자와 연결시켜 주며, 양 청산회원에게 이를 통지한다.
③ 매입자는 매도자에게 그의 거래은행명과 지점을 제시한다.

3일: 인도일(delivery day)

① 매도자는 인도될 채권을 예치하고 그의 거래은행에 매입자의 계좌로 그 채권을 전송해 줄 것을 의뢰한다.

② 매입자의 은행은 그 채권을 인수하고 매도자의 계좌로 청구가격을 전송한다.

이상의 과정을 통해서 청산소가 매입자와 매도자에게 요구하는 증거금 금액을 제외한 모든 인수도과정이 종료된다. 이러한 인수도과정의 중요한 특징의 하나는 인수도과정이 인도월의 특정일에서도 시작될 수 있으며, 그리고 인도월의 2일전부터도 시작될 수 있다는 것이다. 따라서 T-bond의 매입포지션을 설정하고 있는 거래자는 인도월 3영업일전에 그의 포지션을 청산하지 않는다면, 매도포지션의 설정자로부터의 인수요구에 응해야 하는 부담을 감수해야 한다.

4.2 T-bond선물의 투자응용

우선 내재 환매이자율과 자금조달비용의 차이를 이용한 차익거래를 알아보자.[2)] 여기서 선물가격은 불변이며, 시장은 완전시장이라고 가정한다. 그리고 공매로부터의 자금, 즉 공매수익은 공매자가 전부 이용할 수 있다고 가정한다. 이런 경우 일반적으로 다음과 같은 규칙이 적용된다.

1. 실제 자금조달비용이 내재 환매이자율과 동일한 경우에는, 현물매입차익거래로부터의 순이익은 제로(0)이다.
2. 만약 유효 차입이자율이 내재 환매이자율보다 작다면, 현물매입차익거래를 통해 이득을 얻을 수 있다. 즉, 현물채권을 매입하고 금리선물을 매도함으로써 차익을 얻을 수 있다.

---

2) 현물매입 차익거래의 수익률이 10%라는 것은 액면가 110원인 채권을 100원에 매입하여 1년간 투자하는 경우의 수익률이 된다. 그리고 이는 100원을 1년 동안 차입하여 투자한 경우의 수익률과 같게 된다. 따라서 내재 환매이자율은 자금조달비용, 즉 차입이자율과 같아야 한다.

3. 만약 유효 차입이자율이 내재 환매이자율보다 크다면, 현물매도차익거래를 통해 이득을 얻을 수 있다. 즉, 현물채권을 매도하고 금리선물을 매입함으로써 차익을 얻을 수 있다.

이제 다음과 같은 T-bond선물을 이용한 현물매입차익거래를 살펴보기로 하자.

예제 6-11

일자	현 물 시 장	선 물 시장
8.15	\$99,500를 10%로 차입(107일간) 10-3/4%T-bond를 \$99,500에 매입	12월 인도분 T-bond 선물 1계약을 82-00에 매도
12.1	차입원리금 \$105,584.68 (= $\$99,500(1.224429)^{107/365}$) 를 상환 82-00의 가격으로 10-3/4%의 증권 인도	\$105,584.68 (=0.8200 × \$100,000 × 1.2495 + \$3,125.68) 의 청구가격 수취

순이익 = 청구가격 − 차입원리금
= \$105,584.68 − \$105,584.68
= 0

위의 예제에서 차입이자율이 내재 환매이자율과 동일하기 때문에 현물매입차익거래의 순이익은 0이 된다는 것을 알 수 있다. 이제 동일한 거래를 통해 차익이 발생하는 경우를 살펴보기로 하자.

예제 6-12

일자	현 물 시 장	선 물 시장
8.15	\$99,500를 10%로 차입(107일간) 10-3/4%T-bond를 \$99,500에 매입	12월 인도분 T-bond 선물 1계약을 82-00에 매도
12.1	차입원리금 \$102,319.26 $(=\$99,500(1.10)^{107/365})$ 를 상환 82-00의 가격으로 10-3/4%의 증권 인도	\$105,584.68 (=0.8200 × \$100,000 × 1.2495 + \$3,125.68) 의 청구가격 수취

순이익 = 청구가격 - 차입원리금
= \$105,584.68 - \$102,319.26
= \$3,265.42

위의 예제는 차입이자율이 내재 환매이자율보다 작은 경우로서 \$3,265.42의 차익을 얻을 수 있었다. 이제 다음과 같은 T-bond선물을 이용한 현물매도 차익거래의 예를 살펴보기로 하자.

예제 6-13

일자	현 물 시 장	선 물 시장
8.15	\$99,500를 10%로 차입(107일간) 10-3/4%T-bond를 \$99,500에 매도	12월 인도분 T-bond 선물 1계약을 82-00에 매입

12.1	대출원리금 \$106,226.36 (=\$99,500(1.25)$^{107/365}$) 를 수취 82-00의 가격으로 10-3/4%의 증권 수도	\$105,584.68 (=0.8200 × \$100,000 × 1.2495 + \$3,125.68) 의 청구가격 지급

순이익 = 대출원리금 - 청구가격
= \$106,226.36 - \$105,584.68
= \$641.68

파생상품거래 실패사례

P&G와 BTC사건

1. 개요

1994년 발생한 이 사건은 금융기관이 거래상대방인 제조기업에게 파생금융상품의 복잡성에 대해 어느 정도까지 이해를 시켰어야 하는가에 대해 법원의 판단을 구한 첫 사건으로써 세인의 관심을 끌었다.

당시 BTC와 P&G가 체결한 금융계약은 일견 보기에는 단순한 금리스왑과 같다. BTC는 5.3%의 고정금리를 지불하는 대신 P&G로부터 CP금리라는 변동금리를 수취한다. 통상적 금리스왑과 차별화되면서 뒤에 논란의 여지가 된 것은 추가적으로 삽입된 부분이었다. 즉, BTC는 5.3% 고정금리에 더하여 0.75%의 고정금리를 추가로 지급하는 대신 a만큼을 P&G로부터 추가 수취하는 계약을 맺은 것이다. 따라서 이 계약을 이해하기 위해서는 a를 이해하는 것이 핵심이다.

$$a = \max[\,0, \{98.5 \times YTM(5)/5.78\% - B(30)\} / 100\,]$$

a를 자세히 보면 시장금리가 일정수준 이상 상승하면 YTM(5)는 커지고 B(30)은 작아져서 a가 양의 값을 갖게 된다. 채권유통수익률과 가격은 반대방향으로 움직이기 때문이다. 따라서 이 경우는 P&G가 BTC에게 지불하는 이자가 증가하므로 BTC입장에서 유리하게

된다. 반대로 시장금리가 일정수준 이하로 하락하게 되면 a의 괄호 안의 오른쪽이 음의 값을 갖게 되므로 a는 0의 값을 갖는다. P&G나 BTC입장에서 유리할 것도 불리할 것도 없는 것이다.

결과적으로 a는 옵션과 같은 수익구조를 갖게 된 것이다. 그렇다면 BTC입장에서 a를 수취하는 대가로 추가 지불한 0.75%의 고정금리는 옵션 프리미엄이 되는 것이다. P&G는 훗날 이를 파악하고 BTC가 옵션이라는 사실을 숨긴 채 계약을 체결했다고 주장했다. 그러나 미국 법원은 옵션계약의 대상이 되는 명확한 기초상품이 이 계약에는 명시되어 있지 않으므로 옵션계약으로 볼 수 없다고 판정했다.

1993년 11월 계약체결시점에서 a는 0의 값을 갖고 있었다. 그러나 1994년 들어서 시장금리가 상승하면서 a는 0.275까지 상승하였고, 막대한 손실에 직면한 P&G는 뒤늦게 거래의 불리함을 깨달아 소송을 하기에 이르렀다. 이때 소송의 초점은 BTC가 거래상대방 P&G의 이익까지 충분히 고려하여 상품에 대한 상세한 내용, 즉 옵션이 사실상 내재되어 있다는 것 까지 설명할 의무가 있었는가 하는 점이었다.

파생금융상품은 어렵고 복잡하여 초보자의 경우 무지한 탓으로 제대로 이해하지 못하고 거래를 하는 경우가 있을 수 있는바, 상대방 금융기관이 관련 모든 내용을 설명할 의무가 있었는가 하는 점이다. 이는 세간에 흥미로운 논쟁을 불러일으켰으나 양 소송 당사자들은 최종판결 이전에 서로의 중간입장에서 화해하여 사건의 결말을 보았다.

2. 교훈

BTC는 이 거래가 겉으로는 금리스왑처럼 보이지만 사실상 옵션이 내재되도록 설계한 것임에 틀림없다. BTC입장에서는 금리스왑에서 이미 고정금리를 주고 변동금리를 수취함으로써 금리상승 가능성에 대비하였는데, 이에 더하여 사실상 옵션을 추가로 매입하여 이중으로 안전장치를 한 것이다. 따라서 당시 BTC가 어떤 이유에서건 금리상승에 대해 헤지를 할 필요가 있었음을 짐작할 수 있다.

파생금융상품시장의 전문가답게 상품설계는 완벽하게 했지만 거래상대방과 금융상품의 이해 정도에 큰 차이가 있을 수 있다는 점을 생각하지 못하여 문제에 봉착하게 된 경우라고 볼 수 있다.

적절한 위험관리의 출발은 현재 포지션에 노출된 위험의 크기에 대한 정확한 측정에서 출발한다. 그 후에 적정위험의 크기와 비교하여 위험을 줄이는 헤징전략을 구사할 것인가를 결정하게 된다.

P&G가 새로운 계약에 의해 커다란 금리위험에 노출된다는 사실조차 인식하지 못하였다면, 위험에 대한 정확한 측정과 이후 조치는 당연히 불가능하였을 것이다.

이 사건에서 얻는 교훈은 비교적 단순하다. 금융거래는 잘 모르면 하지 않아야 한다. 섣부른 지식만 갖고 위험을 간과할 경우 P&G와 같은 고통을 겪기 마련이다. 이를 위해서는 조직적 차원에서 전문가를 양성하고 시스템을 구축하려는 노력을 꾸준히 해야 할 것이다.

(*www.riskmania.com*)

연습문제

기본문제

1. 미래 일정시점에서 일정기간 동안의 수익률로 가장 올바른 것은?
① 선도수익률 ② 선물수익률
③ 만기수익률 ④ 가산수익률

2. 금리선물에 대한 설명으로 가장 거리가 먼 것은?
① 금리선물에는 선물뿐만 아니라 현물에도 만기가 있다.
② 금리선물은 만기일에 인수도결제될 수도 있다.
③ IMM지수 방식의 지수는 이자율과 반대방향으로 움직인다.
④ 유로달러선물의 사용금리는 자금시장에서 가장 많이 사용되는 6개월 금리를 사용한다.

3. 유로달러선물에 대한 설명으로 가장 거리가 먼 것은?
① 6개월 LIBOR를 기초상품으로 하고 있다.
② 결제방식은 현금결제방식을 취하고 있다.
③ 거래대상이 되는 정기예금의 액면은 100만 달러이다.
④ 1tick의 가치는 $25에 해당된다.

4. 전환계수의 특성에 대한 설명으로 가장 거리가 먼 것은?
① 각 현물채권 및 각 결제월별로 다양한 값이 사용된다.
② 표면금리가 6%보다 클 경우 항상 1보다 크다.
③ 잔존기간이 같은 경우 표면금리가 클수록 크다.
④ 표면금리가 6%보다 작을 경우 만기가 길수록 작아진다.

5. T-bond 선물의 상품내역과 관련하여 (　)안에 들어갈 말을 순서대로 올바르게 나열한 것은?

T-bond 선물계약에서 인도가능한 채권은 인도월의 (　　　)기준으로 잔존만기가 (　　　)인 T-bond이다.

① 첫 영업일, 15년 이상 ② 첫 영업일, 15년 이하
③ 최종영업일, 15년 이상 ④ 최종영업일, 15년 이하

6. 금리상승이 예상되어 금리선물을 이용한 매도헤지거래를 할 필요가 있는 투자자들과 가장 거리가 먼 것은?
① 채권보유자들
② 향후 자금조달이 예정되어 있는 기업
③ 금리스왑에서 고정금리 수취포지션을 보유하고 있는 기업
④ 향후 예상되는 신규자금 유입으로 채권투자를 계획하고 있는 펀드

7. 다음 T-bond선물의 상품구조에 대한 설명 중 (A)와 (B) 각각에 해당하는 수치로 가장 올바르게 묶은 것은?

> T-bond선물의 거래단위는 (A)로서 선물계약 만기시 만기 30년, 이표율 6%인 T-bond를 거래대상으로 한다. 그러나 선물 만기일 기준으로 이러한 채권은 실제로 드물기 때문에 인도적격물은 인도월의 첫 영업일 기준으로 잔존만기가 (B) 이상인 T-bond로 정해 놓았다.

	(A)	(B)
①	$1,000,000	20년
②	$1,000,000	15년
③	$100,000	20년
④	$100,000	15년

▶ 다음 빈 칸에 알맞은 말을 넣으시오.

8. (   )은 1년 미만의 만기를 갖는 할인채로서 미국 정부(재무부)가 연방정부의 자금조달을 위해 직접 발행하는 채무증서이다.

9. 98.50의 선물가격은 (   )%의 할인율을 갖는 91일물 T-bill 선물가격과 동일하다.

10. (   )은 미국 이외의 은행, 주로 런던 등의 유럽금융시장에 소재하는 은행에 예치되어 있는 달러표시예금을 말한다.

11. 유로달러 선물은 (   )결제방식을 택하고 있다.

12. T-bond 선물계약의 액면가는 $100,000이며, 최소가격변동단위, 즉 틱(tick)은 1%의 1/32이다. 따라서 틱의 가치는 $(   )가 된다.

13. T-bond 선물계약의 인도적격증권은 실질적인 만기가 (   )년 이상인 T-bond를 대상으로 한다.

14. 6%의 수익률을 갖는 30년 만기 표준 T-bond가 6%의 만기수익률을 실현할 경우 그 가격은 (   )이다.

15. 실제로 인도될 채권의 선택은 (   )포지션 설정자의 옵션에 달려있다.

▶ **다음 문장이 맞으면 O, 틀리면 X를 하시오.**

16. T-bill 선물의 1계약은 만기까지 90일이 남아있는 액면가 10만달러의 T-bill을 인수도 대상으로 한다. (   )

17. T-bill 선물의 가격은 100에서 할인율을 빼준 가격지수로 표현된다. (   )

18. 유로달러 정기예금 선물계약은 액면가 $1,000,000의 6개월물 유로달러 정기예금을 표준물로 하고 있다. (   )

19. 유로달러 선물은 3, 6, 9, 12월의 주기로 거래되며, 최소가격변동폭을 0.01%, 즉 1베이시스 포인트로 정하고 있다. (   )

20. 보유채권의 가격하락위험 또는 장래 자금조달비용의 상승을 회피하기 위하여 유로달러선물을 매도함으로써 보유채권의 가격 또는 자금조달비용을 원하는 수준으로 고정시킬 수 있다. (   )

21. T-bond 선물계약의 가격은 6%의 표준수익률을 갖는 30년 만기 T-bond의 시장가격과 동일하다. (   )

22. 전환계수 및 인도할 채권의 만기, 수익률, 발생이자를 알면 인도 시에 정확한 청구가격을 알 수 있다. ( )

23. 인도통지일은 매도자가 그의 청산회원에게 인도의사를 표명하고 청산 회원은 청산소에 그 인도의사를 표명하는 날이다. ( )

24. T-bond의 매입포지션을 설정하고 있는 거래자는 인도월 3영업일전에 그의 포지션을 청산하지 않는다면, 매도포지션의 설정자로부터의 인수요구에 응해야 하는 부담을 감수해야 한다. ( )

25. 표면금리가 6%보다 클 경우 전환계수는 항상 1보다 작다. ( )

제7장 통화선물

제 7 장 통화선물

"외환보유액 2000억불은 지켰는데…"

한국은행이 3일 발표한 '2월말 외환보유액'(이하 보유액)을 보면, 2월말 현재 우리나라의 보유액은 2015억 4000만 달러로 1월말(2017억4000만 달러)에 비해 2억달러 줄었다. 한은은 보유액 감소요인으로 유로화, 엔화 등 약세로 미 달러화 환산액 감소, 정부의 수출입금융 지원 등을 꼽았다. 정부는 심리적 지지선으로 여겨지는 2000억 달러 방어를 놓고 고민하고 있다.

원/달러 환율은 곧 1600원을 뚫을 기세다. 잇따라 '11년만에 최고치'를 갈아치우고 있다. 외환시장은 지난달 26일 정부의 외화유동성 방안을 오히려 '환율상승의 신호'로 받아들였다. "환율상승은 수출에 도움이 된다"는 윤증현 기획재정부 장관의 '애매한' 발언에 이어 글로벌 유동성확보 시대와 동떨어진 실효성 없는 정책을 내놨다는 평가다. 실탄(보유액) 사용이라는 정공법 대신 우회전술을 선택, 시장에 돌던 경계감이 자취를 감췄다. 하지만 외환당국 입장에서 실탄을 마구 쏟아붓기도 부담스러운 게 사실. 지난달말 이코노미스트의 '오보'(한국의 단기외채 비율이 17개 이머징 국가 중 가장 높다) 사태에서 알 수 있듯 글로벌 시장에서 한국의 유동성 위기에 대한 우려는 여전하다.

(머니투데이, 2009.3.3)

1. 환 율

1.1 환율의 표시방법

국제간의 금융 및 무역거래에서는 필연적으로 그 결제수단으로서 화폐가 개입되기 마련인데 이때 등장하는 문제가 바로 양 국가간 화폐의 교환비율인 환율의 문제이다. 고정환율제도하에서는 환위험이 그리 큰 문제가 되지는 않았었지만 1973년 이후부터 세계 주요국 통화들의 환율이 자유롭게 변동하기 시작함에 따라 환위험은 커다란 문제로 부각되기 시작하였다.

한 국가에서 거래되는 재화와 용역의 가격을 그 나라의 국내통화로 표시하는 것과 같이 외국통화라는 상품의 가격도 국내통화로 표시할 수 있다. 이와 같이 일국 통화의 가격을 다른 나라의 통화단위로 나타낸 것이 환율(foreign exchange rate 또는 exchange rate)이다. 즉, 환율은 한 나라의 통화가치를 다른 나라의 통화로 표시한 것으로서 양국 통화간의 교환비율을 말한다.

환율을 자국통화와 외국통화와의 교환비율이라 하면 자국통화를 기준으로 하여 표시하는 방법과 외국통화를 기준으로 표시하는 두 가지 방법이 있다. 외국통화 1단위와 교환될 수 있는 자국통화 단위로서의 환율표시방법을 직접표시법(direct quotation) 또는 자국통화표시법(rate in home currency)이라고 하며, 자국통화 1단위와 교환될 수 있는 외국통화의 단위수로서의 표시방법을 간접표시법(indirect quotation) 또는 외국통화표시법(rate in foreign currency)이라고 한다.

표 7-1 환율의 표시방법

환율표시방법		환율표시
직접표시법	자국통화표시법	1,400원/$ 또는 1$=1,400원
간접표시법	외국통화표시법	0.00071$/원 또는 1원=0.00071$

한편 국제금융시장에서 대부분의 환율고시는 미국 달러화에 대한 외국통화의 교환비율(즉, 미국국민의 입장에서 보면 European terms)로 표시되는 바, 이는 제2차 세계대전 이후 미국 달러화가 세계의 기축통화의 역할을 담당하면서 대부분의 외환거래는 미국 달러화의 매매거래를 통하여 이루어지기 때문이다. 단, 영국파운드화, 유로화, 호주 달러화 등의 경우는 관행적으로 이들 나라 통화에 대한 미국 달러화의 비율(즉, 미국국민의 입장에서 보면 American terms)로서 표시되고 있다. 예를 들어 원화나 엔화 등은 1,400원 / $ 또는 ¥100/$ 등

유럽식으로 표시되며, 유로화 등은 $1.3100 / ₡ 등 미국식으로 표시된다.

1.2 교차환율과 재정환율

외환거래의 대부분은 미 달러화를 기준으로 이루어진다. 따라서 환율도 일반적으로 미 달러화를 기준으로 표시된다. 원-달러 환율이나 엔-달러 환율 등은 미 달러화가 포함된 환율이다. 그러나 원-엔 환율이나 원-유로 환율 등은 미 달러화가 포함되지 않은 환율이며, 원화와 엔화 또는 원화와 유로화간의 교환을 할 때에는 미 달러화를 거쳐서 이루어지게 된다. 즉, 원화와 엔화 또는 원화와 유로화간의 교환을 위한 환율의 계산은 미 달러화를 이용하게 된다.

한 나라 외환시장에서 특정 기준통화(일반적으로 미 달러화)에 대하여 자국통화의 기준환율(basis rate)이 설정되어 있을 때, 기준통화에 대한 다른 이종통화와의 환율을 교차환율(cross rate)이라 한다. 그리고 기준환율(원-달러 환율)과 교차환율을 이용하여 산출되는 자국통화와 미 달러화 이외의 외국통화와의 환율을 재정환율(arbitraged rate)이라 한다. 즉, 우리나라 원화와 기준통화인 미 달러화간의 기준환율이 U$ 1 = ₩ 1,337.20으로 고시되어 있고, 일본 엔화와 미 달러화간의 환율(￥/$)이 100.57000으로 고시되어 있을 때, 우리나라 원화와 일본 엔화와의 재정환율은 다음과 같이 산정된다.

재정환율(원/엔)= 기준환율(원/달러) / 교차환율(엔/달러)
(₩/$) / (￥/$) = ₩/￥
1,337.20/100.57000 = 13.2962(1엔 당)
1,337.20/1.0057000 = 1,329.62(100엔 당)

앞에서 재정환율은 원/달러 환율을 교차환율로 나누어 계산하였다. 그러나 유로화, 영국 파운드화, 호주 달러화 및 뉴질랜드 달러화는 앞서 설명한 바와 같이 자국통화를 기준으로 환율을 고시하므로 원/달러 환율과 교차환율을 곱하여 산출한다. 즉, 원/달러환율이 1,337.20이고, 달러/유로 교차환율이 1.31455라면, 원-유로환율은 다음과 같이 계산된다.

$$(₩/\$) \times (\$/₵) = ₩/₵$$

$$1,337.20/1.31455 = 1,757.82$$

우리나라의 외국환중개회사에서는 아래 표와 같이 원화와 주요국 통화간의 재정환율을 매일 고시하고 있다.

표 7-2 원화의 주요국 환율(재정된 매매기준율)

(2009년 4월 10일)　　원/달러 매매기준율: 1,337.20원

통화 (Currency)	교차환율	재정환율
일본 엔(JPY) (100)	100.57000	1,329.62
유로(EUR)	1.31455	1,757.82
영국 파운드(GBP)	1.46580	1,960.07
캐나다 달러(CAD)	1.22455	1,091.99
스위스 프랑(CHF)	1.15770	1,155.05
홍콩 달러(HKD)	7.75060	172.53
스웨덴 크로네(SEK)	8.28670	161.37
호주 달러(AUD)	0.71905	961.51
덴마크 크로네(DKK)	5.66810	235.92
노르웨이 크로네(NOK)	6.65470	200.94
사우디아라비아 리알(SAR)	3.75035	356.55
쿠웨이트 디나르(KWD)	0.29217	4,576.79
바레인 디나르(BHD)	0.37705	3,547.14
아랍에미리트연합국 디르함(AED)	3.67698	364.05
싱가포르 달러(SGD)	1.51550	882.35
말레이시아 링기트(MYR)	3.60650	370.77
뉴질랜드 달러(NZD)	0.58295	779.52
중국 위안(CNY)	6.83450	195.65
태국 바트(THB)	35.46000	37.71
인도네시아 루피아(IDR)(100)	11,320.00000	11.81

1.3 매도환율과 매입환율 및 스프레드

외환시장에서 환율은 항상 매도율(offered rate 또는 asked rate)과 매입률(bid rate 또는 buying rate)의 두 가지 환율이 동시에 고시된다. 외환시장에서의 매입률과 매도율은 딜러 입장에서의 환율로서, 매입률은 딜러가 일정 외환을 고객으로부터 매입하는 경우, 매도율은 고객에게 매도하는 경우에 적용하는 환율을 의미한다. 예를 들어,한 은행이 다음과 같이 환율을 고시하였다고 하자.

₩/$ 1,325.00 - 1,332.50

이 은행은 1,325.00원에 미 달러화를 사고, 1,332.50에 미 달러화를 팔고자 하는 것이다. 따라서 고객의 입장에서 보면 1,332.50이 미 달러화 매입률이 되고, 1,325.00이 미 달러화 매도율이 된다.

여기서 매도율과 매입률의 차이를 스프레드(spread)라고 하는데 이는 딜러의 입장에서는 매매이익, 고객의 입장에서는 거래비용의 성격을 띠게 된다. 일반적으로 스프레드는 시장상황에 따라 수시로 변동하게 되는데, 유동성이 높은 통화간의 거래와 거래빈도가 높은 통화의 스프레드는 좁게 나타나는 반면, 유동성이나 거래빈도가 낮은 통화간의 스프레드는 크게 나타난다. 특히 환율전망이 불투명한 경우에는 시장거래가 축소되면서 스프레드가 확대되는 경향이 있다.

1.4 은행간 환율과 대고객 환율

환율은 거래대상에 따라 고객과의 소규모거래에 적용되는 대고객환율과 은행간 거래에 적용되는 은행간 환율(inter-bank rate)로 나누어지는데, 통상 외환시장에서 환율이라 함은 은행간 환율을 의미한다.

대고객 환율에는 그 대상외환의 종류에 따라 전신환 매입매도율, 현찰 매입매도율 등이 있는데, 그 고시 예는 다음과 같다. 그런데 이 표에 나오는 매입, 매도율은 앞서도 설명한 바와 같이 은행의 입장에서 본 매입 및 매도율을 의

미하는 것으로서 고객의 입장에서는 매입과 매도가 서로 반대가 됨을 유의하여야 한다. 즉, 우리가 해외여행을 할 때 100달러를 매입하고자 하면 현찰 매도율인 1,355.31원에 100달러를 곱한 135,530원을 지불하여야 한다.

표 7-3 외국환율 고시표 (2012.6.08 외환은행 기준)

통 화 명	현 찰		전 신 환		외화수표	매매
	매도	매입	보낼 때	받을 때	매도	기준율
미국 USD	1194.54	1153.46	1185.50	1162.50	1161.82	1174.00
일본 JPY 100	1508.26	1456.38	1496.84	1467.80	1467.02	1482.32
유로통화 EUR	1491.43	1433.23	1476.95	1447.71	1446.76	1462.33
영국 GBP	1845.37	1773.37	1827.46	1791.28	1789.98	1809.37
스위스 CHF	1242.07	1193.61	1230.01	1205.67	1204.99	1217.84
캐나다 CAD	1157.77	1112.59	1146.53	1123.83	1122.86	1135.18
호주 AUD	1177.25	1131.31	1165.82	1142.74	1140.91	1154.28
뉴질랜드 NZD	913.70	878.06	904.83	886.93	885.74	895.88
홍콩 HKD	154.33	148.31	152.83	149.81	149.72	151.32
스웨덴 SEK	166.71	158.59	164.27	161.03	160.85	162.65
덴마크 DKK	201.69	191.87	198.74	194.82	194.71	196.78
노르웨이 NOK	197.24	187.62	194.35	190.51	190.30	192.43
사우디 SAR	325.55	287.99	316.16	309.90	309.68	313.03
쿠웨이트 KWD	4354.96	3852.48	4229.34	4145.60	4142.77	4187.47
바레인 BHD	3238.53	2864.87	3145.11	3082.85	3080.74	3113.98
아랍연방 AED	332.41	294.06	322.82	316.44	316.23	319.63
태국 THB	39.19	34.77	37.34	36.62	36.58	36.98
싱가포르 SGD	935.14	889.54	921.46	903.22	902.70	912.34
인도네시아IDR 100	13.46	10.98	12.59	12.35	12.34	12.47
남아프리카 ZAR	146.55	127.20	139.91	136.61	0.00	138.26
러시아 RUB	38.18	31.41	36.04	35.34	0.00	35.69
터어키 TRY	689.46	587.32	645.41	631.37	0.00	638.39
인도 INR	22.57	18.99	0.00	0.00	0.00	21.10
말레이지아 MYR	390.11	345.95	0.00	0.00	0.00	368.03
필리핀 PHP	29.81	26.02	0.00	0.00	0.00	27.10
중 국 CNY	197.29	175.18	186.23	182.55	0.00	184.39
이집트 EGP	202.38	179.04	0.00	0.00	0.00	194.60
멕시코 MXN	86.07	72.83	83.58	81.94	0.00	82.76
브라질 BRL	600.64	508.24	584.47	570.61	0.00	577.54
대만 TWD	42.35	37.26	0.00	0.00	0.00	39.22

한편 〈표 7-3〉에서 매매기준율이라 함은 현행 우리나라의 환율제도하에서 당일 대고객 및 은행간 외환거래의 기준이 되는 환율을 의미한다.

2. 외환시장[1)]

2.1 외환시장의 의의와 구조

외환시장이란 좁은 의미에서 외환(foreign exchange)의 수요와 공급이 연결되는 장소를 말하나 넓은 의미에서는 장소적 개념뿐만 아니라 외환거래의 형성, 유통, 결제 등 외환거래와 관련된 일련의 메커니즘을 포괄한다.

그림 7-1

외환시장의 구조

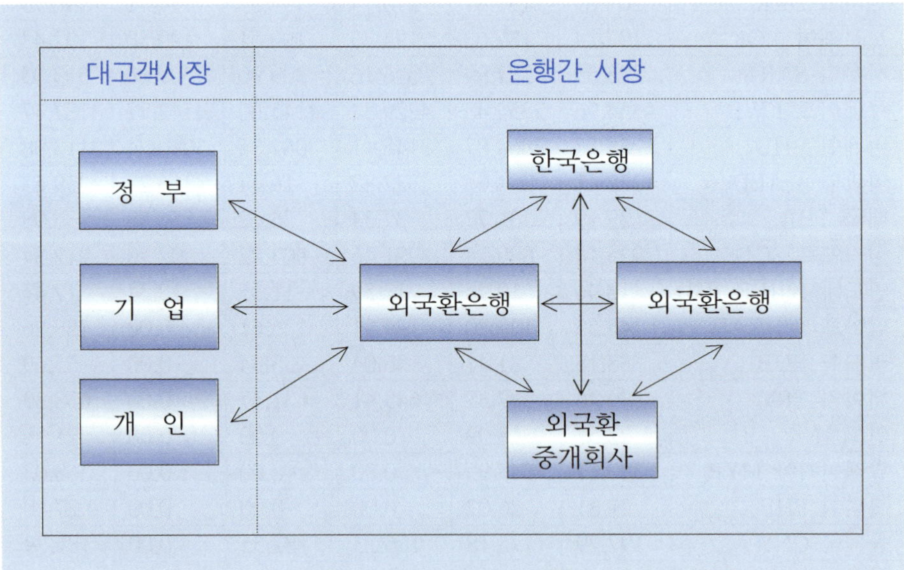

1) 이 절의 내용은 한국은행, 우리나라의 외환제도와 외환시장, 2007, pp. 139-159를 주로 참조하였다.

외환시장은 거래 당사자에 따라 은행간시장과 대고객시장으로 구분할 수 있다. 은행간 시장은 좁은 의미에서의 외환시장을 의미하는 것으로 도매시장의 성격을 갖는다. 일반적으로 은행간 시장에서의 거래는 브로커를 경유하는 경우와 은행간 직접거래(OTC: over-the-counter)로 나누어 볼 수 있다. 우리나라 은행간시장의 경우 선진국 외환시장과는 달리 브로커를 경유하는 거래가 직접거래보다 많은 것이 특징이다.

대고객시장은 일종의 소매시장의 성격을 갖는 시장으로 은행과 개인 및 기업 등 고객 간에 외환거래가 이루어지는 시장을 의미한다. 대고객 거래의 결과 은행들은 외환포지션에 변동이 발생하는데 은행간 시장을 통해 이를 조정하는 과정에서 대고객시장과 은행간시장의 연계가 이루어진다.

외환포지션은 일정 시점에서 외국환은행 및 기업 등이 보유하고 있는 외화표시 자산과 부채의 차액을 말하며 다음과 같이 구분된다.

매입초과포지션(over-bought position 또는 long position):
외화자산 〉 외화부채

매도초과포지션(over-sold position 또는 short position):
외화자산 〈 외화부채

스퀘어포지션(square position):
외화자산 = 외화부채

예를 들어 기업이 수출대금으로 1백만 달러를 해외로부터 벌어들였다고 가정해 보자. 이 기업은 수출대금을 국내에서 사용하기 위해 대고객시장에서 은행에 외화를 매각하고 원화를 수취하게 된다. 이 경우 은행은 외화자산이 1백만 달러 늘어나게 되므로 외환포지션이 양(+)의 방향으로 증가하여 매입초과포지션(over-bought position) 상태가 된다. 만약 원화의 가치가 상승(환율 하락)하면 환율변동에 따라 환차손을 입게 되므로 은행은 외환포지션이 일정 한도 이상으로 증가하지 않도록 외환포지션을 조정한다. 이를 위해 보유하고 있는 외화자산을 주로 은행간 시장에서 매각함으로써 외환포지션 변동을 최소화시키고자 한다. 이러한 과정을 통해 대고객시장과 은행간시장이 서로 밀접하게 연계되어 있음을 알 수 있다.

앞에서 원화의 가치가 상승하는 것과 환율 하락을 동의어로 사용하였다. 예를 들어 현재 원-달러 환율이 $1=1,400원에서 $1=1,300원으로 하락하였다면 달러화에 비해 원화의 가치는 상승하고 반대로 원화에 비해 달러화의 가치는 하락한 것이다. 이런 경우를 원화의 평가절상(revaluation) 또는 가치상승(appreciation)이라고 한다. 이와는 반대로 원-달러 환율이 $1=1,400원에서 $1=1,500원으로 상승하였다면 달러화에 비해 원화의 가치는 하락하고 반대로 원화에 비해 달러화의 가치는 상승한 것이다. 이런 경우를 원화의 평가절하(devaluation) 또는 가치하락(depreciation)이라고 한다.

2.2 현물환(spot) 시장

현물환거래란 통상 외환거래 계약일로부터 2영업일 이내에 현물의 수도·결제가 이루어지는 외환거래를 말한다. 계약일(transaction date)은 거래당사자간 거래금액, 만기, 계약 통화 등 거래조건이 결정되는 일자를 말하며, 결제일(value date 또는 settlement date)은 거래계약 후 실제로 외환의 수도·결제가 일어나는 일자를 의미한다. 현물환거래는 계약과 결제가 동시에 이루어지는데 실제 외환거래에서는 지급지시와 자금이체 처리 등에 필요한 시간 및 거래통화 소재지역간 발생하는 시차 등으로 계약 후 2영업일 이내에 외환의 인수도가 일어난다.

현물환거래의 결제방식은 거래계약일에 결제가 되는 당일결제(value today), 거래계약 후 1영업일에 결제가 되는 익영업일결제(value tomorrow), 거래계약 후 2영업일에 결제가 되는 익익영업일결제(value spot) 등으로 구분된다.

현물환거래의 결제는 외화의 경우 외국환은행의 해외점포 또는 해외거래은행의 계좌를 통하여 처리되며 원화의 결제는 대부분 한국은행에 설치되어 있는 원화지급준비금 계정을 통하여 처리된다. 한편 외환거래의 결제는 거래당사자 상호간에 신용위험(credit risk)을 회피하기 위하여 동일자에 상호결제가 이루어지는 것을 원칙으로 하고 있다. 그런데 결제되는 은행의 소재국이

상이하고 각 국가의 영업일 또는 휴일이 다르기 때문에 결제일의 조정이 필요하게 된다. 예를 들면, 원/달러 현물환거래 계약 시 일반적으로 외화는 미국 소재 은행에서, 원화는 우리나라에서 결제되므로 양 국가의 휴일을 제외한 영업일을 기준으로 결제일을 정한다. 즉, 금요일에 원/달러 현물환거래가 체결되었다면 결제일은 2영업일 후인 다음 주 화요일이 될 것이다. 그러나 우리나라나 미국 어느 한 곳에서 화요일이 휴일이 될 경우 결제일은 다음 영업일인 수요일로 순연된다. 이와 같이 결제은행이 소재한 국가 중 어느 한 곳이라도 휴일이 있을 경우 해당일을 영업일 계산에서 제외하고 결제일자를 정한다.

[그림 7-2]는 5월 8일(목)은 우리나라 휴일이고 5월 9일(금)은 미국 휴일인 경우의 현물환계약의 결제일을 나타내고 있다.

그림 7-2

현물환계약의 결제일

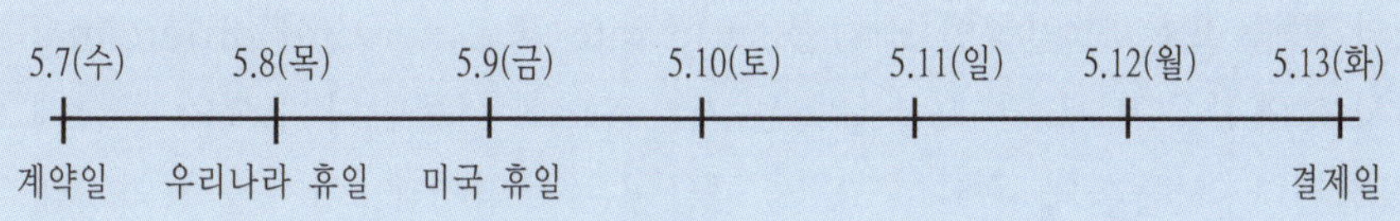

3. 선물환거래

3.1 선물환율의 결정요인

오늘날 환율변동은 갈수록 심각해져 기업경영활동을 환율변동 위험으로부터 보호하는 일이 그 어느 때보다도 중요시되고 있다. 환위험 관리를 위한 다양한 기법이 개발되고 있으나 이 중 선물환거래가 환위험 헤지 수단으로 가장 널리 사용되고 있다.

선물환율은 이론적으로는 현물환율과 동일해질 수도 있으나, 일반적으로는 현물환율보다 할증(premium) 또는 할인(discount) 고시되고 있다. 따라서 선물환율은 현물환율의 수준과 현물환율과의 할증 또는 할인폭에 의하여 결정된다고 하겠다.

먼저 현물환율의 수준에 대해 살펴보자. 선물환율의 기준환율은 어디까지나 현물환율로서 현물환율의 변동에 따라 선물환율은 자동적으로 변동하게 된다. 즉, 국제수지, 인플레이션율의 변동 등 각종 경제적 요인으로 현물환율의 수준이 변동된 경우에는 그 변동폭만큼 선물환율의 수준은 동일방향으로 변동하게 된다. 일반적으로 각종 경제적 요인의 변동이 현물환율에 미치는 파급효과는 이자율수준 및 양국간 금리차이의 변동에 미치는 효과보다 크기 때문에 선물환율은 일반적으로 양국간 금리차이 보다는 현물환율 변동에 절대적인 영향을 받게 된다.

선물환율을 결정하는 두 번째 요인으로 스왑률을 들 수 있다. 선물환율은 기본적으로 현물환율의 수준에 직접적인 영향을 받는 한편, 현물환에 대한 선물환의 할증 또는 할인폭인 스왑률(swap rate 또는 forward differential)에 의해서도 영향을 받게 된다. 스왑률은 기본적으로 선물환의 수요와 공급에 의해 결정된다. 선물환의 주된 수요 및 공급원은 무역거래, 이자율 차익거래 및 환투기 거래이다. 무역거래와 관련된 선물환거래는 선물환 수급 양면에서 상당한 비중을 차지하고 있다. 현재 선물환율에 의거 환위험을 커버하는데 주된 목적이 있을 뿐만 아니라, 전 세계적으로는 총수출액과 총수입액이 일치하기 때문에 선물환 할증 및 할인폭 결정에 결정적인 요인으로 작용하지 않는다. 반면에 이자율 차익거래 및 환투기 거래는 양국 간 금리차이 및 향후 현물환율 예측치에 의한 금리차익 또는 환차익을 획득하기 위한 거래로서 선물환거래의 주종을 차지하고 있다. 뿐만 아니라 일반적으로 특정통화의 일방적인 선물환 매입 또는 매도로 나타나는 경향이 있기 때문에, 선물환 할증 및 할인폭 결정에 결정적인 역할을 하게 된다. 따라서 스왑률은 양국간 금리차이 및 향후 현물환율 예상치에 의하여 주로 영향을 받게 된다.

평상시 스왑률의 폭은 금리평가이론에 따라 양국가간 금리차이에 유사하거나 또는 일치하게 된다. 즉, 고금리통화의 선물환율은 금리차이만큼 현물환율에 비해 할인되는 반면, 저금리통화의 선물환율은 현물환율보다 할증된다. 만약 선물환율의 할증 또는 할인폭이 양 통화간의 금리차이와 괴리될 경우에는 즉시 차익거래를 유발하게 되는데, 예를 들면 고금리통화의 선물환 할인폭이 저금리통화와의 금리차이보다 작을 경우에는 금리차익을 노린 고금리 통화로의 투자유인이 발생되는 반면, 금리차이보다 클 경우에는 환차익을 노린 저금리 통화로의 투자유인이 발생하게 된다. 또한 저금리통화의 할증폭과 고금리 통화와의 금리차이간에 괴리가 발생된 경우에도 마찬가지의 차익거래 유인이 발생하게 된다. 이에 따라 결국 고금리 통화의 할인폭 및 저금리 통화의 할증폭이 금리차이에 수렴하게 되거나, 어느 한 통화의 금리상승 또는 하락을 초래하여 금리차이를 선물환 할증 또는 할인폭에 가깝게 만들어 양자간의 균형을 유지하게 된다. 그리고 선물환 할증 또는 할인폭은 이자율 차익거래가 주로 국제간 단기자금 이동거래인 점에 비추어 양통화간 중장기 금리차이보다는 단기금리 차이에 주로 영향을 받고 있다.

한편 경제적 또는 정치적 요인으로 특정통화가 일시적으로 평가절상 또는 절하압력을 받고 있을 경우에는 현물환 및 선물환에 대한 투기가 야기되어 상술한 금리차이보다는 특정통화의 향후 현물환 예측치에 의하여 선물환 할증 또는 할인폭이 결정된다. 즉, 향후 평가절상 예상통화의 경우에는 선물환 매입수요가 급증하여 선물환 할증폭을 확대하거나 할인폭을 축소시키게 되며, 향후 평가절하 예상통화의 경우에는 선물환 매도에 따른 공급이 급증하여 선물환 할인폭을 확대하거나 할증폭을 축소시키게 된다. 그리고 선물환 투기가 과열된 경우에는 금리차이에 의한 할증 또는 할인폭을 전연 무시하고 무조건 강세예상 통화의 할증 또는 약세통화의 할인으로 나타날 수도 있다.

3.2 선물환율의 고시방법

선물환율은 현물환율에서와 같이 구체적인 선물환율(forward rate)을 고시하지 않고 현물환율과 선물환율의 차이인 스왑률(swap rate)로 고시하는 것이 국제금융시장의 관례이다.

다음 〈표 7-4〉의 왼쪽은 각 선물환 기간(1, 3, 6개월)에 해당하는 스왑률을 고시하고 있으며, 오른쪽은 그에 따른 선물환율을 나타내고 있다.

표 7-4 스왑률과 선물환율: 선물환 할증

스왑률	선물환율
현물환율 1,318.59-1,355.31	현물환율 1,318.59-1,355.31
1개월 120 - 650	1개월 1,319.79-1,361.81
3개월 1200-2420	3개월 1,330.59-1,379.51
6개월 2200-3610	6개월 1,340.59-1,391.41

현재 원-달러 선물환에 대한 스왑률이 〈표 7-4〉와 같이 고시되어 있다고 하자. 표에서 스왑률의 매입률보다 매도율이 크므로 원-달러 선물환은 할증 상태에 있다. 선물환 할증의 경우에는 현물환율에 스왑률을 더해줌으로써 선물환율을 계산할 수 있다. 예를 들어 1개월 선물환율의 매입률은 현물환 매입률 1,318.59원에 1.20원을 더한 1,319.59원이 되며, 1개월 선물환율의 매도률은 현물환 매도율 1,355.31원에 6.50원을 더한 1,361.81원이 된다.

표 7-5 스왑률과 선물환율: 선물환 할인

스왑률	선물환율
현물환율 1,318.59-1,355.31	현물환율 1,318.59-1,355.31
1개월 1120-330	1개월 1,307.39-1,352.01
3개월 1730-440	3개월 1,301.29-1,350.91
6개월 2420-710	6개월 1,294.39-1,348.21

위의 경우와 반대로 선물환 할인의 경우를 살펴보자. 현재 원-달러 선물환에 대한 스왑률이 〈표 7-5〉와 같이 고시되어 있다고 하자. 표에서 스왑률의 매입률이 매도율보다 크므로 원-달러 선물환은 할인상태에 있다. 선물환 할인의 경우에는 현물환율에서 스왑률을 빼줌으로써 선물환율을 계산할 수 있다. 예를 들어 1개월 선물환율의 매입률은 현물환 매입률 1,318.59원에서 11.20원을 뺀 1,307.39원이 되며, 1개월 선물환율의 매도률은 현물환 매도율 1,355.31원에서 3.30원을 뺀 1,352.01원이 된다.

3.3 선물환율의 결정

앞서 선물환율은 현물환율의 수준과 현물환율과의 할증 또는 할인폭에 의하여 결정된다고 하였다. 현물환율과 선물환율과의 차이, 즉 스왑률은 일반적으로 두 통화간의 이자율 차이를 노린 통화간 단기 자금이동에 의해 결정되어진다. 이자율이 낮은 나라 통화와 이자율이 높은 나라 통화간의 선물환율은 이자율이 낮은 나라 통화의 할증(premium), 이자율이 높은 나라 통화의 할인(discount) 형태로 나타나게 된다. 따라서 거래비용이 존재하지 않는 효율적 시장 하에서 스왑률은 양국간의 이자율 차이와 동일하게 된다. 두 통화간의 선물환율이 이러한 관계를 성립시킬 때, 선물환율은 금리평가이론(interest rate parity; IRP)에 의해 결정되어졌다고 한다.

예를 들어 지금 어떤 투자자가 1원을 운용함에 있어 원화표시 금융자산과 일본 엔화표시 금융자산을 선택할 수 있다고 하자. 이 투자자는 원화표시 금융자산과 엔화표시 금융자산과의 금리차이와 환율변동을 예상한 환차익을 고려하여 유리한 시장을 선택하고자 할 것이다. 먼저 원화표시 금융자산에 1원을 운용한 경우 t기간후의 원화의 원리금수입은 $1(1 + R_{h,t})$가 된다. 반면에 이 투자자가 원화를 엔화로 환전하여 이를 엔화표시 금융자산에 운용하는 경우 t기간후의 엔화의 원리금수입은 $(1 / S_0)(1 + R_{f,t})$가 된다. 그런데 이때 투자자는 엔화의 투자수익을 원화로 고정시키기 위해 t기간 후에 만기가 되는 선물환을 매도하는 선물환거래를 하게 된다. 따라서 1원을 가지고 엔화를 매입한 후 이를 엔화표시 금융자산에 운용하여 t기간 후에 수령할 엔화를 선물환으로 매도한 원화의 수입은 다음과 같은 식으로 표시되게 된다.

$$(1 / S_0)(1 + R_{f,t})F_t$$

또는

$$F_t / S_0(1 + R_{f,t})$$

여기서, S_0: 현재시점(t=0)의 환율

F_t: t기간 만기 선물환율

$R_{h,t}$: t기간 자국의 이자율

$R_{f,t}$: t기간 외국의 이자율

여기서 원화 투자원리금 수입과 엔화 투자원리금 수입을 비교하여, 다음과 같은 경우에는 자금이 원화표시 금융자산에서 엔화표시 금융자산으로 이동할 것이다.

$$(1 + R_{h,t}) < F_t/S_0(1 + R_{f,t})$$

반대로 다음과 같이 원화 투자원리금 수입이 엔화 투자원리금 수입보다 클 경우에는 자금이 엔화표시 금융자산에서 원화표시 금융자산으로 이동할 것이다.

$$(1 + R_{h,t}) > F_t/S_0(1 + R_{f,t})$$

따라서 양변이 일치해 질 때에 균형관계는 성립하게 되며, 이를 금리평가이론이라 한다.

$$(1 + R_{h,t}) = \frac{F_t}{S_0}(1 + R_{f,t})$$

또는

$$\frac{1+R_{h,t}}{1+R_{f,t}} = \frac{F_t}{S_0}$$

또는

$$\frac{R_{h,t} - R_{f,t}}{1+R_{f,t}} = \frac{F_t - S_0}{S_0}$$

만약 외국의 금리가 매우 낮은 수준이라면 위 식은 다시 다음과 같은 식으로 단순화시킬 수 있다.

$$R_{h,t} - R_{f,t} = \frac{F_t - S_0}{S_0}$$

여기서 $F_t - S_0$를 스왑률이라 하는데, 자국의 이자율이 외국의 이자율보다 높을 경우에는 양(+)의 값을 갖게 되어 선물환율 결정시 자국통화가 절하, 즉 자국 통화가 할인통화가 된다. 반대로 자국의 이자율이 외국의 이자율보다 낮은 경우에는 음(-)의 값을 갖게 되어 자국통화가 절상, 즉 자국통화가 할증통화가 된다.

앞서 금리평가이론에 의하면, 선물환율은 다음과 같이 표현할 수 있다고 하였다.

$$\frac{R_{h,t} - R_{f,t}}{1 + R_{f,t}} = \frac{F_t - S_0}{S_0}$$

위 식을 다시 정리하면 다음과 같이 선물환율, 스왑률의 결정식이 도출되게 된다.

$$선물환율: F_t = S_0(\frac{1 + R_{h,t}}{1 + R_{f,t}})$$

$$스왑률: F_t - S_0 = S_0(\frac{R_{h,t} - R_{f,t}}{1 + R_{f,t}})$$

만약 선물환 기간 t와 동일한 기간 동안의 금리수준을 구할 수 없고 단지 1년 만기 금리만을 알고 있다면, 위 식은 다음과 같은 식으로 변형되어 사용될 수 있다.

$$선물환율 : F_t = S_0(\frac{1 + R_{h,t} \times \frac{t}{360}}{1 + R_{f,t} \times \frac{t}{360}})$$

$$스왑률 : F_t - S_0 = S_0(\frac{(R_{h,t} - R_{f,t}) \times \frac{t}{360}}{1 + R_{f,t} \times \frac{t}{360}})$$

예제 7-1

예를 들어 시장상황이 다음과 같다고 할 때, 3개월 선물환율 및 스왑률을 계산해 보기로 하자.

미 달러화 정기예금금리 2.0%(년율)
일본 엔화 정기예금금리 1.0%(년율)
현물환율 99.1500 엔/$

3개월 선물환율은 다음과 같다.

$$99.1500 \times \frac{1+0.01\times(90/360)}{1+0.02\times(90/360)}$$

$$= 99.1500 \times \frac{1+0.0025}{1+0.0050}$$

$$= 98.9031$$

또한 스왑률은 2469(= 99.1500 - 98.9031 = 0.2469)가 된다.

예제 7-2

2008년 11월 21일 현재 시장상황이 다음과 같다고 할 때, 2008년 12월 16일이 만기인 12월물 미국달러선물의 이론가격은 얼마인가?

현물환율 1,320.00원
원화금리 연 5.00%
달러금리 연 2.00%

$$F = 1{,}320 \times \frac{1+0.05\times 25/365}{1+0.02\times 25/365}$$

$$= 1{,}322.71\text{원}$$

4. 통화선물거래

4.1 통화선물의 특성 및 거래조건

통화선물거래는 여러 가지의 금융선물거래 중에서도 가장 그 역사가 오랜 금융선물거래라 할 수 있다. 1971년 8월 달러 평가절하 및 달러화의 금태환을 중지하는 이른바 닉슨쇼크에 따라 세계외환시장에 큰 혼란이 발생하였으며 이에 따라 주요국은 금환본위제를 기초로 한 고정환율제에서 변동환율제도로 이행하게 됨으로써 환율이 극심한 변동을 보이게 되었다. 이로 인해 외국에 상당한 채권, 채무를 가진 미국의 기업 및 개인은 환율변동에 대한 위험회피 수단의 필요성을 절실히 느끼게 되었다. 당시 환위험을 헤지하는 수단으로서는 선물환거래가 있었으나 이것은 외환거래인 관계로 은행을 경유하여야만 거래가 가능하였고 또한 일반기업이나 개인간의 거래는 인정되지 않았다. 일반기업이나 개인이 은행을 경유하여 선물환거래를 하는 경우에도 거래금액을 시장에 내놓기에는 너무 작아서 은행에 대하여 비싼 수수료를 지불할 수밖에 없었다. 특히 신용면에서 열위에 있는 기업이나 개인은 헤지거래나 투기거래를 하고자 하여도 사실상 이에의 참가가 어려운 실정이었다. 여기에 일반의 기업 및 개인도 참가할 수 있는 환위험 헤지수단의 제공이 요청된 것이다. 이에 따라 시카고 상업거래소(CME;Chicago Merchantile Exchange)는 시카고 학파의 프리드먼 등 다수의 경제학자의 협력하에 당시 행해지고 있던 상품선물 거래기법의 응용으로 통화선물거래를 탄생시켰고, 1972년 5월부터는 시카고 상업거래소의 부속기관인 국제통화시장(IMM; International Monetary Market)에서 거래가 개시되게 되었다. 이후 미국을 비롯한 각국의 선물거래소에서 통화선물거래가 도입되게 되었는데, 미국의 IMM에서 가장 거래가 활발하게 이루어지고 있다.

통화선물거래는 매입자(매도자)가 약정일 현재의 특정가격으로 일정액의 외환을 장래의 특정일에 매입(매도)하는 계약을 의미하는 것으로서, 이 계약은 선물환계약과 같이 매매 쌍방간에 이루어지는 것이 아니라 청산회사와 매입・매도자가 각각 계약하고 청산회사가 이에 대한 계약보증을 이행하는 형태로 이루어진다.

환율변동에 따르는 위험은 선물환거래뿐만 아니라 통화선물거래를 통해서도 사전에 제거할 수 있다. 즉, 외국통화가치의 상승을 예상하는 수입업자의 경우 대상 통화선물의 매입을 통해 환율상승에서 오는 손실을 줄일 수 있다. 반면에 외국통화의 가치하락을 예상하는 외환보유자 또는 보유예정자는 통화

선물의 매도를 통해 외국통화가치의 감소로 인한 손실을 피할 수 있다. 위와 같은 경우 해당통화의 환율이 예상대로 상승하면 현물시장에서는 기회손실이 발생되나 선물시장에서는 이익을 얻게 되어 두 시장에서의 이익과 손실이 전부 또는 부분적으로 상쇄되며, 예상과는 달리 해당통화의 환율이 오히려 하락할 경우에는 현물시장과 선물시장에서 반대현상이 일어나 이익과 손실이 상쇄된다.

금융선물시장은 현물시장을 보완하면서 다음과 같은 경제적 기능을 수행한다. 헤지를 통한 가격변동위험의 이전이 가능해지고 미래의 시장가격에 대해 유용한 정보를 제공하며 현물시장의 유동성 및 안정성을 제고시킨다. 또한 현물시장을 통한 포트폴리오 운용에 비해 거래비용이 저렴하고 아울러 금융시장 전체의 효율성을 제고시키는 기능도 수행한다.

한편 여타 금융선물과는 달리 통화선물거래만이 가지는 독특한 특성은 다음과 같은 것들이 있다.

첫째, 통화는 모든 선물의 대상자산들 가운데 가장 동질적이다. 따라서 상품의 표준화가 가장 쉽다. 금융선물 상품들 중에서 통화선물이 가장 먼저 등장할 수 있었던 이유 중의 하나로 표준화의 용이성을 들 수 있을 것이다. 상품선물의 경우를 보면 대상 자산이 주로 농산물이나 원자재이므로 그 품질의 다양성과 식별의 곤란성, 보관비용, 수송비용 등이 각각 달라 표준화가 쉽지 않고 금리선물의 경우를 보면 대상채권의 만기, 잔여만기, 액면, 이자율 등이 매우 복잡해 역시 표준화시키기가 쉽지 않다.

둘째, 통화의 공급은 이론상 무한하다. 따라서 선물계약건수가 많아져서, 만일의 경우 현물의 인도가 불가능해질 수 있다는 우려로 인하여 현물의 가격이 급격하게 변동하는 일이 일어날 수가 없다는 것이다. 반면, 금리선물의 경우 현물인도 요구량이 많아지게 되면, 현물을 제대로 조달할 수 없어 시장이 위기에 빠질 가능성도 무시할 수 없다.

셋째, 통화선물의 경우에는 이미 선물환시장이 매우 발달되어 있으며 또 외환의 현물시장도 잘 발달되어 있다. 반면, 금리선물이나 상품선물의 경우에는 선도시장이 발달되어 있지 않다. 따라서 통화선물시장은 선물환시장 및 외환현물시장과의 관련으로 인해 더욱 효율적일 수 있으며 서로 기능을 보완해가며 고객들의 요구에 응할 수 있다.

통화선물거래는 각국 통화 및 거래소에 따라 매매단위, 가격구조, 거래방법이 약간 상이하지만 모든 가격은 '외화 1단위당 미국달러(American term)'로 표시된다. 한 예로 CME에서 거래되는 일본엔화를 중심으로 소개해 보면 엔화선물의 거래단위는 1,250만 엔이며 가격은 미 달러화로 표시된다. 통화선물의 인도월(delivery month)은 거래소별로 차이가 있는데 CME에서는 3월, 6월, 9월, 12월의 4종류가 있으며 통화선물의 가능한 최장기간은 2년이며 최소가격변동폭(tick)은 0.0001거래단위이고 이를 금액으로 환산하면 $12.5가 된다.

표 7-6 주요 통화선물의 거래조건(CME)

	영국파운드	유로	일본엔	캐나다달러	호주달러	스위스프랑
거래단위	BP 62,500	EUR 125,000	JY 12,500,000	CD 100,000	AD 100,000	SF 125,000
가격고시	US$/BP	US$/EUR	US$/JY	US$/CD	US$/AD	US$/SF
최소가격 변동폭	.0001 =$6.25	.0001 =$12.50	.0001 =$12.50	.0001 =$10.00	.0001 =$10.00	.0001 =$12.50
결제월	3, 6, 6, 12월					
최종거래일	최종결제일 2영업일 전					
최종결제일	결제월의 세 번째 수요일					
결제방법	실물인수도					

우리나라의 통화선물거래는 1999년 4월 23일 한국선물거래소가 선물시장을 개설하면서 시작되었다. 현재는 미국달러선물, 엔선물 및 유로선물이 거래되고 있다. 미국달러 선물, 엔선물 및 유로선물은 환율변동에 대한 환위험을 헤지하기 위하여 미래의 특정시점에 미국달러, 일본 엔화 및 유로화를 사고 팔 것을 미리 약정하는 계약이다.

〈표 7-7〉은 우리나라 통화선물의 상품명세를 나타내고 있다.

표 7-7 우리나라 통화선물의 상품명세

구 분	미국달러선물	엔선물	유로선물
거 래 대 상	미국달러화(USD)	일본엔화(JPY)	유로화(EUR)
거 래 단 위	US $10,000	1,000,000엔	10,000유로
결제월주기	분기월 중 4개와 그 밖의 월 중 4개		
상장 결제월	1년 이내의 8개 결제월		
가격의 표시	US $1 당 원화	100엔당 원화	1유로당 원화
최 소 가 격 변 동 폭	0.10원	0.1원	0.1원
최 소 가 격 변 동 금 액	1,000원 (=US &10,000 × 0.10원)	1,000원 (=1,000,000 × 0.1원 × 1/100)	1,000원 (=10,000 × 0.1원)
거 래 시 간	09:00-15:15(단, 최종거래일은 09:00-11:30)		
최종거래일	결제월의 세 번째 월요일(공휴일의 경우 순차적으로 앞당김)		
최종결제일	최종거래일로부터 기산하여 3일째 거래일		
가격제한폭	기준가격 ± 4.5%	기준가격 ± 5.25%	기준가격 ± 5.25%
단 일 가 격 경 쟁 매 매	개장시(08:00-09:00) 및 거래종료 시(15:05-15:15)		
결 제 방 법	인수도결제		

선물거래의 증거금은 미래의 의무를 성실히 수행하겠다는 표시로 예탁하는 보증금의 성격을 가지며, 거래소 회원이 거래소에 예탁하는 거래증거금과 투자자가 거래소 회원인 선물회사에 예탁하는 위탁증거금으로 구분된다. 위탁증거금은 다시 거래에 앞서 예탁하여야 하는 계약당 주문증거금과 계약 체결 후의 유지증거금으로 구분된다.

미국달러선물의 거래단위는 10,000달러이며, 엔선물의 거래단위는 1,000,000엔, 그리고 유로선물의 거래단위는 10,000유로이다. 통화선물은 인수도결제 방식을 택하고 있다.

4.2 통화선물과 선물환거래의 비교

통화선물과 앞서 설명한 선물환거래는 모두 환위험의 헤지수단이라는 점에서는 같으나, 선물환시장은 거래쌍방의 필요에 의해 형성되는 시장인 반면 통화선물시장은 조직화되고 규격화된 시장이란 점에서 그 근본적인 차이를 가지고 있다. 즉, 통화선물과 선물환거래는 다음과 같은 차이가 있다.

첫째, 통화선물거래는 계약금액의 규모와 관계없이 용이하나 선물환거래는 소액거래가 불편하다. 둘째, 통화선물거래는 언제나 거래소를 통하여 거래가 성립될 수 있으나 선물환거래는 계약당사자가 응할 때 계약이 성립한다. 셋째, 통화선물거래는 거래소를 통하여 언제나 반대매매가 가능하나 선물환거래는 계약당사자가 없을 경우 거래가 불가능하다. 넷째, 통화선물거래는 증거금만으로 거래가 가능하나 선물환거래는 신용이 없을 경우 거래가 불가능하다. 이외의 다른 차이점은 아래 표와 같다.

〈표 7-8〉 통화선물거래와 선물환거래의 비교

구분	통화선물거래	선물환거래
거 래 형 태	선물거래소라는 물리적 장소에서 매입 또는 매도하고자 하는 가격을 중개인들이 공개호가(Open Outcry)하여 경쟁입찰방식으로 결제가 이루어진다.	일정한 장소가 없이 전화나 텔렉스를 통해 당사자들 간에 직접적으로 거래가 이루어진다.
참 가 자	참가자는 주어진 특정 시점, 특정 가격의 계약에 대한 매입자 또는 매도자로서 거래한다.	참가자들은 직접적으로 거래하거나 혹은 중개인을 통하여 거래할 수 있다.
참 가 대 상	은행, 금융기관, 기업체, 개인투자자 및 기관투자가 등의 불특정 다수이다.	은행, 은행과 거래하는 기업 및 중개인으로 한정되어 있다.
거 래 상 대 방	장내 중개인을 통해 거래하기 때문에 시장참가자는 실제적인 거래상대방을 알 수 없다.	각 거래당사자는 항상 거래상대방을 알 수 있다.
가 격 형 성	거래가격은 거래소내의 거래를 통해 매일, 매순간 마다 끊임없이 변하며, 체결된 계약가격은 계약체결 즉시 거래소내의 전광판에 공시되고 각종 통신매체를 통하여 전 세계에 알려진다.	사적인 당사자 거래이기 때문에 거래가격이 제3자에게 알려지지 않는다.

구분	통화선물거래	선물환거래
가 격 표 시	가격은 외국통화 단위 1에 대한 미국달러 가치로 표시된다.(U.S. terms)	가격은 영국 파운드 등의 몇몇 경우를 제외하고는 European terms로 표시된다. 즉 미국달러 1에 대한 자국통화가치로 표시된다.
신 용 도	청산소가 각 거래에 대해 반대편의 입장에 서서 계약이행을 보증해주므로 신용상의 위험(credit risk)은 전혀 없다.	계약이행의 신용도는 전적으로 매매쌍방에 의존하므로 각 거래자는 거래상대방의 신용도를 검토해야 한다.
증 거 금	증거금은 모든 참가자에게 적용된다.	은행 간 거래에서는 기본적으로 증거금이 필요 없으나, 은행이 아닌 고객들에게는 일정한 증거금이 부과되기도 한다.
계 약 단 위	거래방법 및 계약단위, 만기일 등이 모두 표준화되어 있다.	계약단위, 만기일 등에 제한이 없으므로 거래쌍방의 합의에 의한다.
가 격 정 산	가격정산은 청산소를 통해 매일 이루어지며 각 포지션의 가치에 대한 이익은 인출이 가능하며, 유지증거금 수준이하로 손실이 발생할 때에는 다음날 거래소 개장이전에 기본증거금 수준과의 차액만큼의 추가증거금을 납부해야 한다.	선물환거래의 손익에 대해서는 계약종료일에 결제된다.
결 제 일	모든 계약들은 거래소가 규정한 장래의 특정일에만 결제가 가능하다.	거래쌍방 간에 합의된 날짜를 결제일로 한다.
인 수 도	대부분의 계약은 만기일 이전에 반대매매에 의한 차액정산으로 계약이 종료된다.	거래의 대부분이 실제로 실물인수도가 이루어진다.

통화선물의 가장 큰 장점은 선물시장의 특성인 시장의 유동성이라 할 수 있다. 즉, 통화선물시장에서는 다수의 시장참여자가 있음으로써 사고 싶다고 생각하면 언제라도 자기가 희망하는 물량을 살 수 있고 또한 팔고 싶다고 생각하면 언제라도 필요한 양을 팔 수 있다는 점이 선물시장의 요체인 것이다. 이때 매매되는 가격은 수요와 공급에 따라 신속하게 결정된다. 따라서 통화선물거래에서는 계약체결 후라도 시황이 불리해지거나 유리해질 때 언제든지

진입, 탈퇴가 용이하기 때문에 기회이익의 증대와 기회손실의 감소가 가능해서 거래에 따른 역동적인 손익관리가 가능하다.

그러나 항상 통화선물거래가 선물환거래보다 우월하다고는 말할 수 없다. 즉, 통화선물은 선물환거래와는 달리 증거금이 부과됨으로써 그 거래비용이 선물환거래보다 높다고 할 수 있다. 또한 통화선물의 가장 큰 장점중의 하나인 대상상품의 표준화, 규격화 역시 통화선물의 단점이 될 수도 있다. 왜냐하면, 대상상품이 규격화되어 있음으로써 개별 기업 또는 금융기관의 특수한 외환수요에 응할 수 없기 때문이다. 따라서 현재 신용도가 높아 선물환거래시 거래비용부담이 없는 금융기관, 대기업들은 주로 자신의 특수한 요구에 맞는 거래를 창출할 수 있는 선물환거래를 많이 사용하고, 기타 고객들은 주로 통화선물거래에 참여하는 것으로 알려져 있다.

5. 통화선물의 활용

통화선물은 주로 수출입업자 등이 환율변동위험을 회피하거나 투기거래자나 차익거래자들이 환율변동을 이용하여 이득을 얻고자 거래에 참여하게 된다. 여기서는 통화선물을 이용한 매입헤지와 매도헤지를 살펴보기로 하자.

5.1 통화선물의 매입헤지

예제 7-3

2009년 4월 11일 서울무역은 미국의 자동차부품회사로부터 US$ 3,000,000의 자동차부품을 수입하고 수입대금은 6월 13일에 지급하기로 하였다. 2009년 4월 11일 현재 현물환율은 1,320/US$이며, 6월물 미국달러선물은 1,355/US$이다.

서울무역은 수입대금을 지급하는 6월 13일에 환율이 상승할 것을 예상하여 현재시점에서 6월물 미국달러선물 60계약을 매입하였다. 6월 13일에 환율이

1,360원으로 상승한 경우(6월물 미국달러선물은 1,397/US$)와 1,318원으로 하락한 경우(6월물 미국달러선물은 1,352/US$), 각 경우의 매입헤지의 손익을 계산하라.

1) 환율이 1,360원으로 상승한 경우

구분	현물시장	선물시장
4월 11일	현물환율 ₩1,320/US$ 환전금액 3,960,000,000원 (=1,320원 × $3,000,000)	12월물 가격 ₩1,355/US$ 선물매입 4,065,000,000원 (=1,355 × 60계약 × $50,000)
6월 13일	현물환율 ₩1,360/US$ 매입금액 4,080,000,000원 (=1,360원 × $3,000,000)	12월물 가격 ₩1,397/US$ 선물매도 4,191,000,000원 (=1,397 × 60계약 × $50,000)
손 익	39.60억 원 - 40.80억 원 = -120,000,000원(손실)	41.91억 원 - 40.65억 원 = +126,000,000원(이익)
순이익	+6,000,000원(이익)	

2) 환율이 1,318원으로 하락한 경우

구분	현물시장	선물시장
4월 11일	현물환율 ₩1,320/US$ 환전금액 3,960,000,000원 (=1,320원 × $3,000,000)	12월물 가격 ₩1,355/US$ 선물매입 4,065,000,000원 (=1,355 × 60계약 × $50,000)
6월 13일	현물환율 ₩1,318/US$ 매입금액 3,954,000,000원 (=1,318원 × $3,000,000)	12월물 가격 ₩1,352/US$ 선물매도 4,056,000,000원 (=1,352 × 60계약 × $50,000)
손 익	39.60억 원 - 39.54억 원 = +6,000,000원(이익)	40.56억 원 - 40.65억 원 = -9,000,000원(손실)
순손실	-3,000,000원(손실)	

위의 예제에서 보는 바와 같이 서울무역은 환율이 예측한대로 상승한 경우에는 미국달러선물계약의 매입을 통해 6,000,000원의 순이익을 얻을 수 있었다. 반면에 환율이 예측과 반대로 하락한 경우에는 3,000,000원의 순손실을 입었다. 그러나 만약 서울무역이 미국달러선물을 이용한 매입헤지를 하지

않았다면 환율이 상승한 경우 서울무역은 4월 11일의 환율과 6월 13일의 환율 차이에 해당하는 1억 2천만 원의 손실을 보았을 것이다. 결국 서울무역은 미국달러선물을 이용한 매입헤지를 통해 환율변동위험을 거의 제거할 수 있었다.

5.2 통화선물의 매도헤지

예제 7-4

2009년 7월 11일 서울무역은 미국의 자동차부품회사에 US$ 3,000,000의 자동차부품을 수출하고 수출대금은 9월 13일에 받기로 하였다. 2009년 7월 11일 현재 현물환율은 ₩1,360/US$이며, 9월물 미국달러선물은 ₩1,325/US$이다.

서울무역은 수출대금을 받는 9월 13일에 환율이 하락할 것을 예상하여 현재시점에서 9월물 미국달러선물 60계약을 매도하였다. 9월 13일에 환율이 1,390원으로 상승한 경우(9월물 미국달러선물은 ₩1,355/US$)와 1,330원으로 하락한 경우(9월물 미국달러선물은 ₩1,296/US$), 각 경우의 매도헤지의 손익을 계산하라.

1) 환율이 1,390원으로 상승한 경우

구 분	현물시장	선물시장
7월 11일	현물환율 ₩1,360/US$ 환전금액 4,080,000,000원 (=1,360원 × $3,000,000)	12월물 가격 ₩1,325/US$ 선물매도 3,975,000,000원 (=1,325 × 60계약 × $50,000)
9월 13일	현물환율 ₩1,390/US$ 매도금액 4,170,000,000원 (=1,390원 × $3,000,000)	12월물 가격 ₩1,355/US$ 선물매입 4,065,000,000원 (=1,355 × 60계약 × $50,000)
손 익	41.70억 원 - 40.80억 원 = +90,000,000원(이익)	39.75억 원 - 40.65억 원 = -90,000,000원(이익)
순손익	0	

2) 환율이 1,330원으로 하락한 경우

구 분	현물시장	선물시장
7월 11일	현물환율 ₩1,360/US$ 환전금액 4,080,000,000원 (=1,360원 × $3,000,000)	12월물 가격 ₩1,325/US$ 선물매도 3,975,000,000원 (=1,325 × 60계약 × $50,000)
9월 13일	현물환율 ₩1,330/US$ 매도금액 3,990,000,000원 (=1,330원 × $3,000,000)	12월물 가격 ₩1,295/US$ 선물매입 3,850,000,000원 (=1,295 × 60계약 × $50,000)
손익	39.90억 원 - 40.80억 원 = -90,000,000원(손실)	39.75억 원 - 38.85억 원 = +90,000,000원(이익)
순손익	0	

위의 경우에는 7월 11일과 9월 13일의 베이시스가 동일하여 매도헤지의 순손익이 0이 되는 완전헤지가 됨을 알 수 있다.

파생상품거래 실패사례

다이아몬드 펀드 사건

이 사건은 국내 SK증권, 한남투자신탁, LG금속 3개사가 해외에 설립한 다이아몬드 펀드라는 역외펀드가 J.P. Morgan사와의 거래에서 무려 18,600만 달러, 원/달러 환율을 1,400원으로 계산할 경우 2,600억 원에 달하는 막대한 손실을 입은 사실뿐 아니라, 해외에 이어 국내에서도 본격적인 파생금융상품 관련 사고가 발생했다는 점에서 금융시장에서 많은 관심을 끌었다.

SK증권 등 국내 3개사는 계약 초기 3,440만 달러를 다이아몬드 펀드에 출자했다. 그리고 다이아몬드 펀드는 이에 더하여 J.P. Morgan사로부터 5,300만 달러를 차입하여 이 중 8,650만 달러를 갖고 인도네시아 루피화 채권에 투자한 것이 거래의 사실상 전부이다. 이 거래에서 국내 3개사는 초기투자금액의 5배가 넘는 손실을 본 것이다.

1997년 동남아 경제위기로 인해 태국의 바트화는 가치가 폭락했고,

더 이상 엔화에 연동되기 어렵게 되어 결국은 통화바스킷 방식을 포기하고 변동환율제로 전환하였다. 엔화도 약간 절하되기는 하였으나 바트화의 절하폭에는 비할 바 아니었다.

다이아몬드 펀드는 차입금 상환에서만 총 11,000만달러가 넘는 손해를 보게 되었다. 루피화 채권에서의 손해를 살펴보면, 다이아몬드 펀드가 투자금액 전부를 털어 매입한 인도네시아 루피화 채권은 비교적 단순한 이표채였지만 금리가 20.15%에 달했다. 당시 국내 금리를 13~14%라고 할 때 상당한 고금리였던 것이다. 문제는 이자 및 원금상환이 모두 루피화로 이루어지게 되어 있었다는 점이다.

동남아 경제위기로 인해 계약시점에서 1달러당 2,369루피였던 환율이 만기에 이르러 7,650루피에 이르면서 달러로 환산된 투자손실은 엄청났다. 더군다나 루피화 채권 발행기관의 부도로 인해 이자만 받고 원금은 못 받아 투자원금이 8,650만 달러였던 것에 비해 손해규모는 7,590만 달러에 달했다.

결국 다이아몬드 펀드는 J.P. Morgan사에 대한 차입금 상환에서 손실 11,000만 달러와 루피화 채권투자에서 손실 7,590만 달러의 합인 총 18,600여만 달러의 손실을 기록하였다.

SK증권 등은 이 거래에 담긴 여러 가지 위험요소 등을 포함하여 거래구조에 대한 J.P. Morgan사로부터의 충분한 설명이 부족하였으며 따라서 불공정거래의 여지가 있다고 주장하여 소송을 제기하였다.

이 사건을 요약해 보면 다음과 같다.

만일, 엔화, 바트화, 루피화의 환율변화가 전혀 없었다고 가정하면 다이아몬드 펀드 입장에서는 마이너스 3% 금리로 자금을 차입하여 20.15%라는 고금리채권에 투자함으로써 23%가 넘는 투자이익을 낼 수 있었을 것이다.

문제는 명백히 존재하는 환율위험에 대해 전혀 위험관리를 하지 않았다는 것이다. J.P. Morgan사로부터의 차입상환조건에 내재하는 엔화와 바트화 환율위험에 대해서는 바트화의 통화바스킷 제도를 들어 계약당시 시점에서 환위험관리 필요성이 적었다고 주장할 수도 있으나 설득력이 약하다.

더군다나 루피화 채권에 투자하면서 환위험관리를 하지 않은 것은 이해하기 어렵다.

물론 다이아몬드 펀드 사건에서의 엄청난 손실은 '1997년 동남아 경제위기'라는 예측하기 어려운 환경변화에 따른 것임을 부인하기 어려우나, 외국채권에 투자하면서 환위험관리를 전혀 하지 않았음은 사실상 외환투기와 다름없어 이 사건에 있어 다이아몬드 펀드가 책임을 면하기 어렵게 하는 점이다.

다이아몬드 펀드 사건이 법정소송으로 비약되면서 세간의 관심은 J.P. Morgan사의 거래목적에 집중되었다.

사후적으로 추정하는 것은 J.P. Morgan사가 엔화로 자금을 차입하여 태국의 바트화에 투자한 금액이 상당히 컷을 것이라는 점이다. 따라서 J.P. Morgan사로서는 정상적인 헤징의 입장에서 엔화 강세, 바트화 약세에 대비할 필요가 있었을 것이다.

그런데 J.P. Morgan사가 어느 정도 동남아 경제위기를 눈치채고 재빨리 투자 철수를 하기 위해 다이아몬드 펀드를 거래에 끌어들인 것은 아닌가하는 의구심도 있다.

만약, 예측을 했다면 J.P. Morgan사는 시장에서 포지션을 청산하는 과정에서 나타날 시장충격을 감당하기보다는 다이아몬드 펀드와 장외거래를 하는 편이 유리했을 것이기 때문이다.

(*riskmania.com*)

연습문제

기본문제

1. 다음 중 선물환에 대비한 통화선물의 특징에 대한 설명으로 가장 거리가 먼 것은?
   ① 거래조건이 표준화되어 있다.
   ② 거래장소의 구애를 받지 않는다.
   ③ 원칙적으로 시장참가자에 대한 제한이 없다.
   ④ 대부분 만기 전 반대매매에 의해 포지션이 청산된다.

2. 시장선물환율이 이론선물환율보다 높은 상태에서의 선물환 차익거래에 필요한 것들로만 묶인 것은?
   ① 선물환 달러 매도, 원화자금 차입, 현물달러 매입 운용
   ② 선물환 달러 매입, 달러자금 차입, 현물달러 매입 운용
   ③ 선물환 달러 매도, 원화자금 차입, 현물원화 운용
   ④ 선물환 달러 매입, 달러자금 차입, 현물원화 운용

3. 현재 원-달러 환율이 $1=₩1,350이고 엔달러환율이 $1=¥90이라고 하면, 원-엔 환율로 가장 올바른 것은?
   ① ¥100=₩1,215　　② ¥100=₩1,350
   ③ ¥100=₩1,450　　④ ¥100=₩1,500

4. 선물환거래에 대한 설명으로 가장 거리가 먼 것은?
   ① 자금의 결제는 미리 정해놓은 미래 특정일에 이루어진다.
   ② 거래당사자 간에 미래의 외환결제에 적용할 환율은 결제일의 환율로 결정된다.
   ③ 선물환율이 현물환율에 비해 높으면 선물환 할증이라고 한다.
   ④ 선물환계약의 만기는 거래당사자 간의 합의에 따라 결정되는 것이 원칙이다.

5. 현물환거래와 선물환거래에 대한 설명으로 가장 거리가 먼 것은?
   ① 현물환거래는 일반적으로 거래일로부터 2영업일 후를 결제일로 하는 외환거래를 말한다.

② 선물환거래에서는 선물계약의 만기에 따라 다양한 선물환율이 존재하게 된다.
③ 선물환계약의 만기는 3개월, 6개월, 9개월, 12개월 등을 기준으로 은행들이 고시하는 것이 원칙이다.
④ 일반적으로 선물환결제일은 거래일로부터가 아니라 현물일로부터 계산한다.

6. 액면가가 1,000,000달러인 3개월 만기 선물환달러를 1,120.00에 매입하였으며, 3개월 후의 현물환율이 1,128.50-1,128.80원이 되었다고 가정하자. 이 선물환 거래의 이익과 가장 가까운 것은?
① 8,500,000원 ② 8,800,000원
③ 25,500,000원 ④ 26,400,000원

7. 외환포지션은 일정 시점에서 외국환 은행 및 기업 등이 보유하고 있는 외화표시 자산과 부채의 차이로 측정된다. 이때 특정 통화 표시 외환자산이 외환부채보다 큰 경우에 대한 설명으로 가장 거리가 먼 것은?
① 외환 초과 매입포지션 ② 외환 초과 매도포지션
③ 외환 스퀘어포지션 ④ 외환 오버플로우포지션

▶ 다음 빈 칸에 알맞은 말을 넣으시오.

8. 기준환율과 교차환율을 이용하여 산출되는 자국통화와 미 달러화 이외의 외국통화와의 환율을 ( )이라 한다.

9. 외환시장에서의 매입률과 매도율은 딜러 입장에서의 환율로서, 매입률은 딜러가 일정 외환을 고객으로부터 ( )하는 경우, 매도율은 고객에게 ( )하는 경우에 적용하는 환율을 의미한다.

10. 외국환 매도율과 매입률의 차이를 ( )라고 하는데 이는 딜러의 입장에서는 매매이익, 고객의 입장에서는 거래비용의 성격을 띠게 된다.

11. 현물환거래란 통상 외환거래 계약일로부터 ( )영업일 이내에 현물의 수도·결제가 이루어지는 외환거래를 말한다.

12. 선물환율은 기본적으로 현물환율의 수준에 직접적인 영향을 받는 한편, 현물환에 대한 선물환의 할증 또는 할인폭인 (　　　　)에 의해서도 영향을 받게 된다.

13. 자국의 이자율이 외국의 이자율보다 높을 경우에는 스왑률은 양(+)의 값을 갖게 되어 선물환율 결정시 자국 통화가 (　　　　)통화가 된다.

14. 미국달러선물의 거래단위는 (　　　　)달러이다.

15. 통화선물거래는 거래소를 통하여 언제나 (　　　　)가 가능하나 선물환거래는 계약당사자가 없을 경우 거래가 불가능하다.

▶ 다음 문장이 맞으면 O, 틀리면 X를 하시오.

16. 외국통화 1단위와 교환될 수 있는 자국통화 단위로서의 환율표시방법을 직접표시법(direct quotation) 또는 외국통화표시법(rate in home currency)이라고 한다. (　　)

17. 한 나라 외환시장에서 특정 기준통화(일반적으로 미 달러화)에 대하여 자국통화의 기준환율(basis rate)이 설정되어 있을 때, 기준통화에 대한 다른 이종통화와의 환율을 재정환율이라 한다. (　　)

18. 외환시장에서 환율은 항상 매도율(offered rate 또는 asked rate)과 매입률(bid rate 또는 buying rate)의 두 가지 환율이 동시에 고시된다. (　　)

19. 스왑률은 양국간 금리차이 및 향후 현물환율 예상치에 의하여 주로 영향을 받게 된다. (　　)

20. 고금리통화의 선물환율은 금리차이만큼 현물환율에 비해 할증되는 반면, 저금리통화의 선물환율은 현물환율보다 할인된다. (　　)

21. 선물환율은 현물환율에서와 같이 구체적인 선물환율(forward rate)을 고시하지 않고 현물환율과 선물환율의 차이인 스왑률(swap rate)로 고시하는 것이 국제금융시장의 관례이다. (　　)

22. 거래비용이 존재하지 않는 효율적 시장 하에서 스왑률은 양국간의 이자율 차이와 동일하게 된다. ( )

23. 유로선물의 거래단위는 50,000유로이다. ( )

24. 선물환시장은 거래쌍방의 필요에 의해 형성되는 시장인 반면 통화선물시장은 조직화되고 규격화된 시장이다. ( )

25. 통화선물거래는 계약금액의 규모와 관계없이 용이하나 선물환거래는 소액거래가 불편하다. ( )

제8장 상품선물

제 8 장 상품선물

투기바람에 춤추는 유가

경제위기 이후 지난 연말 배럴당 33달러까지 내려앉았던 국제유가가 이제 68달러 선을 회복해 70달러 선에 다가서고 있다. 올해 들어 중국을 뺀 미국·일본·독일·영국 등 세계 5대 경제국이 -6~-5%의 경제성장률을 기록하는 등 실물경제가 바닥권을 맴돌고 있지만, 유가는 7개월 만에 100% 넘게 상승했다. 도대체 유가상승 배경엔 뭐가 있는 걸까?

'유가 미스터리'의 비밀을 수요와 공급에 의한 가격결정이 아닌 투기에서 찾는 이들이 적잖다. 노벨경제학상을 수상한 폴 크루그먼 프린스턴대 교수는 지난 8일 〈뉴욕 타임스〉에 "이번엔 의심의 여지가 없다. 투기가 (석유)가격을 들어 올리고 있다"고 말했다. 그는 석유 재고가 크게 느는데도 가격이 오르는 현상을 투기 이외에 달리 설명할 길이 없다고 봤다.

원유 선물시장은 투기적 유가 흐름의 주범으로 인식되고 있다. 미국 상품선물거래위원회(CFTC)는 실제 석유와 가스의 상업적 거래와 상관없는 원유 선물거래가 전체의 5분의 1(20%)을 차지한다고 밝혔다. 석유의 가격 흐름에 돈을 걸어 수익을 내는 헤지펀드와 상업은행의 상장지수펀드(ETF)용 거래가 다수다. 석유를 비롯한 원자재 지수에 몰려든 돈은 지난 5년 사이 130억달러에서 2600억달러로 20배나 증가했다고 〈파이낸셜 타임스〉는 보도했다. 달러 가치의 하락과 인플레이션에 맞선 헤지(안전장치) 수단으로 원유 선물시장의 효용성이 커지면서, 돈이 몰리는 것도 유가 상승을 부채질한다.

(한겨레)

1. 상품선물거래의 개요

선물거래의 시초는 17세기경 일본의 도쿠카와 막부시대에 오사카 근교의 도지마를 중심으로 한 미곡거래로 추정되며, 오늘날의 거래소 형태를 갖춘 최초의 선물거래소는 1848년 미국의 시카고에 설립된 시카고상품거래소(CBOT)라고 할 수 있다.[1)]

국내에는 1996년 한국증권거래소에서 주가지수를 이용한 KOSPI200선물과 KOSPI200옵션을 상장하여 처음 파생상품거래가 시작되었으며 1999년 한국선물거래소의 설립으로 국채, 금, 달러 등 다양한 상품이 거래되고 있다.

일본 도지마의 쌀 거래소에 대하여 살펴보기로 하자. 17세기경 도쿠가와 막부시절에 지방 제후들의 세력확장 방지를 위해 이들을 매년 6개월동안 오사카(당시 수도)에 강제로 살도록 하였다. 이렇게 오사카에 묶여 지내던 제후들 중 일부는 경비가 부족하여 가을에 수확 예정인 쌀을 담보로 물표를 발행하여 경비를 조달해 사용하곤 했다.

이 물표들은 상인들 사이에서 거래가 되곤 했는데 상인들 중 요도야라는 거상이 있었는데 오사카 근교 도지마에 있는 그의 집은 항상 많은 상인이 몰려들어 정보를 교환하고 거래를 성사시키는 거래소 역할을 했다. 지금 '도지마 쌀거래소'로 이름이 알려진 일본 최초의 상품거래소는 선물거래와 일치하지는 않지만 매우 흡사한 기능을 갖추고 있었다.

이제 미국 시카고의 상품거래소에 대해 살펴보자. 현대적 의미의 선물거래소는 1848년 미국의 시카고에서 시작되었다. 미국의 동부지방에 위치하고 있는 시카고는 19세기 중반 일리노이와 미시간의 운하 개통으로 미국 중서부 곡창지대의 중심지인 동시에 곡물의 집산지가 되어 밀, 옥수수, 그리고 커피 등 곡물 거래가 활발히 일어났다.

곡물거래의 중심지가 된 시카고에는 여러 문제가 발생하기 시작했다. 1842년에는 브라질에 허리케인이 발생했는데 그로 인해 커피농장이 모두 쑥대밭

---

1) 한국거래소(www.krx.co.kr) 참조.

이 되어 버렸다. 통신수단이 부족했던 그 시절 미국의 커피업자는 그 사실도 모른 채 원두커피 가공시설을 마구 늘려 놓았다. 커피 수확기가 되어도 브라질에서 원두커피가 오지 않자 시설투자를 늘린 사람은 대부분 망하게 되었다. 또 곡물거래물량에 비해 창고나 운송시설이 부족한 시카고는 겨울이 되면 운하에 얼음이 얼어 수송수단이 부족하게 되어 시카고에 발이 묶인 곡물은 아주 낮은 가격에 거래되었고, 얼음이 녹으면 재고부족으로 매우 비싼 가격에 곡물이 거래되기도 하였다.

이러한 폐단을 막기 위해 상인들은 고민 끝에 선물시장을 고안해 내었다. 미리 가격을 정해서 사고 팔자는 것이었다. 즉, 곡물생산이 급격이 늘거나 줄어도 미리 가격을 정해 놓았기 때문에 뒤늦게 낭패를 보는 사람이 줄게 되었다. 사업을 하는 사람들은 원료를 미리 구매하여 가격이 크게 오르는 것을 방지할 수 있었고, 농부들은 미리 팔아버려서 수확한 다음에 물건이 팔리지 않아 손해를 보는 일이 적어졌다.

시간이 흐르면서 파생상품거래는 날로 활성화되기 시작했고 처음에는 곡물만 거래되었으나 금, 은, 동 그리고 원유 등 많은 상품으로 확대되었다. 1970년대부터는 주가지수 등 금융상품이 발달하기 시작하여 오늘날 전 세계 파생상품의 대부분을 이 금융상품이 차지하게 되었다.

상품선물거래소의 설립으로 인해 농산물의 생산자와 소비자들은 필요한 곡물을 필요한 시기에 필요한 양만큼 정해진 가격으로 언제든지 사고 팔 수 있는 길이 열리게 되었다.

농산물 및 원자재 등에 대한 상품선물거래는 이처럼 오랜 역사와 전통을 가지고 있다. 1980년대 초까지는 상품선물이 선물시장의 가장 중요한 위치를 차지하고 있었다. 1972년 시카고상업거래소(CME)에 통화선물이 도입되면서 다양한 금융상품이 상장되었고 금융선물이 비약적인 성장을 이루게 되었다. 이에 따라 상품선물의 비중이 상대적으로 감소되었으나, 상품선물은 여전히 선물거래에서 중요한 위치를 차지하고 있다.

선물거래소에 상장되어 거래되는 상품은 거래소마다 다르며 각 거래소별로 상품을 특화하여 경쟁체제를 유지하기 위해 노력하고 있다. 선물상품은 상품의 성질 및 저장성, 가격구조 및 헤징의 수요, 현물시장의 규모 등 여러 가지

조건을 고려하여 설계된다.[2)]

선물계약의 거래대상이 되는 상품에 따라 크게 전통적인 상품선물(commidity futures)과 금융선물(financial futures)로 구분할 수 있다. 전통적인 상품선물은 농축산물, 임산물, 비철금속, 귀금속, 에너지 등을 거래대상 품목으로 정하고 있으며 금융선물은 통화, 금리, 주가지수 등의 금융상품을 거래대상으로 하고 있다.

다음 〈표 8-1〉은 상품선물의 종류를 나타내고 있다.

표 8-1 상품선물의 종류

구 분		대상상품	
상품선물	상품선물	농 산 물	면화, 고무, 옥수수, 콩, 팥, 밀, 감자 등
		축 산 물	소, 돼지, 닭 등
		에 너 지	원유, 난방유 등
		임 산 물	목재, 합판 등
		비철금속	전기동, 아연, 니켈, 납
		귀 금 속	금, 은, 백금, 구리, 주석, 알루미늄 등
	금융선물	주가지수	S&P500, Nikkei225, KOSPI200 등
		금 리	T-Bond, T-Note, T-Bill, KTB, MSB 등
		통 화	달러, 엔, 유로 등

자료: 한국거래소

2. 우리나라의 상품선물

2.1 금선물(Gold 선물)

금선물이란 미래의 일정시점에 인수도할 금을 현재 파생상품시장에서 매매하는 선물계약이다. 금선물은 순도 99.9% 1kg 골드바(gold bar)를 기초자산

2) 한국거래소(www.krx.co.kr) 참조.

으로 하는 것으로, 미래에 인수할 금을 현재 선물시장을 통해 매매하는 계약이다. 주로 금값 변동위험을 헤지(hedge)하기 위한 수단으로 활용된다. 금가격의 변동위험에 노출된 기업은 금선물을 이용하여 헤지할 수 있다.

한국거래소(KRX)의 금선물은 1999년 4월에 도입되어 활발하게 거래되고 있다. 다음은 금선물의 계약명세이다.

표 8-2 금선물의 계약명세

구 분	내 용
대상기초물	순도 99.99%의 금괴
거래단위	1KG (1,000g)
결제월주기	2, 4, 6, 8, 10, 12월 및 그 밖의 월 중 1개
상장결제월	1년 이내의 7개 결제월
가격표시방법	1g 당 원화
호가가격단위	10원(Gram 당)
최소가격변동폭	10,000원(1,000g × 10원)
가격제한폭	기준가격 대비 상하 ± 9%
거래시간	09:00~15:15 최종거래일 : 09:00~11:30
최종결제일	최종거래일로부터 기산하여 세 번째 거래일
최종거래일	결제월의 세 번째 수요일
결제방법	인수도결제
단일가격 경쟁거래	개장시(08:00-09:00) 및 거래종료시(15:05-15:15)

2.2 돈육선물

돈육선물은 돼지 가격의 변동위험을 회피하기 위하여 사전에 약속된 미래의 특정시점에 1계약 당 1,000kg에 해당하는 돈육 대표가격을 사거나 팔 것을 약정하는 선물계약이다.

돈육선물은 2008년 7월 21일 한국거래소에 상장되었으며, 돈육선물의 결제방법은 현금결제방식을 택하고 있다. 거래대상은 돈육 대표가격이며 거래단위는 1계약당 돈육도체 1,000kg이다. 예를 들어, 돈육 대표가격이 1kg당 4,000원일 때 거래금액은 4,000원 × 1,000kg = 4,000,000원이 된다.

표 8-3 돈육선물의 거래명세

항 목	거래제도(안)
대상자산	돈육대표가격 (산출기관 : 축산물품질평가원)
계약크기	1,000kg
호가가격단위	5원
최소가격변동금액	5,000원(1,000kg x 5원)
결제월	분기월 중 2개와 그 밖의 월 중 4개
최장거래기간	6개월
가격의 표시	원/kg
최종거래일	각 결제월의 세 번째 수요일
거래개시일	결제월의 최종거래일로부터 기산한 3번째 거래일
거래시간	10:15 ~15:15(최종거래일 : 좌동)
가격제한폭	기준가격 대비 상하 ± 21%
결제방법	현금결제
단일가격경쟁거래	개장시(09:15-10:15) 및 거래종료시(15:05-15:15)

2.3 미니금선물

미니금선물은 2010년 9월에 상장된 선물계약이다. 금의 가격변동위험에 노출된 기업은 미니금선물을 활용하여 금가격과 관련한 위험을 헤지할 수 있고, 투자자들은 재테크를 위한 투자수단으로 미니금선물을 활용할 수 있다.

미니금선물은 기존 금선물에 비해 거래단위를 10배로 낮추었으며 현금결제 방식으로서 현재의 거래시점에 예측한 금가격과 만기일에 실제로 형성된 금가격과의 차액을 주고 받는 상품이다.

표 8-4 미니금선물의 계약명세

구 분	내 용
대상자산	순도 99.99%의 금괴
거래단위	100g
결제월주기	2, 4, 6, 8, 10, 12월 및 그 밖의 월 중 1개
최장거래시간	2, 4, 6, 8, 10, 12월 결제월 거래: 1년 그 밖의 결제월 거래: 2개월
가격표시방법	1g 당 원화
호가가격단위	10원(g 당)
가격제한폭	기준가격 ± (기준가격 x 9%)
거래시간	09:00 ~ 15:15(최종거래일 : 좌동)
호가접수시간	08:00 ~ 15:15(최종거래일 : 좌동)
최종거래일	결제월의 세 번째 수요일
결제방법	현금결제

3. 상품선물의 가격결정

상품선물의 가격결정은 현물(Underlying Asset)의 보유비용에 의해 설명된다. 보유비용(Cost of Carry)은 선물의 기초자산인 현물을 선물의 만기시점까지 보유하는데 발생되는 비용을 의미한다.

실제로 이 보유비용에는 상품의 저장에 따르는 창고료, 보험료, 이자비용과 기타 기회비용 등이 포함되고, 상품을 실제로 보유했을 때 발생하는 수익인 편의수익률(Convenience Yield)을 차감하는데 이는 선물은 계약시점부터 선물계약 만기까지 현물을 보유할 때 발생하는 비용이 들지 않고 현물보유에 따르는 수익을 가질 수 없으므로 이를 반영하기 때문이다.

우리는 이미 3장에서 파생상품의 가격은 현물가격에 순보유비용을 더한 금액이라는 것을 배운 바 있다.

$$F_{t,T} = S_t + C$$
$$= S_t(1+c) \quad (8.1)$$

여기서, C: 보유비용($S_t \times c$)
c: 보유비용율(백분율)

이때 보유비용(C)은 순보유비용의 개념으로서 이자비용(r)에서 편의수익률(y)를 차감한 값이다. 따라서 (식 8.1)은 다음과 같이 변형될 수 있다.

$$F_{t,T} = S_t[1+(r-y)] \quad (8.2)$$

여기서, r: 이자비용
y: 편의수익률

그리고 (식 8.2)는 만기 1년의 상품선물의 가격을 결정하는 식이라고 할 수 있으며, 만기가 1년 미만인 경우에는 잔존만기일수를 고려하여 조정해 주어야 한다.

$$F_{t,T} = S_t[1+(r-y)\times(t/365)] \quad (8.3)$$

여기서, t: 잔존만기일수

4. 상품선물의 활용[3]

4.1 금선물의 활용사례

금선물을 활용한 위험관리 사례를 살펴보도록 하자. (예제 8-1)은 제련업체의 위험관리 사례이며, (예제 8-2)는 Gold Chain 생산업체의 금선물을 활용한 위험관리 사례이다.

3) "금선물", 증권선물거래소, 2007.4 및 "돈육선물의 활용", 증권선물거래소, 2008.7을 참조

예제 8-1

비철금속 제련업체인 A사는 비철금속 외에 부산물로 생성되는 금의 가격하락 위험에 대비해 선물시장을 이용한다.

A사는 광석을 들여올 당시보다 제품판매 시점의 가격이 하락할 경우를 대비하여, 제련부터 판매까지의 기간 동안 선물시장에서 매도포지션을 유지하다가 제품판매 후 선물을 매수함으로써 제련과정에서의 부가가치만을 안정적으로 추구하는 전략을 유지한다.

가격급등 시 선물거래를 통한 손실이 발생해 전체적으로 추가적인 수익을 포기하는 경우가 발생하더라도 A사는 이런 가능성을 감수한다. 이는 선물거래를 하지 않는 상황에서의 가격폭락 시에는 엄청난 손실이 발생할 수 있기 때문이다.

예제 8-2

최근 홍콩 Jewerly Show에서 호평을 받은 B사는 해외로부터 주문이 폭주하고 있다.

그런데 B사는 주문시점과 납품시점간의 기간차이로 인한 원가변동 위험을 안고 있다. 주문은 현재 금시세(20,200,000원/kg, VAT 별도)를 기준으로 받았으나 실제 수출은 3개월에 걸쳐 이루어지게 되기 때문이다.

금가격의 상승이 예상되는 가운데, 주문량 소화에 필요한 금(10kg)을 미리 구매하는 것은 일시적 자금부담(약 2.2억 원)을 발생시키고, 필요량만 나눠서 구매하는 것은 금가격의 추가 상승 시 계산된 마진이 줄어들거나 오히려 역마진을 볼 수도 있다. B사는 선물거래를 활용하기로 하였다.

B사는 한국거래소(KRX) 5월 만기 금선물을 20,210,000원에 10계약 매수하였다.

이후 5월까지의 선적분에 해당하는 금현물 4kg(21,350,000원/kg)을 구매함과 동시에 KRX 금선물시장에서 4계약을 같은 가격에 매도하고 나머지 6계약의 선물 포지션은 6월 만기 선물 포지션으로 만기연장을 해놓았다.

6월 들어 금가격이 하락하였고, B사는 6월 선적분 6kg의 현물을 구매한 후(20,100,000원/kg) KRX 선물시장에서 기존의 선물 매수포지션 6계약을 20,100,000원에 매도하였다.

현물거래	선물거래
(20,200 - 21,350) × 4kg = -4,600 (20,200 - 20,100) × 6kg = 600	(21,350 - 20,210) × 4계약 = 4,560 (20,100 - 20,210) × 6계약 = -660
-4,000,000원	+3,900,000원

위의 예제에서 B사는 결과적으로 자금부담을 최소화하면서 금가격의 상승으로 인해 손해볼 수 있었던 4,000,000원의 대부분을 선물거래를 통하여 만회하게 되었다.

4.2 돈육선물의 활용사례

양돈농가는 장래시점에 돈육을 매도해야 할 경우 돈육가격이 현재보다 하락하여 발생할 수 있는 손실을 최소화하기 위해 선물시장에서 선물매도계약을 체결하여 보유하는 투자전략을 구사할 수 있다.

다음 (예제 8-3)은 돈육선물 매도거래의 예를 보여주고 있다.

예제 8-3

7월 초 현재 돈육가격은 5,000원을 상회하고 있으나 돼지를 생산하는 양돈농가 A는 예상 출하시점인 10월에 돈육가격 하락을 우려하고 있다. 가격하락 위험을 회피하고자 하는 A는 적정이윤 확보가 가능하다고 판단되는 가격인 kg당 5,200원에 선물 매도계약 10계약을 체결하였다. 이에 따라 총판매수입 5,200만 원(= 5,200원 × 10계약 × 1,000kg)을 얻고자 한다.

1) 가격하락 시의 손익

(10월에 돈육가격이 kg당 4,000원인 경우)

	현물시장	선물시장
7월	현물가격 5,200원	돈육선물 10월물 5,200원에 매도
10월	현물가격 4,000원	돈육선물 10월물 4,000원에 정산
결과	돼지판매수입 4천만 원(=4,000 × 10계약 × 1,000kg) +선물거래 이익 1,200만 원 =(5,200 - 4,000) × 10계약 × 1,000kg	
효과	출하시점 10월의 판매수입은 4천만 원이지만 선물거래이익 1,200만 원이 발생하므로 총판매수입은 5,200만 원 ⇒ 선물 매도헤지를 통해 판매수입을 7월에 기대한 대로 5,200만 원에 고정시키는 효과	

2) 가격상승 시의 손익

(10월에 돈육가격이 kg당 5,500원인 경우)

	현물시장	선물시장
7월	현물가격 5,200원	돈육선물 10월물 5,200원에 매도
10월	현물가격 5,500원	돈육선물 10월물 5,500원에 정산
결과	돼지판매수입 5,500만 원(=5,500 × 10계약 × 1,000kg) +선물거래 손실 300만 원 =(5,200 - 5,500) × 10계약 × 1,000kg	
효과	출하시점 10월의 판매수입은 5,500만 원이지만 선물거래손실 300만 원이 발생하므로 총판매수입은 5,200만 원 ⇒ 10월 가격 상승 시에는 선물에서 손실이 발생하지만, 현물수입 확보로 경영상의 애로 없이 7월에 기대한 대로 5,200만 원에 고정시키는 효과	

결국 위의 예제에서 선물의 매도거래는 선물계약 체결시점에 원했던 가격으로 미래의 판매수입을 고정시키는 효과가 있음을 알 수 있다.

장래시점에 돈육을 매수하는 경우에는 돈육가격이 현재보다 상승함으로써 발생할 수 있는 손실을 최소화하기 위해 선물시장에서 선물매수 계약을 체결하여 보유하는 투자전략을 구사할 수 있다.

예제 8-4

7월초 육가공업체 B는 10월로 예정된 햄의 납품계약을 위한 돼지 구매비용을 고정시키고자 한다고 하자. B는 돈육가격이 상승할 것으로 예상하여 현재 가격인 kg당 5,200원에 선물 매수계약 10계약을 체결하였다.

1) 가격상승 시의 손익

(10월에 돈육가격이 상승하여 kg당 5,500원인 경우)

	현물시장	선물시장
7월	현물가격 5,200원	돈육선물 10월물 5,200원에 매수
10월	현물가격 5,500원	돈육선물 10월물 5,500원에 정산
결과	돼지구매비용 5,500만 원(=5,500 × 10계약 × 1,000kg) +선물거래 이익 300만 원 =(5,500 - 5,200) × 10계약 × 1,000kg	
효과	10월의 구매비용은 5,500만 원이지만 선물거래에서 300만 원의 이익이 발생하므로 총구매비용은 5,200만 원 ⇒ 선물 매수헤지를 해서 구매비용을 7월에 기대한 대로 5,200만 원에 고정시키는 효과	

2) 가격하락 시의 손익

(10월에 돈육가격이 kg당 4,800원인 경우)

	현물시장	선물시장
7월	현물가격 5,200원	돈육선물 10월물 5,200원에 매도
10월	현물가격 4,800원	돈육선물 10월물 4,800원에 정산
결과	돼지구매비용 4,800만 원(=4,800 × 10계약 × 1,000kg) +선물거래 손실 400만 원 =(4,800 - 5,200) × 10계약 × 1,000kg	
효과	10월의 구매비용은 4,800만 원이지만 선물거래에서 400만 원의 손실이 발생하므로 총구매비용은 5,200만 원 ⇒ 7월에 기대한 대로 5,200만 원에 고정시키는 효과	

결국 위의 예제에서 선물 매수거래는 선물계약 체결시점에 원했던 가격으로 미래의 구매비용을 고정시키는 효과가 있음을 알 수 있다.

파생상품거래 실패사례

Smitomo 상사의 사례

스미토모 사례는 구리를 기초자산으로 하는 파생상품과 현물거래로 1.8 billion이라는 손실을 입힌 금융사고였다. 어떻게 본다면 상품선물이나 옵션을 이용한 것이므로 논외로 할 수도 있었으나 이 사례의 구조를 보면, 파생상품에 대한 이해부족과 위험관리 인식이 부족한 조직시스템의 문제 그리고 선물거래소의 불투명성까지 겹쳐서 다각적인 부분에서 금융사고의 원인을 파악할 수 있을 것 같아서 이 사례를 선택했다. 그럼 이 사례의 전반적인 그림을 보도록 하자.

1. 전반적인 상황

1996년 6월 스미또모상사 런던 지사의 비철금속 구리담당 부장인 "하마나카 야스오"라는 사람이 구리 선물거래를 통해 20억불이 넘는 손실을 발생시켰다는 소식이 세계 각국의 언론을 통해 퍼져갔다. 이는 톤당 2000불을 상회하던 구리가격을 단 발표일 하루만에 200불 이상이 폭락하게 하였고 이후 구리를 비롯한 전반적인 비철금속의 동반 하락 현상이 일어났는데 이의 회복은 수개월이 걸리게 되었다. 아울러 이 사건은 비철금속과 관련된 분야뿐만 아니라 전 세계 경제계에 큰 파장을 불러 일으켰던 사건으로 기억되고 있다.

하마나카 야스오 부장은 세계 전기동 거래 물량의 5%인 50만 톤을 움직여 'Mr 5%'라는 별명이 있을 정도로 전기동 시장에 가장 영향력 있는 사람 중의 한명으로 인식되고 있었다. 하마나카 야스오 부장은 자신의 영향력을 이용했지만 때때로 자신의 능력과 영향력을 지나치게 과신해 결국은 10년 동안 거래 상한을 무시하고 거래를 회사에 은폐하여 회사에 엄청난 손실을 끼쳤을 뿐 아니라 개인적으로도 해임 후 1998년 4월에는 사기죄의 명목으로 징역 8년에 선고되는 불행을 겪게 된다.

실물 재고를 보유하고 있던 하마나카 야스오 부장은 1996년 당시 구리 가격이 공급과잉으로 인한 전반적인 하락세라는 예측에도 불구하고 재고의 가격 유지 및 누적 손실을 만회하기 위해 선물거래에서 지속적인 매입 포지션을 설정하였다. 이는 구리 가격의 하락 및 하마나카 야스오 부장의 Position의 약점을 노린 George Soros의 Quantum Fund, Julian Robertsons의 Tiger Fund 등 미국 펀드의 매도포지션과 수개월에 걸쳐 치열한 경쟁을 하였고 이러한 대결은 하마나카 야스오의 철저한 패배로 막을 내리게 되었다.

하마나카 야스오는 비철금속 구리담당 부장으로서 강한 야망과 도전의식을 가진 전형적인 일본의 상사맨이었다. 회사생활을 하면서 열심히 노력도 했고 공부도 하여 회사 내의 영향력뿐 아니라 업계에서도 인정을 받게 되었다.

결국 하마나카는 거의 10년간 회사의 전략, 즉 세계 구리 시장을 매점하려는 전략을 이행하여 막대한 이익을 창출하는 데 기여했다. 하지만 마지막에 하마나카가 낸 손실은 엄청난 액수였다. 더구나 다른 시장감독자들은 스미토모의 손실이 40억에 이를 것이라고 예측했었다. 스미토모가 어떻게 10년 안에 그렇게 많은 돈을 잃을 수가 있었는가? 그 정확한 대답은 하마나카와 스미토모의 상급자들만이 알고 있다. 사실 그 구리거래를 하는 사람들조차도 매일 그 거래가 어떻게 잘못되어 가는지를 알기는 어렵다. 공식적으로 발표된 내용을 조합하여 사건을 추적해 보면 다음과 같다.

2. 사건내용

이 사건의 손실발생 구조는 매우 복잡하다. 하마나카는 실물 재고의 가격수준 유지 명목 외에, 자신의 거래손실을 은폐하기 위한 수단으로 선물시장에서의 가격지지 전략을 시도하였으나, 결과적으로 이러한 인위적인 가격조작으로 인하여 더욱 큰 손실을 입게 된 것이다. 더군다나 한 파생상품의 거래로 인한 손실이 아니라, 선물과 옵션, 스왑을 이용했을 뿐만 아니라, 이로 인해 basis risk와 gamma risk 모두의 영향을 받아서 손실 규모가 상당히 커졌다.

사건 발생시기에 뉴스화된 가장 구체적인 시나리오는 구리 현물 매입과 헤지 펀드에 의한 매도 사이의 거래와 관련된 것이었다. 미국 I&M의 사장인 퍼비 블랙과 다른 매도자에 의한 많은 구리 현물 매도는 1996년 5월 중순 당시의 상승 시장세를 약세 시장으로 전환시켰다. 하마나카는 블랙의 구리 현물의 매도 포지션에 상대 매입 포지션을 취함으로써 매도시의 손실을 막았다.

가격은 그 해의 5월 초반에 가장 높은 수준으로 상승했지만 ,다른 매도자들의 매도 공세와 하마나카 자신의 실책, 그리고 기타 시장 상황적인 이유로 가격이 5월 17일에 6%, 6월 4일에 7.2%,스미토모가 발표한 6월 14일에는 9.8%까지 하락하여 구리 가격은 파운드 당 93.8센트로 하락했다.

스미토모가 가격 하락으로 인해 현재 보유하는 구리 현물을 매도함으로써 손실을 입게 되고 그로 인해 다시 가격이 하락하게 되었다.

스미토모에게 영향을 준 다른 포지션은 옵션측면에 있다. 하마나카는 장외시장에서 풋옵션을 매도하고 그 프리미엄을 받았다. 가격이 상승하는 한 하마나카는 이익을 보고 생산자는 반대로 프리미엄만큼만 손실을 보게 된다. 그러나 실제로는 구리가격이 5월 중순과 6월에 크게 하락하여 생산자는 풋옵션을 행사하였고 스미토모는 훨씬 더 큰 손실을 안게 되었다.

하마나카는 때때로 자신의 시장예측과 실물의 움직임을 바탕으로 option거래나 선물거래를 하게 되었고, 선물거래를 통해 이익을 얻게되자 자신감이 더하게 되었다. 실물의 이익은 어느 정도 한계가 있지만 선물거래는 레버리지 효과가 있어 작은 투자로 큰 이익을 볼 수 있기 때문에 매력적인 거래로 다가온 것이었다.

1998년 5월초 구리 가격은 2,700불의 가격대를 정점으로 하여 하락세로 돌아섰지만, 하마나카는 자신의 영향력을 이용해 자신이 대규모의 선물 매입을 하면 가격이 다시 상승할 것이라는 위험한 기대를 저버리지 못했다.

3. Hamanaka 라는 인물에 대해

① 세계의 구리시장은 상대적으로 규모가 작았으며 Mr.5%라고 불리는 하마나카는 시장에서 지배적 위치를 점하고 있었다. 그는 시장과 반대방향으로 거래한 것으로 알려지는데 시장가보다 낮은 가격에 팔고 더 높은 가격에 샀다. 그리고 옵션은 싼 가격에 팔아버렸는데 이는 거래손실을 만회하기 위한 방법으로 사용된 것이다.

② 하마나카는 법률가로서 근면했고 늘 늦은 시간까지 회사에 남아서 업무를 처리하던 사람이었다. 다른 이들에게 인정받고 있는 위치였고 대통령의 상까지 받은 뛰어난 능력의 소유자였다. 그렇기 때

문에 우리는 그가 자신이 하고 있는 일을 알고 있었다고 추론해볼 수 있을 것이다.

③ 하마카나의 거래 패턴은 점점 더 복잡해지고 규모가 커졌으며 베일에 가려졌다. 1993년 선물, 옵션, 스왑의 상용 이후에 이런 상황은 더욱 가속화된다. 또한, 이런 파생상품들은 레버리지의 원천이 되었다.

④ 하마카마의 거래상대자는 주로 새로 조직된 브로커 회사들이거나 상대적으로 규모가 작은 기업들이었다.

⑤ 하마나카는 그의 포지션을 부외거래인 스왑을 통해 유동성을 창출함으로써 유지했다.

⑥ 하마나카는 중개거래 기록작성 및 은행 회계장부 그리고 대출장부, 현금관리 등에 권한을 가지고 있었다. 일반적으로 이것은 여러 사람에게 할당되어야 하는 것이고 트레이더들에게는 현금관리가 허용되지 않는다.

결국, 하마나카는 5월 17일, 스미토모가 여전히 구리가격의 변동위험에 노출되어 있는 순간에 새로운 임무를 위해 자리를 옮기게 되었고, 새로운 임무를 맡은 뒤 구리가격은 30%정도 하락했다. 하마나카는 6월 5일 자백했으며 7월 13일 해고당했다.

그리고 스미토모는 10년 동안 18억 달러의 손실이 발생했다고 발표했다. 스미토모상사 내부에서나 또는 거래 중개회사에서 이 사건과 관련 있는 7명의 사람들이 해고, 좌천당했으며 개인적 이유로 사임했다.

4. 사회적 파장

먼저, 이 사건은, 매출액 1,520억불, 연간 순이익이 2억불을 상회하는 일본의 대형 종합상사로서 일류기업으로 인식되었던 스미토모상사가 수년간에 걸쳐 누적된 '부정한' 선물거래에 의해 18억불이라는 엄청난 손실을 보게 되었다는 것 자체로 커다란 파문을 일으켰다.

또한 하마나카는 손실이 커지자 회사가 정해 놓은 손실한도를 피할 목적으로, 자신의 명성을 이용하여 선물 브로커들과 여러 구좌를 개설하여 손실을 분산시켰다고 알려져 있다. 이 사실로 인해, 스미토모 사건은 LME의 신뢰도 및 건전성에 대해 치명적인 불신을 불러일으켰다.

은폐거래와 부정거래가 공공연히 발견되었고, 일부 세력은 가격조

작을 위해 엄청난 투기를 마다하지 않는다는 사실은 LME를 위축되게 만들었다. 이후 LME는 신뢰도 회복을 위해 여러 방면으로 자구노력을 하게 되었고 그 노력은 현재도 계속되고 있다고 볼 수 있다.

5. 교훈

스미토모 상사는 전통적으로 비철금속, 특히 구리분야에서 경쟁력을 가지고 있었다. 복잡한 내부사정은 아직 정확하게 밝혀지지 않았지만 부장급 한 명의 거래결과가 천문학적인 손실로 세계의 비철금속업계를 혼란으로 몰아갔다는 사실은, 선물거래 시 '규정에 의한 통제기능'이 얼마나 중요한지와, 본래의 업무를 망각하여 생기는 잘못된 의욕이 얼마나 큰 손실을 가져오는지에 대해 충분히 시사해주고 있다.

① 선물거래는 기본적으로 hedge에 근거하여 거래를 하게되면 손실발생에 대한 큰 두려움은 가지지 않아도 되나, 투기거래가 되면 엄청난 위험이 수반되기 때문에 회사내부에 효과적인 통제장치가 설정되어 있어야 한다.

내부적으로 팀별 혹은 개인별 손실한도를 정하고 반드시 정해진 한도를 지키려는 노력은 필수적인 거래규칙이다. 만약 거래상 발생되는 손실이 손실한도를 넘을 경우에, 자동적으로 청산하는 장치를 마련해둔다면 처분 불가능할 정도로 손실이 커질 위험을 방지할 수 있는 것이다. 다만 기간별이 아니고 거래 건별로 손익을 평가한다면 단기적인 이익에 집착하게 되어 이익의 기회는 많아도 이익금액이 그리 크지 못할 가능성이 있다.

흔히 서구의 전문적인 트레이더들도 40%가 안되는 예상 적중률을 가지고 많은 이익을 내는 경우를 많이 보게 된다. 이는 1년 기간 등의 '기간 개념'으로 손익을 파악하기 때문에 이익의 기회가 발생하면 Stop Loss Line을 설정하여 이익의 증가를 위해 기다리면서 이익을 키우고, 손실이 나면 즉시 Stop Loss를 해버리는 전형적인 펀드의 투자형태를 갖추고 있기 때문이다.

이에 비해 투자에 대한 평가가 아주 단기간이거나 건별로 이루어지는 평가시스템 아래에서는 이익이 나면 단기간 내에 처분을 하여 평가를 받고자하며 손실이 나면 되도록 손실을 길게 끌고 감으로서 평가를 유보하고자 하는 최악의 투자형태를 보일 가능성이 많기 때문에 이익의 회수는 많아도 손실을 보게 되는 경우가 많은 것이다.

② 다음으로, 본래의 업무를 망각하여 생기는 과욕에 대한 문제이

다. 이는 통제시스템 문제와도 직접적으로 관련이 되는 것으로서, 제대로 된 통제시스템 하에서는 예방될 수 있는 문제이다.

당시 선물거래는 hedge의 목적으로 많이 이용했지만, 하마나카는 때때로 자신의 시장예측과 실물의 움직임을 바탕으로 option거래나 선물거래를 하게 되었고, 선물거래를 통해 이익을 얻게되자 자신감이 더하게 되었다. 실물의 이익은 어느 정도 한계가 있지만 선물거래는 레버리지 효과가 있어 작은 투자로 큰 이익을 볼 수 있다는 장점 때문에 매력적인 거래로 보였던 것이다.

5월초 구리 가격은 2,700불의 가격대를 정점으로 하여 하락세로 돌아섰지만, 하마나카는 자신의 영향력을 이용해 자신이 대규모의 선물 매입을 하면 가격이 다시 상승할 것이라는 위험한 기대를 저버리지 못했고, 이와 함께 손실부분을 만회하기 위해서 그는 옵션을 싸게 팔아서 프리미엄을 챙기는 방법도 택했다.

물론 하마나카는 20년 동안의 금속거래 기간 중 자신의 예측이 맞아떨어진 경험이 많았지만, 많은 기관들이 예상하던 가격의 하락가능성과, 자신의 포지션에 대한 견제세력이 너무나 커다란 펀드세력이라는 사실을 간과하며 과욕을 부린 것이 이처럼 큰 손실을 발생시킨 것이다.

(*riskmania.com*)

연습문제

기본문제

1. 금선물에 대한 설명으로 가장 거리가 먼 것은?

① Gold선물과 미니금선물의 거래대상은 모두 순도 99.9%의 금괴이다.
② Gold선물과 미니금선물은 모두 현금결제방식으로 결제된다.
③ Gold선물과 미니금선물 모두 최소호가단위는 g당 10원이다.
④ Gold선물의 1계약당 최소변동가격은 10,000원이다.

2. 금선물의 특징에 대한 설명으로 가장 거리가 먼 것은?

① 비과세혜택이 있다.
② 골드뱅킹, 금 ETF, 금펀드는 적은 금액으로 손쉽게 투자할 수 있는 장점이 있으나, 금선물 투자에 비해 거래비용이 높은 편이다.
③ 골드뱅킹이나 금펀드는 금가격 상승 시에만 수익이 난다.
④ 국내 금선물의 증거금률은 해외 금선물에 비해 낮은 수준이다.

3. 돈육선물에 대한 설명으로 가장 거리가 먼 것은?

① 돼지고기 가격변동위험을 체계적으로 관리할 수 있는 수단을 제공한다.
② 실물인수도 결제방식을 택하고 있다.
③ 거래소에 의한 결제이행 보증으로 결제안정성이 높다.
④ 한국거래소에 상장된 다른 상품선물에 비해 가격변동성이 높은 편에 속한다.

4. 현재 현물 금가격은 12,000/g이며, 한국거래소의 내년 4월물 Gold선물가격은 12,900원이다. 금괴 1kg을 보유하고 있는 투자자 A는 금가격 하락에 대비하기 위하여 매도헤지를 하기로 하고, 선물회사를 통해 4월물 금선물 1계약을 매도하였다. 다음 해 3월 20일에 투자자 A는 금괴 1kg을 11,600원에 매도함과 동시에 4월물 선물 매도포지션 1계약을 12,400원에 환매하여 청산하였다. 투자자 A가 선물거래를 통하여 실현한 순매도가격은?(단, 거래비용은 무시)

① 12,100원　　② 12,400원
③ 12,900원　　④ 13,400원

5. 현물가격과 4월물 Gold선물가격이 다음과 같다고 하자. 이 자료를 바탕으로 한 설명으로 가장 거리가 먼 것은?(단, 베이시스는 현물가격에서 선물가격을 뺀 차이로 정의한다)

	현물가격	4월물 선물가격
2/15(포지션 설정)	12,200원	12,00원
3/15(포지션 청산)	12,500원	12,800원

① 베이시스가 강화되었다.
② 2월 15일에 매입헤지를 하여 3월 15일에 청산한 투자자의 경우, 거래비용을 무시할 경우 이익이 발생한다.
③ 포지션 설정시점과 청산시점의 베이시스의 차이는 100원이다.
④ 4월물 Gold선물은 콘탱고시장을 형성하고 있다.

6. 돈육선물에 대한 설명으로 가장 거리가 먼 것은?
① 육가공업체에게 돈육가격 하락에 대비할 수 있는 수단을 제공한다.
② 돈육가격의 차이에 따른 차액만을 수수하는 현금결제방식을 택하고 있다.
③ 돼지고기는 계절적 변동요인이 크게 작용하며, 이에 따라 돈육선물의 가격도 변동성이 높은 편이다.
④ 돈육선물은 사전에 약속된 미래의 특정 시점에 1계약당 1,000kg에 해당하는 돈육 대표가격을 매매하기로 약정하는 선물거래이다.

▶ 다음 빈 칸에 알맞은 말을 넣으시오.

7. 돈육선물의 결제방법은 (　　　　　)결제방식을 택하고 있다.

8. (　　　　　)은 선물의 기초자산인 현물을 선물의 만기시점까지 보유하는데 발생되는 비용을 의미한다.

9. 보유비용에는 상품의 저장에 따르는 창고료, 보험료, 이자비용과 기타 기회비용 등이 포함되고, 상품을 실제로 보유했을 때 발생하는 수익인 (　　　　)을 차감한다.

10. 양돈농가는 장래시점에 돈육을 매도해야 할 경우 돈육가격이 현재보다 하락하여 발생할 수 있는 손실을 최소화하기 위해 선물시장에서 선물(　　　)계약을 체결하여 보유하는 투자전략을 구사할 수 있다.

▶ 다음 문장이 맞으면 O, 틀리면 X를 하시오.

11. Gold선물은 순도 99.9% 1kg 골드바(gold bar)를 기초자산으로 하는 것으로, 미래에 인수할 금을 현재 선물시장을 통해 매매하는 계약이다. ( )

12. 돈육선물은 돼지 가격의 변동위험을 회피하기 위하여 사전에 약속된 미래의 특정시점에 1계약 당 1kg에 해당하는 돈육 대표가격을 사거나 팔 것을 약정하는 선물계약이다. ( )

13. 미니금선물은 기존 금선물에 비해 거래단위를 10배로 낮추었다. ( )

14. 장래시점에 돈육을 매수하는 경우에는 돈육가격이 현재보다 상승함으로써 발생할 수 있는 손실을 최소화하기 위해 선물시장에서 선물매수 계약을 체결하여 보유하는 투자전략을 구사할 수 있다. ( )

제9장 옵션의 개요

제9장 옵션의 개요

코스피 51P 추락, 풋옵션 수익률 '대박'

코스피가 1800선을 밑돌자 풋 옵션(put option) 수익률이 껑충 뛰었다. 풋옵션은 주식을 정해진 가격에 팔 수 있는 권리를 매매하는 계약을 뜻한다. 주가가 떨어질수록 수익이 낼 수 있어 대체로 하락장에서 거래가 활발하게 이뤄진다.

4일 한국거래소에 따르면 행사가 230.0인 풋옵션은 전 거래일 종가보다 144.44% 급등한 2.20포인트에 거래를 마쳤다. 풋 220.0과 풋 240.0도 각각 141.18%, 106.41% 오른 0.82포인트, 5.80포인트로 마감했다. 풋 225.0과 풋 235.0도 각각 148.08%, 119.51%의 상승률을 기록했다. 풋옵션 거래량도 639만 계약에 달했다. 거래량 규모가 가장 큰 종목은 가격이 싼 풋 215.0으로, 총 140만9120 계약이 몰렸다.

(뉴시스, *2012. 06.04*)

1. 옵션의 개요

1.1 옵션의 의의

옵션(option)이라 함은 일정량의 특정자산을 미리 약정된 가격(행사가격)으로 일정기간(즉 만기일)내에 사거나 팔 수 있는 권리를 말한다. 이 때 매입할 수 있는 권리를 부여하는 계약을 콜옵션(call option), 매도할 수 있는 권리를 부여하는 계약을 풋옵션(put option)이라 한다.

옵션에는 미국식 옵션(American option)과 유럽식 옵션(European option)의 두 가지 형태가 있다. 매입자가 만기일전의 어느 기간에서도 권리를 행사할 수 있는 옵션을 미국식 옵션이라 하며 만기일에서만 권리를 행사할 수 있는 옵션을 유럽식 옵션이라 한다.

옵션거래에 있어서 옵션의 매입자는 옵션을 행사할 권리는 갖지만 의무를 지지는 않는다. 옵션의 매입자는 자신의 기대가 일치하지 않는 불리한 상황이 전개된 경우 더 이상의 비용을 부담하지 않고 권리의 행사를 포기할 수 있다. 이때 옵션매입자의 최대손실은 옵션의 매입비용(즉, 프리미엄)이 된다. 그러나 옵션의 매도자는 매입자가 권리를 행사하면 옵션의 계약조건에 따라 반드시 의무를 이행하여야 한다. 따라서 옵션매도자의 잠재적 손실은 제한이 없다.

옵션의 매입자는 만기일전에 권리를 행사하거나, 반대매매를 통하여 포지션(position)을 청산하거나 또는 옵션을 만기일까지 행사하지 않고 그대로 두는 세 가지 방법 중에서 자신의 이익을 극대화(또는 손실을 극소화) 시키는 방법을 선택할 수 있다.

그리고 옵션의 매도자(발행자)는 옵션매입자의 권리행사에 대하여 자신이 발행한 옵션과 동일한 옵션을 반대로 매입함으로써 자신의 의무에서 벗어나 손실을 줄일 수도 있다. 또한 옵션이 그대로 만료되는 경우에는 옵션발행 시에 받은 프리미엄이 전액 자신의 이익이 된다.

옵션은 그 거래대상에 따라 상품을 대상으로 하는 상품옵션(commodity option)과 금융자산을 대상으로 하는 금융옵션(financial option)으로 나눌 수 있다. 그리고 금융옵션은 크게 개별주식옵션, 주가지수옵션, 통화옵션, 금리옵션 그리고 선물옵션으로 나눠진다.

옵션거래는 선물거래와는 근본적으로 차이점이 있다. 선물계약은 만기일에 특정상품을 선물가격으로 매매하기로 약정한 계약으로서, 그것이 하나의 의무로서 반드시 이행되어야 하나, 옵션계약은 만기일에 일정량의 특정자산을 약정가격(행사가격)으로 매매할 권리를 부여하는 계약으로서 그 권리의 행사 여부는 매입자에 달려 있다.

옵션거래는 상장옵션거래와 장외옵션거래가 있으며, 이들의 중요한 차이점은 다음과 같다. 첫째, 상장옵션은 공인된 거래소에서 거래되나 장외옵션은 개인 대 개인 등 비공식적으로 거래가 된다. 둘째, 상장옵션은 약정기간, 거래단위 등의 계약조건이 표준화되어 있고 단지 옵션프리미엄이 경쟁시장에서 결정된다. 셋째, 상장옵션의 매입자와 매도자 사이에는 항상 옵션청산소가 개입하여 매입자는 그 권리를 행사하기 위해 특정한 옵션발행자를 찾을 필요가 없고, 매도자는 계약상의 의무를 매입자에게 직접 지지 않고 청산소에게 진다.

1.2 콜옵션(call option)

옵션거래는 처음에는 콜옵션에 대해서만 거래가 이루어졌으나 1977년 6월부터 풋옵션에 대해서도 거래가 처음으로 실시되어 1980년부터 본격적인 거래가 이루어졌다.

콜옵션은 기초증권의 시장가격과 행사가격(striking price or exercise price)의 차이에 따라 내가격 콜옵션(ITM; in-the-money call), 등가격 콜옵션(ATM; at-the-money call) 및 외가격 콜옵션(OTM; out-of -the-money call)으로 구분할 수 있다.

내가격 콜옵션은 시장가격이 행사가격보다 높은 경우의 콜옵션을 말하며, 이때에 매입자는 권리를 행사하여 이익을 얻을 수 있다. 이런 경우에는 기초증권의 시장가격과 행사가격의 차이가 클수록 콜옵션의 가치는 커진다.

등가격 콜옵션은 기초증권의 시장가치와 행사가격이 일치하여 매입자가 권리를 행사함으로써 어떤 이익이나 손실도 가져올 수 없는 경우의 콜옵션을 말한다.

외가격 콜옵션은 기초증권의 시장가치보다 행사가격이 더 큰 경우의 콜옵션을 말하며, 이때 매입자는 권리를 행사하게 되면 손실을 가져오게 된다. 이런 경우에는 기초증권의 시장가격과 행사가격의 차이가 클수록 옵션의 가치는 작아진다.

콜옵션을 매입하는 가장 중요한 이유는 적은 투자자금으로 큰 이익을 얻는 레버리지(leverage)효과와 불리한 방향으로 시장상황이 변동할 경우 당초에 지불한 옵션가격(프리미엄)의 한도에서 손실을 제한하고자 하는 위험제한(risk limitation)에 있다. 그리고 미래에 구입하고자 하는 증권의 가격이 폭등하리라고 예상되는 경우 행사가격에 프리미엄과 추가적인 거래비용만을 부담하고 매입함으로써 미래에 구입할 증권의 가격을 고정시키고자 하는 데 있다.[1)]

콜옵션의 매도자(발행자)는 매입자와 위험에 대한 태도 및 거래에 대한 기대가 반대되는 입장에 있다. 콜옵션의 매도자는 미래에 기초증권의 시장가격이 하락하리라고 예상하고 있으며, 한정된 이익인 프리미엄만을 위하여 큰 위험을 감수하는 위험선호형 투자자라고 할 수 있다.

콜옵션의 매도자는 자신이 발행하는 옵션의 기초증권을 보유한 상태에서 옵션을 발행할 수도 있고, 보유하지 않은 상태에서 옵션을 발행할 수도 있다. 이때 기초증권을 보유한 상태에서 콜옵션을 발행하는 경우를 카버드 포지션 또는 위험제거 포지션(covered position)이라 하며, 기초증권을 보유하지 않는 상태에서 옵션을 발행하는 경우를 네이키드 포지션 또는 무방어 포지션(naked position)이라 한다. 네이키드 포지션의 매도자(발행자)는 기초증권의 가격이 심하게 오를 경우 더 큰 위험을 감수해야 한다. 즉, 낮은 콜옵션의 행사가격에 비싼 기초증권을 인도하여야 함은 물론, 그 기초증권을 인도하기 위하여 옵션계약 당시의 가격보다 비싼 가격으로 기초증권을 매입해야 하는 위험까지 수반된다.

1.3 풋옵션(put option)

콜옵션과 마찬가지로 풋옵션에 있어서도 기초증권의 시장가격과 행사가격의 차이에 따라 내가격 풋옵션(ITM; in-the-money put), 등가격 풋옵션(ATM; at-the-money put) 및 외가격 풋옵션(OTM; out-of-the-money put)으로 나눌 수 있다.

내가격 풋옵션은 기초증권의 시장가격이 행사가격보다 낮은 경우의 풋옵션으로서, 두 가격의 차이가 크면 클수록 옵션가격은 높아진다. 등가격 풋옵션은 두 가격의 차이가 없는 경우이고, 외가격 풋옵션은 기초증권의 시장가격이 행사가격보다 높은 경우의 풋옵션이다. 물론 외가격 풋옵션의 경우는 두 가격의 차이가 크면 클수록 옵션가격은 떨어진다.

풋옵션을 구입하는 이유도 기본적으로 콜옵션의 경우와 다를 게 없다.

---

1) 시장이 예상과 달리 하락하는 경우에는 행사를 포기하며, 프리미엄과 추가적인 거래비용만을 부담하고 낮은 시장가격으로 직접 매입한다.

1.4 옵션의 가격(프리미엄)

모든 종류의 옵션에 관련된 가장 중요한 문제의 하나는 기초증권의 가격 및 특성에 따라 균형 하에서 옵션의 가격, 즉 프리미엄이 어떻게 결정되느냐 하는 것이다. 다른 것과 마찬가지로, 옵션의 가격도 시장에서 옵션의 수요와 공급에 따라 결정되어질 것이다. 그러나 옵션의 가격은 기초증권의 가격과 직접적으로 연관되어 있으므로, 이는 기초증권의 함수로써 균형가격이 결정될 것이다.

1973년 이전까지는 옵션의 본질적인 가격결정을 근본적으로 규명할 수 있는 이론이 없었으나, 1973년 Black & Scholes의 옵션가격결정모형(Option Pricing Model : OPM)의 발표를 계기로 옵션의 가격결정이 가능해졌다. 여기서는 단지 단순한 옵션의 가격결정 문제를 알아보기로 한다.

옵션의 가격은 내재가치(intrinsic value)와 시간가치(time value)의 두 가지 요소로 이루어져 있다.

그림 9-1

콜옵션의 내재가치

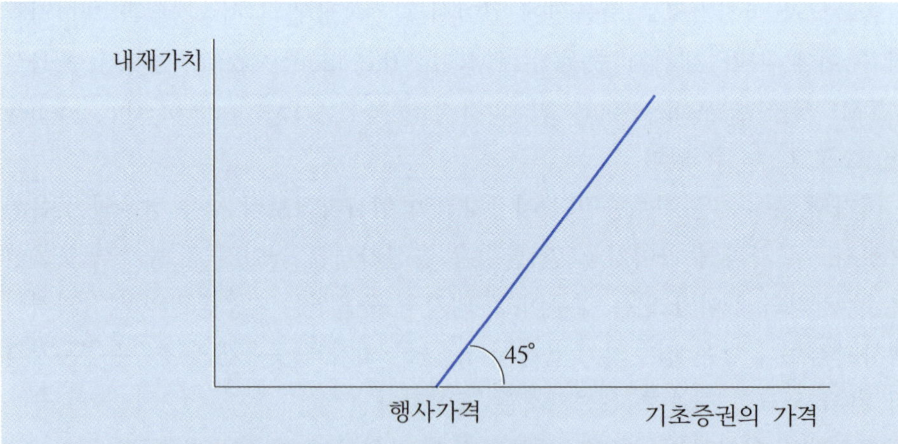

1.4.1 내재가치

내재가치는 옵션(미국식옵션)의 소유자가 옵션을 즉시 행사함으로써 실현시킬 수 있는 이익을 말한다. 즉, 콜옵션은 현재의 기초증권의 가격이 옵션의 행사가격보다 클 때에 내재가치를 가지며, 풋옵션은 현재의 기초증권의 시장가격이 옵션의 행사가격보다 작을 때에 내재가치를 갖는다.

1.4.2 시간가치

시간가치는 옵션의 시장가치(market price)가 내재가치보다 클 때 양 가치의 차이를 말한다. 옵션의 시간가치는 기초증권가격의 기대한 방향으로의 움직임에 대한 지속적인 관찰의 대가로 인식될 수 있다. 옵션의 시간가치는 외가격 콜옵션의 경우에는 기초증권의 시장가격이 행사가격보다 높을 확률에, 그리고 내가격 콜옵션의 경우에는 기초증권의 시장가격과 행사가격의 차이가 현재보다 더 커질 확률에 달려있다고 할 수 있다. 또한 풋옵션의 경우에는 콜옵션의 경우와 반대로 적용된다.

[그림 9-2]와 [그림 9-3]에서 보는 바와 같이 옵션의 시간가치는 옵션이 ATM의 위치에 있을 때 극대가 되며, 만기일에 가까워질수록 감소한다. 옵션의 시간가치는 만기일까지의 잔여기간에 달려 있으며, 내가격 옵션과 외가격 옵션의 경우 기초증권의 가격과 행사가격의 차이의 증대 및 감소는 만기까지의 잔여기간에 따라 그 확률이 결정된다. 따라서 옵션의 시간가치는 만기일에 0(zero)가 될 것이다.

예를 들어, 행사가격 $125인 A주식 콜옵션이 $5에 거래되고 있다고 하자. 현재 A주식가격이 $128이라면, 이 옵션의 내재가치는 $3이고 시간가치는 $2가 된다.

그림 9-2

콜옵션의 시간가치

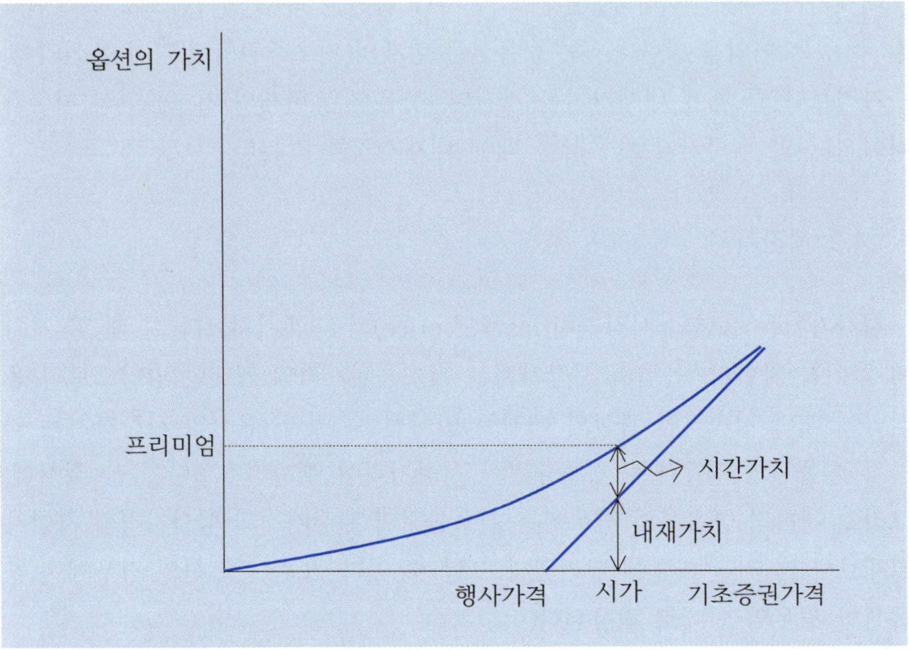

그림 9-3

시간가치의 감소

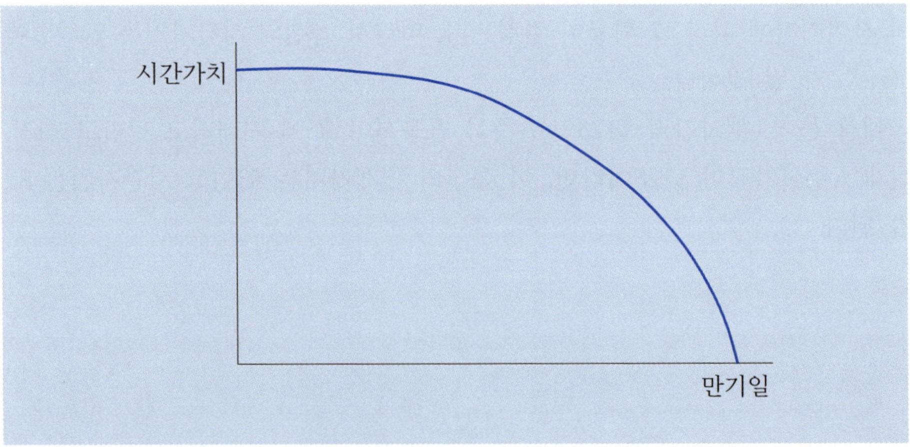

1.5 옵션의 기초개념

1.5.1 기초자산

옵션계약의 기초가 되는 대상자산을 기초자산(underlying asset)이라 한다. 옵션의 가치는 기초자산의 가치와 특성에 따라 도출되기 때문에, 옵션은 파생증권(derivative securities)의 하나로 분류된다. 예를 들어, 주식옵션의 거래단위는 통상 기초주식 100주이다. 이는 하나의 옵션계약은 기초주식 100주를 매입 또는 매도할 수 있는 권리를 가진다는 것을 의미한다.

1.5.2 행사가격

옵션의 행사가격(strike price or exercise price)은 기초자산을 사거나 팔 수 있는 미리 정해진 특정가격을 말한다. 옵션을 행사한다는 것은 행사가격에 기초자산을 매입(콜) 또는 매도(풋)한다는 것을 말한다. 일반적으로 옵션의 행사가격은 기초자산의 현재 시장가격 근처에서 정해진다. 행사가격을 설정하는 간격은 파생상품거래소마다 그리고 옵션의 종류에 따라 상이하다. 처음에는 일정한 간격으로 일정한 수의 행사가격이 설정되지만 기초자산의 가격이 급등 또는 급락함에 따라 새로운 행사가격이 도입된다.

1.5.3 프리미엄

옵션매입자는 기초자산을 매입 또는 매도할 수 있는 권리인 옵션을 매입하기 위해서는 당연히 그에 상응한 가격을 지불해야 한다. 이것이 옵션의 프리미엄이며, 이 프리미엄은 옵션의 발행자 또는 매도자(writer or seller)에게 지불된다. 콜옵션의 발행자는 콜옵션이 행사된다면 옵션매입자에게 기초자산을 행사가격에 인도할 의무가 있다. 그리고 풋옵션의 발행자는 풋옵션이 행사된다면 옵션매입자로부터 기초자산을 인수할 의무가 있다. 옵션의 행사여부에 관계없이 옵션발행자는 옵션발행에 따라 프리미엄을 받는다.

1.5.4 옵션시리즈

동일한 기초자산을 대상으로 하는 동일한 유형(콜옵션 또는 풋옵션), 동일한 형태(미국식과 유럽식)의 모든 옵션계약은 옵션클래스(option class)라고 한다. 그리고 동일한 행사가격과 동일한 만기일에 동일한 거래단위를 가지는 동일한 class의 모든 옵션을 옵션시리즈(option series)라고 한다.

만약 어떤 옵션투자자가 특정 옵션시리즈에서 옵션의 매입계약수가 매도계약수를 초과하는 순매입자(net holder)의 위치에 있다면, 이 투자자는 특정 옵션시리즈에서 매입포지션(long position)을 취하고 있는 것이다. 마찬가지로 특정 옵션시리즈에서 옵션의 매도계약수가 매입계약수를 초과하여 순매도자의 위치에 있다면, 이 투자자는 매도포지션(short position)을 취하고 있는 것이다.

2. 금융옵션의 종류

실물상품에 대한 옵션거래의 역사는 상당히 길다. 이태리와 독일의 중세의 은행들과 금융기관들 및 다른 금융센터와의 사이에 옵션과 비슷한 거래를 한 증거들이 있다. 개별주식에 대한 옵션은 17세기에 이미 네덜란드와 영국의 증권거래소 형식의 시장에서 거래되었다.

1973년에 CBOE(Chicago Board of Exchange)가 개설되기 전까지는 옵션거래는 전 세계적으로 장외시장을 통하여 이루어졌다. 이러한 체제의 이점은 옵션의 매입자와 매도자가 그들의 특정한 요구조건에 부합되는 옵션의 조건들을 규정지을 수 있도록 해준다는 데 있다. 반면에 그 단점은 그러한 계약의 특수한 성격이 적절한 시장유동성의 제고를 저해할 수 있으며 조직화된 결제기관의 부재는 의무불이행의 가능성을 높게 만들 수 있다는 것이다.

이에 대한 해결책은 독립적인 결제기구에 의하여 계약의 이행이 보장되는 조직화된 거래소에서 표준화된 옵션계약을 거래하는 것이다. 이것은 1973년

4월 26일 CBOE에서 상장옵션의 거래를 개시하고, 미국의 거래소들에서 거래되는 모든 옵션들에 대하여 그 수행을 보증하는 옵션청산소의 설립에 의하여 달성되었다.

현재 거래되고 있는 금융옵션을 거래대상별로 구분하여 보면, 개별주식을 대상으로 하는 주식옵션, 주요국통화를 대상으로 하는 통화옵션, 금리상품을 대상으로 하는 금리옵션, 주가지수를 대상으로 하는 주가지수옵션 및 선물계약을 대상으로 하는 선물옵션으로 나눌 수 있다.

2.1 주식옵션(individual stock option)

거래소에서 거래된 최초의 상장옵션거래는 1973년 미국의 주식옵션이다. 주식옵션은 개별주식을 그 기초증권으로 하기 때문에 거래대상과 유동성이 풍부하여, 개별주가의 변동에 따른 이익의 창출과 위험헤지에 비교적 손쉽게 이용될 수 있다.

CBOE는 개장 시 16종목의 기초주식에 대하여 총 48종의 콜옵션을 거래하였으며, 옵션거래량을 기초주식수로 환산해 볼 때 NYSE에서 매일 매일 거래되고 있는 주식수보다 오히려 더 많은 주식수가 CBOE에서 거래되는 경우가 자주 있다.

이러한 CBOE의 성공적인 옵션거래에 힘입어 미국 내 다른 주식거래소에서도 상장된 주식에 대해 옵션거래를 시작하였다. 1975년 1월 13일 AMEX가, 1975년 6월 25일에 PHLX, 1976년 4월 9일 PSE, 1983년 9월 23일 NYSE가 옵션시장을 개설하였다.

미국 이외의 지역에서는 영국의 LSE와 LIFFE, 캐나다의 TFE, TSE, Montreal 거래소, Vancouver 거래소, 네덜란드의 EOE, 호주의 SSE, 프랑스의 MATIF 등에서 옵션거래가 이루어지고 있다.

주식옵션은 옵션보유자에게 특정가격으로 만기일 또는 그 이전에 기초주식을 매입 또는 매도할 권리(의무는 아님)가 부여되는 계약이다. 그리고 만기일 이후 옵션은 소멸된다. 옵션매입자와는 달리 옵션매도자는 매입자의 요구(옵션의 행사)에 따라 정해진 가격에 옵션매입자에게 주식을 매도 또는 매입해야 할 의무가 있다.

주식옵션은 투자자들이 직면하는 거의 모든 투자상황에 필요한 융통성(flexibility)을 제공하는 금융수단이다. 이러한 옵션의 잠재적인 이점으로는 다음과 같은 점들을 들 수 있다.

- 보유주식의 시장가격의 하락을 보호할 수 있다.
- 현재 보유하고 있는 주식으로부터의 수익을 증가시킬 수 있다.
- 시장가격보다 낮은 가격에 주식을 매입할 수 있다.
- 시장가격의 변동여부에 관계없이 자신이 원하는 포지션을 취할 수 있다.
- 주식의 직접매입, 매도 시에 드는 비용의 부담 없이 주가의 상승, 하락으로부터의 이익을 얻을 수 있다.

2.2 주가지수옵션(stock index option)

미국에서 최초로 거래된 주가지수옵션(stock index option)은 1983년 1월 28일에 시작된 시카고상업거래소(CME)의 S&P 500 주가지수옵션이다. 그 후 1983년 3월 11일에 시카고옵션거래소(CBOE)가 S&P 100 주가지수옵션을, 1983년 7월 1일에 아메리칸증권거래소(AMEX)가 MMI 주가지수옵션을, 그리고 1983년 9월 23일에 뉴욕증권거래소(NYSE)가 NYSE 종합주가지수옵션을 도입하였다.

CBOE의 S&P 100 주가지수옵션과 AMEX의 MMI(Major market Index) 옵션, NYSE의 NYSE 종합주가지수옵션 등이 현재 대단한 성공을 거두고 있는 대표적인 주가지수옵션이다.

주가지수옵션은 현금결제(cash settlement)되며, CBOE의 S&P 100 주가지수옵션을 제외하고는 대부분의 옵션이 유럽식 옵션이다. 또한 계약단위는 고시된 가격의 100배에 해당하는 금액이다. CBOE의 S&P 100 주가지수옵션의 예를 들어보면, 프리미엄 표시는 지수 포인트 당 $와 cents로 표시하며, 최소가격변동단위는 $3 이하의 프리미엄은 1/16 = $6.25로 하고 $3 이상의 프리미엄은 1/8=$12.50로 한다. 그리고 행사가격의 간격은 2.5 포인트로 하고 있다.

예를 들어, S&P 100지수에 대한 4월 만기의 행사가격이 360인 콜옵션의 현재의 가격이 17이라면, 투자자가 이 콜옵션을 매입하기 위해서는 $1,700 (=17 × $100)을 지불해야 한다는 것을 의미한다. 현재 S&P100 지수가 371.20이라면, 투자자는 이 콜옵션을 매입함으로써 $37,121(=371.21 × $100)의 S&P100 주식포트폴리오를 $36,000(=360.00 × $100)의 가격으로 4월 만기일까지의 어느 때라도 매입할 수 있는 권리를 갖게 된다. 만약 옵션의 행사시에 S&P 100지수가 380.50이라면, 그는 $2,050[=(380.50 - 360.00) × $100]의 현금을 지급받게 될 것이다.

1983년에 처음 도입된 주가지수옵션은 대형분산투자의 유용성에 대한 인식의 증대와 함께 거래량이 크게 증가하는 추세에 있다. 주가지수옵션이 도입된 이래로 단기간 내에 중요한 위치를 차지하고 있는 이유로는 개별주식의 매매가 아닌 시장전체의 동향을 나타내는 주가지수를 그 대상으로 하기 때문에 기관투자자의 경우는 위험을 저렴한 비용으로 헤지할 수 있으며, 개인투자자의 경우에도 개별투자대상의 선정상의 수고가 없이 시장전체를 대표하는 주가지수옵션을 이용함으로써 손쉽게 투자할 수 있기 때문이다.

2.3 통화옵션(currency option)

통화옵션이란 일정량의 한 통화를 일정기간 내에 일정량의 다른 통화로 매입하거나 매도할 수 있는 계약상의 권리를 말한다. 상장통화옵션은 그 거래대상에 따라 현물통화옵션(cash currency option)과 선물통화옵션(futures currency option)의 두 가지 종류가 있다. 장외옵션은 전부 현물통화옵션이며, 상장옵션 중 CME/IMM과 LIFFE의 통화옵션은 선물통화옵션이다.

통화옵션은 1982년 12월 Philladelphia Stock Exchange(PHLX)에서 영국 파운드화의 옵션을 거래함으로써 본격화되었다. 그 후 PHLX는 거래대상통화에 캐나다 달러, 일본 엔, 스위스 프랑, 독일 마르크화 등을 추가하였다. 대부분의 주요 통화옵션은 필라델피아 증권거래소(PHLX)에서 주로 거래된다. 통화옵션은 미국식과 유럽식이 모두 거래되며, 그 중에서도 미국식 통화옵션이 보다 활발하게 거래된다.

이제 다음과 같은 예제를 통해서 통화옵션의 특성을 살펴보기로 하자.

예제 9-1

투자자 A가 행사가격이 $1.2500인 6월 만기 콜옵션을 3.5₵의 프리미엄을 주고 매입하였다. 이 콜옵션은 £25,000를 $31,250(=£25,000 × $1.25)로 매입할 수 있는 권리가 부여된 계약이다. 이 콜옵션의 매입에 따르는 비용은 다음과 같다.

£25,000 × $0.035 = $875

이제 만기 시에 현물환율이 $1.3000이 되었다고 하자. 따라서 이 투자자는 통화옵션의 거래를 통해서 $375.00의 이익을 얻을 수 있었다.

이익 = $32,500(=£25,000 × $1.3000) − $31,250 − $875
= $375.00

다른 현물옵션과 마찬가지로 통화옵션은 특히 불확실한 자산 또는 부채를 헤징하는데 이용될 수 있다. 통화옵션은 또한 일반적인 통화선도거래의 헤징에 대한 대체수단으로 이용된다. 그러나 이러한 통화옵션은 일반적으로 통화선도헤징에 비해 유효성이 떨어지는 것으로 알려져 있다.

이제 다음의 예제를 통해 통화옵션을 이용한 단순한 헤지를 살펴보기로 하자.

예제 9-2

영국의 한 수입업자가 9월에 상품수입대금 150만 달러를 지불해야 한다고 하자. 6월 현재의 파운드-달러 현물환율은 $1.1050이며, 3개월물 선도환율은 1.1000이라고 한다. 그리고 필라델피아거래소의 파운드화 풋옵션의 가격은 4.50₵이다.우선 풋옵션의 매입계약수는 다음과 같이 결정된다.

옵션의 계약단위 = £12,500
£12,500의 $1.1000에서의 등가 = $13,750

$$\text{헤지를 위한 옵션계약수} = \frac{\$1,500,000}{\$13,750}$$

= 109계약

영국의 수입업자는 9월 만기 풋옵션을 109계약 매입하기로 결정하였다. 그리고 이에 따른 옵션헤지의 총비용은 다음과 같다.

총비용 = 109 × $0.045 × £12,500
= $61,312.50

따라서 150만 달러를 헤지하는데 4.1%(=61,312.50/1,500,000)의 비용이 들었다. 이는 직접적인 선도헤지의 비용보다 큰 금액이다. 이것이 외환옵션 헤지가 직접적인 선도헤지에 비해 덜 매력적인 주요한 이유가 된다. 여기서 4.5 ₵의 옵션비용이 의미하는 바는 최적 환율은 단지 1.0550(= $1.100 - $0.045)이라는 것이다.

2.4 금리옵션(interest rate option)

금리옵션이란 미래의 일정기간 내에 미리 지정한 금리상품을 일정한 가격으로 매입하거나 매도할 수 있는 권리를 부여하는 계약을 말한다. 금리옵션(interest rate option)은 고정수익증권 포트폴리오(fixed-income portfolios)의 이자율위험을 관리하는 유용한 수단이 되고 있다.

미국의 재무부증권에 대한 옵션은 1982년 10월에 거래되기 시작하였다. 1982년 10월 22일 CBOE(Chacago Board Options Exchange)에서는 T-bond에 대한 옵션이 거래되었으며, AMEX(American Exchange)에서는 T-note와 T-bill에 대한 옵션이 도입되었다. 그 후 다양한 종류의 금리상품이 거래되고 있으나 그 거래량은 금리선물에 비하면 미미한 편이다.

미국 재무부증권의 소수점 이하의 가격은 1/32단위로 고시된다. 따라서 2017년 5월 만기의 8 1/2 %의 재무부증권에 대한 매수호가는 실제로는

107-7/32를 나타내며, 편의상 107.07로 표시한 것이다. 그리고 T-bond의 액면가는 $100,000이며, 증권의 가격은 액면가의 백분율로 고시된다. 따라서 2017년 5월 만기 8 1/2 재무부증권의 매수호가는 실제적으로는 $107,218.75 (=107-7/32 × $1,000)이다. 또한 고시된 채권가격에는 발생이자(accrued interest)가 포함되어 있지 않다. 따라서 발생이자를 $4,203.80이라고 가정하면, 이 재무부증권의 총 매입가격은 $111,422.55(=107,218.75 + 4,203.80)가 된다.

발생이자를 포함하지 않는 편의적인 가격고시 또한 T-bond옵션의 가격결정에 영향을 미친다. 예를 들어, 2017년 5월 만기의 표면이자가 8 $\frac{1}{2}$인 T-bond에 대한 행사가격이 107인 콜옵션을 가정해 보자. 만약 이 콜옵션이 2011년 11월 13일에 행사됐다면, 옵션보유자는 행사가격을 지불하고 T-bond를 인수하여 즉시 $111,422.55에 매도할 수 있을 것이다. 그러나 행사가격은 단순히 107 × $1,000이 아니다. 만약 콜옵션이 행사된다면, 옵션보유자는 단지 명기된 행사가격뿐만 아니라 행사일 현재까지의 발생이자도 지불해야 한다. 따라서 2011년 11월 13일 현재의 총 매입가격은 (107+4.20380) × $1,000인 $111,203.80이 된다.

2.5 선물옵션(futures options)

영국 파운드화를 통해서 선물옵션이 무엇인지를 알아보기로 하자. 파운드화 자체는 현물이며, 파운드화라는 현물에 대해서는 파운드화 선물, 파운드화 옵션 그리고 파운드화 선물옵션 등 다양한 금융수단이 파생될 수 있다. 이제 선물옵션(futures options 또는 options on futures contracts)이 무엇인지를 살펴보자.

선물옵션의 계약구조는 현물옵션의 계약구조와 유사하다. 선물옵션의 보유자는 현물옵션의 보유자와 마찬가지로 기초자산을 행사가격에 사거나 팔 수 있는 권리를 갖는다. 단지 양자의 차이는 현물옵션은 그 기초자산이 현물인 파운드화이며, 선물옵션은 그 기초자산이 선물계약(파운드화 선물)이라는 것이다.

만약 선물계약에 대한 콜옵션(futures call option)의 보유자가 옵션을 행사한다면, 그는 콜옵션의 행사가격으로 선물의 매입포지션을 취하게 된다. 예를 들어, 투자자 A가 2월 1일에 3월 인도분 파운드화선물에 대해서 행사가격이 파운드당 $0.44인 파운드화선물에 대한 콜옵션을 매입했다고 하자. 그리고 2월 15일에 선물가격이 $0.48이 되어, 이 투자자는 선물옵션을 행사하기로 결정했다고 하자. 그는 선물옵션을 행사함으로써 옵션이 소멸됨과 동시에 행사가격과 동일한 선물가격($0.44)으로 선물시장에서 매입포지션을 취하게 된다. 그리고 이때 선물계약은 즉시 일일정산되며, 선물의 매입포지션을 취하게 된 투자자는 선물거래의 증거금을 납부하여야 한다. 이 예에서 콜옵션의 행사사격은 $0.44이고, 콜옵션이 행사될 때의 선물가격은 $0.48이다. 따라서 이 투자자는 파운드당 $0.04의 이득을 얻었다. 즉, 계약단위 125,000파운드를 감안하면, 이 투자자는 옵션행사를 통해 $5,000의 이득을 얻은 셈이 된다. 이 $5,000는 콜옵션의 발행자에 의해서 지불된다.

콜옵션의 발행자는 이미 콜옵션의 매입자에게 선물계약을 $0.44에 매도하기로 약정한 것이다. 따라서 옵션이 행사되면, 콜옵션의 보유자는 선물의 매입포지션을 취하게 되고, 콜옵션의 발행자는 선물의 매도포지션을 취하게 된다. 이때 콜옵션이 행사될 때의 선물가격은 $0.48이며 이것과 행사가격인 $0.44간의 차이에 따라 콜옵션의 매도자로부터 콜옵션의 매입자에게 $5,000이 지불된다. 이러한 거래가 종료되면 양 당사자는 선물시장에서 자신들의 포지션을 가지게 되며, 그 후에는 그 포지션을 계속 보유할 수도 또는 반대거래를 통해 포지션을 청산할 수도 있다.

위의 예에서는 콜옵션의 매도자에게 지불되는 프리미엄을 무시했으므로, 만약 프리미엄이 $0.04 이상이라면 오히려 콜옵션의 매도자가 이익이 될 수도 있다. 또한 콜옵션의 보유자가 만기이전인 2월 15일에 콜옵션을 행사한 것으로 가정하였다. 그러나 옵션을 만기이전에 행사하는 것은 아주 드문 일이다. 따라서 위의 예에서는 단지 선물옵션이 무엇인지를 설명하기 위해 옵션이 만기이전에 행사된 것으로 가정한 점에 유의하여야 한다.

3. 옵션시장의 구조

세계 옵션시장들은 서로 구조나 운영상에 대한 차이가 있으나 대체로 비슷하다. 여기서는 거래가 활발한 CBOE를 중심으로 옵션시장의 구조를 살펴보기로 한다.

3.1 옵션거래소

거래소는 그 자체는 비영리단체로서 거래소회원(exchange members)들로 구성되며, 옵션거래의 모든 참가자들의 공정하고 원활한 거래를 위하여 거래에 필요한 일체의 시설을 제공하고 있다. 또한 거래소는 자주적 운영을 원칙으로 거래소 자체의 규칙을 제정하여 운영하는 실정이다.

옵션거래소의 가격결정방식은 대부분 공개호가방식(open outcry)을 채택하고 있다. 각 옵션거래는 피트(pit)라고 불리우는 거래소 내의 지정된 거래장소에서 이루어진다. 피트에는 옵션거래를 취급하기 위한 거래소회원들이 상주하고 있다. 모든 매입호가(bid)와 매도호가(ask)가 이 피트 내의 거래소회원을 통해서 공개호가방식에 의하여 거래가 형성된다.

거래소의 회원자격은 개인에게만 주어지며 회사는 회원을 고용하여 실질적으로 회원자격을 가질 수 있다. 모든 회원권은 매매가 가능하며 그 자체가 하나의 상품으로서 가격을 형성하고 있다. 회원권의 가격은 원칙적으로 그 거래량에 기준하여 수요와 공급에 의하여 결정된다.

회원권은 거래소가 정한 규정에 따라 일정액 이상의 부와 요건을 갖춘 신용이 있는 성인으로서 회원 2인 이상의 추천과 보증을 받아 취득할 수 있다. 거래소는 추천자의 심사를 거쳐 이사회의 과반수 이상의 찬성을 얻은 자를 회원으로 결정하며, 최종결정이 내려지면 60일 이내에 회원권을 매입하여 회원이 된다.

3.2 청산소

거래소는 거래소 내에 별도의 결제기구인 청산소를 설치하여 거래소 내에서 일어나는 모든 옵션계약을 보호하고 사후결제를 담당하게 하고 있다. 옵션거래에 있어 매입자와 매도자 사이에 개입하는 청산소의 역할은 지대하여 청산체계의 효율성이 옵션거래의 성패를 좌우한다고 할 수 있다.

거래소 내에서 일단 거래가 성립되면 매입자와 매도자 사이에 즉시 청산기관이 개입하여 거래자간의 직접거래는 더 이상 존재하지 않는다. 즉, 옵션매입자와 옵션매도자는 그들의 브로커를 통해서 옵션가격에 도달한다. 그들 사이에 발생된 거래는 청산소가 개입하여 체결시키며, 반대매매에 의한 포지션의 해지시는 계약을 청산하고 다른 계약을 설정함으로써 매입자와 매도자에 대한 거래의 상대방이 된다. 청산소는 매입자에 대하여는 만기일에 기초증권의 인도를 보증하고, 매도자에게는 만기일에 대금의 지급을 보증한다.

이와 같이 청산소(clearing corporation)는 모든 옵션계약에 대하여 계약을 보증하고 사후결제를 하기 때문에 일단 거래가 성립되고 나면 옵션의 매입자와 매도자는 상대방의 의무불이행에 관계없이 옵션계약의 확실한 이행을 보증받게 된다. 이러한 청산소의 보증 및 사후결제 기능은 옵션거래가 공개호가방식으로 진행되며 개별투자자의 신용도를 일일이 확인할 필요 없이 거래할 수 있다는 점에서 매우 중요한 기능이라 할 수 있다.

즉, 청산기관의 존재 때문에 옵션계약은 개별투자자간의 거래가 아닌 개별투자자와 청산소간의 계약이 되며, 모든 옵션거래의 참가자들은 거래 상대방의 신용상태에 관계없이 안심하고 거래할 수 있기 때문에 시장유동성이 증가하게 된다.

옵션매도자(발행자)가 청산소에 대하여 부담하는 의무는 청산소의 청산회원(clearing member)에 의해 보증되며, 한 거래소의 회원은 일정한 자격요건을 갖춰 청산소의 청산회원이 될 수 있다. 그런데 각 청산회원은 반드시 거래소 회원이어야 하나, 모든 거래소회원이 청산회원이 되는 것은 아니다. 청산소의 비청산회원(non-clearing member)은 청산회원을 통해서 그의 결제업무를 대행한다.

청산소는 청산회원의 의무이행을 확실히 하기 위하여 청산소가 정하는 규칙에 따라 청산기금(clearing funds)을 예치하게 하고 있다. 이러한 청산기금은 청산회원의 지급불능상태를 방지하여 옵션거래를 보증하기 위한 보호제도(backup system)이다.

청산소는 청산기능의 원활한 수행을 위하여 적어도 옵션매도자에게는 증거금을 납부토록 하고 있다. 증거금(margin)이란 옵션의 매도자(발행자)는 옵션소지인의 권리행사가 있을 경우 기초자산을 매입 또는 매도하여야 하므로 이에 대한 의무수행의 담보로서 또는 현금결제의 경우에 있어서는 결제대금에 대한 담보로서 청산소에 예치하여야 하는 현금 또는 유가증권을 말한다.

증거금은 거래참가자로부터 옵션거래의 체결 시 계약액의 일정비율에 해당하는 금액을 개시증거금(initial margin 또는 original margin)으로 납부토록 하고 있으며, 계약체결 후에는 시장가격변동에 따라 최소한 유지해야 하는 유지증거금(maintenance margin 또는 variation margin)을 납부토록 하고 있다.

개시증거금은 순매매금액의 크기(순포지션의 크기)에 따라 결정된다. 즉, 청산하지 않은 매입수량과 매도수량과의 차이인 순포지션에 현재의 증거금요율을 곱하여 산출한다. 이는 계약이행에 대한 보증으로서 해석할 수 있다.

유지증거금 또는 추가증거금은 옵션거래의 참가자가 포지션을 유지하고 있는 한 해당포지션에 대한 손실을 보전할 수 있는 수준의 유지증거금을 별도로 책정하고 있다. 일반적으로 유지증거금은 개시증거금의 75%수준이다.

증거금은 시장상황에 따라 수시로 상향 또는 하향으로 조정된다. 그 변동요인은 시장의 과열로 인한 지나친 투기를 방지하기 위하여 상향조정되기도 하고, 시장의 침체를 타개할 목적으로 투자자를 유인하기 위하여 하향조정되기도 하며, 기초증권의 시장가격의 상승과 하락에 따라서 조정되기도 한다.

증거금의 납입수단은 미국의 경우 현금과 재무부증권 또는 청산소의 주식으로 한다. 미국의 경우 증거금이 현금으로 예치되면 증거금에 대한 증빙서류를 발급받고, 예치된 현금은 이자가 지불되지 않는다. 그리고 유지증거금의 경우는 개시증거금과는 달리 현금으로 예치하여야 한다.

3.3 감독기관

옵션거래는 공개호가방식에 의한 완전경쟁시장으로 볼 수 있지만 공정한 거래와 거래자들을 보호하기 위하여 감독기관에 의한 여러 가지 감독 및 규제를 필요로 한다. 미국에서는 주식거래 감독기관인 SEC가 전체 금융옵션거래를 규제・감독하고 있다.

선물옵션의 감독관할에 대한 이견은 1974년 CFTC법이 제정된 후 표면화되어, 주식거래감독기관인 SEC와 선물거래감독기관인 CFTC 간에 많은 논란이 있었으나, 1981년 12월에 현물옵션은 SEC관할로 선물옵션은 CFTC관할로 하기로 합의하였다.

파생상품거래 실패사례

Showa Shell

1993년 2월에 Showa Shell사는 통화선도계약과 통화옵션에서 약 10억 달러의 손실을 보았다. 이 금액은 자사 이익의 3배를 초과하는 금액이다.

Showa Shell사는 원유를 달러로 구입하여 국내 소비자들에게 파는 영업을 하고 있었다. 1990년부터 직원들이 한도를 초과하여 선도계약을 체결하기 시작하였는데 문제는 일본의 회계기준에 의해 더욱 복잡해졌다. 일본의 회계기준에 의하면 거래자들이 손실을 실현하지 않고 선도계약을 새로운 계약으로 연장하는 것이 가능하다. 즉, 환율이 불리하게 변하면 기한이 되어도 결제하지 않고 선물포지션을 연장한 후 환율이 유리하게 되면 결제하는 것이다.

만약 연장 시에 환율이 유리하게 반전되지 않으면 손실은 계속적으로 불어나게 된다. 이 기업은 선도환율이 1달러에 145엔일 때 매입포지션을 취하였다. 이후에 달러는 약세가 되어 1달러당 125엔으로 하락하였다. 64억 달러 매입포지션에 대한 손실은 대략 계산해도 64억 달러 × (125-145) = 1,280억 엔이다.

이처럼 선물계약을 연장하는 것은 일본 특유의 거래관행으로

historical rate rollover라고 불린다. 물론 일본대장성은 이 사건 이후로 선도계약의 연장을 금지하였다.

(*riskmania.com*)

연습문제

기본문제

1. 옵션의 기본적 개념에 대한 설명으로 가장 거리가 먼 것은?

① 옵션매입자는 기초자산의 가격과 행사가격의 차이에 따라 만기 시에 매도자에게 프리미엄을 지급한다.

② 옵션매입자는 권리만 가질 뿐 의무는 가지지 않는다.

③ 콜옵션 매도자는 기초자산의 가격이 행사가격보다 크게 상승할 경우 손실을 보게 된다.

④ 위탁증거금은 매도자에게만 부과된다.

2. KOSPI200 주가지수가 99.50포인트일 때 행사가격이 100.00인 KOSPI200 콜옵션의 프리미엄이 0.75라고 하자. 이 콜옵션의 시간가치로 가장 올바른 것은?

① 0.25 ② 0.50

③ 0.75 ④ 1.25

3. 옵션의 내재가치와 시간가치에 대한 설명으로 가장 거리가 먼 것은?

① 옵션이 외가격 상태에 있을 때에는 내재가치는 0이다.

② 옵션의 실제 가격은 만기 직전을 제외하고는 내재가치보다 항상 높다.

③ 만기가 가까워짐에 따라 시간가치는 점점 작아져서 만기가 되면 시간가치는 소멸하게 된다.

④ 시간가치는 내가격옵션에서 가장 크다.

4. 옵션의 개념에 대한 설명으로 가장 거리가 먼 것은?

① 콜옵션 매입자는 기초자산을 행사가격으로 매입할 수 있는 권리를 가진다.

② 콜옵션 매입자는 옵션을 행사할 때 매도자에게 옵션프리미엄을 지급한다.

③ 콜옵션 매도자는 매입자가 옵션을 행사할 경우 기초자산을 행사가격에 매도하여야 할 의무가 있다.

④ 풋옵션 매입자는 기초자산의 가격이 자신에게 불리하게 움직인 경우 옵션권리를 포기할 수 있다.

5. KOSPI200 주가지수가 217.73포인트, 행사가격이 217.50포인트인 KOSPI200 주가지수 풋옵션의 현재 시장가격이 1.32포인트라고 하자. 이 풋옵션의 시간가치는 얼마인가?
① 0.23포인트 ② 1.09포인트
③ 1.32포인트 ④ 1.55포인트

6. 금리옵션의 프리미엄에 대한 설명으로 가장 거리가 먼 것은?
① 시간이 경과할수록 옵션의 현재가치곡선이 점차 내재가치곡선에 근접하게 된다.
② 옵션의 시간가치는 등가격(ATM)에서 가장 크다.
③ 콜옵션의 경우 대상자산의 가격이 행사가격보다 크게 상승할수록 시간가치도 상상하는 경향이 있다.
④ 풋옵션의 경우 등가격과 외가격에서는 내재가치가 0이다.

다음 빈 칸에 알맞은 말을 넣으시오.

7. 매입자가 만기일전의 어느 기간에서도 권리를 행사할 수 있는 옵션을 ( ) 옵션이라 하며 만기일에서만 권리를 행사할 수 있는 옵션을 ( ) 옵션이라 한다.

8. 옵션의 매입자는 자신의 기대가 일치하지 않는 불리한 상황이 전개된 경우 더 이상의 비용을 부담하지 않고 권리의 ( )를 포기할 수 있다.

9. 옵션계약은 만기일에 일정량의 특정자산을 약정가격(행사가격)으로 매매할 권리를 부여하는 계약으로서 그 권리의 행사여부는 ( )에 달려 있다.

10. ( ) 콜옵션은 시장가격이 행사가격보다 높은 경우의 콜옵션을 말하며, 이때에 매입자는 권리를 행사하여 이익을 얻을 수 있다.

11. 콜옵션은 현재의 기초증권의 가격이 옵션의 행사가격보다 ( ) 때에 내재가치를 가지며, 풋옵션은 현재의 기초증권의 시장가격이 옵션의 행사가격보다 ( ) 때에 내재가치를 갖는다.

12. 옵션의 시간가치는 옵션이 ( )의 위치에 있을 때 극대가 되며, 만기일에 가까워질수록 감소한다.

13. 행사가격 $100인 A주식 콜옵션이 $5에 거래되고 있다고 하자. 현재 A주식가격이 $102이라면, 이 옵션의 내재가치는 (　　)이고 시간가치는 (　　　)가 된다.

14. 동일한 기초자산을 대상으로 하는 동일한 유형(콜옵션 또는 풋옵션), 동일한 형태(미국식과 유럽식)의 모든 옵션계약은 옵션(　　　　)라고 하며, 동일한 행사가격과 동일한 만기일에 동일한 거래단위를 가지는 동일한 class의 모든 옵션을 옵션(　　　　)라고 한다.

▶ 다음 문장이 맞으면 O, 틀리면 X를 하시오.

15. 옵션거래에 있어서 옵션의 매입자는 옵션을 행사할 권리와 의무를 갖는다. (　　)

16. 옵션의 매도자는 매입자가 권리를 행사하면 옵션의 계약조건에 따라 반드시 의무를 이행하여야 한다. (　　)

17. 옵션의 매도자(발행자)는 옵션이 행사되지 않고 그대로 만료되는 경우에는 옵션발행 시에 받은 프리미엄이 전액 자신의 이익이 된다. (　　)

18. 내가격 콜옵션은 기초증권의 시장가치보다 행사가격이 더 큰 경우의 콜옵션을 말하며, 이때 매입자는 권리를 행사하게 되면 손실을 가져오게 된다. (　　)

19. 내가격 풋옵션은 기초증권의 시장가격이 행사가격보다 높은 경우의 풋옵션이다. (　　)

20. 시간가치는 옵션의 시장가치(market price)가 내재가치보다 클 때 양가치의 차이를 말한다. (　　)

21. 옵션의 행사여부에 관계없이 옵션발행자는 옵션발행에 따라 프리미엄을 받는다. (　　)

22. 금리옵션(interest rate option)은 고정수익증권 포트폴리오(fixed-income portfolios)의 이자율위험을 관리하는 유용한 수단이 되고 있다. (　　)

제10장 옵션가격의 결정요인과 민감도

제 10 장 옵션가격의 결정요인과 민감도

옵션가격의 민감도

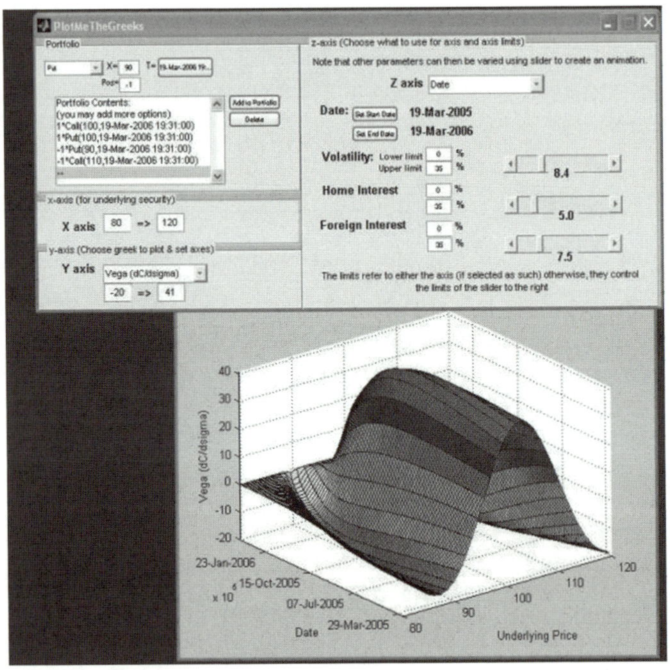

1. 옵션가격의 결정요인

옵션의 가격, 즉 프리미엄은 여러 가지 요인에 의해 영향을 받는다. 옵션가격에 영향을 주는 요인에는 어떤 것들이 있는지를 살펴보기로 하자. 일반적으로 옵션가격은 기초자산의 가격, 행사가격, 기초자산 가격의 변동성, 만기일까지의 잔존기간 및 이자율 등의 영향을 받는다. 먼저 유럽식 옵션을 전제로 이들 요인들이 콜옵션에 미치는 영향을 살펴보기로 하자.

1.1 콜옵션의 가격결정요인

앞서 우리는 콜옵션은 현재의 기초자산의 가격(S)이 옵션의 행사가격(X)보다 클 때 내재가치를 갖는다는 것을 살펴보았다. 유럽식 콜옵션은 만기일에 기초자산의 가격이 행사가격보다 크면 행사되므로, C=max[0, S-X]의 관계를 갖는다. 옵션은 유리하면 행사하고 불리하면 그 권리를 포기할 수 있는 선택권이다. 따라서 콜옵션에 영향을 미치는 요인은 S-X의 값을 크게 할 때 더 큰 정(+)의 관계를 갖게 된다.

1.1.1 기초자산의 가격

다른 조건이 동일하다면, 콜옵션의 가격은 기초자산의 가격(S)이 높을수록 상승한다. 행사가격(X)은 불변이므로, 현재의 기초자산 가격이 높을수록 S-X가 더 큰 양(+)의 값을 가지게 된다. 따라서 현재의 기초자산의 가격이 높을수록 만기일에 기초자산의 가격이 행사가격보다 커질 확률이 높게 되며, 만기 시의 행사가치가 더 커지게 된다. 예를 들어, 만기가 3개월 후이고 행사가격이 150만 원인 삼성전자에 대한 콜옵션을 가정해 보자. 삼성전자의 현재 가격이 150만 원인 경우보다는 180만 원인 경우가 만기에 행사가치를 가질 확률이 더 높을 것이고, 따라서 다른 조건이 동일하다면 현재의 기초자산 가격이 더 높은 옵션의 프리미엄이 상대적으로 더 큰 값을 가질 것이다.

1.1.2 행사가격

다른 조건이 동일하다면, 콜옵션의 가격은 행사가격(X)이 낮을수록 상승한다. 콜옵션의 행사가격이 낮을수록 S-X가 더 큰 양(+)의 값을 가지게 된다. 따라서 행사가격이 낮을수록 만기일에 기초자산의 가격이 행사가격보다 커질 확률이 높게 되며, 만기 시의 행사가치가 더 커지게 된다.

1.1.3 기초자산 가격의 변동성

다른 조건이 동일하다면, 콜옵션의 가격은 기초자산 가격의 변동성이 클수록 상승한다. 기초자산 가격의 변동성이 크다는 것은 기초자산 가격이 하락할 가능성도 크지만 반대로 기초자산 가격이 상승할 가능성도 크다는 것이다. 변동성(volatility)은 옵션거래에서 중요한 요인이다. 옵션거래는 변동성을 사고 파는 것이라고 해도 과언이 아니다. 옵션가격은 기초자산 가격의 변화뿐만 아니라 기초자산 가격의 변동성에 의해서도 영향을 받는다. 콜옵션의 손실은 이미 지불한 옵션가격에 한정되지만, 콜옵션의 이익은 기초자산가격의 상승에 따라 제한을 받지 않는다. 따라서 기초자산 가격의 변동성이 크면 $S-X$가 더 큰 양(+)의 값을 가질 확률도 커지므로, 콜옵션의 가격은 기초자산 가격의 변동성이 클수록 상승한다.

1.1.4 만기일까지의 잔존기간

다른 조건이 동일하다면, 콜옵션의 가격은 만기일까지의 잔존기간이 길수록 상승한다. 만기일까지의 잔존기간이 길수록 콜옵션 보유자에게 유리한 상황이 발생할 확률이 더 커진다. 즉, 만기일까지의 잔존기간이 길수록 기초자산 가격의 변동성이 커져 $S-X$가 양(+)의 값을 가지게 될 확률이 더 커진다. 또한 만기일까지의 잔존기간이 길수록 행사가격의 현재가치는 더 작아진다. 만기일까지의 잔존기간이 무한한 옵션의 행사가격은 0(zero)에 가까우므로, 이러한 옵션의 가격은 기초자산의 현재 가격과 동일하게 된다. 결국 만기일까지의 잔존기간이 길수록 콜옵션의 가격은 상승하게 된다.

1.1.5 이자율

다른 조건이 동일하다면, 콜옵션의 가격은 이자율이 오를수록 상승한다. 이자율이 오르면 행사가격의 현재가치가 하락하게 되고, 이에 따라 $S-X$가 더 큰 양(+)의 값을 가지게 될 확률이 더 커진다. 결국 이자율이 상승하면 콜옵션의 가격은 상승한다.

표 10-1 옵션가격의 결정요인

결정요인	옵션가격의 변화	
	콜옵션	풋옵션
기초자산의 가격	+	−
행사가격	−	+
기초자산가격의 변동성	+	+
만기일까지의 잔존기간	+	+(?)
이자율	+	−

1.2 풋옵션의 가격결정요인

풋옵션은 콜옵션과는 반대로 현재의 기초자산의 가격(S)이 옵션의 행사가격(X)보다 작을 때 내재가치를 갖는다. 유럽식 풋옵션은 만기일에 기초자산의 가격이 행사가격보다 작을 때 행사되므로, P=max[0, $X-S$]의 관계를 갖는다. 따라서 풋옵션에 영향을 미치는 요인은 그것이 $X-S$의 값을 크게 할 때 더 큰 정(+)의 관계를 갖게 된다.

1.2.1 기초자산의 가격

다른 조건이 동일하다면, 풋옵션의 가격은 기초자산의 가격(S)이 낮을수록 상승한다. 행사가격(X)은 불변이므로, 현재의 기초자산 가격이 낮을수록 $X-S$가 더 큰 양(+)의 값을 가지게 된다. 따라서 현재의 기초자산의 가격이 낮을수록 만기일에 기초자산의 가격이 행사가격보다 커질 확률이 높게 되며, 만기 시의 행사가치가 더 커지게 된다. 예를 들어, 만기가 3개월 후이고 행사가격이 150만 원인 삼성전자에 대한 풋옵션을 가정해 보자. 삼성전자의 현재 가격이 150만 원인 경우보다는 120만 원인 경우가 만기에 행사가치를 가질 확률이 더 높을 것이고, 따라서 다른 조건이 동일하다면 현재의 기초자산 가격이 더 낮은 옵션의 프리미엄이 상대적으로 더 큰 값을 가질 것이다.

1.2.2 행사가격

다른 조건이 동일하다면, 풋옵션의 가격은 행사가격(X)이 높을수록 상승한다. 풋옵션의 행사가격이 높을수록 $X-S$가 더 큰 양(+)의 값을 가지게 된다. 따라서 행사가격이 높을수록 만기일에 행사가격이 기초자산가격보다 커질 확률이 높게 되며, 만기 시의 행사가치가 더 커지게 된다.

1.2.3 기초자산 가격의 변동성

다른 조건이 동일하다면, 풋옵션의 가격은 콜옵션과 마찬가지로 기초자산 가격의 변동성이 클수록 상승한다. 풋옵션의 손실은 이미 지불한 옵션가격에 한정되지만, 풋옵션의 이익은 기초자산 가격의 하락에 따라 제한을 받지 않는다. 따라서 기초자산 가격의 변동성이 크면 $X-S$가 더 큰 양(+)의 값을 가질 확률도 커지므로, 풋옵션의 가격은 기초자산 가격의 변동성이 클수록 상승한다.

1.2.4 만기일까지의 잔존기간

다른 조건이 동일하다면, 풋옵션의 가격은 만기일까지의 잔존기간이 길수록 상승한다. 만기일까지의 잔존기간이 길수록 풋옵션 보유자에게 유리한 상황이 발생할 확률이 더 커진다. 즉, 만기일까지의 잔존기간이 길수록 기초자산 가격의 변동성이 커져 $X-S$가 양(+)의 값을 가지게 될 확률이 더 커진다. 그러나 만기일까지의 잔존기간이 길수록 행사가격의 현재가치는 더 작아지므로, 만기일까지의 잔존기간은 풋옵션에 부(-)의 영향을 미치기도 한다. 그러나 일반적으로 만기일까지의 잔존기간이 길수록 풋옵션의 가격은 상승하는 것으로 받아들여지고 있다.

1.2.5 이자율

다른 조건이 동일하다면, 풋옵션의 가격은 이자율이 오를수록 하락한다. 이자율이 오르면 행사가격의 현재가치가 하락하게 되고, 이에 따라 $X-S$가 더 작은 값을 가지게 될 확률이 커진다. 결국 이자율이 상승하면 풋옵션의 가격은 하락한다.

2. 풋-콜 패리티

동일한 기초자산과 만기 및 행사가격을 갖는 콜옵션과 풋옵션의 가격은 균형 하에서 일정한 관계를 갖는다. 현재 시점(t)에서 기초자산의 가격을 S_t, 만기일이 T인 선물의 가격을 F_T, 만기일이 T이고 행사가격이 X인 유럽식 콜옵션의 가격을 c, 만기일이 T이고 행사가격이 X인 유럽식 풋옵션의 가격을 p라고 하자. 이제 이러한 자산들을 이용하여 무위험 헤지포트폴리오(hedge portfolio)를 구성해 보자. 이를 위해 특정 기초자산을 현재 가격(S_t)에 매입하고, 이 자산을 기초자산으로 하는 행사가격이 X이고 만기일이 T인 풋옵션을 한 계약 매입함과 동시에 콜옵션을 한 계약 매도하는 포트폴리오를 구성하였다고 하자.

무위험 헤지포트폴리오는 만기 시의 기초자산의 가격수준에 관계없이 일정한 가치를 갖는 포트폴리오이다. 이 포트폴리오의 만기 시의 가치는 기초자산 가격의 변동에 관계없이 항상 X(행사가격)가 된다. 즉, 기초자산(주식)과 콜옵션 및 풋옵션을 적절히 결합함으로써 위험이 전혀 없는 무위험 헤지포트폴리오를 구성할 수 있다. 따라서 균형 하에서 무위험 헤지포트폴리오의 수익률은 무위험이자율이 된다.

표 10-2 헤지포트폴리오의 만기 가치

거래구분	현재 가치	만기 가치	
		$S_T > X$	$S_T \leq X$
주식 매입	S_t	S_T	S_T
풋매입	p	0	$X - S_T$
콜매도	-c	$-(S_T - X)$	0
헤지포트폴리오	$S_t + p - c$	X	X

〈표 10-2〉에서, 현재 시점에서 이 포트폴리오의 가치는 $S_t + p - c$이다. 이 포트폴리오의 가치는 만기 시점에서의 주식의 가치가 얼마가 되느냐에 따라 달라진다. 즉, 이 포트폴리오는 만기 시점의 주식의 가치에 따라 수많은 가치를 가질 수 있다. 그러나 일반적으로 옵션을 포함하는 경우 만기 주가가 행사가격보다 큰 경우와 작거나 같은 경우의 두 가지 경우로 구분할 수 있다.

첫째, 만기 시점의 주가가 행사가격보다 큰 경우($S_T > X$)를 살펴 보자. 이 경우 현재 시점의 주가 S_t는 만기 시점에 S_T가 된다. 그리고 매입한 풋옵션은 만기 시점에 행사가격보다 주가가 높아 행사를 포기하므로 만기 가치는 0이 된다. 반대로 매도한 콜옵션은 만기 시점에 행사가격보다 주가가 높아 행사되므로 $S_T - X$의 손실이 발생한다. 결국 만기 시점의 주가가 행사가격보다 큰 경우, 이 포트폴리오의 만기 가치는 X가 된다. 둘째, 만기 시점의 주가가 행사가격보다 작거나 같은 경우($S_T \le X$)를 살펴 보자. 이 경우 현재 시점의 주가 S_t는 만기 시점에 S_T가 된다. 그리고 매입한 풋옵션은 만기 시점에 행사가격보다 주가가 낮아 행사가치를 가지며 행사가치는 $X - S_T$가 된다. 반대로 매도한 콜옵션은 만기 시점에 행사가격보다 주가가 낮아 행사를 포기하므로 만기가치는 0이 된다. 결국 만기 시점의 주가가 행사가격보다 작거나 같은 경우, 이 포트폴리오의 만기 가치도 역시 X가 된다.

예제 10-1

삼성전자 주식 1주를 150만원에 매입하고, 만기가 3개월이고 행사가격이 150만원인 삼성전자 풋옵션 1계약을 2.00만 원에 매입하며, 만기가 3개월이고 행사가격이 150만 원인 삼성전자 콜옵션 1계약을 3.49만 원에 발행하였다. 무위험이자율은 연 4%라고 가정하자. 삼성전자의 3개월 후 주가가 170만 원인 경우와 130만 원인 경우의 이 포트폴리오의 만기가치는 각각 얼마인가?

거래구분	현재 가치	만기 가치	
		S_T (170만 원) $> X$	S_T (130만 원) $\le X$
주식 매입	150	170	130
풋매입	2.00	0	20
콜매도	-3.49	-20	0
헤지포트폴리오	148.51	150	150

(예제 10-1)에서 헤지포트폴리오의 현재가치 148.51만 원은 3개월 후 만기 시점에 삼성전자 주가의 수준에 관계없이 항상 150만 원임을 알 수 있다. 이는 헤지포트폴리오의 현재가치 148.51만 원의 미래가치가 150만 원 [$=148.51 \times e^{0.04 \times 0.25}$]임을 통해 확인할 수 있다.

그림 10-1

헤지포트폴리오의 만기 가치

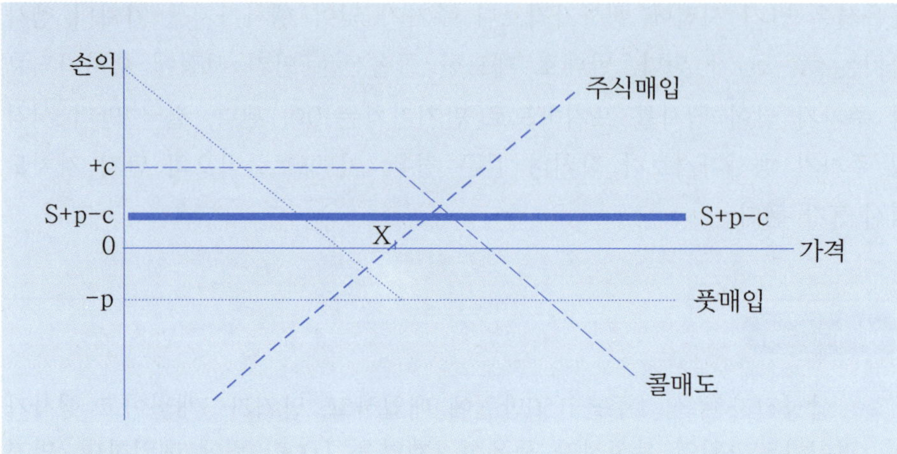

그림 10-2

헤지포트폴리오의 현재가치와 만기가치

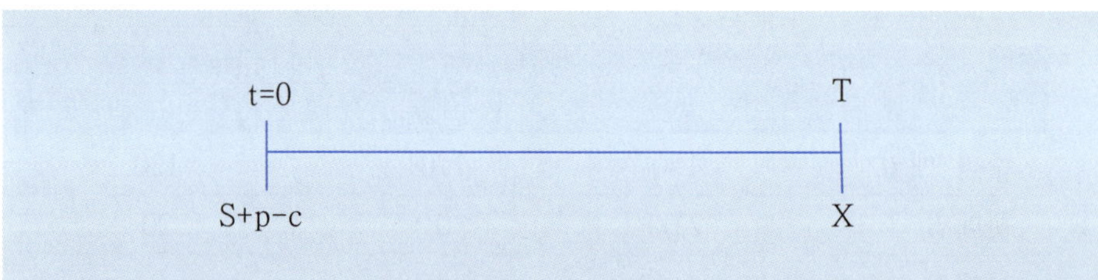

이제 그래프를 통해 헤지포트폴리오를 살펴보도록 하자. 그림에서 특정 주식을 현재 가격(S_t=X)[1)]에 매입하고, 이 자산을 기초자산으로 하는 행사가격이 X이고 만기일이 T인 풋옵션을 한 계약 매입함과 동시에 콜옵션을 한 계약 매도하는 포트폴리오 $S+p-c$는 주식의 가격이 어떤 수준에 있던지 만기에 동일한 가치 X를 가짐을 알 수 있다.

---

1) 이하에서는 편의상 S_t를 S로 표기하기로 한다.

현재 시점에서 헤지포트폴리오를 구성하는 총비용은 $S+p-c$이다. 그리고 이 포트폴리오의 만기 시점의 가치는 X이다. 이 헤지포트폴리오는 무위험 포트폴리오이므로, 현재 시점에서 $S+p-c$의 금액을 이 포트폴리오에 투자하면 만기까지 무위험수익률을 얻을 수 있고 그 만기 가치는 X가 된다. 즉, 현재가치 $S+p-c$는 무위험이자율로 연속복리로 투자되어 만기에 X의 가치를 갖게 된다. 반대로 무위험 헤지포트폴리오의 미래가치인 X를 무위험수익률로 할인한 현재가치는 $S+p-c$가 됨을 알 수 있다. 따라서 우리는 다음과 관계식을 도출할 수 있다.

$$(S+p-c)e^{rT}=X$$

또는

$$S+p-c=Xe^{-rT} \tag{10.1}$$

위의 (식 10.1)을 풋-콜 패리티(put-call parity) 또는 풋-콜 등가식이라 한다. 풋-콜 패리티는 동일한 기초자산과 만기 및 행사가격을 갖는 콜옵션과 풋옵션의 가격은 균형 하에서 일정한 관계를 갖는다는 것을 의미한다. 따라서 우리는 이 식을 이용하여 동일한 기초자산과 만기 및 행사가격을 갖는 콜옵션(또는 풋옵션)의 가격을 알면 동일한 기초자산과 만기 및 행사가격을 갖는 풋옵션(또는 콜옵션)의 가격을 도출할 수 있다. 만일 이러한 균형식이 성립하지 않으면 차익거래의 기회가 존재하게 되고, 차익거래를 통해 결국 균형관계가 성립하게 된다.

위의 (식 10.1)에서, 기초자산인 주식의 매입가격과 매입한 풋옵션 및 매도한 콜옵션의 행사가격이 모두 동일한, 즉 $S=X$인 등가격옵션(ATM)을 가정해 보자. 이 경우 (식 10.1)은 다음과 같이 변형될 수 있다.

$$c-p=S-Xe^{-rT} \tag{10.2}$$

(식 10.2)에서 $S=X$이므로, 이 식은 다음과 변형될 수 있다.

$$c-p=X-Xe^{-rT} \tag{10.3}$$

위 식에서 X는 Xe^{-rT}보다 크므로, 위 식의 우변은 0보다 큰 양의 값을 갖는다. 따라서 위 식의 좌변도 0보다 큰 양의 값을 가져야 하고, $c>p$의 관계가 성립된다. 결국 기초자산, 만기 및 행사가격이 동일한 콜옵션과 풋옵션의 경우, 콜옵션의 가격은 풋옵션의 가격보다 더 큰 값을 가진다. 이는 위의 (예제 10-1)과 [그림 10-1]에서 확인할 수 있다.

예제 10-2

삼성전자의 현재 주가는 150만 원이고, 만기까지의 잔존기간이 3개월, 행사가격이 150만 원인 콜옵션의 프리미엄이 4.00만 원이라고 하자. 무위험이자율이 3%라고 할 때, 만기 및 행사가격이 동일한 삼성전자 풋옵션의 프리미엄은 얼마인가?

$$p = c + Xe^{-rT} - S$$
$$= 4.00 + 150 \times e^{-0.03 \times 0.25} - 150$$
$$= 2.88\text{만 원}$$

우리는 위에서 풋-콜 패리티가 변형될 수 있음을 보았다. (식 10.1)에서 식을 c를 중심으로 변형시키면 다음과 같은 식을 얻을 수 있다.

$$c = p + S - Xe^{-rT} \tag{10.4}$$

또한 풋-콜 패리티를 풋옵션을 중심으로 정리하면 다음과 같다.

$$p = c + Xe^{-rT} - S \tag{10.5}$$

이상의 논리를 전개하며, 풋-콜 패리티는 다음 〈표 10-3〉과 같은 다양한 변형식으로 유도할 수 있다. 〈표 10-3〉은 풋-콜 패리티를 이용하여 다양한 합성포지션을 만들 수 있다는 것을 보여주고 있다.

표 10-3 풋-콜 패리티의 변형을 통한 합성포지션

거래구분	현재 가치	풋-콜 패리티의 변형
콜옵션 매입	+c	$c=p-Xe^{-rT}+S$
콜옵션 매도	-c	$-c=-p+Xe^{-rT}-S$
풋옵션 매입	+p	$p=c+Xe^{-rT}-S$
풋옵션 매도	-p	$-p=-c-Xe^{-rT}+S$
기초자산 매입	+S	$S=c+Xe^{-rT}-p$
기초자산 매도	-S	$-S=-c-Xe^{-rT}+p$

3. 옵션가격의 민감도

우리는 앞에서 옵션가격은 기초자산의 가격, 행사가격, 기초자산 가격의 변동성, 만기일까지의 잔존기간 및 이자율 등의 영향을 받는다는 것을 알았다. 이와 같이 옵션가격은 다양한 요인들이 복합적으로 영향을 미치기 때문에 이들 요인들이 옵션가격에 미치는 영향을 계량화할 필요가 있다. 옵션가격의 결정요인이 1단위 변화함에 따른 옵션가격의 변화를 측정하는 척도를 옵션의 민감도 지표(Greeks)라 한다. 옵션포지션의 위험을 관리하기 위해서는 옵션가격의 민감도 지표들을 활용하여야 한다.

3.1 델타(delta)

델타(Δ 또는 δ)는 기초자산 가격의 변화에 대한 옵션가격의 변화율을 나타낸다. 즉, 델타는 기초자산 가격이 한 단위 변할 때의 옵션가격의 변화분을 의미한다. 옵션가격에 영향을 미치는 요인 중 가장 큰 요인은 기초자산 가격의 변화이다. 따라서 옵션가격의 민감도 중 가장 중요한 지표 중의 하나가 델타이다. 델타는 수학적으로 콜옵션 가격곡선의 기울기, 즉 1차

편미분계수를 나타낸다. 델타는 옵션가격의 기초자산 가격에 대한 1차 편미분으로 다음과 같이 나타낼 수 있다.

$$\text{델타} = \frac{\text{옵션가격의 변화분}}{\text{기초자산가격의 변화분}}$$

따라서 콜옵션의 델타와 풋옵션의 델타는 각각 다음과 같이 나타낼 수 있다.

$$\text{콜옵션의 델타} = \frac{\partial C}{\partial S} \approx \frac{\Delta C}{\Delta S}$$

$$\text{풋옵션의 델타} = \frac{\partial P}{\partial S} \approx \frac{\Delta P}{\Delta S}$$

콜옵션의 델타는 양(+)의 값을 가지며, 풋옵션의 델타는 음(-)의 값을 갖는다. 이는 앞서 콜옵션의 가격은 기초자산 가격의 상승에 따라 상승하며, 풋옵션의 가격은 기초자산 가격의 상승에 따라 하락한다는 것에서 쉽게 유추할 수 있다. 콜옵션의 델타는 기초자산의 가격이 상승할수록 +1.0에 근접하고 기초자산의 가격이 하락할수록 0에 근접한다. 반면에 풋옵션의 델타는 기초자산의 가격이 상승할수록 0에 근접하고 기초자산의 가격이 하락할수록 -1.0에 근접한다. 즉, 콜옵션의 경우 $0 \leq \delta_c \leq +1.0$이며, 풋옵션의 경우 $-1.0 \leq \delta_p \leq 0$이다. 델타가 0.7이라는 것은 기초자산의 가격이 한 단위 증가할 때마다 콜옵션 가격이 0.7만큼 증가된다는 것을 의미한다. 반대로 델타가 -0.7이라는 것은 기초자산의 가격이 한 단위 증가할 때마다 풋옵션 가격이 0.7만큼 감소된다는 것을 의미한다. [그림 10-3]은 기초자산의 가격의 변화에 따른 콜옵션과 풋옵션의 델타의 움직임을 보여주고 있다.

그림 10-3

콜옵션과 풋옵션의 델타

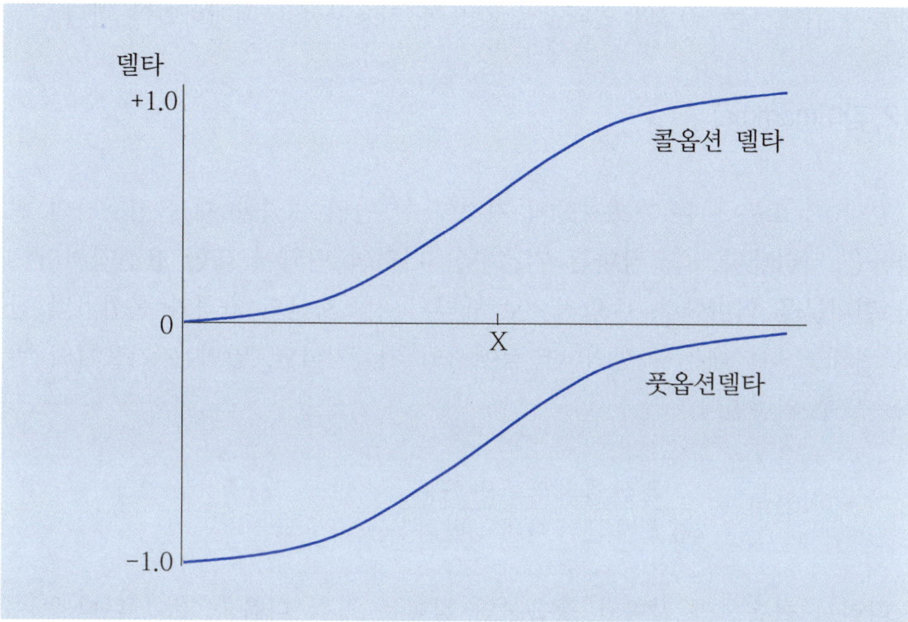

앞서 델타는 수학적으로 콜옵션 가격곡선의 기울기, 즉 1차 편미분계수를 나타낸다고 하였다. 델타는 기초자산의 가격과 옵션가격의 관계를 나타내는 곡선의 기울기를 의미한다. 즉, 델타는 옵션가격의 변화속도를 의미한다. 또한 델타는 옵션이 만기일에 내가격(ITM)이 될 확률을 나타낸다. 델타가 0.5인 등가격(ATM) 콜옵션은 만기일에 내가격(ITM)이 될 확률이 50%라는 것을 나타낸다. 일반적으로 내가격 옵션의 경우 델타가 0.5보다 크며, 외가격 옵션의 경우에는 델타가 0.5보다 작은 값을 가진다. 그리고 심외가격(Deep OTM) 옵션의 경우, 델타는 0에 가까운 값을 가진다. 왜냐하면 심외가격 옵션의 경우, 기초자산의 가격이 변화하여도 옵션이 내가격이 될 가능성이 극히 낮아 옵션가격이 거의 변화되지 않기 때문이다.

델타는 기초자산을 이용하여 옵션포지션의 위험을 헤지할 때의 헤지비율로도 이용된다. 즉, 델타는 델타 값을 0(zero)으로 만들기 위해서는 얼마만큼의 기초자산을 보유하여야 하는지를 나타내는 지표로 이용될 수 있다. 예를 들어, 델타가 0.3인 콜옵션을 보유한 경우, 델타를 0(즉, 델타중립)으로 만들기 위해서는 -0.3의 델타값을 갖도록 기초자산을 매매하여야 한다.

3.2 감마(gamma)

감마(Γ 또는 γ)는 기초자산의 가격이 한 단위 변화할 때 옵션델타의 변화율을 나타낸다. 즉, 감마는 기초자산 가격의 변화에 대한 옵션가격의 2차 편미분을 의미한다. 수학적으로 델타가 기초자산의 가격과 옵션가격 간의 관계를 나타내는 곡선의 한 점에서의 기울기라면, 감마는 기울기의 변화속도를 의미한다.

$$\text{감마} = \frac{\text{옵션델타의 변화분}}{\text{기초자산가격의 변화분}}$$

따라서 콜옵션의 감마와 풋옵션의 감마는 각각 다음과 같이 나타낼 수 있다.

$$\text{콜옵션의 감마} = \frac{\partial \delta}{\partial S} \approx \frac{\Delta^2 C}{\Delta S^2}$$

$$\text{풋옵션의 감마} = \frac{\partial \delta}{\partial S} \approx \frac{\Delta^2 P}{\Delta S^2}$$

감마는 콜옵션과 풋옵션에서 모두 매수포지션에서는 양(+)의 값을 갖고, 매도포지션에서는 음(-)의 값을 갖는다. 감마가 큰 옵션은 기초자산 가격의 변화에 대해 민감한 델타를 갖는다.

[그림 10-4]에서 보듯이, 감마는 옵션이 등가격(ATM) 상태일 때 가장 큰 값을 가지며, 내가격(ITM)과 외가격(OTM) 상태에서는 상대적으로 작은 값을 가지며 심내가격(Deep ITM)과 심외가격(Deep OTM) 상태에서는 아주 작은 값을 갖는 종모양을 이룬다.

그림 10-4

콜옵션과 풋옵션의 감마

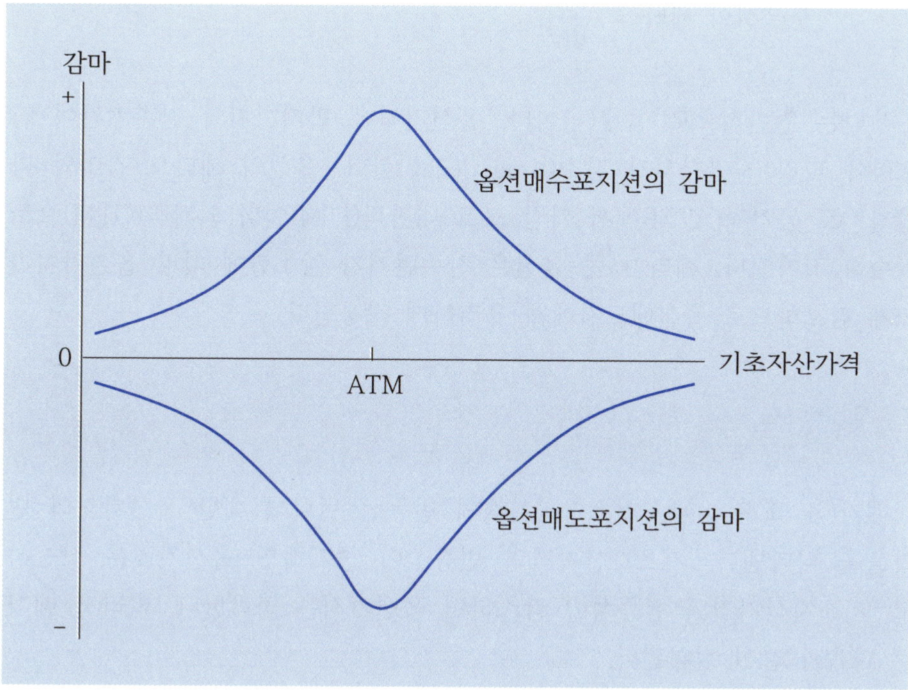

3.3 세타(theta)

세타(Θ 또는 θ)는 만기까지의 잔존기간이 변화함에 따른 옵션가치가 변화하는 정도를 나타낸다. 즉, 세타는 시간의 경과에 따른 옵션가격의 변화율을 나타낸다.

$$\text{세타} = \frac{\text{옵션가격의 변화분}}{\text{만기까지의 잔존기간의 변화분}}$$

따라서 콜옵션의 세타와 풋옵션의 세타는 각각 다음과 같이 나타낼 수 있다.

$$\text{콜옵션의 세타} = \frac{\partial C}{\partial T}$$

$$\text{풋옵션의 세타} = \frac{\partial P}{\partial T}$$

세타는 일반적으로 음수(-)이다. 옵션가격은 만기까지의 잔존기간이 감소함에 따라 시간가치가 감소(time decay)한다. 옵션의 세타도 감마와 마찬가지로 등가격(ATM)에서 가장 크고 내가격(ITM)이나 외가격(OTM)으로 갈수록 작아진다. 세타가 큰 옵션은 잔존만기가 감소함에 따라 옵션가치가 크게 감소하므로 옵션매도자에게 유리하게 작용한다.

3.4 베가(vega)

베가(Λ 또는 ν)는 기초자산가격의 변동성 변화에 대한 옵션가격의 변화율을 나타낸다. 기초자산가격의 변동성이 증가하면 옵션가격은 상승하고, 기초자산가격의 변동성이 감소하면 옵션가격은 하락한다. 따라서 베가는 다음과 같이 정의된다.

$$\text{베가} = \frac{\text{옵션가격의 변화분}}{\text{기초자산가격변동성의 변화분}}$$

콜옵션과 풋옵션 모두 기초자산가격의 변동성이 증가하면 옵션가격이 상승하고 기초자산가격의 변동성이 감소하면 옵션가격이 하락한다. 따라서 콜옵션과 풋옵션의 베가는 동일하게 다음과 같이 나타낼 수 있다.

$$\text{콜옵션과 풋옵션의 베가} = \frac{\partial^2 C}{\partial S^2} = \frac{\partial^2 P}{\partial S^2}$$

베가도 감마와 같이 등가격(ATM)에서 가장 큰 값을 가지며, 내가격(ITM)과 외가격(OTM)에서는 상대적으로 작은 값을 가지며 심내가격(Deep ITM)과 심외가격(Deep OTM) 에서는 아주 작은 값을 갖는 종모양을 이룬다. 베가가 0.05인 옵션은 기초자산가격의 변동성이 1% 변할 때 옵션가격이 0.05만큼 변한다는 것을 의미한다.

3.5 로(rho)

로(P 또는 ρ)는 이자율의 변화에 따른 옵션가격의 변화율을 나타낸다.

$$로 = \frac{옵션가격의\ 변화분}{이자율의\ 변화분}$$

따라서 콜옵션의 로와 풋옵션의 로는 각각 다음과 같이 나타낼 수 있다.

$$콜옵션의\ 로 = \frac{\partial C}{\partial r}$$

$$풋옵션의\ 로 = \frac{\partial P}{\partial r}$$

이자율의 상승은 콜옵션가격을 상승시키고 풋옵션가격을 하락시킨다. 따라서 로는 콜옵션에서는 양(+)의 값을 가지며, 풋옵션에서는 음(-)의 값을 갖는다.

연습문제

기본문제

1. 다음 중 다른 요인들이 일정하다고 할 때 각 요인이 콜옵션의 가격결정에 미치는 영향에 대한 설명으로 가장 거리가 먼 것은?
① 콜옵션 가격은 행사가격이 높을수록 상승한다.
② 콜옵션 가격은 기초자산가격의 변동성이 클수록 상승한다.
③ 콜옵션 가격은 만기일까지의 잔존기간이 길수록 상승한다.
④ 콜옵션 가격은 이자율이 오를수록 상승한다.

2. 현재 시점(t)에서 기초자산의 가격을 S, 만기일이 T인 선물의 가격을 F_T, 만기일이 T이고 행사가격이 X인 유럽식 콜옵션의 가격을 c, 만기일이 T이고 행사가격이 X인 유럽식 풋옵션의 가격을 p라고 하자. 풋-콜 패리티를 가장 올바르게 표현한 것은?
① $c = p + Xe^{-rT} + S$
② $c = p - Xe^{-rT} + S$
③ $c = p + Xe^{-rT} - S$
④ $c = p - Xe^{-rT} - S$

3. 다음 중 풋옵션 매수의 합성포지션으로 올바른 것은?
① 기초자산 매입 + 액면가가 행사가격인 할인채 매입 + 콜옵션 매입
② 기초자산 매입 + 액면가가 행사가격인 할인채 매도 + 콜옵션 매입
③ 기초자산 매도 + 액면가가 행사가격인 할인채 매도 + 콜옵션 매입
④ 기초자산 매도 + 액면가가 행사가격인 할인채 매입 + 콜옵션 매입

4. 다음 중 델타에 대한 설명으로 가장 거리가 먼 것은?
① 기초자산 가격이 한 단위 변할 때의 옵션가격의 변화분을 의미한다.
② 콜옵션의 델타는 양(+)의 값을 가지며, 풋옵션의 델타는 음(-)의 값을 갖는다.
③ 풋옵션의 델타는 기초자산의 가격이 상승할수록 +1.0에 근접하고 기초자산의 가격이 하락할수록 0에 근접한다.

④ 델타가 0.7이라는 것은 기초자산의 가격이 한 단위 움직일 때마다 콜옵션 가격이 0.7만큼 증가된다는 것을 의미한다.

5. 다음 중 감마에 대한 설명으로 가장 거리가 먼 것은?
① 기초자산의 가격이 한 단위 변화할 때 옵션델타의 변화율을 나타낸다.
② 감마는 콜옵션 매수포지션에서는 양(+)의 값을 갖고, 풋옵션 매수포지션에서는 음(-)의 값을 갖는다.
③ 감마가 큰 옵션은 기초자산 가격의 변화에 대해 민감한 델타를 갖는다.
④ 감마는 옵션이 등가격(ATM) 상태일 때 가장 큰 값을 가진다.

6. 삼성전자의 현재 주가는 150만 원이고, 만기까지의 잔존기간이 3개월, 행사가격이 150만 원인 콜옵션의 프리미엄이 5.50만 원이라고 하자. 무위험이자율이 4%라고 할 때, 만기 및 행사가격이 동일한 삼성전자 풋옵션의 프리미엄은 얼마인가?
① 3.50 ② 3.75
③ 4.01 ④ 4.26

▶ 다음 빈 칸에 알맞은 말을 넣으시오.

7. 만기일까지의 잔존기간이 무한한 옵션의 행사가격은 (   )에 가깝다.

8. 다른 조건이 동일하다면, 풋옵션의 가격은 행사가격이 높을수록 (   )한다.

9. 옵션가격의 결정요인이 1단위 변화함에 따른 옵션가격의 변화를 측정하는 척도를 옵션의 (   )라 한다.

10. (   )는 만기까지의 잔존기간이 변화함에 따른 옵션가치가 변화하는 정도를 나타낸다.

▶ 다음 문장이 맞으면 O, 틀리면 X를 하시오.

11. 풋-콜 패리티는 동일한 기초자산과 만기 및 행사가격을 갖는 콜옵션과 풋옵션의 가격은 균형 하에서 일정한 관계를 갖는다는 것을 의미한다. (   )

12. 일반적으로 내가격 옵션의 경우 델타가 1.0보다 크며, 외가격 옵션의 경우에는 델타가 0.5보다 작은 값을 가진다. (   )

제11장 옵션의 가격결정

제 11 장 옵션의 가격결정

불확실성 시대 '리얼 옵션'으로 리스크 줄여라

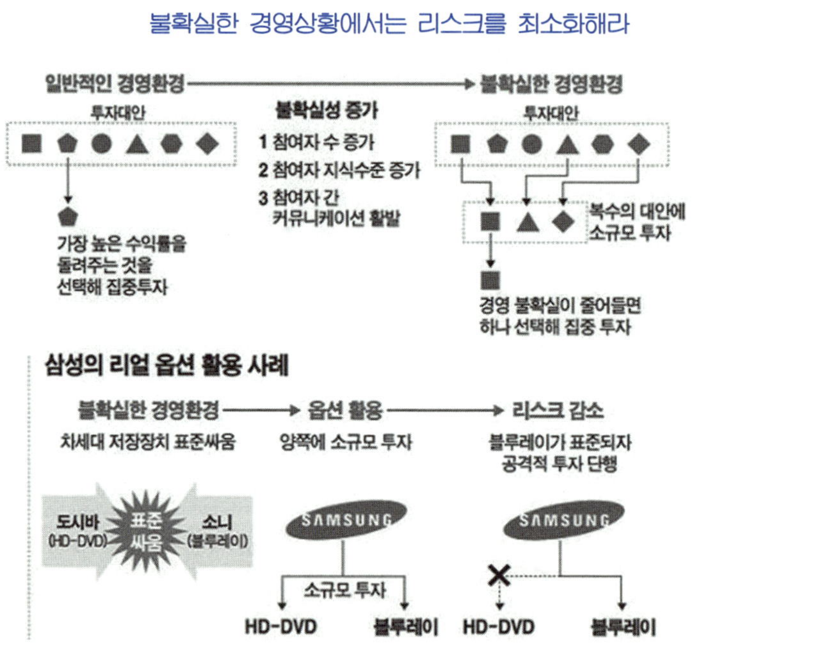

(매일경제)

1. 옵션의 가격결정에 대한 이해

옵션의 가격결정에 대한 이해는 옵션거래자들에게는 상당히 중요한 것이다. 비록 옵션가격이 컴퓨터에 의해 계산된다 하더라도, 그 과정을 이해하는 것은 옵션거래에 있어서 기초적이고 필수적인 과정이라고 할 수 있다.[1)]

1.1 이항모형에 의한 가격결정

옵션의 가치는 기초증권의 가치에 따라 결정되므로, 기초증권의 만기가치에 기초하여 만기이전의 옵션의 기대가치를 계산할 수 있다. 즉, 콜옵션의 기대가치는 만기기대가치의 할인가치이다. 개인들이 위험회피적이라는 전통적 접근법 하에서는 콜옵션의 현재가치는 만기 시의 콜옵션의 기대가치를 콜옵션의 위험조정수익률로 할인함으로써 구할 수 있다. 그러나 이러한 접근법은 기초증권의 기대수익률과 콜옵션의 기대수익률에 대한 추정을 요하며, 현실적으로 이러한 모수의 추정은 쉬운 일이 아니다. 이러한 Samuelson(1965)의 접근법과는 달리, Cox & Ross(1976)는 주식의 기대수익률과 콜옵션의 기대수익률을 무위험이자율이라고 가정하면 정확한 옵션가치를 구할 수 있다는 것을 밝힌 바 있다.

Samuelson의 접근법에서는 위험회피적 분포의 기대가치를 위험조정수익률로 할인하는 반면, Cox & Ross의 접근법에서는 위험중립적 분포의 기대가치를 무위험이자율로 할인한다. 결국 이 두 접근법은 콜옵션의 동일한 현재가치를 가져온다. 여기서는 단순한 이항모형을 통하여 이 두 접근법이 동일한 결과를 가져온다는 것을 살펴보기로 하자.

---

1) 옵션의 가격결정에 대해서는 H.R.Stoll & R.E.Whaley, 「Futures and Options - Theory and Applications」, South-Western Publishing Co., pp. 200-238을 참조할 것.

1.1.1 무위험 헤지포트폴리오

옵션과 기초주식간의 무위험 헤지를 이해하기 위하여 다음과 같은 예를 살펴보기로 하자. 현재 ABC주식의 가격이 $40이고, 3개월 이후 이 주식의 가격은 $45 또는 $35이 된다고 하자. 이를 도시하면 다음과 같다.

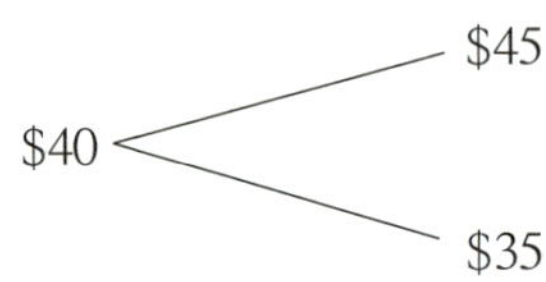

이제 이 주식에 대한 유럽식 콜옵션을 고려해 보자. ABC주식에 대한 콜옵션은 행사가격이 $40이고 만기가 3개월 후라고 하자. 만기 시에 이 콜옵션은 ABC주식의 가격이 $45 또는 $35가 됨에 따라 $5 또는 $0의 가치를 가지게 될 것이다.(여기서는 편의상 주식옵션의 계약단위가 1주라고 가정하자)

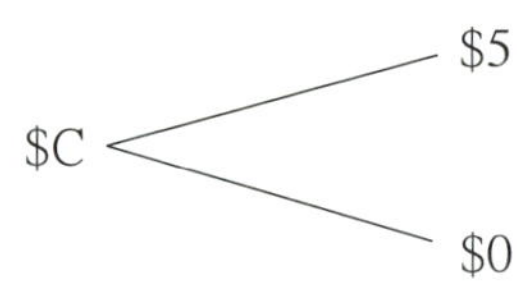

이제 ABC주식 1주를 매입하고 n_c단위의 콜옵션을 매도한다고 가정하자. ABC주식의 가격이 상승하여 $45이 되면, 이 포트폴리오의 기말가치는 $45 - 5$n_c$가 된다. 그리고 ABC주식의 가격이 $35가 되면, 포트폴리오의 기말가치는 $35가 된다. 따라서 이 포트폴리오의 기말가치의 불확실성은 n_c를 다음과 같이 놓았을 때 완전히 제거될 수 있다.

$$45 - 5n_c = 35 \quad \text{또는} \quad n_c = 2$$

즉, ABC주식 1주를 매입하고 ABC 콜옵션 2단위를 매도했을 때, 포트폴리오의 기말가치가 확실하게 $35가 된다. 이것이 무위험 헤지포트폴리오(riskless hedge portfolio)의 개념이다.

여기서 무위험 헤지포트폴리오를 이용하여 유럽식 콜옵션의 가격을 결정할 수 있다. 현재시점에서 무위험 헤지포트폴리오의 설정비용은 \$40 - 2C(C는 콜옵션의 가격)이며, 이는 기말에 \$35가 된다. 만약 3개월 동안의 이자율이 2%이고 차익기회가 존재하지 않는 균형상태라면, 유럽식 콜옵션의 가격은 다음과 같이 \$2.84가 된다.

$$\$(40 - 2C)(1.02) = \$35 \quad \text{또는} \quad C = \$2.84$$

옵션과 기초주식간의 무위험 헤지가 가능하다는 사실은 기초주식의 기대수익률을 몰라도 위험한 콜옵션의 가격을 도출할 수 있다는 것을 의미한다. 즉, 위의 예에서 ABC주식의 가격이 \$45 또는 \$35가 될 확률에 관계없이 옵션가격을 결정할 수 있다. 결국 옵션가격은 투자자의 위험선호도와 무관함을 알 수 있다. 이는 투자자들이 위험회피적 투자자냐 위험중립적 투자자냐에 관계없이 ABC주식옵션에 대해 모두 \$2.84의 가격을 지불하고자 한다는 것이다.

1.1.2 위험중립적 가치평가

콜옵션의 가격은 투자자의 위험선호도와 무관하므로, 모든 투자자들이 위험중립적이라고 가정해도 문제가 없을 것이다. 이러한 위험중립적 가정 하에서, 주식의 만기기대가치는 현재가치에 (1 + 무위험이자율)을 곱한 것과 같게 된다. 즉,

$$\$40(1.02) = \$45p + \$35(1-p)$$

따라서 이 경우 p = 58%가 된다. 콜옵션의 만기기대가치를 계산하기 위하여 이 확률을 이용하면 다음과 같다.

$$E(C_T) = \$5(0.58) + \$0(0.42) = \$2.90$$

콜옵션의 현재가치는 만기기대가치의 현가이다. 이때 위험중립적 가정 하

에서 할인율은 무위험이자율이므로, 콜옵션의 현재가격은 \$2.84가 된다.

$$C = \frac{\$2.90}{1.02} = \$2.84$$

이는 무위험 헤지포트폴리오를 이용하여 계산한 콜옵션의 가치와 동일함을 알 수 있다.

1.1.3 위험회피적 가치평가

위험중립적 가정 하에서 계산한 옵션가격과 위험회피적 가정 하에서 계산한 옵션가격은 동일하다. 이를 보이기 위해 현재 주가가 \$40이고, 주가가 \$45로 상승할 위험회피적 확률이 p' 그리고 \$35로 하락할 확률이 (1-p')라고 하자. 그리고 3개월간의 무위험이자율은 2%이고, 위험회피를 반영해서 ABC주식의 기대수익률은 4%라고 가정하자. 즉, 이때 양자의 차이인 2%는 투자자들이 위험한 주식에 대해 요구하는 위험프리미엄이 된다. 이와 같이 이 주식에 대한 기대수익률이 4%라면, 위험회피적 확률은 다음과 같이 계산된다.

$$\$40(1.04) = \$45p' + \$35(1-p')$$

따라서 이 경우 p' = 66%가 된다. 여기서 위험회피적 상승확률(p')이 위험중립적 상승확률(p)보다 높다는 것은 위험회피적 투자자들이 위험중립적 투자자에 비해 위험감수에 대해 더 큰 보상을 요구한다는 것을 의미한다. 따라서 만기 시 옵션의 기대가격은 다음과 같다.

$$E(C_T) = \$5(0.66) + \$0(0.34) = \$3.30$$

이제 옵션가치평가를 위한 다음 단계는 콜옵션에 대한 적절한 위험조정할인율을 결정하는 것이다. 위험중립적 상황하에서는 투자자들이 위험에 대해 무차별하므로, 할인율은 단순히 무위험이자율이었다. 그러나 위험회피적 투자자들은 위험자산에 대해서는 더 높은 수익률을 요구한다. 예를 들어 CAPM

하에서 이러한 자산의 기대수익률은 다음과 같이 결정된다.

$$E_j = r_f + [E(R_M) - r_f]\beta_j$$

여기에 위의 예에서의 수치를 대입시키면 다음과 같다.

$$0.04 = 0.02 + [E(R_M) - 0.02]\beta_j$$

또는

$$[E(R_M) - 0.02]\beta_j = 0.02$$

β_j는 시장포트폴리오의 백분율 변화에 대한 ABC주식의 백분율 변화를 나타내므로, 콜옵션의 β를 구하기 위해서는 β_j에 ABC주식가격의 백분율 변화에 대한 콜옵션가격의 백분율 변화의 비율을 곱해주면 된다. 따라서 기대수익률은 다음과 같다.

$$\begin{aligned} E_C &= r_f + [E(R_M) - r_f]\beta_c \\ &= r_f + [E(R_M) - r_f]\beta_j\left(\frac{dc/c}{dj/j}\right) \end{aligned}$$

이 예에서 옵션가격의 백분율 변화는 다음과 같다.

$$\frac{dc/c}{dj/j} = \frac{dc}{dj} \times \frac{j}{c} = \frac{5-0}{45-35} \times \frac{40}{c} = \frac{20}{c}$$

따라서 옵션의 기대수익률은 다음과 같다.

$$\begin{aligned} E_c &= 0.02[E(R_M) - 0.02]\beta_j\left(\frac{20}{c}\right) \\ &= 0.02 + 0.02\left(\frac{20}{c}\right) \end{aligned}$$

따라서 콜옵션의 현재가치는 다음과 같이 결정된다.

$$c = \frac{E(c_t)}{1+E_c} = \frac{3.30}{1+0.02+\dfrac{0.40}{c}}$$

결국 콜옵션의 가격은 다음과 같다.

$$c = \frac{3.30-0.40}{1.02} = \$2.84$$

이는 위험중립적 가정하에서의 콜옵션의 가격과 일치함을 알 수 있다.

1.2 블랙-숄즈의 옵션가격결정모형

1.2.1 유럽식 콜옵션의 가격결정

배당이 지급되지 않는 주식의 보유비용(b)은 무위험이자율(r_f)과 같으므로, 배당이 지급되지 않는 주식에 대한 유럽식 콜옵션의 가격관계식은 다음과 같이 표현할 수 있다.

$$c(S, T; X) = SN(d_1) - Xe^{-r_f T}N(d_2) \tag{11.1}$$

여기서, $d_1 = \dfrac{\ln(S/X) + (r_f + 0.5\sigma^2)T}{\sigma\sqrt{T}}$

$d_2 = d_1 - \sigma\sqrt{T}$

S = 기초증권의 가격

T = 만기

X = 행사가격

이제 배당을 고려하면, 주가는 배당금만큼 하락하게 된다. 따라서 배당락 후에 주가는 배당금의 현가만큼 하락하게 된다. 이러한 점을 고려하면 위 식에서 주가는 다음과 같이 수정되어야 한다.

$$S^x = S - De^{-r_f t} \tag{11.2}$$

따라서 배당주식에 대한 콜옵션의 가격은 다음과 같이 표현된다.

$$c(S, T; X) = S^x N(d_1) - Xe^{-r_f T} N(d_2) \quad (11.3)$$

$$\text{여기서, } d_1 = \frac{\ln(S^x/X) + (r_f + 0.5\sigma^2)T}{\sigma\sqrt{T}}$$

$$d_2 = d_1 - \sigma\sqrt{T}$$

이제 다음과 같은 예제를 통해 콜옵션의 가격결정과정을 알아보기로 하자.

예제 11-1

행사가격이 \$50이고 만기잔여일수가 90일인 A주식에 대한 유럽식 콜옵션을 가정하자. 무위험이자율은 연 10%, A주식의 가격은 \$50, A주식수익률의 표준편차는 30%이며, A주식은 60일 후에 \$2의 배당을 지급한다고 가정하자. 이 주식옵션의 가격은 얼마인가?

현재의 주가에서 약속된 배당금의 현가를 차감하면 다음과 같다.

$$S^x = 50 - 2e^{-0.10(60/365)} = 48.033$$

따라서 A주식에 대한 유럽식 콜옵션의 가격은 다음 식에 의해서 구할 수 있다.

$$c = 48.033 N_1(d_1) - 50e^{-0.10(90/365)} N_1(d_2)$$

$$\text{여기서, } d_1 = \frac{[\ln(48.033/50) + (0.10 + 0.5(0.30)^2)(90/365)]}{0.30\sqrt{90/365}}$$

$$= -0.029$$

$$d_2 = -0.029 - 0.149 = -0.178$$

확률 $N_1(-0.029)$와 $N_2(-0.178)$은 0.488과 0.429이므로, A주식에 대한 유럽식 콜옵션의 가치는 다음과 같다.

$$c = 48.033(0.488) - 48.782(0.429) = \$2.51$$

1.2.2 유럽식 풋옵션의 가격결정

무배당주식에 대한 유럽식 풋옵션의 가격결정식은 다음과 같다.

$$p(S, T; X) = Xe^{-r_f T} N(-d_2) - SN(-d_1) \tag{11.4}$$

$$\text{여기서, } d_1 = \frac{\ln(S/X) + (r_f + 0.5\sigma^2)T}{\sigma\sqrt{T}}$$

$$d_2 = d_1 - \sigma\sqrt{T}$$

배당주식에 대한 유럽식 콜옵션과 마찬가지로, 배당주식에 대한 유럽식 풋옵션의 가격은 $S^x = S - De^{-r_f t}$를 대입시키게 된다. 따라서 배당주식에 대한 유럽식 풋옵션의 가격은 다음과 같이 표현된다.

$$p(S, T; X) = Xe^{-r_f T} N(-d_2) - S^x N(-d_1) \tag{11.5}$$

$$\text{여기서, } d_1 = \frac{\ln(S^x/X) + (r_f + 0.5\sigma^2)T}{\sigma\sqrt{T}}$$

$$d_2 = d_1 - \sigma\sqrt{T}$$

예제 11-2

앞서의 예제와 동일한 상황을 가정해 보고, A주식에 대한 유럽식 풋옵션의 가치를 결정해 보기로 하자.

현재의 주가에서 약속된 배당금의 현가를 차감하면 다음과 같다.

$$S^x = 50 - 2e^{-0.10(60/365)} = 48.033$$

따라서 A주식에 대한 유럽식 풋옵션의 가격은 다음 식에 의해서 구할 수 있다.

$$p = 50e^{-0.10(90/365)} N_1(-d_2) - 48.033 N_1(-d_1)$$

여기서,

$$d_1 = \frac{[\ln(48.033/50) + (0.10 + 0.5(0.30)^2)(90/365)]}{0.30\sqrt{90/365}}$$

$$= -0.029$$

$$d_2 = -0.029 - -0.149 = -0.178$$

확률 $N_1(0.029)$와 $N_2(0.178)$은 0.512과 0.571이므로, A주식에 대한 유럽식 풋옵션의 가치는 다음과 같다.

$$p = 48.782(0.571) - 48.033(0.512) = \$3.26$$

2. 옵션의 가격결정

2.1 주가지수옵션의 가격결정

일정한 배당률을 가정하면 유럽식 주가지수 콜옵션의 가격결정식은 다음과 같이 표현할 수 있다.

$$c(S, T; X) = Se^{r_d T} N(d_1) - Xe^{-r_f T} N(d_2) \tag{11.6}$$

그리고 유럽식 주가지수 풋옵션의 가격결정식은 다음과 같다.

$$p(S, T; X) = Xe^{-r_f T} N(-d_2) - Se^{-r_d T} N(-d_1) \tag{11.7}$$

여기서, $d_1 = \dfrac{\ln(S/X) + [(r_f - r_d) + 0.5\sigma^2)T}{\sigma\sqrt{T}}$

$$d_2 = d_1 - \sigma\sqrt{T}$$

예제 11-3

행사가격이 350인 90일물 S&P100지수에 대한 풋옵션을 고려해 보자. 현재의 S&P100지수수준은 355.00이며, 이 지수에 대한 배당률은 연 25%라 하자. 그리고 무위험이자율은 6%이다.

S&P100 주가지수옵션은 미국식 옵션이지만, 여기서는 유럽식 옵션이라고 가정하고 가치를 구해보기로 하자.

$$p = 350e^{-0.035(90/365)}N(d_1) - 355e^{-0.06(90/365)}N(d_2)$$

여기서,

$$d_1 = \frac{\ln(355/350) + [0.06 - 0.035 + 0.5(0.25)^2](90/365)}{0.25\sqrt{90/365}}$$

$$= 0.2260$$

$$d_2 = d_1 - 0.25\sqrt{90/365} = 0.1018$$

확률 $N(-d_1)$과 $N(-d_2)$는 0.4106과 0.4594이므로, 유럽식 풋옵션의 가치는 다음과 같다.

$$p = 344.860(0.4594) - 351.949(0.4106) = \$13.918$$

2.2 통화옵션의 가격결정

다른 현물옵션과 마찬가지로 통화옵션의 가격결정도 블랙-숄즈의 옵션가격결정모형에 의해서 가격이 결정된다. 유럽식 통화옵션에 있어서 콜옵션의 가격은 다음과 같이 결정된다.

$$C = e^{-r_F T}[SN(d_1) - e^{r_D T}XN(d_2)] \quad (11.8)$$

여기서, S = 현물환율
X = 행사가격
T = 만기잔여일수
r_F = 외국의 무위험이자율

r_H = 자국의 무위험이자율
σ = 현물환율의 표준편차

$$d_1 = \frac{\ln(S/X) + r_D - r_F + \sigma^2/2)T}{\sigma\sqrt{T}}$$

$$d_2 = d_1 - \sigma\sqrt{T}$$

위의 통화옵션의 가격결정공식은 다음과 같이 선도환율을 이용하여 간단히 변형된다.

$$C = e^{-r_D T}[FN(d_1) - XN(d_2)] \tag{11.9}$$

여기서, F = 선도환율

$$d_1 = \frac{\ln(F/X) + (\sigma^2/2)T}{\sigma\sqrt{T}}$$

$$d_2 = d_1 - \sigma\sqrt{T}$$

이상의 통화옵션 가격결정모형은 또한 풋-콜 평가(put-call parity)를 이용하여 유럽식 풋옵션의 가격을 결정하는 데 이용할 수 있다. 동일한 행사가격 X를 갖는 콜옵션의 매입과 풋옵션의 매도포지션은 가격 X에 선도계약의 매입포지션을 취하는 것과 동일하게 될 것이다. 여기서 S^*를 만기시의 현물환율이라고 하자.

	S^* 〈 X	S^* = X	S^* 〉 X
①콜옵션 매입	0	0	S^*- X
②풋옵션 매도	-(X- S^*)	0	0
(①+②)	S^*- X	S^*- X	S^*- X
③선도계약 매도	(S^*- F)	(S^*- F)	(S^*- F)
결합포지션(①+②+③)	F - X	F - X	F - X

위의 표에서 보는 바와 같이 콜옵션의 매입포지션과 풋옵션의 매도포지션 그리고 선도계약의 매도포지션을 결합하면, 만기 시에 결합포지션의 가치는

항상 $F-X$가 된다. 따라서 다음과 같은 등식이 성립된다.

$$\text{콜} - \text{풋} = (F-X)e^{-r_D T}$$

3. 옵션가격결정과 거래활용

3.1 통화옵션의 차익거래

위의 식에서 보는 바와 같이 콜옵션의 가격이 적정하게 결정되었을 때, 풋옵션의 가격은 풋-콜 등가식에 의해서 결정된다. 이제 다음과 같은 예제를 통해 풋옵션의 가격을 결정하는 과정과 이를 통한 차익거래를 살펴보기로 하자.

예제 11-4

3월 현재 6월 만기의 행사가격이 125인 파운드화 콜옵션의 프리미엄이 ₡2.70이고, 6월 만기의 행사가격이 125인 파운드화 풋옵션의 프리미엄이 ₡3.00라고 하자. 현재의 3개월물 달러이자율은 10%이며, 3개월물 파운드화 선도이자율은 $1.2465이다. 이때 균형관계를 이용하여 적정한 풋옵션의 프리미엄은 다음과 같이 계산된다.

$$\text{풋옵션의 프리미엄} = 2.70 - \frac{(124.65-125)}{1.025}$$
$$= ₡3.0425$$

따라서 풋옵션의 가치가 콜옵션의 가치에 비해 상대적으로 저평가되어 있으므로 차익기회가 존재한다고 할 수 있다. 따라서 투자자는 다음과 같은 거래전략을 취할 수 있을 것이다.

풋옵션을 ₡3.00에 매입
콜옵션을 ₡2.70에 매도
파운드화 선도계약을 $1.2465에 매입

순투자금액 = ₡0.30

¢0.30를 3개월간 10%의 이자율로 차입하는 비용
= (0.30)(0.025)
= ¢0.0075

따라서 이러한 거래전략의 만기시의 가치는 다음과 같다.

	$S^* < 125$	$S^* = 125$	$S^* > 125$
풋	125 - X	0	0
콜	0	0	-(125 - X)
선도	X - 124.65	125 - 124.65	X - 124.65
원리금	- 0.3075	- 0.3075	- 0.3075
	¢0.0425	¢0.0425	¢0.0425

차익거래의 손익 = ¢0.0425(파운드당)

그러나 위의 예제에서 유의하여야 할 점은 이러한 차익은 단지 만기 시에만 보장된다는 것이다. 그리고 위의 예에서 투자자는 콜옵션을 매도했기 때문에, 콜옵션의 매입자가 옵션을 조기에 행사할 수도 있는 위험을 안고 있다고 볼 수 있다.

3.2 통화옵션의 헤징

다른 현물옵션과 마찬가지로 통화옵션은 특히 불확실한 자산 또는 부채를 헤징하는데 이용될 수 있다. 통화옵션은 또한 일반적인 외환선도거래의 헤징에 대한 대체수단으로 이용된다. 그러나 이러한 통화옵션은 일반적으로 외환선도헤징에 비해 유효성이 떨어지는 것으로 알려져 있다.

이제 다음의 예제를 통해 통화옵션을 이용한 단순한 헤지를 살펴보기로 하자.

예제 11-5

영국의 한 수입업자가 9월에 상품수입대금 150만 달러를 지불해야 한다고 하자. 6월 현재의 파운드-달러 현물환율은 \$1.1050이며, 3개월물 선도환율은 1.1000이라고 한다. 그리고 필라델피아거래소의 파운드화 풋옵션의 가격은 ₵4.50이다.

우선 풋옵션의 매입계약수는 다음과 같이 결정된다.

옵션의 계약단위 = £12,500

£12,500의 \$1.1000에서의 등가 = \$13,750

$$\text{헷지를 위한 옵션계약수} = \frac{\$1,500,000}{\$13,750} = 109\text{계약}$$

이에 따라서 영국의 수입업자는 9월 만기 풋옵션을 109계약 매입하기로 결정하였다. 그리고 이에 따른 옵션헤지의 총비용은 다음과 같다.

총비용 = 109 × \$0.045 × £12,500
= \$61,312.50

따라서 150만 달러를 헤지하는데 4.1%(=61,312.50/1,500,000)의 비용이 들었다. 이는 직접적인 선도헤지의 비용보다 큰 금액이다. 이것이 통화옵션 헤지가 직접적인 선도헤지에 비해 덜 매력적인 주요한 이유가 된다. 여기서 ₵4.5의 옵션비용이 의미하는 바는 최적환율은 단지 1.0550(=\$1.100 - \$0.045)이라는 것이다.

위의 예제를 이용하여 9월 5일의 파운드-달러 환율의 극단적인 두 가지 경우를 가정한 옵션헤지의 결과를 알아보기로 하자.

대안 1 : 달러-파운드 현물환율 1.00, 옵션프리미엄 ₵10.25
수입업자가 1.00의 환율로 \$1,500,000을 교환
비용 = £1,500,000

수입업자가 ₵10.25에 109계약의 풋옵션을 매도

이익 = 109 × £12,500 × ($0.1025 - $0.045)

= $78,343.75

1.00에서의 등가금액 = £78,343.75

이때 유효환율(effective exchange rate)은 교환할 통화금액을 지불된 파운드의 유효금액으로 나누어줌으로써 구할 수 있다.

$$유효환율 = \frac{\$1,500,000}{£1,500,000 - £78,343.75}$$

$$= 1.0551$$

이는 위의 예제에서 구한 최적환율 1.0550보다는 약간 더 높음을 알 수 있다. 그 이유는 헤지에 사용된 옵션은 9월 만기일까지 몇일이 더 남아있으므로, 약간의 시간가치(time value)를 가지고 있기 때문이다.

대안 2 : 달러-파운드 환율 1.20, 옵션프리미엄 ₵0.01

수입업자가 1.20의 환율로 $1,500,000을 교환

비용 = $1,250,000

수입업자가 ₵0.01에 109계약의 풋옵션을 매도

손실 = 109 × £12,500 × ($0.0001-$0.045)

= -$61,176.25

1.20에서의 등가금액 = -£50,980.21

이제 유효환율을 구해보면 다음과 같다.

$$유효환율 = \frac{\$1,500,000}{£1,250,000 + £50,980.21}$$

$$= 1.1530$$

만약 이 유효환율을 6월의 선도환율 1.10과 비교한다면, 옵션헤지를 통해 유리한 환율변동의 이점을 일부 유지할 수 있었음을 알 수 있다. 그러나 문제

는 이러한 옵션헤지를 설정하기 위해서는 큰 비용이 소요된다는 것이다. 따라서 선도환율과 옵션헤지를 통한 유효환율을 비교할 때, 옵션헤지에 소요되는 비용을 고려하여야 한다.

파생상품거래 실패사례

NatWest Bank 사례

1. 배경

NatWest 사건은 파생금융상품부문에서 발생한 손실에 대한 운영상의 결점과 해당분야에 대한 내부통제의 약화 그리고 이의 고의적인 은닉이, 1995년 초 베어링사건 이후 파생상품부문에 대한 감독을 계속 강화해 오고 있는 과정에서, 1997년 2월 초에 감지되어 밝혀진 것으로 나타났다.

1996년 12월에 NatWest를 떠났던 옵션전문거래자 Kyriacos가 2년 동안 손실은 감추어지고 거짓 이익을 창조해 냈던 것으로 드러났다. 손실은 NatWest 은행의 파생상품 전담부문인 NatWest Markets에서 옵션가격 계산상의 오류에서 비롯되었다.

내부조사결과 그 손실액의 규모는 90백만 파운드로 은행수지에는 별 영향이 없는 수준이었다. 또한 그 손실은 런던 금리옵션에만 국한되고, 제3자와의 공모를 통한 고객의 손실이나 개인적인 이익을 본 증거는 없었다.

2. 거래내역

발표된 보고서의 내용을 중심으로 거래내역을 살펴보면 다음과 같다.

(1) 최초의 손실은 주로 Deutsche Mark과 Sterling에 관한 금리스왑과 옵션거래 장부에서 발생하였고, 미숙한 거래와 불리한 시장의 움직임에서 비롯되었다.

(2) 이러한 손실은 고의적으로 잘못 설정한 가격과 과대평가된 옵션거래로 은닉되었다. 장기간의 외가격 스왑에 가격모델에 가해진 변동성은 잘못 조정되어 거래장부상의 가치를 상승시켰다.

(3) 또한 손실을 감추고 조작된 이익을 옮기기 위해 고의적으로 옵션장부사이의 허가받지 않은 가치의 이동이 있었다.

(4) 금리 옵션분야에 대한 독립적인 가격 체크 제도가 외부 가격 고시(quotation)와 옵션의 가격 체크를 획득하기 위한 충분히 강력한 기준을 가지고 있지 않았다.

그리고 손실원인에 대한 분류에 따라 거래내역을 살펴보면 다음과 같다.

(1) 이 사건의 직접적인 발생원인은 옵션가격결정의 가장 중요한 부문인 변동성(volatility) 측정 상에 오류가 발생한 것이었다.

변동성은 종류와 측정방법도 다양하고 여러 가지 변수(기초자산 가격, 기간, 행사가격, 무위험이자율)에 따라 그 값이 상이하게 되므로 옵션 취급 시 주의를 요한다. 내부조사에 의하면 옵션전문거래자(option trader)인 Kyriacos Papouis가 변동성을 조정하여 옵션거래의 평가금액을 높였다는 것이었다. 그의 상사인 Neil Dodgson은 변동성의 측정평가방법에 동의를 하였으나 검증능력이 부족하였던 것이었다.

(2) 간접적인 원인으로는 파생상품의 거래규모가 증가하는 데 따른 전문가 확보가 미흡하였다. 1993년도 Natwest Markets를 설립하여 기업금융(corporate banking)과 투자은행업무(treasury and investment banking operation)를 전담하면서 공격적인 영업을 개시하였다. 1996년에는 파생상품 거래 잔액이 U$5천억을 초과하면서 전 세계 시장점유율이 3.5%로 확대되었다. 거래규모가 급증함에 따라 전문가에 의한 관리가 필요하나 전문가 부족에 의한 통제감독상의 구조적인 문제가 발생하였다.

3. 결과

넷웨스트 내부의 변화를 중심으로 이 사건에 관한 조사가 진행되면서 NatWest의 고위직 임원들 6명이 책임을 지고 NatWest Markets을 떠났다.

NatWest는 조사기관에 의한 내부통제와 감독강화, 그리고 위험관리에 대한 강화권고로 인해 이미 NatWest Markets에서 진행중이던 제도구축을 더욱 강화시키기로 했다. 모든 내부통제책이 효과적으로 운영되도록 하기 위해서 강화작업을 신속하게 추진하고 있으며, 또한 NatWest Markets은 시스템과 내부통제를 위한 하부기관을 보다 효율적인 정보테크놀로지의 사용을 통해 계속적으로 증진시킬 예정이다.

1996년 10월 NatWest Markets의 Greenwich Capital Markets의 인수합병 이후 국제부채시장에 대한 새로운 경영구조가 실시되어왔다. Gary Hollowary와 Chip Kruger의 공동 CEO제도 외에도 Vincent Tomashi와 Phil Lotz가 각각 국제부채파생상품부서장과 런던에 있는 유럽부채시장의 운영장이 되었다. 그리고 새로운 국제부채시장의 금융장으로는 Keith Haslett가 임명되었다. 6월 16일 NatWest의 CEO Derek Wanless은 NatWest Markets의 고위임원들의 영향력을 강화하겠음을 발표했다. 또한 그는 일시적으로 NatWest Markets의 Acting CEO로서 직접 책임을 다할 것을 알렸다.

4. 교훈

이 사건이 주는 교훈은 전문가 양성 및 확보의 중요성이다. 복잡한 파생금융상품업무를 수행하는 데 충분한 전문지식이 없는 관리자 한 사람이 은행 전체에 엄청난 손실을 가져올 수 있다는 점이다.

특히, 근래에는 이색옵션(exotic option), 내재옵션(embedded option), 콴토구조(quanto structure), 신용파생상품(credit derivatives) 등 새로운 금융상품이 출현함에 따라 전문적인 지식이 없이 이러한 상품을 취급하는 것은 사고위험을 항상 안고 있다는 것을 염두에 두어야 한다.

또한 옵션가격을 산출하는 소프트웨어에는 문제가 없으나, 위험을 관리해야 할 관리자가 이론적인 바탕이 없어 전문거래자의 틀린 주장을 수용하였다는 데에도 문제가 있다. 지적거래를 담당하는 전문거래자뿐만 아니라 위험을 철저하게 관리하고 통제할 수 있는 제도적 장치와 전문관리자의 확보가 필수 불가결하다고 하겠다.

(*riskmania.com*)

연습문제

기본문제

1. 다음 중 이항모형의 특징에 대한 설명으로 가장 거리가 먼 것은?
① 콜옵션은 이항모형에서 기초자산의 상승 또는 하락 확률과 무관하게 결정된다.
② 기초자산의 가격은 상승 또는 하락으로 나타나는 이항분포의 확률변수라고 가정한다.
③ 콜옵션의 가격은 투자자의 위험선호도와 무관하게 결정된다.
④ 콜옵션의 가격은 주가의 변동성에 의해 설명된다.

2. 블랙-숄즈 모형의 가정에 대한 설명으로 가장 거리가 먼 것은?
① 이자율은 시장의 수요와 공급에 따라 변화한다.
② 거래비용과 공매에 대한 제한이 없다
③ 주식의 배당은 지급되지 않는다.
④ 투자자는 무위험이자율로 차입과 대출이 가능하다.

3. 현재 주가지수 100포인트, 행사가격 95포인트, 상승확률 10%, 하락확률 8%, 그리고 이자율이 4%일 때, 만기 1년인 콜옵션의 가치로 가장 가까운 것은? (단, 1년간 이항모형을 이용하여 근사치로 구하시오)
① 2.4620　　② 2.8348
③ 2.9862　　④ 3.2053

4. A주식의 현재 시장가격은 27만원이며, 만기가 1년 후이고 행사가격이 30만원인 A주식 풋옵션의 프리미엄이 5만원이라고 하자. 이자율이 4%일 경우, 만기가 1년 후이고 행사가격이 30만원인 A주식 콜옵션의 가치는 얼마인가? (가장 가까운 근사치로 구하시오)
① 2.00　　② 2.94
③ 3.00　　④ 3.18

5. 현재 현물가격(S)이 $25이고 N(-d1)=0.0235, N(-d2)=0.0336, $e^{(-0.04*0.5)}$=0.9802라고 하자. 무위험이자율(r)이 4%일 때, 블랙-숄즈 옵션가격결정모형으로 계산한 만기가 6개월 남은 행사가격(X)이 $20인 풋옵션의 가격으로 가장 가까운 것은?
① $0.07
② $0.15
③ $0.42
④ $1.02

6. 블랙-숄즈 옵션가격결정모형의 가정에 대한 설명으로 가장 거리가 먼 것은?
① 기준물의 거래가 지속적으로 이루어진다.
② 기준물 수익률의 1일 가격변동치가 로그정규분포를 따른다.
③ 옵션 잔존기간 동안 무위험이자율이 변하지 않는다.
④ 옵션 잔존기간 동안 배당금의 지불이 없다.

다음 빈 칸에 알맞은 말을 넣으시오.

7. 옵션가격은 투자자의 (　　　　　　)와 무관하다.

8. 콜옵션의 현재가치는 만기기대가치의 (　　　　　　)이다.

9. 위험중립적 상황 하에서는 투자자들이 위험에 대해 무차별하므로, 할인율은 단순히 (　　　　　　)이다.

10. 콜옵션의 가격이 적정하게 결정되었을 때, 풋옵션의 가격은 (　　　　　　)에 의해서 결정된다.

다음 문장이 맞으면 O, 틀리면 X를 하시오.

11. 위험중립적 가정 하에서, 주식의 만기기대가치는 현재가치에 (1 + 무위험이자율)을 곱한 것과 같게 된다. (　　)

12. 위험중립적 가정 하에서 계산한 옵션가격과 위험회피적 가정 하에서 계산한 옵션가격은 동일하지 않다. (　　)

제12장 옵션거래전략

제 12 장 옵션거래전략

포르셰의 '위험한 게임'.. "헤지펀드 아냐?"

폭스바겐 외에 다른 주식옵션 거래도 손 대.. 헤지펀드들 소송
폭스바겐 가치 하락 등 3가지 리스크 상존

지난해 폭스바겐으로 대박을 낸 포르셰가 다른 주식옵션 거래에도 손을 댄 것으로 나타나면서 투자행태가 다시 주목받고 있다. 당시 폭스바겐 공매도를 했다가 큰 손실을 봤던 헤지펀드들은 폭스바겐의 의도적인 거래 가능성에 의심의 눈초리를 보내며 소송에 나섰다. 포르셰 측은 강하게 부인하고 있지만 향후 자동차 산업 악화에 따른 폭스바겐 주가의 하락 가능성이나 포르셰의 부채 차환을 둘러싼 리스크 역시 관심사로 부각되고 있다.

이미 포르셰는 지난해 폭스바겐 지분을 75%까지 끌어올리겠다는 계획을 발표하고 폭스바겐 주가가 급등하면서 관련 주식·옵션 거래에서 68억유로의 수익을 거뒀고, 다른 자동차업체들과 달리 순이익이 51%나 급증하는 기염을 토했다.

(이데일리)

1. 옵션거래의 유형

옵션거래는 기본적으로 네 가지 유형이 있다. 즉, 콜옵션의 매입 또는 매도, 풋옵션의 매입 또는 매도 등 4가지 기본거래를 결합하여 다양한 복합전략을 세울 수 있으며 이런 전략들의 근본적인 목적은 헤징, 투기거래, 차익거래 및 스프레드 거래 등 다양하다.

개별증권의 수익성이나 옵션의 포지션(position)에 대한 기초자산의 가격움직임의 효과를 알아보기 위해서는 벡터(vector)의 개념을 사용하는 것이 간편하다. 여기서 사용되는 벡터의 첫 번째 행은 기초자산의 가격상승의 효과를 나타내며, 벡터의 두 번째 행은 기초자산의 가격하락의 효과를 의미한다. 따라서 개별증권의 매입포지션(long position)은 벡터 $\begin{bmatrix} 1 \\ -1 \end{bmatrix}$로 나타낼 수 있다. 왜냐하면 투자자금은 그 증권이 한 포인트 상승하면 한 포인트 증가하고, 반대로 한 포인트 하락하면 한 포인트 감소하기 때문이다. 또한 매도포지션(short position)은 매입포지션과는 반대로 벡터 $\begin{bmatrix} -1 \\ 1 \end{bmatrix}$로 나타낼 수 있다.

1.1 기본적인 거래유형

1.1.1 콜옵션(call option)의 매입

콜옵션의 매입은 미래의 특정 기초자산의 가격이 상승하리라고 기대하는 낙관적 투자자가 취할 수 있는 거래전략이다. [그림 12-1]의 (a)에서 보는 바와 같이 미래의 기초자산의 시장가격이 행사가격과 지불한 프리미엄(거래비용은 무시 또는 프리미엄에 포함되어 있다고 할 때)을 초과할 경우에는 콜옵션의 매입자는 이익을 얻게 된다. 그러나 예상이 어긋나 기초자산의 시장가격이 행사가격 이하로 하락할 경우에는 프리미엄을 포기하고 권리를 행사하지 않으면 된다. 따라서 콜옵션의 매입은 미래의 기초자산의 시장가격이 상승할 경우에는 큰 이익을 얻을 수 있으며 그 위험은 제한되어 있다.

따라서 콜옵션의 매입포지션(long call position)은 벡터 $\begin{bmatrix} 1 \\ 0 \end{bmatrix}$으로 나타낼 수 있다. 만약 기초자산의 시장가격이 한 포인트 상승하면 콜옵션의 매입에 따르는 이익도 한 포인트 증가하지만, 반대로 기초자산의 시장가격이 하락하여도 더 이상의 부담을 감수하지 않고 지불한 프리미엄만을 포기하면 된다. 여기에서 옵션의 프리미엄은 매몰원가 또는 기투입원가(sunk cost)로 간주되며 벡터에서는 이를 무시한다.

그림 12-1

옵션의 기본적인 거래유형

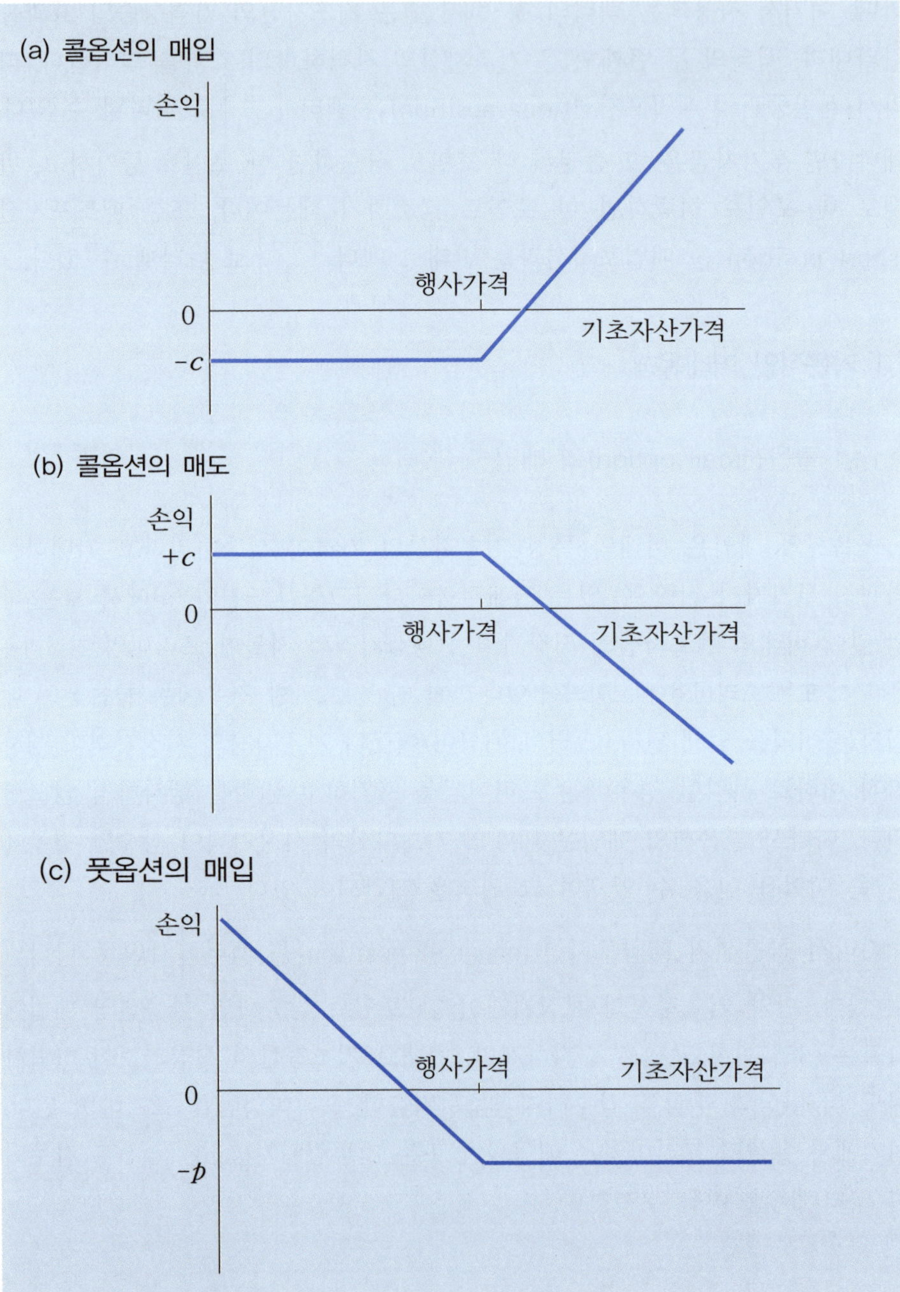

(d) 풋옵션의 매도

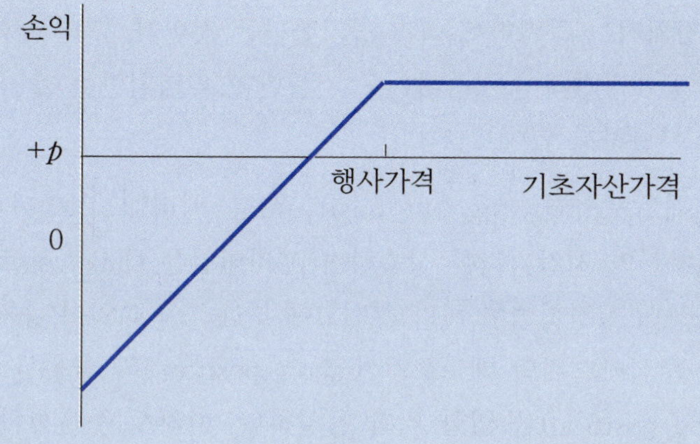

1.1.2 콜옵션의 매도

콜옵션의 매도는 미래의 특정 기초자산의 가격이 하락하리라고 기대하는 비관적 투자자가 취할 수 있는 거래전략이다. [그림 12-1]의 (b)에서 보는 바와 같이 미래의 기초자산의 시장가격이 행사가격보다 작을 경우에는 콜옵션의 매입자는 그 권리의 행사를 포기할 것이며 따라서 콜옵션의 매도자(발행자)는 프리미엄만큼의 이익을 얻게 된다. 그러나 미래의 기초자산의 시장가격이 예상과 어긋나 행사가격보다 커질 때에는 콜옵션의 매도자의 잠재적 손실은 제한이 없다.

따라서 콜옵션의 매도포지션(short call position 또는 writing a call)은 벡터 $\begin{bmatrix} -1 \\ 0 \end{bmatrix}$으로 나타낼 수 있다. 만약 기초자산의 시장가격이 상승하면 콜옵션의 매도는 손실을 가져오며, 반면에 하락하면 프리미엄만큼의 이익만을 가져오기 때문에 0으로 나타내게 된다.

1.1.3 풋옵션의 매입

풋옵션의 매입은 미래의 특정 기초자산의 시장가격이 하락하리라고 기대하는 비관적 투기거래자가 취할 수 있는 또 하나의 거래전략이다. 풋옵션의 매입이 콜옵션의 매도와 다른 점은 콜옵션의 매도는 기초자산의 시장가격이 하락하여도 그 이익은 프리미엄에 한정되지만, 풋옵션의 매입은 그 이익폭이 기초자산의 시장가격이 하락함에 따라 증가한다는 것이다. 그리고 예상이 어긋나 기초자산의 시장가격이 상승하여도 지불한 프리미엄만을 포기하면 더 이상의 손실은 부담하지 않아도 된다.

풋옵션의 매입포지션(long put position)은 벡터 $\begin{bmatrix} 0 \\ 1 \end{bmatrix}$로 나타낼 수 있다. 즉, 기초자산의 시장가격이 상승하면 프리미엄은 sunk cost로서 손실이 없고, 기초자산의 시장가격이 하락하면 그에 비례하여 이익이 증가한다. 풋옵션의 매입은 주식 1단위의 매도포지션(short position)과 콜옵션 1단위의 매입포지션(long position)을 합한 것과 동일하다. 따라서 풋옵션의 매입은 다음과 같이 나타낼 수 있다.

$$\begin{array}{ccccc} \text{주식매도} & & \text{콜옵션 매입} & & \text{풋옵션 매입} \\ \begin{bmatrix} -1 \\ 1 \end{bmatrix} & + & \begin{bmatrix} 1 \\ 0 \end{bmatrix} & = & \begin{bmatrix} 0 \\ 1 \end{bmatrix} \end{array}$$

이를 그림으로 나타내면 다음 [그림 12-2]의 (a)와 같다.

그림 12-2

합성 풋옵션의 매입과 매도

(c) 풋옵션의 매입

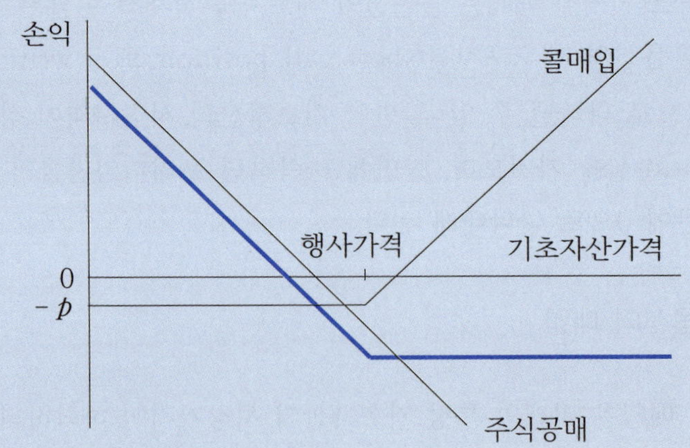

(d) 풋옵션의 매도

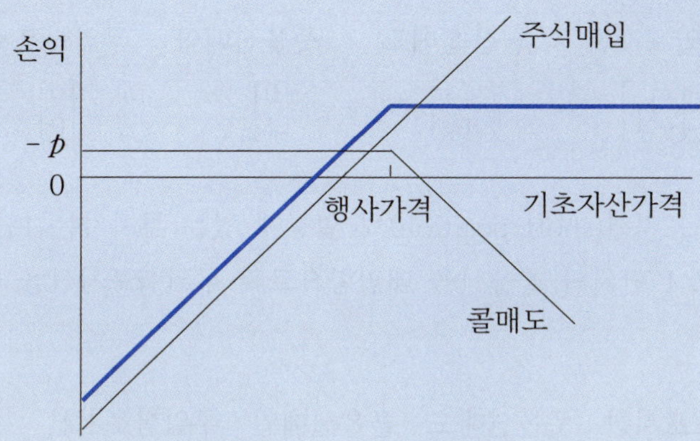

1.1.4 풋옵션의 매도

풋옵션의 매도는 미래의 특정 기초자산의 시장가격이 상승하리라고 예상되는 경우에 대비한 거래전략이다. 시장이 예상대로 움직이면 투자자는 프리미엄만큼의 이익을 얻고, 예상이 어긋나면 손실은 제한이 없다.

풋옵션의 매도포지션(put writer's position 또는 short put position)은 벡터 $\begin{bmatrix} 0 \\ -1 \end{bmatrix}$로 나타낼 수 있다. 이는 또한 다음과 같이 주식 1단위의 매입포지션(long position)과 콜옵션 매도의 결합으로 나타낼 수 있다.

$$\underset{\text{주식매입}}{\begin{bmatrix} 1 \\ -1 \end{bmatrix}} + \underset{\text{콜옵션 매도}}{\begin{bmatrix} -1 \\ 0 \end{bmatrix}} = \underset{\text{풋옵션 매도}}{\begin{bmatrix} 0 \\ -1 \end{bmatrix}}$$

1.1.5 무위험 포지션(risk-free position)

투자자가 기초자산의 가격상승이나 하락에 대하여 전혀 손실을 입을 위험이 없는 포지션을 설정할 수 있다. 매입포지션(long position)의 입장에 있는 투자자는 콜옵션 1단위를 매도하고 1단위의 풋옵션을 매입하면 무위험 포지

션을 설정할 수 있다. 즉,

$$\underset{\text{매입포지션}}{\begin{bmatrix} 1 \\ -1 \end{bmatrix}} + \underset{\text{콜옵션매도}}{\begin{bmatrix} -1 \\ 0 \end{bmatrix}} + \underset{\text{풋옵션매입}}{\begin{bmatrix} 0 \\ 1 \end{bmatrix}} = \underset{\text{무위험포지션}}{\begin{bmatrix} 0 \\ 0 \end{bmatrix}}$$

또한 매도포지션(short position)의 입장에 있는 투자자는 1단위의 풋옵션을 매도하고 1 단위의 콜옵션을 매입함으로써 무위험포지션을 설정할 수 있다. 즉,

$$\underset{\text{매도포지션}}{\begin{bmatrix} -1 \\ 1 \end{bmatrix}} + \underset{\text{풋옵션매도}}{\begin{bmatrix} 0 \\ -1 \end{bmatrix}} + \underset{\text{콜옵션매입}}{\begin{bmatrix} 1 \\ 0 \end{bmatrix}} = \underset{\text{무위험포지션}}{\begin{bmatrix} 0 \\ 0 \end{bmatrix}}$$

1.2 합성 거래전략

여러 가지 옵션거래를 이용하여 시장상황 및 투자자의 상황에 맞는 합성 거래전략을 설정하는 것이 가능하다. 여기서는 그 중에서 Combination, Straddle, Spread를 이용한 거래전략을 설명하고자 한다.

1.2.1 스트래들의 매입(buying straddles)

콜옵션의 매입자는 미래의 기초자산의 시장가격이 상승하리라고 예상하는 낙관적인 투자자이며, 풋옵션의 매입자는 그것이 하락하리라고 예상하는 비관적인 투자자이다. 그러나 문제는 기초자산의 시장가격의 변동을 예측하지 못할 경우나 기초자산의 시장가격의 변동을 알 수 있는 정보가 없을 경우에 발생한다.

스트래들 매입은 동일한 기초자산에 대해 행사가격과 만기일이 동일한 콜옵션과 풋옵션을 매입하는 것으로서, 이 포지션의 이익은 옵션의 만기일 이전에 기초자산의 시장가격이 상승하거나 하락하는 폭이 크면 클수록 그에 대한 이익은 증가된다. 그리고 예상과 달리 기초자산의 시장가격의 변동이 거의 없을 경우에는 손실이 당초의 프리미엄에 한정된다. 따라서 이 포지션은 기초자

산의 시장가격이 크게 상승하거나 크게 하락하리라고 기대될 때 취할 수 있는 거래전략이다.

스트래들의 매입은 벡터로 표시하면 다음과 같다.

$$\underset{\text{콜옵션매입}}{\begin{bmatrix}1\\0\end{bmatrix}} + \underset{\text{풋옵션매입}}{\begin{bmatrix}0\\1\end{bmatrix}} = \underset{\text{스트래들매입}}{\begin{bmatrix}1\\1\end{bmatrix}}$$

그리고 이를 그림으로 나타내면 다음 [그림 12-3]과 같다.

그림 12-3

스트래들의 매입

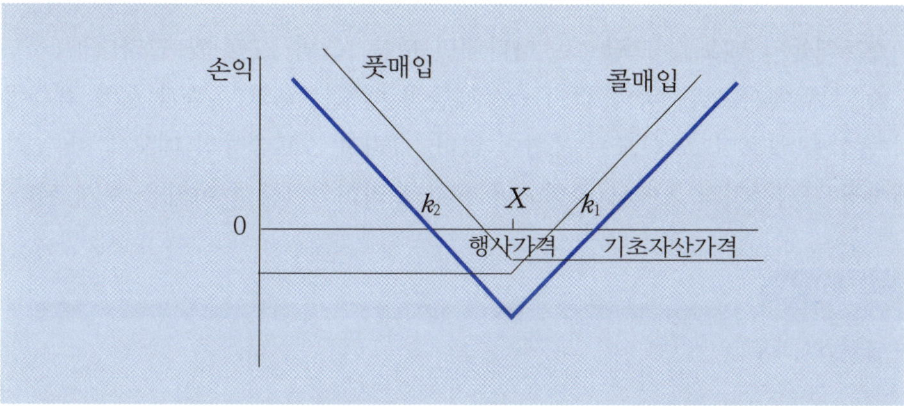

즉 그림에서 스트래들의 매입은 기초자산의 시장가격이 k_1 이상 상승하거나 k_2 이하로 하락할 때 이익을 얻을 수 있다. 반면에 최대손실(maximum loss)은 기초자산의 가격변동이 전혀 없는 (즉, 기초자산의 시장가격 = 행사가격) 점 X에서 지급한 스트래들의 가격(프리미엄)이 된다.

1.2.2 스트래들의 매도(writing or selling straddles)

스트래들의 매도는 동일한 기초자산에 대해 행사가격과 만기일이 동일한 콜옵션과 풋옵션을 매도하는 것으로서, 이 포지션의 이익은 만기일 이전에 기초자산의 시장가격이 행사가격의 범위 내에서 변동하지 않을 때 그 프리미엄만큼 발생한다. 스트래들의 매입에서는 손실의 최대한도가 프리미엄에 한정되지만 스트래들의 매도에서는 손실의 최대한도가 한정되지 않는다. 따라서 스트래들의 매도는 기초자산의 시장가격이 거의 변동하지 않을 것이 기대될 때 취할 수 있는 거래전략이라 할 수 있다.

스트래들의 매도포지션(straddle sale position)을 벡터로 표시하면 다음과 같다.

풋옵션매도 콜옵션매도 스트래들 매도

$$\begin{bmatrix} 0 \\ -1 \end{bmatrix} + \begin{bmatrix} -1 \\ 0 \end{bmatrix} = \begin{bmatrix} -1 \\ -1 \end{bmatrix}$$

스트래들의 매도를 그림으로 나타내면 다음 [그림 12-4]와 같다.

즉, 그림에서 보는 바와 같이 스트래들의 매도는 k_3의 우측과 k_4의 좌측에서 손실을 입으며 그 한도는 제한이 없다. 그리고 스트래들의 매도에 따른 최대이익은 행사가격 X에서 실현되며 단지 프리미엄만큼의 이익을 보게 된다.

그림 12-4

스트래들의 매도

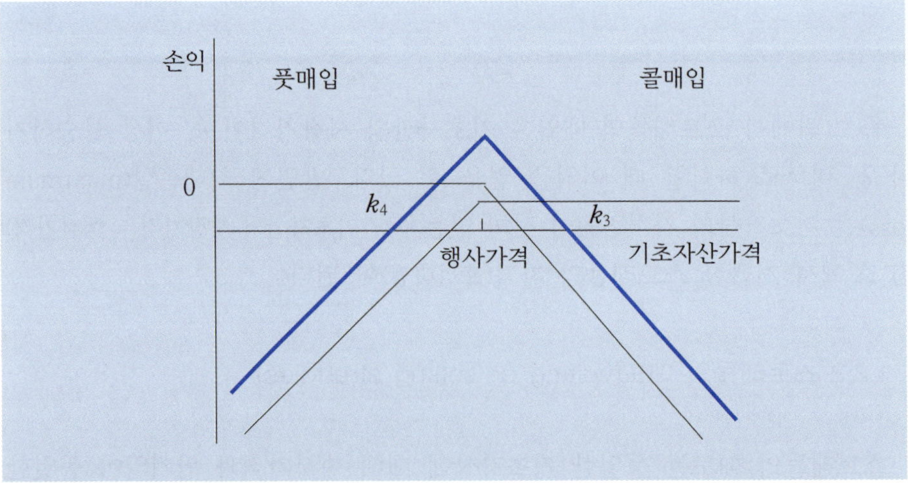

1.2.3 스트랭글의 매입(buying strangle)

스트랭글의 매입은 동일한 기초자산에 대하여 행사가격 또는 만기일이 다른 (또는 양자가 다른) 콜옵션과 풋옵션을 매입하는 포지션을 말한다.

그림 12-5

스트랭글의 매입

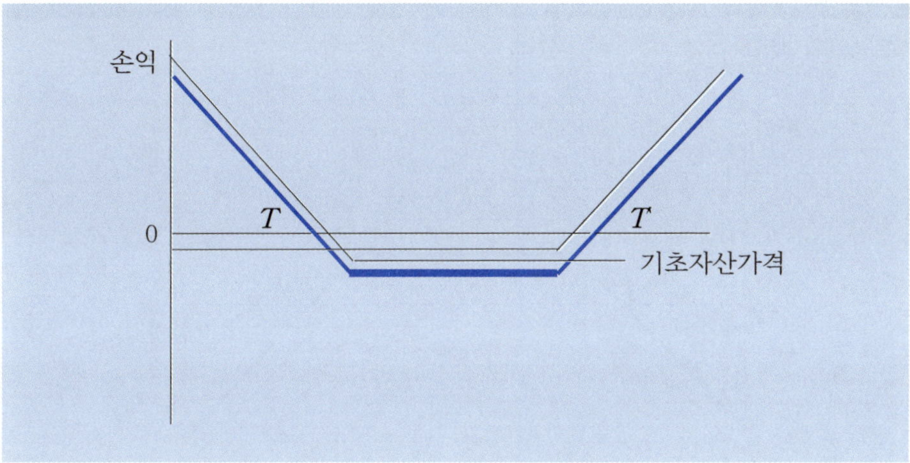

[그림 12-5]에서 보는 바와 같이 스트랭글의 매입은 기초자산의 시장가격이 콜옵션의 행사가격과 프리미엄을 합한 상한 T′ 이상으로 상승하거나 풋옵션의 행사가격과 프리미엄을 합한 하한 T 이하로 하락하였을 경우에 이익을 얻을 수 있다. 그리고 손실의 최대한도는 지불한 프리미엄의 합이 된다.

1.2.4 스트랭글의 매도(writing strangle)

컴비네이션의 매도는 동일한 기초자산에 대하여 행사가격과 (또는) 만기일이 다른 콜옵션과 풋옵션을 매도하는 포지션을 말한다.

[그림 12-6]에서 보는 바와 같이 스트랭글의 매도는 기초자산의 시장가격이 하한 T와 상한 T′ 사이에 위치할 때 최대이익인 프리미엄의 합을 얻는다.

그러나 기초자산의 시장가격이 크게 상승하거나 하락하면 투자자는 큰 손실을 입는다. 이 포지션의 손실은 제한이 없다.

스트랭글의 매도는 스트래들의 매도보다 이익이 발생할 수 있는 폭을 더 넓게 만든 포지션으로서, 스트래들의 매도보다 더 보수적인 거래전략이라 할 수 있다.

그림 12-6

스트랭글의 매도

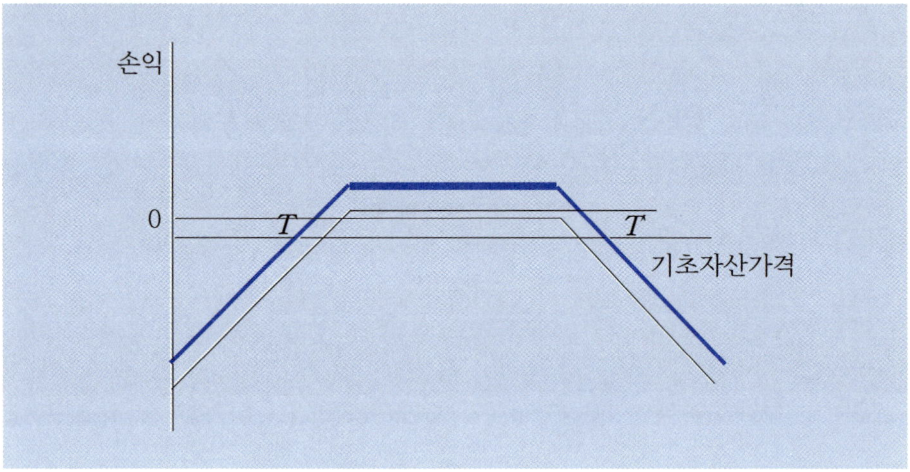

1.2.5 수직스프레드(vertical spread)

수직스프레드는 동일한 기초자산에 대하여 만기일이 같으나 행사가격이 다른 동일 클라스(class)의 옵션의 하나를 매입하고 다른 하나를 매도하는 포지션을 말한다.

콜옵션을 이용한 수직스프레드에서 행사가격이 낮은 콜옵션을 매입하고 행사가격이 높은 콜옵션을 매도하면 수직적 강세콜스프레드(vertical bull call spread)가 되고, 행사가격이 높은 옵션을 매입하고 행사가격이 낮은 옵션을 매도하면 수직적 약세콜스프레드(vertical call bear spread)가 된다.

그림 12-7

수직적 강세콜스프레드

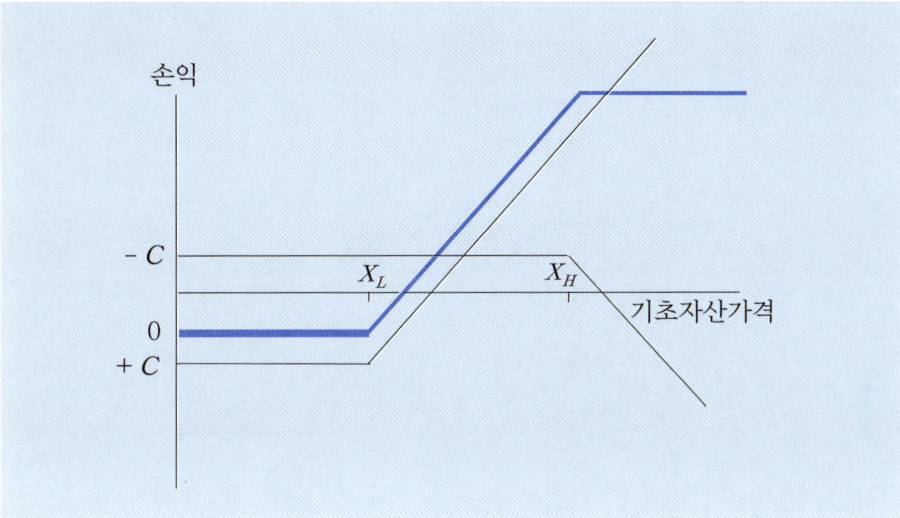

풋옵션을 이용한 수직스프레드에서 행사가격이 낮은 풋옵션을 매입하고 행사가격이 높은 풋옵션을 매도하면 수직적 강세풋스프레드(vertical put bull spread)가 되고, 행사가격이 높은 옵션을 매입하고 행사가격이 낮은 옵션을 매도하면 수직적 약세풋스프레드(vertical put bear spread)가 된다.

수직적 강세콜스프레드의 예를 도시하면 다음 [그림 12-7]과 같다.

[그림 12-7]에서 강세스프레드는 이익이나 손실의 최대한도가 한정되며, 매입에 따라 지급하는 프리미엄과 매도에 따라 받는 프리미엄이 차이가 있다는 것을 알 수 있다. 강세스프레드는 기초자산의 가격이 약세를 보일 때에는 손실을 입게 되지만 기초자산의 가격이 강세를 보일 때에는 이익을 얻게 된다.

수직적 약세콜스프레드의 예를 도시하면 다음 [그림 12-8]과 같다.

그림 12-8

수직적 약세콜스프레드

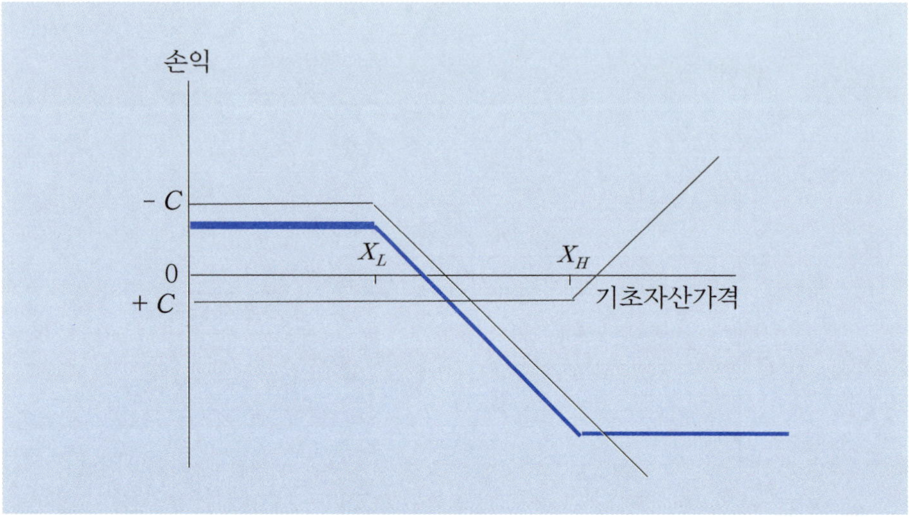

[그림 12-8]에서 약세스프레드는 이익이나 손실의 최대한도가 한정되며, 매입에 따라 지급하는 프리미엄보다 매도에 따라 받는 프리미엄이 더 크다는 것을 알 수 있다. 약세스프레드는 기초자산의 가격이 강세를 보일 때에는 손실을 입게 되지만 기초자산의 가격이 약세를 보일 때에는 이익을 얻게 된다.

1.2.6 버터플라이 스프레드(butterfly spread)

버터플라이 스프레드 또는 나비형 스프레드는 동일한 기초자산에 대하여 만기일이 같으나 행사가격이 다른 옵션을 한 단위씩 매입하고 행사가격이 그 중간에 위치하는 옵션을 두 단위 매도하는 포지션을 말한다.

이 포지션의 최대이익과 최대손실에는 한계가 있으며 행사가격이 A와 C인 옵션을 매입하고 행사가격이 B인 옵션을 두 단위 매도하는(여기서 A, B 및 C의 관계는 A 〈 B 〈 C이며 행사가격의 간격은 동일) 버터플라이 스프레드를 그림으로 나타내면 다음 [그림 12-9]와 같다.

여러 가지 옵션을 결합하여 만들 수 있는 거래전략은 상당히 많으며 계속

그림 12-9

버터플라이 스프레드

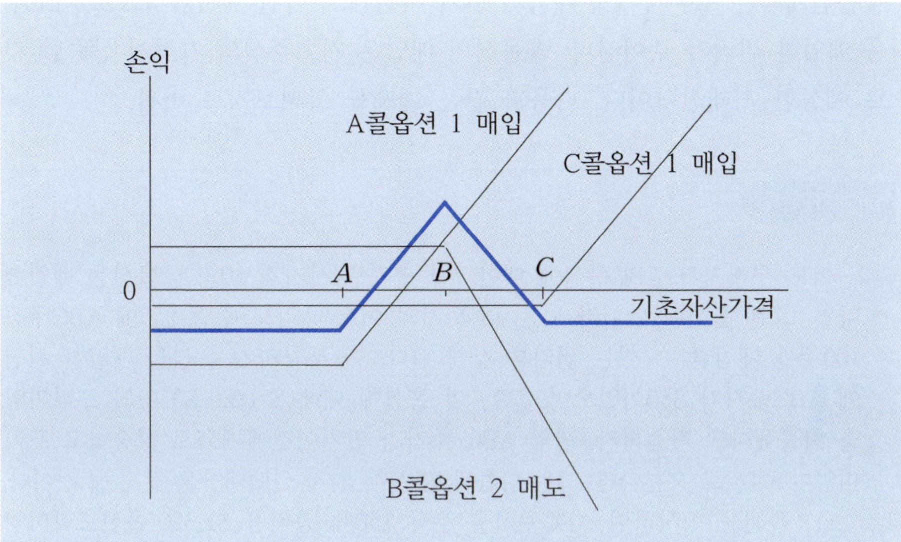

해서 개발되고 있다. 이러한 거래전략의 선택은 개별투자자의 투자환경과 각 포지션의 위험에 대한 선호체계에 달려있다고 할 수 있다. 옵션을 통한 거래전략은 상당히 큰 융통성이 있으며, 옵션을 이용한 보다 효율적인 거래전략을 수립할 수 있을 것이다.

2. 주식옵션과 주가지수옵션의 거래전략

투자자들이 이용할 수 있는 주식옵션과 주가지수옵션의 거래전략은 다양하다.[1] 여기서는 주식옵션을 위주로 한 기본적인 거래전략을 살펴보기로 하자. 그리고 여기서는 편의상 수수료와 거래비용, 세금, 증거금계정과 관련된 비용 등은 고려하지 않기로 한다. 그리고 여기서 다루는 옵션은 모두 미국식 옵션으로서, 만기일을 포함하여 그 이전의 어느 때라도 행사가 가능하다고 가정하자.

1) The Options Clearing Corporation,"Understanding stock options", 1993.9 참조.

2.1 주가상승을 기대한 콜옵션 매입

콜옵션계약은 보유자에게 계약의 만기 이전에 주어진 행사가격으로 기초주식을 매입할 권리가 주어진다. 콜옵션의 매입은 기초주식의 가격이 상승할 것으로 예상한 거래전략이다. 다음과 같은 예제를 살펴보기로 하자.

예제 12-1

어느 투자자가 ABC주식에 대한 7월 만기 행사가격 50의 콜옵션을 매입했다면, 그는 옵션이 만기가 되는 7월까지의 어느 때라도 주당 $50에 ABC주식 100주를 매입할 수 있는 권리를 갖게 된다. 이 투자자가 옵션을 매입한 시점에 ABC주가가 $50이었으며, 그는 이 옵션에 대해 3 1/2(=$350)의 프리미엄을 지불했다고 가정하자. 만약 ABC 주가가 만기이전에 $55로 상승하고 프리미엄이 5 1/2로 오른다면, 그는 다음과 같은 두 가지 선택대안을 갖게 될 것이다.

(1) 옵션을 행사하여 ABC주식을 주당 $50에 총비용 $5,350(옵션프리미엄 포함)로 100주를 매입하고, 동시에 주식시장에서 ABC주식 100주를 $5,500에 매도하여 $150의 순이익을 얻는다.

(2) 옵션자체를 $550에 매도함으로써 옵션포지션을 청산하고, 프리미엄의 차이 $200을 얻는다. 이 경우 57%(=200/350)의 수익률이 발생하지만, 만약 주식을 직접 매매했다면 동일한 가격변동 하에서 단지 10%(=5/50)의 수익률만을 기록했을 것이다.

위의 예제에서는 투자자가 주가상승을 예측하여 ABC주식에 대한 콜옵션을 매입하고, 실제로 옵션계약기간동안 ABC주식의 가격이 상승하여 이익을 얻은 경우이다. 다음은 주가가 상승하기를 기대하여 콜옵션을 매입하였으나, 오히려 주가가 하락하여 손실을 본 경우를 살펴보기로 하자.

예제 12-2

위의 경우와는 달리 ABC 주가가 $45로 하락하고 옵션 프리미엄이 7/8로 떨어진다면, 투자자는 이 옵션을 매도하여 이미 지불한 프리미엄비용의 일부를 회수할 수 있을 것이다. 만약 이 옵션을 매도하지 않는다면, 옵션은 아무

쓸모없이 소멸되고 손실은 이미 지불한 프리미엄비용인 $350이 된다.

대부분의 경우에 옵션에서의 손실은 기초주식을 직접 매입함으로써 입게 될 손실보다는 작다. 이 경우 옵션에서의 손실은 $262.50이며, ABC주식을 직접 매입했을 때의 손실은 $500이 된다.

이상의 거래는 기초주식의 가격상승에 따라 옵션을 보다 높은 가격으로 매도하거나 또는 기초주식을 시장가격보다 낮은 가격으로 매입함으로써 이익을 얻을 수 있으며, 반면에 기초주식의 가격이 하락할 시는 프리미엄비용으로 손실을 한정시키고자 하는 거래전략이다. 다음은 ABC주식의 가격상승 시와 가격하락 시의 손익을 나타내고 있다.

3 1/2에 ABC주식에 대한 행사가격이 50인 콜옵션 매입: -$350			
ABC 주가 55로 상승 및 프리미엄 5 1/2로 상승		ABC 주가 45로 하락 및 프리미엄 7/8로 하락	
1) 행사 및 주식매입 주식매도 옵션비용	- $5000 +$5500 -$ 350	옵션매도 옵션비용	+$ 87.50 -$ 350.00
이익	+$ 150	손실	-$262.50
2) 옵션매도 옵션비용	+$ 550 -$ 350		
이익	+$ 200		

2.2 투자계획의 일환으로서의 콜옵션 매입

"90/10 전략"으로 알려진 옵션의 가장 인기 있는 전략은, 투자기금의 10%로 콜옵션을 매입하고 나머지 90%는 옵션의 만기까지 단기금융시장에 투자(T-bill 등에 투자)하는 것이다. 이 전략은 옵션투자에 따른 레버리지 효과와 T-bill투자에 따른 제한된 위험을 제공한다. 이 전략은 기초주식의 주가하락

시에 손실을 콜옵션의 프리미엄에서 T-bill의 발생이자를 차감한 금액으로 한정시키면서 기초주식의 가격상승 시에는 전액을 단기금융시장에 투자한 경우보다 큰 이익을 가져오게 된다.

예제 12-3

ABC주식이 주당 $60에 거래된다고 가정하자. 따라서 투자자가 ABC주식을 100주 매입하기 위해서는 $6,000이 필요하며, 이때 투자자금 전액이 가격하락 위험에 노출될 것이다. 이에 따라 이 투자자는 90/10전략을 채택하여, ABC주식에 대한 6개월물의 행사가격이 60인 콜옵션을 매입하기로 하였다. 이 콜옵션의 프리미엄은 6이며, 따라서 옵션비용은 $600이 된다. 그리고 그는 나머지 $5,400은 6개월물 T-bill에 투자하였다. 이자율은 10%이며, T-bill을 만기까지 보유하면 6개월 동안 $270의 이자가 발생한다. 따라서 이 전략의 순투자비용은 $330(= $600 - $270)이다.

만약 ABC 주가가 주당 $3.30 이상 상승하면, 콜옵션의 매입포지션에서 이익이 실현될 수 있다. 이때 ABC주식 100주에 직접투자한 것보다 ABC주식 100주에 대한 투자효과를 가져오는 옵션에 투자한 자본이 더 적다. 따라서 더 높은 자본수익률을 얻을 수 있다

만약 ABC 주가가 $3.30 이상 하락한다면, 손실은 옵션매입 시 지불한 가격($600)에 한정되고 이 손실은 적어도 T-bill의 발생이자와 옵션을 매도함으로써 받게 될 프리미엄의 합계금액에 의해 부분적으로 상쇄된다.

프리미엄 6에 ABC 60 콜옵션 매입 10% 수익률의 T-bill을 매입			- $ 600 - $ 5,400
ABC 주가 65로 상승 및 프리미엄 8로 상승		ABC 주가 55로 하락 및 프리미엄 2로 하락	
1) 옵션매도 T-bill 이자 옵션비용	+$800 +$270 - $600	옵션매도 T-bill 이자 옵션비용	+ $200 + $270 - $600
이익	+$470	손실	- $130

2) 행사 및 주식매입	-$6,000
T-bill 이자	+$270
주식매도	+$6,500
옵션비용	- $600
이익	+$170

2.3 주식매입가격을 고정시키기 위한 콜옵션 매입

현재 어떤 주식이 저평가되어 있으며 향후 주가가 상승하리라는 것을 알고 있으나 현재 매입할 충분한 현금이 없는 투자자는 미래의 매입가격을 고정시키기 위해 콜옵션을 이용할 수 있다.

예제 12-4

ABC주식이 현재 주당 $55에 거래되고 있다. 어느 투자자가 ABC주식을 이 가격에 100주를 매입하고자 하나, 현재 충분한 가용자금을 가지고 있지 않다. 6개월 후에 자금유입이 계획되어 있으나, ABC 주가가 이 기간 동안 상승할 것을 우려하고 있다. 따라서 그는 ABC주식에 대한 6개월 만기 행사가격 55인 콜옵션을 4 1/4에 매입하였다.

만약 6개월 후에 ABC 주가가 $70로 상승하고 충분한 자금이 유입되면, 이 투자자는 콜을 행사하여 행사가격 $55에 ABC주식 100주를 매입하게 될 것이다. 따라서 그는 $425의 옵션프리미엄을 투자함에 따라 $7,000이 아닌 $5,500로 ABC주식 100주를 매입하게 될 것이다. 이때 그의 총비용은 $5,925(= $5,500 + $425)가 되며, 주식시장에서 직접 ABC주식을 매입한 것에 비해 $1,075(= $7,000 - $5,925)를 절감할 수 있었다.

만약 6개월 후에 ABC 주가가 $50로 하락한다면, 이 투자자는 이 옵션을 행사하지 않을 것이다. 왜냐하면 옵션을 행사하면 ABC주식을 $55에 매입하여야 하나, 주식시장에서는 $50에 직접 매입할 수 있기 때문이다. 따라서 이 옵션은 만기에 행사되지 않고 소멸되거나 그 이전에 시간가치를 반영한 낮은 가격으로 매도될 수 있을 것이다. 이때 최대손실은 콜옵션의 매입 시에 지불한 $425가 된다.

2.4 주식공매를 헤지하기 위한 콜옵션 매입

주가하락을 예측하여 주식을 공매한 투자자는 콜옵션을 매입함으로써 주가상승에 따른 손실을 제한할 수 있다. 주식의 공매는 증거금이 요구되며, 또한 주가상승에 따른 증거금의 추가납부요구인 마진콜(margin calls)은 중도에 포지션을 청산하게 만들 수도 있다. 비록 콜옵션이 주식공매 포지션의 주가상승 위험을 상쇄시키는 데 이용될 수 있다 하더라도, 추가적인 증거금납부요구나 주식공매 포지션의 조기청산을 원천적으로 보호하지는 못한다.

예제 12-5

투자자 A가 ABC주식을 주당 $40에 100주를 공매하였다. 그리고 3 1/2의 프리미엄으로 행사가격이 40인 ABC주식에 대한 콜옵션을 1계약 매입하였다. 따라서 그는 ABC 주가의 상승 시에도 최대 $40에 매입할 수 있는 전략을 수립한 것이다.

만약 ABC주가가 주당 $50로 상승하면, 그는 옵션을 행사하여 ABC주식 100주를 주당 $40에 매입하고 주식공매포지션을 청산하게 될 것이다. 이때의 손실은 $350이 된다. 이는 콜옵션을 매입하여 헤지하지 않았을 경우의 손실 $1,000보다 훨씬 작다.

$40에 주식공매	+$4,000	$40에 주식공매	+$4,000
		3 1/2에 40 콜 매입	-$350
① 주가가 $40에서 $50로 상승한 경우			
50에 주식 매입	-$5,000	콜행사/주식매입	-$4,000
주식공매 수익	+$4,000	콜비용	-$350
		주식공매 수익	+$4,000
손실	-$1000	손실	-$350
② 주가가 $40에서 $30로 하락한 경우			
30에 주식 매입	-$3,000	콜비용(소멸)	-$350
주식공매 수익	+$4,000	주식 매입	-$3,000
		주식공매 수익	+$4,000

이익	+$1,000	이익	+$650

이상에서 살펴본 바와 같이 이 거래전략의 최대 잠재손실은 콜옵션의 비용에 콜의 행사가격과 주식공매가격간의 차이를 더한 금액이 된다. 위의 예에서는 콜옵션의 행사가격과 주식공매가격이 동일하므로, 최대손실은 콜옵션의 프리미엄인 $350이었다. 그리고 ABC 주가가 하락하면, 이 거래전략에서는 이익이 발생함을 알 수 있다.

2.5 주가하락을 기대한 풋옵션 매입

주가하락에 따른 이익을 얻기 위해서는 주식의 공매보다는 풋옵션을 매입하는 전략이 더 매력적이다. 즉, 풋옵션을 이용하면 최대손실은 옵션비용에 한정되지만, 주식공매의 잠재손실에는 제한이 없다. 풋옵션 매입의 또 다른 이점은 주식공매에 비해 투하자본이 더 적다는 것이다. 그리고 주식공매는 앞서 설명한 바와 같이 증거금이 요구되며 추가증거금의 납부요구는 포지션을 조기에 청산하게 만들 수도 있다. 따라서 풋옵션의 보유자는 주식공매자와는 달리 옵션계약 기간 동안 어떤 추가적인 위험도 부담하지 않고 포지션을 유지할 수 있는 이점이 있다.

예제 12-6

현재 ABC주식의 가격이 $50이라고 하자. 투자자 A는 ABC주식가격의 하락을 기대하여 프리미엄 4(=$400)에 7월 만기 행사가격 50인 ABC주식에 대한 풋옵션을 매입하였다. 만약 ABC 주가가 7월 이전에 $45로 하락하고 프리미엄이 6으로 상승한다면, 그는 ITM상태에 있는 풋옵션을 처분하기 위한 다음과 같은 두 가지 선택대안을 갖게 된다.

1) ABC주식 100주를 주당 $45에 매입하고, 동시에 옵션을 행사하여 ABC 주식 100주를 $50에 매도한다. 따라서 이때의 순이익은 $100(= $500 -

$400)이 된다.

2) 옵션계약 자체를 매도하여 $200(= $600 - $400)의 이익을 얻는다.

그러나 만약 ABC 주가가 만기이전에 $55로 상승하고 이에 따라 프리미엄이 1 1/2로 하락한다면, 풋옵션은 OTM이 된다. 이때 이 투자자가 취할 수 있는 전략은 옵션의 시간가치 $150에 풋옵션을 매도하는 것이다. 따라서 이때의 손실은 풋옵션을 이용하지 않고 주식을 공매한 경우의 손실인 $500[= ($55 - $50) × 100주]보다 작은 $250(= $400 - $150)이 됨을 알 수 있다.

프리미엄 4에 행사가격 50인 ABC 풋옵션 매입 -$400			
주가가 45로 하락하고 프리미엄이 6으로 상승		주가가 55로 상승하고 프리미엄이 1 1/2로 하락	
(대안1)			
주식 매입	-$4,500	옵션매도	+$150
옵션 행사	+$5,000	옵션비용	-$400
옵션비용	-$400		
이익	+$100	손실	-$250
(대안2)			
옵션매도	+$600		
옵션비용	-$400		
이익	+$200		

2.6 주식매입포지션을 헤지하기 위한 풋옵션 매입

주식시장에서 매입포지션을 취하고 있는 투자자는 그 주식에 대한 풋옵션을 동시에 매입함으로써 주가하락위험을 제한할 수 있다. 이러한 헤징전략을 일반적으로 “married put”이라고 부른다. 이 거래전략은 풋옵션의 계약기간 동안 기초주식의 최저매도가격을 설정하고, 손실을 풋옵션 비용에 주식매입비용과 풋옵션의 행사가격간의 차이를 더한 금액으로 한정시키고자 하는 것이다. 물론 만약 주가가 풋옵션의 비용 이상으로 상승하면 이익을 얻는다.

예제 12-7

투자자 A는 ABC주식 100주를 주당 $40에 매입하고, 동시에 ABC주식에 대한 7월 만기 행사가격 40인 풋옵션 1계약을 프리미엄 2에 매입하였다. 즉, 그는 $200의 프리미엄으로 풋옵션을 매입함으로써 주가의 변동에 관계없이 ABC주식을 주당 $40에 매도할 수 있는 전략을 세운 것이다.

만약 ABC 주가가 주당 $50로 상승하고 풋옵션의 프리미엄이 7/8 로 하락한다면, 주식포지션의 순가치는 $5,000이 되지만 풋옵션은 OTM이 된다. 이때 이 투자자가 주식을 매도한다면 $800(= $1,000 - $200)의 이익이 발생한다. 그러나 만기이전에 주가가 이와 같이 상승한다면, 그는 풋옵션을 7/8(=$87.50)에 매도하여 총이익은 $887.50이 된다.

만약 ABC 주가가 주당 $30로 하락하고 풋옵션의 프리미엄이 11로 상승한다면, 주식포지션의 순가치는 $3,000(이 경우 미실현손실은 $1,000)에 불과하게 되지만 풋옵션을 행사하여 ABC주식을 주당 $40에 매도함으로써 $200의 비용으로 주식포지션을 손익분기로 만들 수 있다.

프리미엄 2에 ABC 40 풋옵션 매입		-$200	
ABC주식 100주를 40에 매입		-$4,000	
주가가 30으로 하락하고 프리미엄이 11로 상승		주가가 50으로 상승하고 프리미엄이 7/8로 하락	
옵션행사/주식매도	+$4,000	주식매도	+$5,000.00
주식매입비용	-$4,000	옵션매도	+$87.50
옵션매입비용	-$200	주식매입비용	-$4,000.00
		옵션매입비용	-$200.00
손실	-$200	이익	+$887.50

프리미엄 2에 ABC 40 풋옵션 매입	-$200
ABC주식 100주를 40에 매입	-$4,000

주가가 30으로 하락하고 프리미엄이 11로 상승	주가가 50으로 상승하고 프리미엄이 7/8로 하락
주식보유 (미실현 -$1,000)	
옵션매도 +$1,100	
옵션매입비용 -$200	
옵션에서의 이익 +$900	

2.7 주식매입포지션의 미실현 이익을 보호하기 위한 풋옵션 매입

만약 어떤 투자자가 주식의 매입포지션을 취하고 있으며 그 포지션에서 미실현이익이 발생되어 있다면, 그는 단기간의 주가하락에 대해 포지션을 보호하기 위하여 풋옵션을 매입할 수 있다. 만약 주가가 풋옵션의 매입비용 이상으로 하락한다면, 풋옵션을 매도하거나 행사할 수 있다. 풋옵션을 행사하는 경우에는 주가가 어떤 수준으로 하락하든지간에 풋옵션의 행사가격으로 그 주식을 매도할 수 있다.

예제 12-8

투자자 A는 ABC주식 100주를 주당 $60에 매입하여 보유하고 있다. 현재 ABC 주가는 주당 $75이다. 따라서 그는 주식포지션의 미실현이익 $1,500를 보호하기 위하여 행사가격이 $70인 ABC주식에 대한 풋옵션을 1 1/2의 프리미엄에 매입하였다. 그는 $150의 비용으로 옵션의 계약기간동안 ABC주식을 최저 $70에 매도할 수 있게 되었다. 이 경우의 최대손실은 프리미엄비용인 $150이 된다.

만약 주가가 $65로 하락하고 프리미엄이 6으로 상승한다면, 이 투자자는 풋옵션을 행사하여 ABC주식 100주를 주당 $70에 매도할 수 있다. 이때 주식포지션에서는 $1,000의 이익이 발생하고 옵션프리미엄 $150을 차감하면 순이익은 $850이 된다. 그러나 만약 이 투자자가 주식포지션을 계속 보유하고자 한다면, 풋옵션만을 매도하여 $450(= $600 - $150)의 이익을 얻을 수 있을 것이다. 그리고 이때 $450의 이익은 주식가치하락의 상당 부분을 상쇄시킬 수 있는 수준이다.

반면에 만약 주가가 상승한다면, 주식포지션에서의 이익에는 제한이 없다. 이런 경우에는 풋옵션은 행사되지 않고 소멸되며, $150의 순비용만 발생한 결과가 된다.

프리미엄 1 1/2에 ABC 70 풋옵션 매입	-$150		
ABC주식 100주를 60에 매입	-$6,000		
주가가 65로 하락하고 프리미엄이 6으로 상승		주가가 90으로 상승하고 프리미엄이 1/8로 하락	
1) 옵션행사/주식매도	+$7,000	주식매도	+$9,000.00
주식매입비용	-$6,000	옵션매도	+$12.50
옵션매입비용	-$150	주식매입비용	-$6,000.00
		옵션매입비용	-$150.00
이익	+$850	이익	+$2,862.50
2) 주식보유 (미실현	+$500)	주식보유 (미실현	+$3,000)
옵션매도	+$600	옵션매도	+$12.50
옵션매입비용	-$150	옵션매입비용	-$150.00
옵션에서의 이익	+$450	옵션에서의 손실	-$137.50

2.8 방비콜의 발행(covered call writing)

콜옵션을 발행하는 가장 일반적인 거래전략은 기초주식을 보유하고 있는 상태에서 그 주식에 대한 콜옵션을 발행하는 것이다 이러한 방비콜(covered call)을 발행하는 것은 주로 다음 두 가지 이유 때문이다.

1) 콜옵션의 프리미엄수입을 얻음으로써 기초주식에 대해 추가적인 수익을 얻고자 하는 경우
2) 기초주식의 가격하락을 보호하고자 하는 경우(손실의 보호폭은 프리미엄수입에 한정)

방비콜의 발행은 주식 자체만을 매입하는 경우보다 더 보수적인 거래전략으로 간주된다. 왜냐하면 콜옵션의 발행에 따른 프리미엄수입에 의해서 가격하락위험(downside risk)이 어느 정도 상쇄되기 때문이다. 방비콜의 발행자는 옵션의 계약기간동안 어느 때라도 옵션보유자의 행사에 따라 보유주식을 인도해야 할 의무가 있다. 그러나 방비콜의 발행자는 동일시리즈의 콜옵션을 매입하여 자신의 옵션포지션을 청산함으로써 이러한 의무로부터 벗어날 수도 있다.

예제 12-9

투자자 A는 주당 $50에 매입하여 보유하고 있는 ABC주식 100주에 대해서 7월 만기 행사가격 50인 방비콜을 프리미엄 4에 발행하였다. 이 경우 주당 $4의 프리미엄은 주당 주식투자금액 $50에 대한 8%의 수익률을 의미한다. 이러한 포지션(주식매입/방비콜 발행)은 만약 ABC 주가가 주당 $4 이상 하락하면 손실이 발생할 것이다.

ABC 주가가 $40로 하락했다면, 주식포지션에서는 $1,000의 손실이 발생하게 된다. 이러한 미실현손실은 방비콜 발행에 따른 프리미엄수입 $400로 일부 상쇄될 것이며, 순손실은 $600이 된다.

반면에 ABC 주가가 $60로 상승하고 옵션보유자가 방비콜을 행사한다면, 이 투자자는 ABC주식 100주를 $5,000에 매도해야만 한다. 따라서 그는 방비콜을 발행함으로써 주식포지션의 가치가 더 증가될 수 있는 기회를 상실하게 된다. 이때 프리미엄수입 $400를 고려하면, 순매도가격 $54와 현재시장가격 $60와의 차이인 주당 $6가 방비콜 발행에 따른 기회비용(opportunity cost)이 된다.

프리미엄 2에 ABC 50 방비콜 발행	+$400
ABC주식 100주를 50에 매입/보유	−$5,000

주가가 40으로 하락하고 프리미엄이 0으로 하락		주가가 60으로 상승하고 프리미엄이 10으로 상승	
주식보유 (미실현	-$1,000)	콜행사/주식매도	+$5,000
방비콜 소멸	0	주식매입비용	-$5,000
프리미엄수입	+$400	프리미엄수입	+$400
옵션에서의 이익	+$400	옵션에서의 이익	+$400

예제 12-10

투자자 A는 주당 $50에 매입하여 보유하고 있는 ABC주식 100주에 대해서 7월 만기 행사가격 45인 방비콜을 프리미엄 6에 발행하였다. 만약 주가가 $40로 하락하고 프리미엄이 0이 된다면, 이 거래전략으로부터의 이익은 프리미엄수입인 $600가 된다. 그리고 ABC 주가가 $60로 상승하고 프리미엄이 15로 상승하여 옵션보유자가 옵션을 행사한다면, 이 투자자는 ABC주식을 주당 $45에 매도하여야 한다. 이때 주식포지션에서는 $500(= $4,500 - $5,000)의 손실이 발생하지만, $600의 프리미엄수입을 고려하면 $100의 순이익이 발생함을 알 수 있다. 이 경우는 행사가격이 보다 낮은 방비콜을 발행하여 이익을 얻을 수 있었다.

프리미엄 6에 ABC 45 방비콜 발행	+$600
ABC주식 100주를 50에 매입/보유	-$5,000

주가가 40으로 하락하고 프리미엄이 0으로 하락		주가가 60으로 상승하고 프리미엄이 15로 상승	
주식보유 (미실현	-$1,000)	콜행사/주식매도	+$4,500
방비콜 소멸	0	주식매입비용	-$5,000
프리미엄수입	+$600	프리미엄수입	+$600
옵션에서의 이익	+$600	옵션에서의 이익	+$100

예제 12-11

투자자 A는 주당 $50에 매입하여 보유하고 있는 ABC주식 100주에 대해서 7월 만기 행사가격 55인 방비콜을 프리미엄 7/8에 발행하였다. 만약 주가가 $40로 하락하고 프리미엄이 0이 된다면, 이 거래전략으로부터의 이익은 프리미엄수입인 $87.50가 된다. 그러나 ABC 주가가 $60로 상승하고 프리미엄이 5로 상승하여 옵션보유자가 옵션을 행사한다면, 이때의 이익은 $587.50(= $5,500 - $5,000 + $87.50)이 된다.

프리미엄 7/8에 ABC 55 방비콜 발행	+$600		
ABC주식 100주를 50에 매입/보유	-$5,000		
주가가 40으로 하락하고 프리미엄이 0으로 하락		주가가 60으로 상승하고 프리미엄이 5로 상승	
주식보유 (미실현 -$1,000)		콜행사/주식매도	+$5,500.00
방비콜 소멸	0	주식매입비용	-$5,000.00
프리미엄수입	+$87.50	프리미엄수입	+$87.50
옵션에서의 이익	+$87.50	옵션에서의 이익	+$587.50

2.9 무방비콜의 발행(naked or uncovered call writing)

기초주식을 보유하지 않은 상태에서 그에 대한 콜옵션을 발행하는 것을 무방비콜(naked call 또는 uncovered call)의 발행이라 한다. 무방비콜을 발행하는 이유는 기초주식의 매입비용을 부담하지 않고 이익을 실현하고자 하는 것이다. 무방비콜의 발행자는 만약 발행된 무방비콜이 행사되면 기초주식을 인도할 수 있다는 것을 보증하기 위하여 브로커에게 충분한 증거금을 예치하여야 한다.

무방비콜 발행에 따른 잠재손실은 제한이 없다. 무방비콜의 발행은 기초주식의 가격이 하락하거나 안정적일 때는 이익을 얻을 수 있지만, 일반적으로 다음과 같은 위험이 내포되어 있다.

1) 만약 기초주식의 시장가격이 급상승하면 콜옵션이 행사될 수 있다. 이때 무방비콜의 발행자는 옵션의 행사가격보다 높은 시장가격으로 기초주식을 매입하여 인도하여야 한다. 이는 상당한 손실을 가져올 수 있다는 것을 의미한다.
2) 비록 무방비콜의 발행자가 프리미엄수입에 의해 위험이 어느 정도 상쇄된다 하더라도 주식공매에서의 위험과 유사한 위험구조를 갖는다.

예제 12-12

투자자 A는 ABC주식에 대한 7월 만기 행사가격 65인 무방비콜을 프리미엄 6에 발행하였다. 이때 프리미엄수입은 $600이 된다. 만약 ABC주가가 주당 $65나 그 이하에서 머물러 있다면, 이 옵션은 행사되지 않을 것이다. 그러나 만약 ABC 주가가 주당 $75로 상승하여 옵션이 행사된다면, 이 투자자는 $400(= $600 - $1,000)의 손실을 보게 될 것이다.

위의 예제에서 무방비콜 발행자의 손실은 ABC 주가가 상승함에 따라 계속 증가할 것이다. 그러나 그는 옵션계약기간동안 이 옵션을 매입하여 옵션포지션을 청산할 수도 있으며, 기초주식인 ABC주식을 매입하여 방비콜의 발행자로 전환할 수도 있다.

2.10 풋옵션의 발행

콜옵션 발행의 경우와 마찬가지로, 풋옵션의 발행에 있어서도 기초주식의 보유여부에 따라 방비풋(covered put)과 무방비풋(naked put 또는 uncovered put)의 발행으로 구분된다. 무방비풋의 발행은 이익은 한정적이며(프리미엄수입), 잠재손실(기초주식가격의 하락과 옵션의 행사)은 제한이 없다.

예제 12-13

투자자 A는 ABC주식에 대한 7월 만기 행사가격 55인 무방비풋을 프리미엄 5에 발행하였다. 그리고 그 후 ABC주식의 시장가격은 주당 $45로 하락하였다. 이에 따라 풋옵션보유자가 옵션을 행사함으로써 이 투자자는 $5,000(= $5,500 - $500)의 순비용으로 ABC주식 100주를 매입해야만 했다.

그러나 만약 ABC 주가가 주당 $52로 하락한다면, 이때는 아직도 $200(= $5,200 - $5,500 + $500)의 이익을 얻을 수 있다. 그리고 만약 ABC 주가가 $55나 그 이상에서 유지된다면, 이 풋옵션은 행사되지 않을 것이며 따라서 $500의 프리미엄수입 전액이 이익이 될 것이다.

파생상품거래 실패사례

Daiwa 은행 사건

1. 개요

다이와 은행은 일본 내에서 10위권 부근의 유수 은행이었다. 비교적 탄탄한 경영으로 유지해 온 다이와 은행은 단 한 명의 직원으로 인해 1995년 자본금의 1/7에 달하는 총 11억 달러의 손실을 입었다.

44세의 도시히데 이구지라는 직원에 의해 저질러진 이 사건은 손실규모도 컸지만 11년간이나 미국, 일본 양국의 감독당국의 눈을 피해서 계속되었다는 점에서 큰 충격을 주었다. 또한 사건처리를 둘러싸고 미국과 일본의 처리방식상의 문화적 차이로 양국이 갈등을 겪은 사건이기도 하다.

이구지는 일본인 2세로서 다이와 은행 뉴욕사무소에 채권운용자로 채용되어 1984년부터 재무성증권 거래를 맡았다. 당시 일본의 본점에서는 세계에서 가장 안전하다고 일컬어지는 재무성증권을 거래하기 때문에 금융위험에 대해 별 걱정을 하지 않았다. 그러나 채권이 안정적 투자대상이 되는 것은 만기까지 보유할 경우에 국한된다. 만기 이전에 매도할 경우 시장금리가 상승했다면 손해를 볼 수 있게 된다.

이구지는 일본 본사의 허락 없이 금리등락을 이용하여 채권의 만기전 매매를 통해 자본이익을 구하려는 적극적 투자를 시행하는 과정에서 금리흐름을 잘못 읽어 손해를 보게 되었다. 초기에 이를 보고하고 문제를 끝냈으면 좋았을 것을 이구지는 손실발생을 감추기로 했다. 이때 그가 사용한 방법은 다이와 은행이 고객으로부터 맡아 보관하던 채권을 불법 인출하여 매도한 돈으로 손실을 보전하는 것이었다.

당시 다이와 은행 뉴욕지점은 채권은 BTC(Bankers Trust Company)에 보관 중이었다. 이구지는 채권 불법인출을 은폐하기 위해 당연히 장부를 조작하였으므로, 일본 본사가 보고받는 채권보유고와 BTC의 실제 잔고 간에는 차이가 존재했다.

초기의 일시적 손실을 언젠가 만회할 수 있을 것이라는 기대 하에 이구지는 계속 채권거래를 했지만, 결과는 손실금액만 증가했을 뿐이었다. 결국 1984년에 시작한 거래는 1995년 9월에 이르러 11억 달러라는 막대한 손실을 남기고 마감하기에 이르렀다. 채권잔고를 속여 손실을 감추기에는 이미 손실 규모가 너무 커져버린 것이다. 1995년 10월, 다이와 은행의 미국현지법인은 폐쇄되었다.

2. 교훈

다이와 은행 사건은 기본적으로 직원의 사기로 인해 손실을 본 경우로서 내부통제 실패에 기인하므로, 금융위험관리 실패라기보다는 영업위험관리 실패사례에 속한다.

첫 번째 교훈은, 다이와 은행 본사의 관리소홀이다. 본사는 미국지사가 채권을 '매입 후 보유' 한다고 알았으며 적극적 채권매매를 하는 사실에 관심을 두지 않았다. 채권은 만기 전에 매도할 경우 시장위험에 노출되며, 더욱이 이구지가 다룬 30년 만기 채권의 경우 듀레이션이 큰 탓으로 시장위험이 무척 컸다. 그럼에도 불구하고 관리감독에 철저하지 않았던 점은 결과적으로 다이와의 뼈아픈 실책으로 기록될 것이다.

두 번째 교훈은, 효과적 내부통제를 위해 일선 영업부서와 후선거래부서를 구분하는 것이 중요하다는 점이다. 금융기관영업에서 당연한 이 원칙은 다이와 사건에서 무시되었다. 이구지는 자신이 채권매매를 하고 장부정리 및 채권 인수도와 보관까지 담당함으로써 사실상 부정을 막을 감독과 견제장치는 전혀 없었던 것이다. 비슷한 시기의 유명한 베어링 사건에서도 이와 같은 실수는 똑같이 나타났다.

세 번째 교훈은 이 사건이 무려 11년간이나 감춰질 수 있었으며 그것도 마지막 순간에 이구지의 고백이 없었다면 사건의 공개가 더 연기되었을 가능성도 부인할 수 없다는 점이다. 이구지는 감옥에서 쓴 자서전 속에서 미국과 일본 양국 감독기관의 무능과 태만을 지적하고 있다. 그는 감독기관의 정기감사를 몹시 두려워했지만 사실상 감독기관을 속이기는 쉬웠다고 지적한다.

다만, 미국에서는 BCCI(Bank of Credit and Commerce International)의 붕괴 이후 외국계 은행에 대한 감독이 강화되면서, 연방준비은행이 1992년과 1993년에 걸쳐 다이와 은행을 감사하고 경영구조상의 위험을 경고한 바 있다. 그러나 이들 역시 문제의 핵심을 발견하지는 못했으며, 감사 지적을 받은 다이와 은행도 이구지의 직책을 잠시 옮겨두는 미봉책만을 시행했을 따름이다.

따라서 이 사건은 날로 복잡다기해 가는 국제금융시장에서 금융기관을 감독해야 하는 감독기관들의 어려움과 감독의 중요성을 보여준 대표적 경우라 할 수 있다.

마지막으로 지적할 점은 이 사건을 둘러싼 미국과 일본 감독기관 간의 갈등이다. 마지막 순간에 이구지는 자신의 부정을 처음 고백할 대상으로 미국과 일본 양자를 두고 갈등을 한 것으로 보인다. 최종적으로 이구지는 일본을 선택했다. 그러나 이를 보고받은 다이와 본사와 일본 대장성은 사건을 은폐하기에 급급하였다. 투명성을 무엇보다 중시하는 미국 입장에서 이러한 일본 당국의 태도는 분노를 끌어내기에 충분하였으며, 미국 측은 다이와 은행이 '위험하고 불건전한 영업행위와 범법행위'를 저질렀다고 비난하였다.

투명한 정보의 흐름만이 시장효율성을 증대시킨다는 자유시장 원리를 부정한 대가였다. 미·일 양국 간의 문화차이는 양국의 위험관리 방식에서도 차이를 보였다. 일본은행들은 전통적으로 '집단정신(group spirit)'에 의해 내부위험을 관리하며 조직의 안정과 건전성을 확보한다. 일본인 2세인 이구지에게도 꼭 같은 방식이 적용되리라 기대한 무모함이 다이와가 미국시장에서 큰 실패를 경험한 한 원인이 되었을 수 있다.

(*riskmania.com*)

연습문제

기본문제

1. 다음 옵션의 거래유형 중 변동성 상승을 노린 거래전략과 가장 거리가 먼 것은?
① 스트래들 매수　② 스트랭글 매수
③ 버터플라이 매수　④ 스트랩

2. KOSPI200 콜 96을 3포인트로 1계약 매수함과 동시에 콜 98을 2포인트로 1계약 매도한 강세스프레드 전략의 최대이익과 최대손실로 가장 가까운 것은?
① +1포인트, -1포인트　② +2포인트, -1포인트
③ +1포인트, -2포인트　④ +2포인트, -2포인트

3. 대상자산의 변동성이 커질 것으로 예상되는 경우에 이용되는 전략과 가장 거리가 먼 것은?
① 스트래들 매수　② 강세스프레드 매수
③ 버터플라이 매도　④ 콘돌 매도

4. 다음 합성포지션 중 올바르지 않은 것은?
① 합성콜 매입 = 풋 매입 + 옵션기준물 매도
② 합성풋 매입 = 콜 매입 + 옵션기준물 매도
③ 합성풋 매도 = 콜 매도 + 옵션기준물 매입
④ 합성기준물 매입 = 풋콜 매입 + 풋 매도

5. 행사가격이 100포인트인 3월물 KOSPI200 콜옵션을 3포인트에 매도함과 동시에 행사가격이 105포인트인 3월물 KOSPI200 콜옵션을 1포인트에 매입한 경우의 최대이익은 얼마인가?
① 1포인트　② 2포인트
③ 4포인트　④ 5포인트

6. 대상자산의 가격변동이 작을 것으로 기대될 때 유용한 거래전략과 가장 거리가 먼 것은?
① 스트래들의 매도 ② 스트랭글의 매도
③ 버터플라이의 매도 ④ 채권의 매수

7. 잔여만기가 동일한 행사가격이 200.00포인트인 KOSPI200 콜옵션을 1.00포인트에 1계약 매입하고 행사가격이 205.00포인트인 KOSPI200 콜옵션을 0.30포인트에 1계약 매도하였다면, 만기시의 KOSPI200 주가지수가 203포인트일 때의 손익으로 가장 가까운 것은?(단, 모든 거래비용은 무시한다)
① 0.3포인트 ② 2.3포인트
③ 3.0포인트 ④ 5.0포인트

▶ 다음 빈 칸에 알맞은 말을 넣으시오.

8. 기초자산의 시장가격이 한 포인트 상승하면 콜옵션의 매입에 따르는 이익도 (   ) 포인트 증가하지만, 반대로 기초자산의 시장가격이 하락하여도 더 이상의 부담을 감수하지 않고 지불한(   )만을 포기하면 된다.

9. (   ) 매입은 동일한 기초자산에 대해 행사가격과 만기일이 동일한 콜옵션과 풋옵션을 매입하는 거래전략이다.

10. 스트래들의 (   )에서는 손실의 최대한도가 프리미엄에 한정되지만 스트래들의 (   )에서는 손실의 최대한도가 한정되지 않는다.

11. (   )의 매입은 동일한 기초자산에 대하여 행사가격 또는 만기일이 다른 (또는 양자가 다른) 콜옵션과 풋옵션을 매입하는 포지션을 말한다.

12. (   )의 매도는 동일한 기초자산에 대하여 행사가격과 (또는) 만기일이 다른 콜옵션과 풋옵션을 매도하는 포지션을 말한다.

13. 행사가격이 낮은 콜옵션을 매입하고 행사가격이 높은 콜옵션을 매도하면 수직적 (   )콜스프레드가 되고, 행사가격이 높은 옵션을 매입하고 행사가격이 낮은 옵션을 매도하면 수직적 (   )콜스프레드가 된다.

14. (　　　　　) 스프레드 또는 (　　　)형 스프레드는 동일한 기초자산에 대하여 만기일이 같으나 행사가격이 다른 옵션을 한 단위씩 매입하고 행사가격이 그 중간에 위치하는 옵션을 두 단위 매도하는 포지션을 말한다.

15. 강세스프레드는 기초자산의 가격이 (　　　)를 보일 때에는 손실을 입게 된다.

▶ 다음 문장이 맞으면 O, 틀리면 X를 하시오.

16. 콜옵션의 매입은 미래의 특정 기초자산의 가격이 상승하리라고 기대하는 낙관적 투자자가 취할 수 있는 거래전략이다. (　　)

17. 미래의 기초자산의 시장가격이 행사가격과 지불한 프리미엄(거래비용은 무시 또는 프리미엄에 포함되어 있다고 할 때)을 초과할 경우에는 콜옵션의 매입자는 이익을 얻게 된다. (　　)

18. 미래의 기초자산의 시장가격이 행사가격보다 작을 경우에는 콜옵션의 매입자는 그 권리의 행사할 것이다. (　　)

19. 미래의 기초자산의 시장가격이 예상과 어긋나 행사가격보다 커질 때에는 콜옵션의 매도자의 잠재적 손실은 제한이 없다. (　　)

20. 풋옵션의 매입은 기초자산의 시장가격이 하락하여도 그 이익은 프리미엄에 한정된다. (　　)

21. 스트래들 매입은 기초자산의 시장가격이 크게 상승하거나 크게 하락하리라고 기대될 때 취할 수 있는 거래전략이다. (　　)

22. 스트래들의 매도는 동일한 기초자산에 대해 행사가격과 만기일이 동일한 콜옵션과 풋옵션을 매도하는 것으로서, 이 포지션의 이익은 만기일 이전에 기초자산의 시장가격이 행사가격의 범위 내에서 변동하지 않을 때 그 프리미엄만큼 발생한다. (　　)

23. 스트래들의 매도는 기초자산의 시장가격이 크게 변동할 것이 기대될 때 취할 수 있는 거래전략이라 할 수 있다. (　　)

24. 스트랭글의 매도는 스트래들의 매도보다 이익이 발생할 수 있는 폭을 더 넓게 만든 포지션으로서, 스트래들의 매도보다 더 보수적인 거래전략이라 할 수 있다. (　　)

25. 강세스프레드는 기초자산의 가격이 약세를 보일 때에는 손실을 입게 되지만 기초자산의 가격이 강세를 보일 때에는 이익을 얻게 된다. (　　)

제13장 선물옵션

제 13 장 선물옵션

옵션 만기일 코스피 장 막판 추락

13일 아시아 증시는 전날 미국 연방공개시장위원회(FOMC) 결과를 호재로 받아들였다. 한국 증시 역시 개인과 외국인 매수세가 강하게 몰리면서 양호한 흐름을 보였지만 옵션만기일이라는 '예외상황'에서 장 막판 대규모 프로그램 매물이 쏟아지며 소폭 하락했다. 이날 코스피는 전날보다 0.71포인트(0.05%) 하락한 1564.64에 마감했다.

장 막판 동시호가 때 옵션연계 매도 물량이 대거 쏟아지며 순간적으로 지수가 14포인트 가까이 미끄러진 것이다. 하지만 증시 전문가들은 "프로그램 매도폭이 컸던 만큼 거꾸로 매수 유입이 기대된다"면서 "앞으로 글로벌 증시 온도에 따라 증시 상승폭이 결정될 것"이라고 입을 모았다.

■ 인도 · 홍콩H 2~3% 넘게 올라

이날 인도 증시는 3% 넘게 올랐으며 홍콩 H지수(2.09%), 대만 자취엔(1.97%), 일본 닛케이지수(1%)도 상승에 동참했다.
지난 12일 4.66% 급락한 중국 상하이종합지수는 하루 만에 상승으로 돌아섰다.

미국 FOMC가 인플레이션 우려보다는 경기회복 필요성에 무게를 실으면서 '주식에 투자해도 좋다'는 시그널이 작동한 것이다.

그동안 코스피 등 아시아 증시를 억눌렀던 미국발 출구전략에 대한 우려감이 해소되며 외국인이 선 · 현물 시장에서 하루 만에 순매수로 돌아섰다는 점도 평가할 만하다.

일례로 이날 외국인은 선물 6220계약을 대거 사들이며 베이시스 개선을 주도하는 모습을 보였다. 하루에만 2000억 원 이상 대형주 쇼핑에 나서는 등 최근 주춤했던 대형주 위주 외국인 매수가 재개됐다는 점도 긍정적이다.

다만 2분기 어닝 시즌 이후 뚜렷한 상승 모멘텀이 없는 상황에서 △외국인 천수답 장세 강화 △증시 단기급등 등에 노출됐다는 점은 부담으로 작용할 전망이다.

(매일경제)

1. 선물옵션의 개요

영국 파운드화를 통해서 선물옵션이 무엇인지를 알아보기로 하자. 영국 파운드화 자체는 현물이며, 영국 파운드화라는 현물에 대해서는 영국 파운드화 선물, 영국 파운드화 옵션 그리고 영국 파운드화 선물옵션 등 다양한 금융수단이 파생될 수 있다. 이제 선물옵션(futures options 또는 options on futures contracts)이 무엇인지를 살펴보자.

선물옵션의 계약구조는 현물옵션의 계약구조와 유사하다. 선물옵션의 보유자는 현물옵션의 보유자와 마찬가지로 기초자산을 행사가격에 사거나 팔 수 있는 권리를 갖는다. 단지 양자의 차이는 현물옵션은 그 기초자산이 현물인 영국 파운드화이며, 선물옵션은 그 기초자산이 선물계약(영국 파운드화 선물)이라는 것이다.

만약 선물계약에 대한 콜옵션(futures call option)의 보유자가 옵션을 행사한다면, 그는 콜옵션의 행사가격으로 선물의 매입포지션을 취하게 된다. 예를 들어, 어떤 투자자가 2월 1일에 3월 인도분 영국 파운드화선물에 대해서 행사가격이 파운드당 $0.44인 영국 파운드화선물에 대한 콜옵션을 매입했다고 하자. 그리고 2월 15일에 선물가격이 $0.48가 되어, 그는 선물옵션을 행사하기로 결정했다고 하자. 이 투자자는 선물옵션을 행사함으로써 옵션이 소멸됨과 동시에 행사가격과 동일한 선물가격($0.44)으로 선물시장에서 매입포지션을 취하게 된다. 그리고 이때 선물계약은 즉시 일일정산되며, 선물의 매입포지션을 취하게 된 그는 선물거래의 증거금을 납부하여야 한다. 이 예에서 콜옵션의 행사사격은 $0.44이고, 콜옵션이 행사될 때의 선물가격은 $0.48이다. 따라서 이 투자자는 파운드당 $0.04의 이득을 얻었다. 즉, 계약단위 125,000파운드를 감안하면, 이 투자자는 옵션행사를 통해 $5,000의 이득을 얻은 셈이 된다. 이 $5,000은 콜옵션의 발행자에 의해서 지불된다.

콜옵션의 발행자는 이미 콜옵션의 매입자에게 선물계약을 $0.44에 매도하기로 약정한 것이다. 따라서 옵션이 행사되면, 콜옵션의 보유자는 선물의 매입포지션을 취하게 되고, 콜옵션의 발행자는 선물의 매도포지션을 취하게 된다. 이때 콜옵션이 행사될 때의 선물가격은 \$0.48이며 이것과 행사가격인 \$0.44간의 차이에 따라 콜옵션의 매도자로부터 콜옵션의 매입자에게 \$5,000이 지불된다. 이러한 거래가 종료되면 양 당사자는 선물시장에서 자신들의 포지션을 가지게 되며, 그 후에는 그 포지션을 계속 보유할 수도 또는 반대거래를 통해 포지션을 청산할 수도 있다.

위의 예에서는 콜옵션의 매도자에게 지불되는 프리미엄을 무시했으므로, 만약 프리미엄이 \$0.04 이상이라면 오히려 콜옵션의 매도자가 이익이 될 수도 있다. 또한 콜옵션의 보유자는 만기이전인 2월 15일에 콜옵션을 행사한 것으로 가정하였다. 그러나 옵션을 만기이전에 행사하는 것은 아주 드문 일이다. 따라서 위의 예에서는 단지 선물옵션이 무엇인지를 설명하기 위해 옵션이 만기이전에 행사된 것으로 가정한 점에 유의하여야 한다.

2. 선물옵션의 가격결정

2.1 블랙모형을 이용한 선도계약옵션의 가격결정

블랙(1976)은 블랙-숄즈 옵션가격결정모형이 선도계약에 대한 옵션에도 적용될 수 있음을 보여주었다.[1] 선도계약에 대한 콜옵션의 가치는 다음과 같다.

$$C = e^{-r_f T}[FN(d_1^*) - XN(d_2^*)] \tag{13.1}$$

여기서, r_f: 무위험이자율
T: 선도계약과 옵션의 만기잔여일수
F: 선도가격
X: 행사가격
σ: 선도가격의 표준편차

1) Fischer Black, "The Pricing of Commodity Contracts", Journal of Financial Economics, September 1976, pp. 167-79.

$$d_1^* = \frac{\ln(F/X) + \sigma^2 T/2}{\sigma\sqrt{T}}$$

$$d_2^* = d_1^* - \sigma\sqrt{T}$$

(식 13.1)은 블랙-숄즈 옵션가격결정모형과 유사하며, 단지 d_1^*와 d_2^*의 계산에 있어서 두 가지 차이점이 있을 뿐이다. 첫째 이자율항이 없으며, 둘째 대괄호 안의 항들이 모두 $e^{-r_f T}$에 의해 할인된다는 것이다. 만약 불확실성이 존재하지 않는다면, $N(d_1^*)$와 $N(d_2^*)$는 모두 1.0이 될 것이다. 이 경우 (식 13.1)은 다음과 같이 단순화된다.

$$C = e^{-r_f T}[F - X] \tag{13.2}$$

(식 13.2)는 확실성하에서 옵션의 가치는 현재의 선도가격 F와 옵션의 행사가격 X와의 차이인 행사가치 또는 행사가능수익(exercisable proceeds)의 현재가치와 같다는 것이다.

2.2 선물옵션의 가격결정

선물옵션은 일반적으로 미국식이기 때문에 만기일을 포함하여 만기이전에 어느 때라도 행사가능하다. 미국식 선물옵션은 유럽식 옵션의 무한시리즈(infinite series)로 구성되어 있다고 볼 수 있다. 따라서 미국식 선물옵션은 반드시 지불되어야 하는 행사가격에 잔여 유럽식 옵션시리즈의 포기대가가 포함된 가격으로 행사된다고 보아야 할 것이다. 미국식 선물옵션은 유럽식 옵션의 무한시리즈라고 볼 수 있기 때문에, 미국식 선물옵션의 가치는 근사적으로 결정된다.

미국식 선물옵션의 가치는 조기행사권 때문에 유럽식 선물옵션의 가치와 동일하거나 더 크다. 그러나 특별한 경우가 아니고는 미국식 옵션의 조기행사가 이루어지지 않기 때문에, 미국식 선물옵션과 유럽식 선물옵션의 가치가 동일한 것으로 간주할 수 있다. 그리고 블랙모형이 선도계약옵션의 가치를 평가하기 위해 개발된 것이라 하더라도, 무위험이자율이 일정하다는 가정하에서 이를 선물옵션의 가격결정모형으로 간주할 수 있을 것이다.

3. 선물옵션의 거래

3.1 손익분기가격의 결정

투자자들은 선물옵션을 매입하기 전에 과연 기초선물가격이 특정 선물옵션에 있어서 손익분기가격(break-even price)인지 또는 옵션이 행사된다면 과연 이익이 발생할 것인지를 결정하는 것이 중요하다. 이러한 정보가 없이는 옵션의 매입여부를 현명하게 결정할 수 없다.

손익분기가격의 계산은 어려운 것이 아니다. 주어진 선물옵션의 손익분기가격을 계산하기 위해서는 단지 세 가지의 요소만 고려하면 된다. (1) 옵션의 행사가격, (2) 프리미엄(premium)비용, (3) 옵션매입 시 부담해야 할 수수료 및 거래비용이 그것이다. 따라서 콜옵션의 손익분기가격은 다음과 같이 결정된다.

손익분기가격 = 옵션 행사가격 + 프리미엄
+ 수수료 및 거래비용

예제 13-1

1월 현재 1,000배럴의 4월 인도분 원유선물계약이 1배럴당 약 $17.50에 거래되고 있다. 어느 투자자가 향후 몇 달간 상당한 가격상승이 있을 것으로 예측한다고 하자. 즉, 4월 인도분 원유선물가격이 현재수준보다 상당히 오를 것으로 기대된다고 하자.

이 투자자는 1배럴당 18달러의 행사가격을 갖는 콜옵션을 매입하기로 하였다. 이때 이 옵션의 프리미엄은 1배럴당 90₵(이는 선물옵션의 계약단위가 1,000배럴이므로 총 $900이 된다)이며, 수수료와 기타 거래비용은 1배럴당 10₵인 총 $100이라고 가정하자.

이 투자자는 투자하기 전에 옵션이 손익분기가 되거나 또는 제비용을 공제한 후에도 순이익을 가져오기 위해서는 4월 인도분 원유선물가격이 얼마까지 상승해야만 하는지를 정확하게 알 필요가 있다. 이 경우에 손익분기가 되기 위해서는 선물가격이 1배럴당 $19로 상승하여야만 하고, 이익을 얻기 위해서는 $19 이상이 되어야 한다. 이때 손익분기가격은 다음과 같이 결정된다.

손익분기가격 = 옵션행사가격($18) + 프리미엄(90₵)
+수수료 및 거래비용(10₵)
= $19

만약 옵션이 행사되었을 때 4월 인도분 원유선물가격이 1배럴당 $19이라면, 선물옵션은 정확하게 손익분기가 될 것이다. 그리고 원유선물가격이 $19 이상으로 1배럴당 $1씩 오를 때마다 옵션에서는 $1,000의 이익이 발생하며, 선물가격이 $19 이하로 하락할 때에는 손실이 발생할 것이다. 그러나 이때의 총손실은 프리미엄 비용, 수수료, 거래비용의 합계인 $1,000을 초과하지는 않는다.

그리고 풋옵션의 손익분기가격의 결정공식을 살펴보면 다음과 같다.

손익분기가격 = 옵션행사가격 - 프리미엄 - 수수료와 거래비용

이제 다음과 같은 예제를 통해 풋옵션의 손익분기가격을 결정하는 과정을 살펴보기로 하자.

예제 13-2

금값이 현재 1온스 당 $370이라고 하자. 그리고 향후 몇 달 동안 금값이 하락할 것으로 기대된다고 하자. 따라서 이 투자자는 1온스 당 $370의 행사가격을 갖는 풋옵션의 매입을 고려하고 있다. 이 선물옵션은 만기 이전에 아무 때나 1온스 당 $370의 가격으로 100온스의 금을 팔 수 있는 권리가 주어지는 금 선물계약을 팔 권리가 주어진다.

이때 옵션의 프리미엄은 1온스 당 $11.40(총 $1,140)이고, 수수료와 거래비용은 $50(1온스당 50₵)라고 가정하자.

옵션이 손익분기가 되거나 행사되었을 때 이익을 가져오기 위해서는, 선물

가격은 다음과 같이 $358.10이거나 그 이하가 되어야 한다.

손익분기가격 = 옵션행사가격($370) - 프리미엄($11.40)
- 수수료및 거래비용(50₵)
= $358.10

풋옵션이 행사되었을 때 선물가격이 $358.10이라면, 옵션은 정확하게 손익분기가 될 것이다. 선물가격이 온스 당 $358.10 이하로 될 때, 온스 당 $100의 이익이 발생할 것이다. 그러나 만약 선물가격이 $358.10 이상이 되면, 손실이 발생할 것이다. 이때 총손실이 프리미엄비용($ 1,140)과 수수료와 거래비용($ 50)의 합계인 $1,190을 초과하는 경우는 없다.

3.2 옵션의 선택

만약 어떤 투자자가 선물가격의 상승을 예측한다면, 콜옵션의 매입을 고려할 것이다. 반대로 만약 선물가격의 하락을 예측한다면, 풋옵션의 매입을 고려할 것이다. 이와 같이 콜옵션 또는 풋옵션을 결정한 후에는 다음사항을 결정할 필요가 있다.

- 옵션의 기간(the length of the option)
- 옵션의 행사가격(the option strike price)

3.2.1 옵션의 기간

옵션의 매력적인 특징 중의 하나는 투자자가 기대하는 가격이 실현될 수 있는 기간이 정해져 있다는 점이다. 옵션의 만기가 길면 길수록, 옵션의 가치는 더 커진다. 옵션의 이러한 특성은 투자자로 하여금 3월 인도분 선물계약 혹은 6월 인도분 선물계약에 대한 옵션 중 어떤 것을 매입할 것인지에 관한 의사결정에 영향을 미칠 수 있다. 따라서 옵션의 만기기간은 옵션의 프리미엄을 결정하는 중요한 변수가 된다.

3.2.2 옵션의 행사가격

어떤 주어진 시점에 6개 또는 그 이상의 행사가격을 갖는 옵션이 거래될 수 있다. 이러한 행사가격 중 일부는 선물계약의 현재가격 이하이고, 또 다른 일부는 선물계약의 현재가격 이상으로 설정된다. 예를 들어, 어떤 시점에 7월 인도분 대두선물계약(soybean futures contract)이 1부셀 당 $6.00이라고 하면, $5.50, $6.00, $6.25, $6.50 그리고 $6.75의 행사가격을 갖는 풋옵션과 콜옵션이 거래될 수 있다.

옵션의 행사가격과 기초선물계약의 현재가격 사이의 관계는 옵션의 만기기간과 더불어 옵션 프리미엄의 결정에 영향을 미치는 중요한 요소이다. 다른 모든 조건이 동일하다면, 낮은 행사가격을 가지는 콜옵션은 높은 행사가격을 가지는 콜옵션보다 더 높은 프리미엄을 가질 것이다. 예를 들어 1부셀 당 $5.75에 콩을 매입할 수 있는 권리는 1부셀 당 $6.00에 콩을 매입할 수 있는 권리보다 더 가치가 있다.

역으로 높은 행사가격을 가지는 풋옵션은 낮은 행사가격을 가지는 풋 옵션보다 더 큰 가치를 갖는다. 예를 들어 1부셀 당 $6.00에 콩을 매도할 수 있는 권리는 1부셀 당 $5.75에 콩을 매도할 수 있는 권리보다 더 가치가 있다.

3.3 옵션 매입 후의 전략

투자자가 옵션을 매입한 후에는 만기이전에 어느 때라도 다음과 같은 전략을 수행할 수 있다.

- 옵션의 행사
- 옵션의 매도
- 옵션의 계속 보유

3.3.1 옵션의 행사

미국식 옵션 매입자는 만기 이전에 어느 때고 옵션을 행사할 수 있다. 그러나 앞서 설명한 바와 같이 선물옵션을 행사한다는 것은 기초선물계약의 매입 혹은 매도 포지션을 취하게 된다는 것을 의미한다. 즉, 투자자가 콜옵션을 행사한다면 선물의 매입포지션을 취하게 되고, 풋옵션을 행사한다면 선물의 매도포지션을 취하게 된다.

예제 13-3

어느 투자자가 40,000파운드의 가축선물계약에 대해 1파운드당 70센트의 행사가격을 갖는 콜옵션을 매입했다고 하자. 그 이후 선물가격이 1파운드당 75센트로 상승하였으며, 이 투자자는 옵션을 행사하였다고 하자.

이에 따라 그는 파운드당 5센트($2,000)의 "미실현이익"으로 70센트에 가축선물의 매입포지션을 취하게 되었다. 따라서 그는 선물가격이 계속해서 오른다면 이익을 얻을 것이고, 선물가격이 하락한다면 손실을 입게 될 것이다.

위의 예제에서 보는 바와 같이 이 투자자가 선물옵션을 계속 보유하고 있었다면, 그는 선물가격의 하락 시에도 단지 프리미엄만 포기하면 그 이상의 손실은 발생하지 않을 것이다. 그러나 선물옵션을 행사하여 선물시장에서 포지션을 취하면 선물가격의 하락에 따른 손실을 더 이상 한정시킬 수 없게 된다.

이와 같이 선물시장에서 포지션을 설정하는 데에는 그에 따른 비용과 상당한 위험이 수반된다. 우선 브로커는 선물가격의 등락에 대한 보호로써 증거금의 예치를 요구할 것이다. 그리고 만약 선물가격이 투자자의 포지션과는 반대로 움직인다면, 추가적인 증거금의 납부를 요구할 것이다. 둘째, 앞서 설명한 바와 같이 제한된 위험을 가지고 있는 옵션과는 달리 선물은 무제한의 위험을 가진다. 즉 선물가격이 투자자의 포지션과 반대로 움직일수록 손실은 커진다.

비록 옵션의 행사를 통해 취하게 될 선물포지션을 신속하게 청산할 의도로 옵션을 행사하더라도, 선물포지션을 청산할 때까지의 짧은 기간에도 선물가격이 불리하게 변동할 위험이 존재할 수 있다.

예제 13-4

어느 투자자가 파운드당 70센트의 행사가격을 갖는 가축선물계약에 대한 풋옵션을 보유하고 있다고 하자. 선물가격이 65센트로 하락하여, 이 투자자는 브로커에게 옵션을 행사하게 하고 65센트의 선물가격에 즉시 선물포지션을 청산하도록 하였다.

그러나 그 사이 가축의 원인모를 떼죽음의 뉴스가 전해지면서 선물가격이 75센트로 폭등했다고 하자. 따라서 이 투자자는 선물포지션을 파운드당 65센트에 청산할 수가 없었으며, 옵션의 행사에 따른 선물포지션으로 큰 손실을 보게 되었다.

위의 예제에서 보는 바와 같이 선물옵션을 행사함으로써 선물시장에서 포지션을 취하게 되면, 예기치 않은 선물가격의 변동에 따른 위험이 존재하게 된다. 비록 선물포지션을 즉시 청산한다면 이러한 위험에 노출될 가능성이 거의 없다 할지라도, 대부분의 옵션투자자들은 프리미엄 가치에 따라 선물옵션 자체를 청산하는 전략을 구사하는 것이 일반적이다.

3.3.2 옵션의 매도

앞서 설명한 바와 같이 옵션 자체를 반대매매를 통해 청산하는 것이 옵션거래의 이익을 실현하는 가장 일반적인 방법이다. 투자자는 옵션 자체를 매도함으로써 선물가격이 기대치 않은 방향으로 변동함으로써 발생할 수 있는 손실을 방지할 수 있다. 이때 수수료와 기타 거래비용을 고려한 후의 옵션거래의 순손익은 옵션의 매입을 위해 지불한 프리미엄과 옵션을 청산할 때 받는 프리미엄과의 차이가 될 것이다.

예제 13-5

어느 투자자가 설탕가격이 오르리라고 예측하여, 설탕선물계약에 대한 콜옵션을 매입하였다. 이때 프리미엄은 $950이었고 수수료와 거래비용은 $50이었다. 그 후 이 투자자의 예상대로 설탕가격이 급등하였으며, 이에 따라 옵션의 프리미엄이 $2,500이 되었다.

이 투자자는 이 가격에 옵션을 청산하였으며, 이에 따라 순이득은 $1,500이 되었다.

지불된 옵션프리미엄	- $950
옵션청산 시 받은 프리미엄	+$2,500
거래비용	- $50
순이득	+$1,500

3.3.3 옵션의 계속 보유

전술한 바와 같이, 옵션매입자(보유자)는 옵션의 만기이전까지 옵션을 행사하고 청산할 때를 결정할 권리가 있다. 행사 혹은 청산의 시기는 전적으로 옵션보유자에게 주어진다. 이와 같이 옵션을 행사하거나 혹은 청산할 날을 선택할 수 있다는 것은 투자자들에게 옵션을 매력적이게 하는 특징 중의 하나이다.

이는 비록 선물가격이 투자자가 기대한 바와 같이 단기간에 변동하지 않거나 투자자가 기대하지 않은 방향으로 변동하더라도, 옵션을 계속 보유함으로써 선물가격이 옵션보유자에게 유리하게 변동된 시점을 선택할 수 있다는 것을 의미한다. 그리고 비록 옵션의 만기까지 투자자가 기대했던 수준으로 선물가격이 움직이지 않더라도, 선물옵션의 보유자는 옵션의 프리미엄과 거래비용만을 포기하면 되는 것이다.

3.4 옵션프리미엄

어느 투자자가 특정 옵션을 매입했을 때, 프리미엄 비용이 $1,000 이었다고 가정하자. 한 달 혹은 그 이상은 옵션이 단지 $200, $300 혹은 $400의 가치만을 유지할 수도 있다. 옵션은 대부분의 투자자들이 높은 가격에 청산할 의도로 매입하기 때문에, 특정한 시기에 특정 옵션의 프리미엄에 영향을 미치는 요소들에 대한 기본적인 이해가 중요하다. 이러한 두 가지 요인으로는 내재가치와 시간가치가 있다. 프리미엄은 내재가치와 시간가치의 합이다.

프리미엄 = 내재가치 + 시간가치

3.4.1 내재가치

이미 설명한 바와 같이 내재가치(intrinsic value)는 지금 현재 옵션을 행사가격으로 행사하고 그에 따른 선물포지션을 현재의 선물가격으로 청산함으로서 실현될 수 있는 가치이다.

예제 13-6

현재 T-bond 선물계약의 가격이 90-00($90,000)이라고 하자. 그리고 T-bond 선물계약에 대한 콜옵션의 행사가격이 85-00($85,000)이라고 하자.

이때 T-bond 선물계약에 대한 콜옵션의 행사가격이 기초자산인 T-bond 선물계약의 시장가격보다 낮기 때문에, 이 콜옵션은 $5,000의 내재가치를 갖는다.

현재 내재가치를 가지고 있는 옵션은 그 내재가치만큼 내가격(ITM; in-the-money) 상태에 있다고 하며, 현재 내재가치를 가지고 있지 않은 옵션은 외가격(OTM; out-of-the-money)상태에 있다고 한다.

예제 13-7

T-bond 선물계약이 현재 90-00($90,000)에 거래되고 있다고 하자. 그리고 이 T-bond 선물계약에 대해 행사가격이 각각 85-00($85,000)과 93-00($93,000)인 두 개의 콜옵션이 있다고 하자.

이때 85-00($85,000)의 행사가격을 갖는 콜옵션은 $5,000의 내재가치만큼 ITM 상태에 있는 것이며, 반면에 행사가격이 93-00($93,000)인 콜옵션은 $3,000만큼 OTM 상태에 있는 것이다.

3.4.2 시간가치

옵션은 또한 시간가치(time value)를 갖는다. 만약 주어진 옵션이 현재 외가격 상태에 있기 때문에 내재가치를 가지고 있지 않다면, 이 옵션의 프리미엄은 전부 시간가치로 구성될 것이다.

옵션의 시간가치는 옵션매입자(옵션매도자)들이 현재 주어진 옵션에 대해 기꺼이 지불(수취)하고자 하는 가치의 합이다. 결국 시간가치는 만기이전에 옵션의 가치증가 가능성에 관한 옵션거래자들의 일치된 견해를 나타낸다. 옵션의 시간가치에 영향을 미치는 세 가지의 중요한 요소들은 다음과 같다.

우선 만기까지의 잔여기간을 들 수 있다. 다른 모든 조건이 동일하다면, 옵션이 만기에 접근함에 따라 시간가치는 하락한다. 그리고 만기 시에 시간가치는 0이 된다. 둘째, 옵션의 행사가격과 기초선물계약의 현재가격 사이의 관계를 들 수 있다. 옵션이 외가격 상태에 있으면 있을수록, 옵션의 시간가치는 작아진다. 그리고 마지막으로 변동성을 들 수 있다. 시장이 보다 변동성이 클수록, 기초자산의 가격이 행사가격보다 크거나 작아질 가능성이 높아진다. 따라서 다른 모든 조건이 동일하다면, 보다 변동적인 시장에서 옵션의 시간가치는 일반적으로 더 높다.

4. 선물옵션의 투자전략

4.1 선물과 선물옵션의 차이

어느 투자자가 선물시장에서 포지션을 취한다면, 그는 이론적으로 이익이 무한할 수도 있지만, 반대로 손실이 무한할 수도 있는 위험에 노출된다. 그러나 옵션의 매입자는 손실을 한정시킬 수 있다.

[그림 13-1]과 [그림 13-2]에서 보는 바와 같이 선물과 선물옵션은 동일한 조건하에서 서로 다른 손익구조를 갖는다. [그림 13-1]은 T-bond 선물계약을 $70.00에 매입하여 만기까지 보유하는 선물의 매입보유포지션을 나타내고

그림 13-1

선물 매입포지션의 손익구조

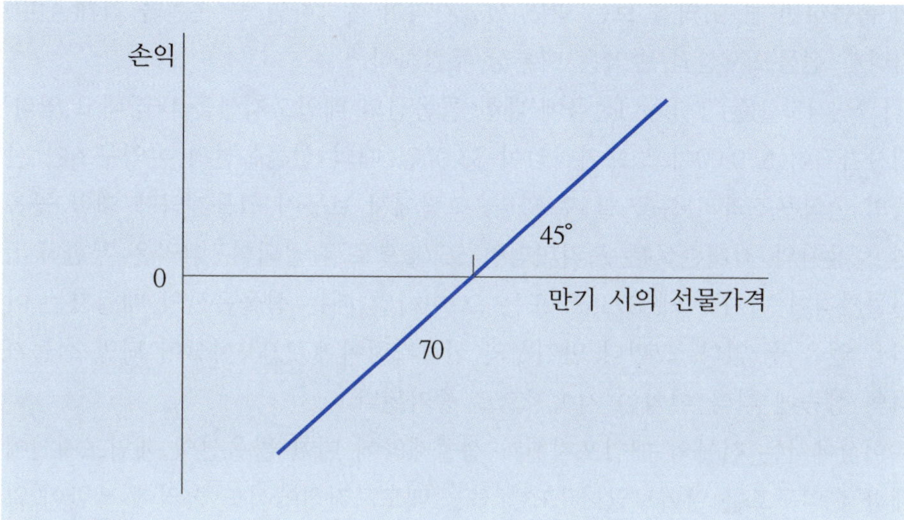

그림 13-2

선물옵션의 손익구조(콜매입)

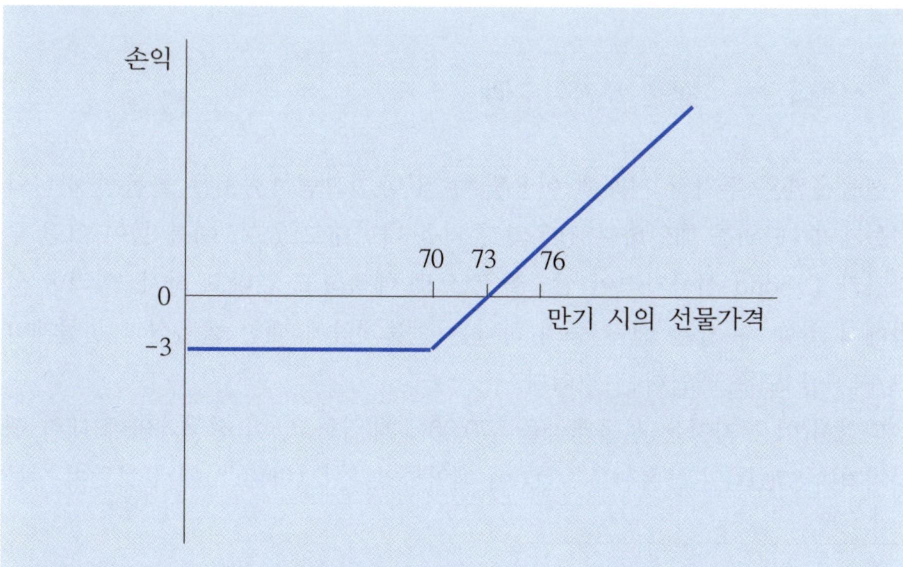

있다. 만약 선물가격이 만기에 $70.00 이상으로 상승한다면 선물계약의 매입자는 이익을 얻게 되며, $70.00보다 하락하면 손실을 입는다. 또한 선물가격이 폭등하면 큰 이익을 보는 반면 선물가격이 폭락하면 큰 손실을 입게 된다. 따라서 선물포지션의 손익은 이론상 무한하다.[2)]

[그림 13-2]는 T-bond선물에 대한 콜옵션의 매입포지션을 나타내고 있다. 행사가격이 $70.00이고 프리미엄이 $3.00일 때의 선물옵션의 손익구조가 선물의 손익구조와 다름을 알 수 있다. 그림에서 보듯이 선물계약에 대한 콜옵션 보유자의 최대손실은 프리미엄인 $3.00으로 한정되며, 이익은 무한하다. 선물가격이 만기 시에 $73.00 또는 그 이하일 때는 선물옵션의 매입자는 이익을 얻을 수 없다. 그러나 만기시의 선물가격이 $73.00 이상이 되면 선물가격의 상승에 따라 이익이 지속적으로 증가된다.

이상에서는 선물의 매입포지션과 선물계약에 대한 콜옵션의 매입포지션에 대한 손익구조를 알아보았다. 또한 선물 매도포지션에서도 손익에 제한이 없다. 그리고 선물계약에 대한 콜옵션의 발행자의 입장에서도 또한 손실에는 제한이 없다. 왜냐하면 콜옵션의 매입자의 이익은 매도자에게는 손실이 되기 때문이다. 반면에 콜옵션의 발행자에게 이익은 그가 받는 프리미엄으로 한정된다.

4.2 선물옵션을 이용한 투기적 거래

선물옵션은 투기적 거래에 이용될 수 있다. [그림 13-3]은 콜옵션 하나와 선물계약 1단위를 매입하는 경우의 손익을 나타내고 있다. 예를 들어 어떤 투자자가 T-bond 선물가격이 상승할 것으로 예측하고 있다고 하자. 이러한 상황에서 취할 수 있는 전략 중의 하나는 선물계약에 대한 콜옵션과 선물계약 그 자체를 모두 매입하는 것이다.

따라서 이 투자자는 선물계약을 $70.00에 매입하고, 이 선물계약에 대한 행사가격이 $70.00인 콜옵션을 $3.00에 매입하였다. [그림13-3]에서 보듯이 선물

2) 이에 대해서는 R. W. Kolb and R.S.Hamada, 「Understanding Futures Markets」, 1988, Scott, Foresman and Co., pp. 391~419를 참조.

그림 13-3

콜옵션매입/선물매입 포지션의 손익

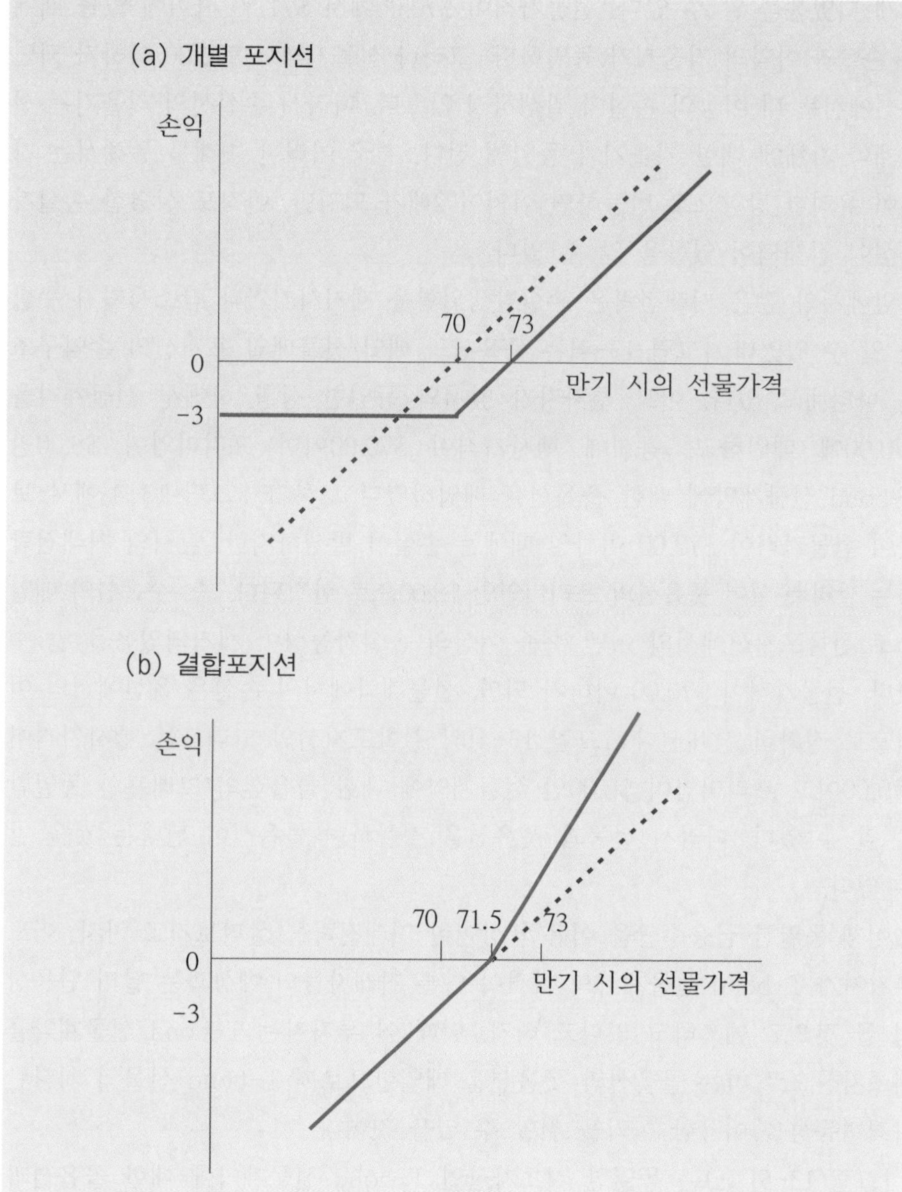

가격이 $71.50을 상회하면, 이 투자자는 이 거래를 통해서 이익을 얻게 된다. 그리고 그림에서 선물과 콜옵션의 결합에 따라 직선의 기울기가 2배 더 가파르게 되었음을 알 수 있다. 선물가격이 $70.00에서 $71.50 사이에 있을 때에는 손실과 이익의 기울기가 동일하다. 그러나 선물가격이 $70.00 이하가 되면 옵션에서는 더 이상의 손실이 발생하지 않으며, 따라서 손실선의 기울기는 선물계약 자체에 대한 기울기와 동일해 진다. 결국 이러한 거래를 통해서는 가격이 유리한 방향으로 변동하면 이익이 2배가 되지만, 아직도 상당한 손실가능성이 잠재되어 있음을 알 수 있다.

앞에서와 같은 거래전략은 손실발생위험을 제거시키거나 감소시키지 못함을 알 수 있었다. [그림 13-4]는 풋옵션의 매입/선물매입 포지션의 손익구조를 나타내고 있다. 어느 투자자가 앞서와 동일한 상황 하에서 선물계약을 $70.00에 매입하고, 동시에 행사가격이 $70.00이며 프리미엄이 $8.00인 T-bond 선물계약에 대한 풋옵션을 매입하였다고 하자. [그림 13-4]에서 보듯이 선물가격이 $78.00 이하일 때에는 손실이 발생하지만, 앞서의 거래전략과는 달리 손실이 풋옵션의 프리미엄인 $8.00으로 한정된다. 즉, 풋옵션의 매입으로 선물포지션에서의 어떤 수준 이상의 손실가능성이 제거되었음을 알 수 있다. 선물가격이 $70.00 이하가 되면, 선물계약에서의 손실은 옵션에서의 이익으로 정확히 상쇄된다. [그림 13-4]의 결합포지션의 그래프는 행사가격이 $70.00이고 프리미엄이 $8.00인 선물계약에 대한 콜옵션의 그래프와 동일함을 알 수 있다. 따라서 선물과 풋옵션을 결합하면 콜옵션이 된다는 것을 알 수 있다.

이제 동일한 금융수단을 이용한 상이한 거래전략을 살펴보기로 하자. 어느 투자자가 T-bond 선물계약의 가격이 다른 거래자들의 예상과는 달리 변동성이 클 것으로 예측하고 있다고 하자. 이때 이 투자자는 T-bond 선물계약을 기초자산으로 하는 콜옵션과 풋옵션을 매입함으로써 T-bond 선물의 커다란 가격변동성을 이용한 이익을 취할 수 있을 것이다.

[그림 13-5] (a)는 동일한 기초자산인 T-bond 선물계약에 대한 콜옵션과 풋옵션의 매입포지션에 대한 손익을 나타내고 있다. 그리고 (b)는 콜옵션과 풋옵션의 매입 결합포지션을 나타내고 있으며, 이를 스트래들의 매입(buying

그림 13-4

풋매입/선물매입 포지션의 손익

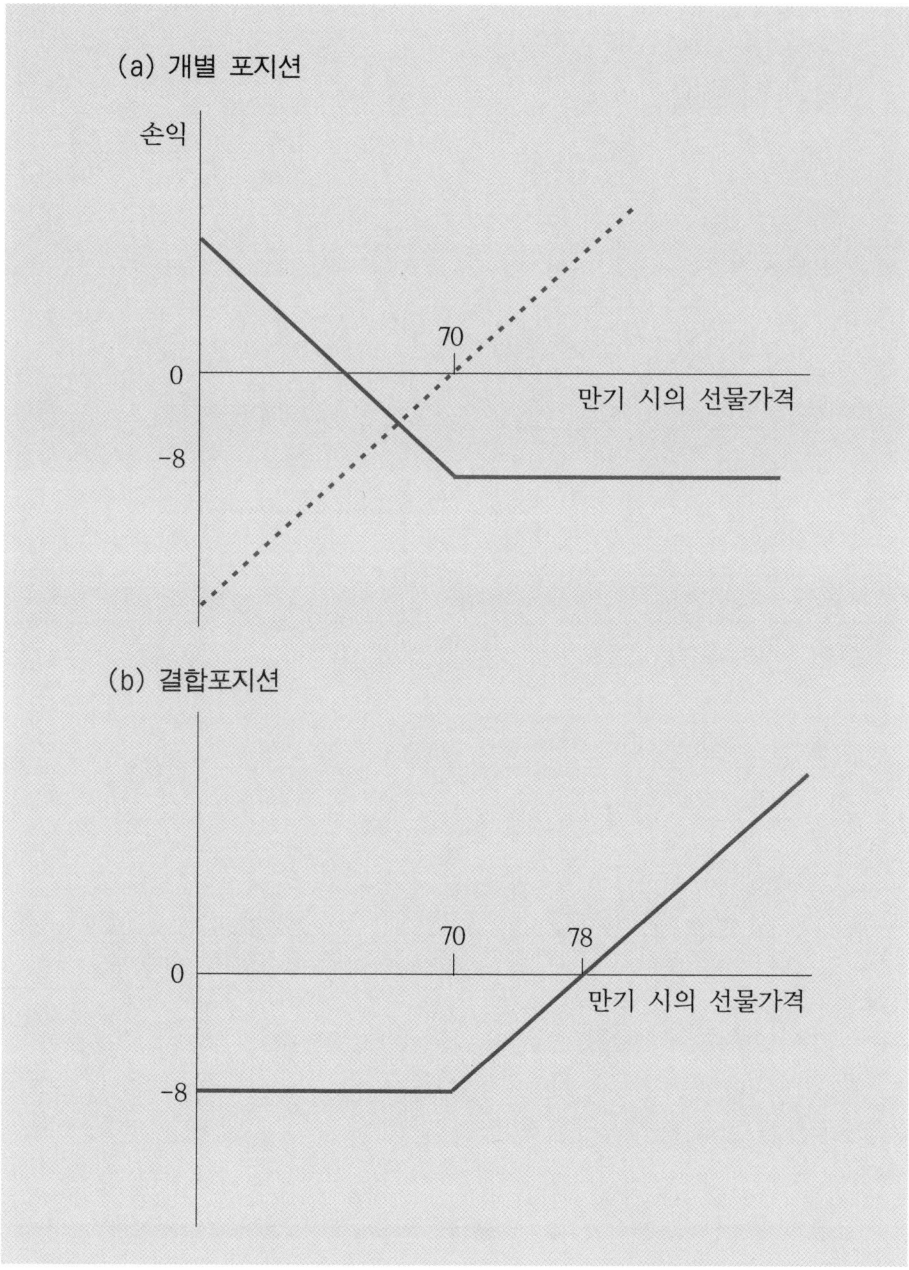

그림 13-5

스트래들 매입의 손익

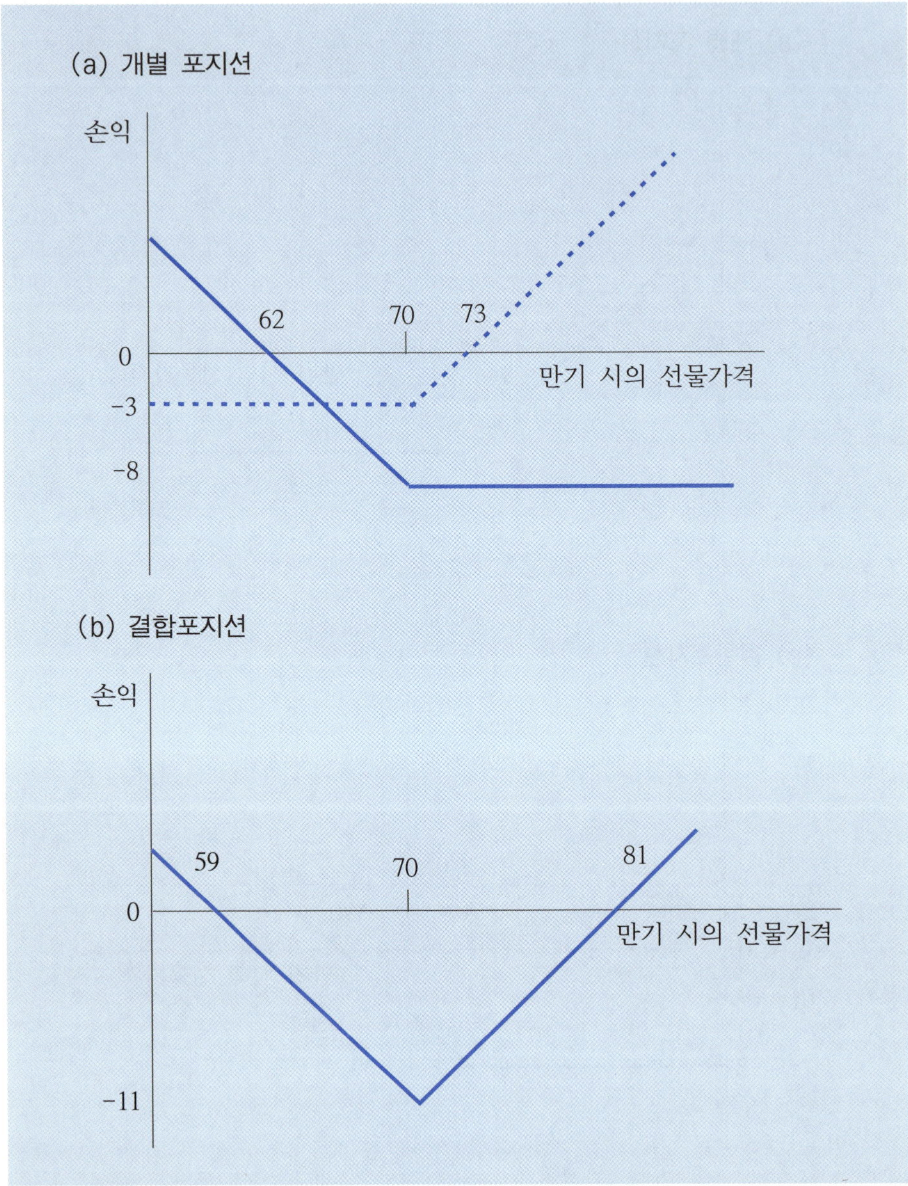

a straddle)이라고 한다. [그림 13-5]에서 콜옵션의 프리미엄은 $3.00이고 풋옵션의 프리미엄은 $8.00이며, 콜옵션과 풋옵션의 행사가격은 모두 $70.00이다. 만약 만기 시의 선물가격이 $70.00이라면, 콜옵션과 풋옵션은 모두 행사되지 않고 소멸될 것이며 따라서 스트래들의 총손실은 $11이 된다. 그러나 선물가격이 크게 상승 또는 하락한다면, 스트래들의 매입자는 이익을 얻게 된다. 만약 만기시의 선물가격이 $81.00 이상이 되거나 $59.00 이하가 되면, 스트래들 매입자는 이익을 얻게 된다. 결국 스트래들 매입자는 선물가격이 어느 방향으로든지 크게 변동할 것을 기대하여 이러한 포지션을 취하게 된다. 이와는 반대로 기초자산인 선물계약의 가격이 크게 변동하지 않을 것으로 예측될 때에는 스트래들의 매도포지션을 취하게 될 것이다.

예제 13-8

어느 투자자가 NYSE 종합주가지수가 크게 변동할 것으로 예측하여 스트래들을 매입하기로 결정하였다. 거래비용은 없다고 가정하고, NYSE 지수선물의 현재가격은 $100.00이라고 하자. 그는 행사가격이 $100인 NYSE 지수선물에 대한 콜옵션과 풋옵션을 각각 $7.46과 $1.80에 매입하였다. 이때 다음과 같은 세 가지 경우의 손익을 살펴보기로 하자.

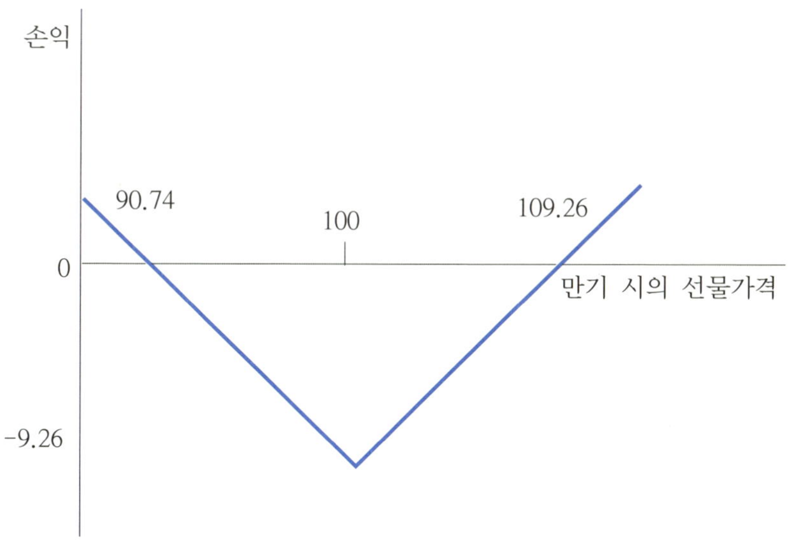

① NYSE 지수선물가격이 만기 시에 $110인 경우:
이 투자자는 콜옵션을 행사함으로써 $10(=$110 -$100)의 이익을 얻었으며, 프리미엄비용 $9.26을 차감하고 $0.74의 이득을 얻었다.

② NYSE 지수선물가격이 만기 시에 $100인 경우:
이 투자자는 옵션을 모두 행사하지 못함으로써, 투자원금인 $9.26의 손실을 입었다. 따라서 100%의 손실을 가져왔다.

③ NYSE 지수선물가격이 만기시에 $90인 경우:
김수익 씨는 풋옵션을 행사하여 $10의 이득을 얻었으며, ①의 경우와 마찬가지로 $0.74의 순이익을 얻었다.

4.3 선물옵션을 이용한 헷징

기관투자자의 경우 대형주가지수의 가격변동을 복제한다는 것은 매우 힘든 일이다. 아직 실현되지 않은 커다란 서류상의 이익(paper gain)을 가지고 있는 대형주식포트폴리오를 보유하고 있는 투자자를 가정해 보자. 이러한 미실현이익을 선물이나 선물옵션을 이용하지 않고 거래비용을 발생시키지 않으면서 유지한다는 것은 거의 실현불가능하다고 볼 수 있다. 그러나 이때 이 투자자는 선물옵션을 이용함으로써 미실현이익을 보호하는 포트폴리오보험을 매입(buy portfolio insurance)할 수 있다.

어떤 거래자가 NYSE 주가지수선물계약을 $72.00에 매입하여 현재 선물가격이 $80.00으로 상승했다고 가정하자. 따라서 현재 $4,000(=8포인트 × $500)의 미실현이익이 존재함을 알 수 있다. 그리고 이러한 선물가격의 상승기조가 당분간 계속될 것으로 예측되어, 선물포지션을 계속 보유하고자 한다고 하자. 그러나 이 거래자는 예측치 않은 선물가격의 하락에 대해 헤지하기를 원한다고 하자.

이 거래자가 취할 수 있는 전략의 하나는 현재의 선물가격보다 낮은 행사가격을 갖는 풋옵션을 매입하는 것이다. 만약 선물가격이 현재 $80.00이라면, 이러한 전략에 이용할 풋옵션으로는 행사가격이 $78.00인 풋옵션을 고려해 볼 수 있다. 그리고 이 풋옵션의 프리미엄은 $0.80이라고 하자. 이 거래자는 이러한 전략을 취함으로써 하락장세시에 미실현 이익의 대부분을 헤지할 수 있을 것이다.

[그림 13-6]에서 만약 선물포지션만을 취했다면, 선물가격의 변동에 따라

그림 13-6

주가지수선물 매입포지션의 헤징

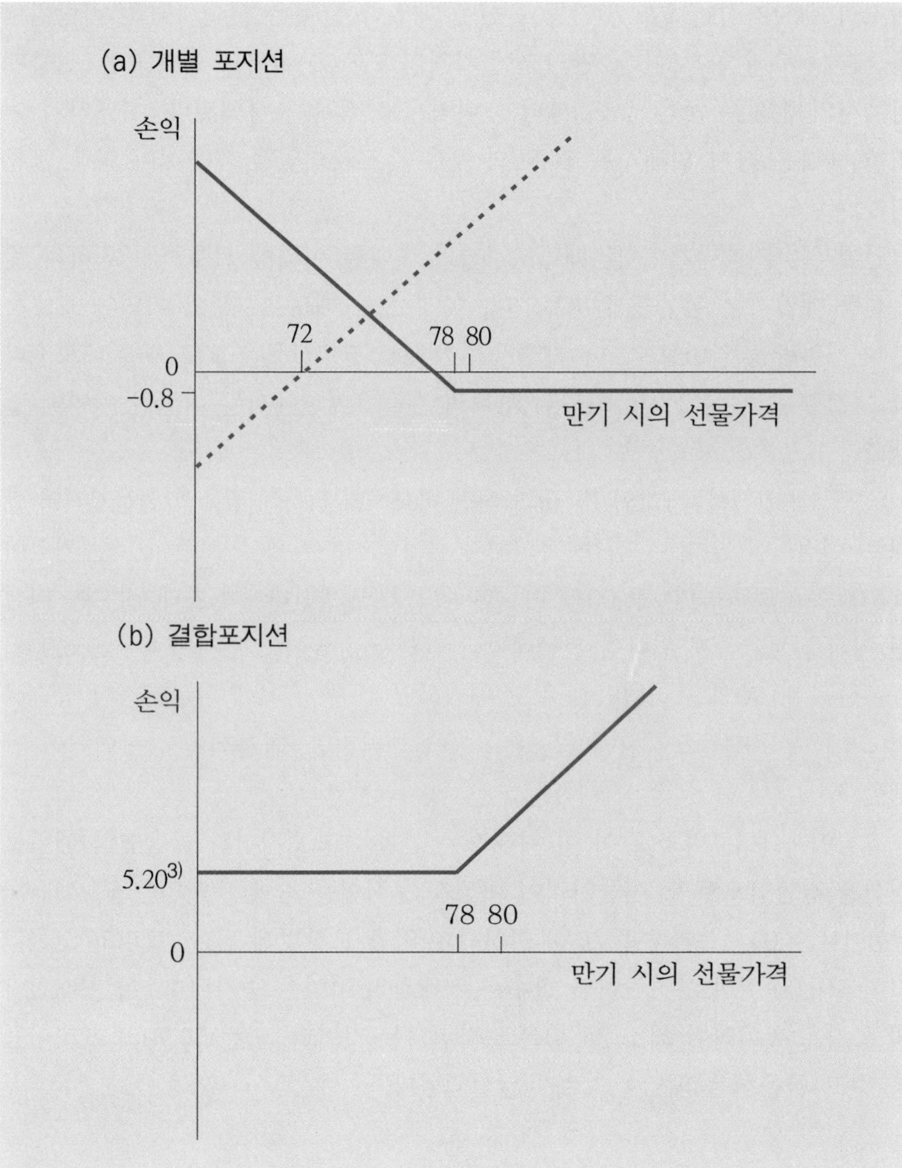

3) (78 - 0.80) - 72 = 77.20 - 72 = 5.20

$8.00의 미실현 이익이 크게 변동할 것이다. 그러나 선물계약과 이 선물계약에 대한 풋옵션을 결합함으로써 헤지포지션을 설정할 수 있음을 알 수 있다. 여기서 행사가격이 $78.00인 풋옵션을 매입하는 것은 선물가격의 하락위험을 헤지하기 위한 것이다. 만약 선물가격이 $78.00 이하로 하락하면, 선물계약에서의 손실은 풋옵션으로부터의 이익으로 정확히 상쇄된다. 거래자가 이러한 헤지를 하기 위해서는 $0.80의 풋옵션 프리미엄을 지불해야 함은 물론이다.

앞에서는 거래자가 선물 매입포지션의 미실현 이익을 보호하기 위하여 풋옵션을 매입하는 경우를 살펴보았다. 이제 선물 매도포지션의 이익을 보호하는 거래전략을 알아보자. 한 거래자가 NYSE 지수선물을 $72.00에 매도했다고 가정하자. 선물가격이 하락함에 따라 선물포지션에서는 미실현 이익이 발생한다.

[그림 13-7]에서는 [그림 13-6]과 직접 비교하기 위하여 횡축의 선물가격이 반대로 설정되어 있다는 점을 유의하자. [그림 13-7]에서 보듯이 선물가격이 $66.00으로 하락하면, $6.00의 미실현 이익이 발생한다. 이 거래자는 이 미실현 이익을 보호하기 위하여 선물계약과 만기가 동일하고 행사가격이 $66.00인 콜옵션을 $0.70의 프리미엄을 주고 매입하였다. 만기 시에 선물가격이 상승하면 그에 따라 선물포지션에서는 손실이 발생하지만, 콜옵션에서는 이익이 발생한다.

그림에서 보는 바와 같이 이 거래자는 선물 매도포지션과 콜옵션의 매입포지션을 결합함으로써, 선물가격이 어떻게 움직이든 간에 총이익은 $5.30 (=미실현이익 $6.00 - 프리미엄 $0.70) 이상의 이익을 보장받게 된다. 그리고 선물가격이 $66.00 이하로 하락하면 할수록 거래자의 이익은 증가된다. 이 거래전략의 특징은 총이익이 최소 $5.30은 보장된다는 것이며, 이는 $0.70의 프리미엄을 주고 콜옵션을 매입함으로써 달성되었다.

그림 13-7

주가지수선물 매도포지션의 헤징

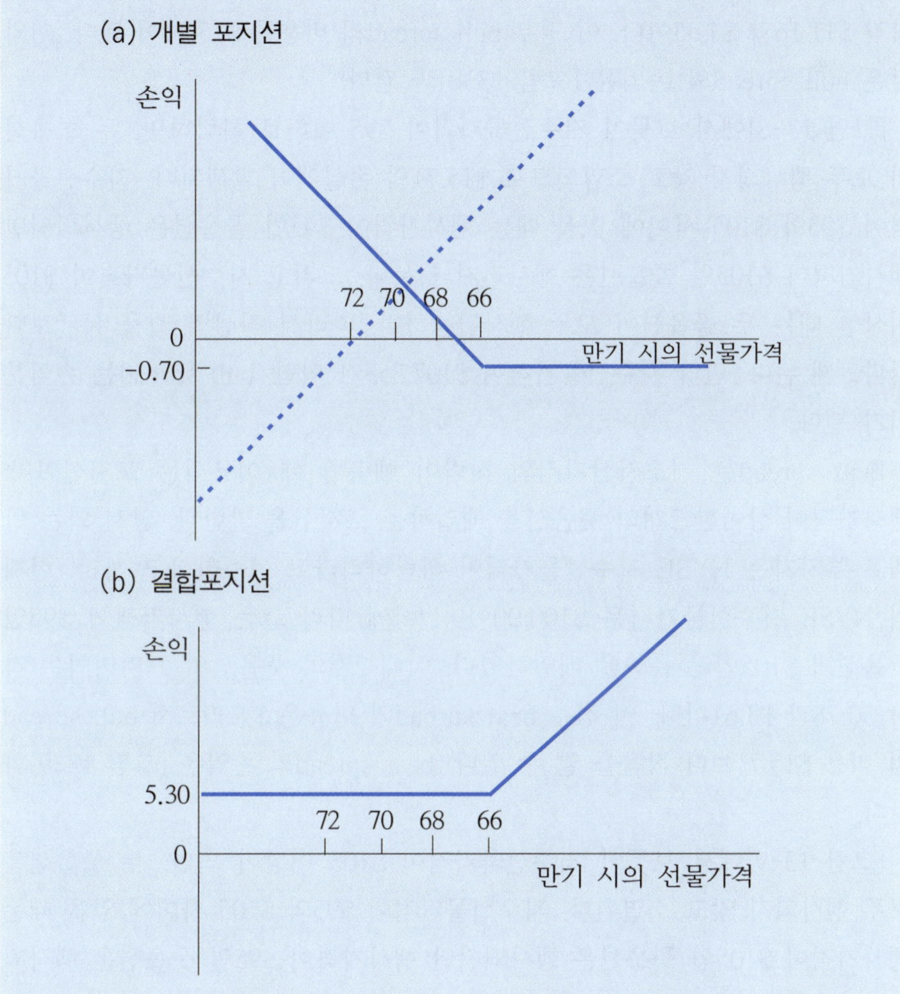

4.4 Bull spread와 bear spread

Bull spread는 기초자산가격의 상승이 예측될 때 이용되는 포지션이며, 행사가격이 상이한 2개의 콜옵션을 매입하는 포지션을 말한다. 예를 들어, 어느 투자자가 NYSE 지수선물가격이 상승하리라고 예측한다고 하자. 현재의 NYSE 지수선물가격은 $100.00이다. 이에 따라 이 투자자는 행사가격이 $95인 콜옵션과 $105인 콜옵션을 매입하였다. 이때 2개의 콜옵션의 프리미엄은 각각 $11.16과 $4.55이다. 이 경우 bull spread의 비용은 $15.71이 된다. 이와 같은 bull spread의 손익은 [그림 13-8]과 같다.

[그림 13-8]에서 보듯이 지수선물가격이 $95 이하로 하락하면, 두 콜옵션이 모두 행사되지 않고 소멸되므로 $15.71의 손실액이 발생된다. 지수선물가격이 $95와 $105 사이에 있을 때는 행사가격이 $95인 콜옵션은 행사되지만 행사가격이 $105인 콜옵션은 행사되지 않는다. 그리고 지수선물가격이 $105 이상일 때는 두 콜옵션이 모두 행사가능하며, 따라서 직선의 기울기는 보다 가파르게 된다. 만약 지수선물가격이 $107.855가 되면, bull spread는 손익분기가 된다.

Bear spread는 기초자산가격의 하락이 예측될 때 이용되는 포지션이며, 행사가격이 상이한 2개의 풋옵션을 매입하는 포지션을 말한다. 앞서 와는 반대로 투자자는 NYSE 지수선물가격이 하락하리라고 예측한다고 하자. 현재의 NYSE 지수선물가격은 $100.00이다. 이에 따라 그는 행사가격이 $95인 풋옵션과 $105인 풋옵션을 매입하였다. 이때 2개의 풋옵션의 프리미엄은 각각 $0.78과 $3.61이다. 이 경우 bear spread의 비용은 $4.39로서 bull spread의 비용 $15.71보다 작음을 알 수 있다. bear spread의 손익은 [그림 13-9]와 같다.

[그림 13-9]에서 보듯이 지수선물가격이 $105 이상이 되면, 두 풋옵션은 모두 행사되지 않고 소멸된다. 지수선물가격이 $95와 $105 사이에 있을 때는 행사가격이 $105인 풋옵션은 행사되지만 행사가격이 $95인 풋옵션은 행사되지 않는다. 그리고 지수선물가격이 $95 이하일 때는 두 풋옵션이 모두 행사된다.

그림 13-8

Bull spread의 손익구조

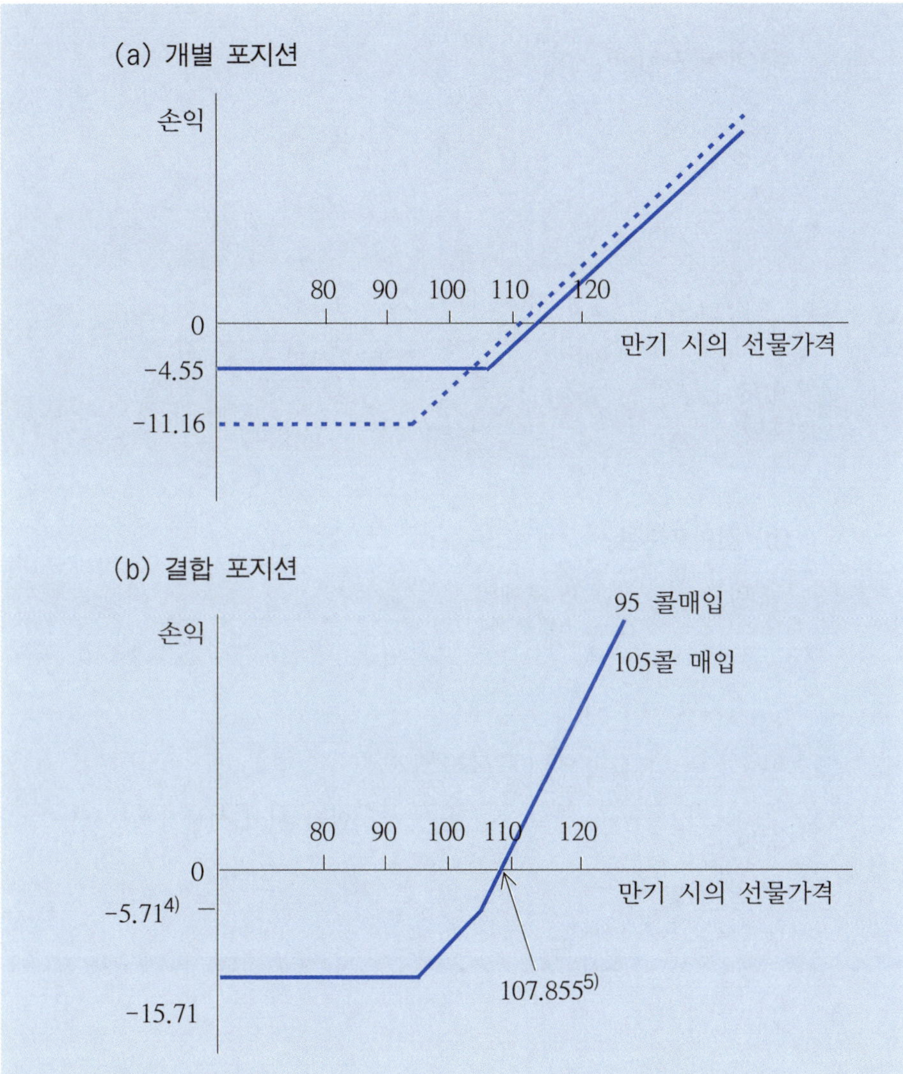

---

4) 행사가격이 95인 콜옵션의 손익분기점(횡축의 절단면)은 95+11.16 =106.16이다. 그리고 행사가격이 105인 콜옵션의 경우 105에서 45° 선으로 우상향한다. 따라서 이 두 콜옵션의 결합선은 최초 95에서 굴절되고 105에서 다시 한 번 굴절된다. 이때 굴절되는 종축의 수준은 4.55 +(106.16-105) = 4.55+1.16=5.71이 된다.

5) (106.16 + 109.55)/2 = 107.855

그림 13-9

Bear spread의 손익구조

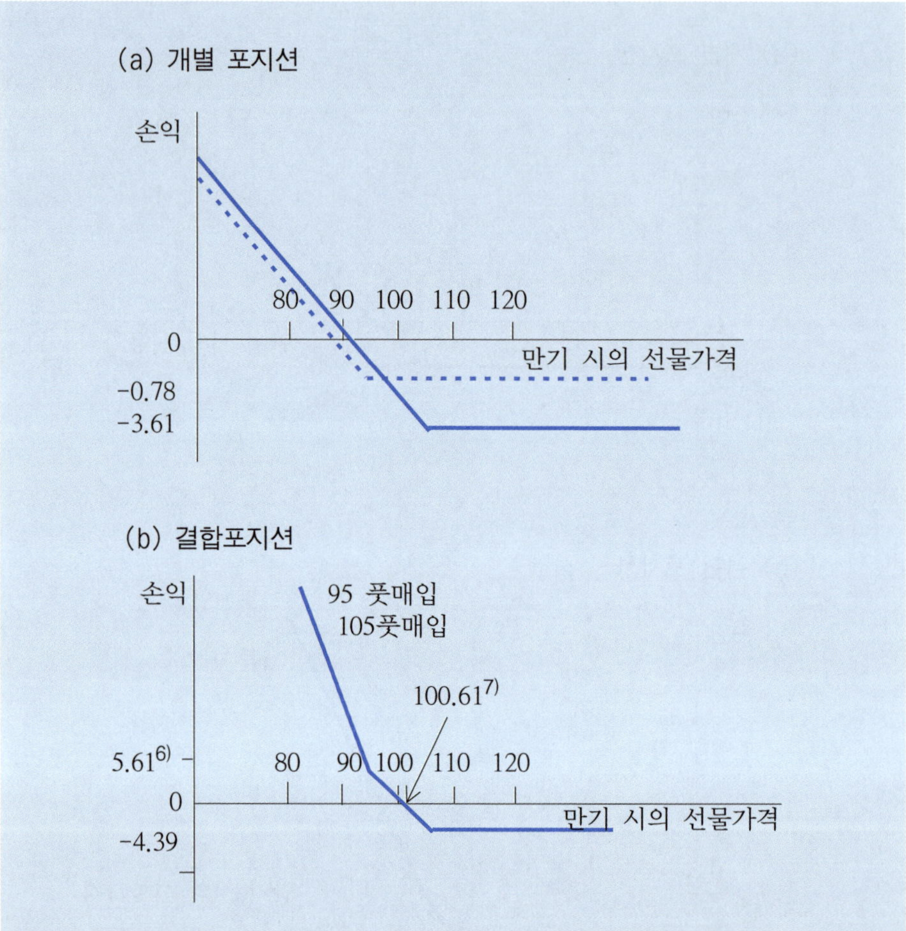

6) (105-95)-3.61-0.78=5.61

7) 행사가격이 105인 풋옵션의 횡축의 절단면은 105-3.61=101.39이다. 그리고 행사가격이 95인 풋옵션의 프리미엄은 0.78이다. 따라서 두 풋옵션의 결합포지션이 횡축을 절단하는 수준은 101.39-0.78=106.61이 된다.

4.5 합성풋(synthetic put)

가장 일반적인 전략 중의 하나는 기초자산을 보유하고 있는 상태에서 그 기초자산을 대상으로 하는 콜옵션을 발행하는 것이며, 이를 방비콜의 발행(writing a covered call)이라고 한다. 이때 콜옵션이 cover되었다는 것은 투자자가 이미 기초자산을 보유하고 있기 때문이다. [그림 13-10]은 지수선물 1단위에 대해 $100의 행사가격을 갖는 콜옵션 1계약을 발행하는 경우의 손익구조를 나타내고 있다. 그리고 이 투자자는 콜옵션을 발행함으로써 $7.46의 프리미엄수입을 얻는다.

만약 만기 시에 지수선물가격이 $100이라면, 지수선물 자체의 손익은 0이다. 그러나 방비콜(covered call)을 발행하여 합성풋의 포지션을 취한다면, 만기 시에 지수선물가격이 $100이 되어도 합성풋으로부터의 손익은 $7.46이 된다. 왜냐하면 이때 콜옵션은 행사되지 않고 소멸되며, 투자자는 프리미엄수입을

그림 13-10

합성풋의 손익구조

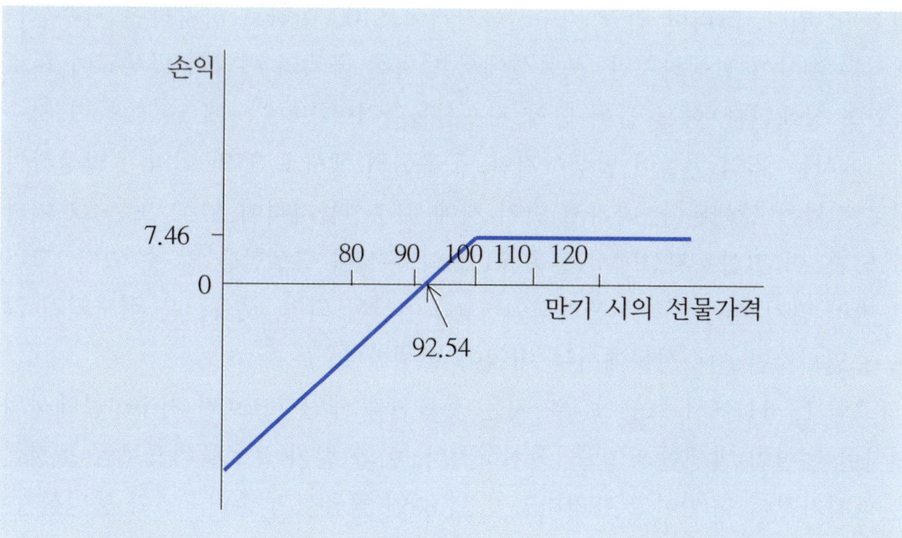

그대로 유지하게 되기 때문이다. 그러나 만기 시에 지수선물가격이 $100 이상이 되어도, 이 투자자의 이익은 $7.46에 한정된다.

4.6 포트폴리오보험

포트폴리오보험(portfolio insurance)은 일반적으로 커다란 손실이 발생할 위험을 감소시키기 위하여 최대수익을 일부 희생시키면서 포트폴리오의 수익분포를 안정적으로 변경시키는 것을 말한다. 그러나 여기서는 포트폴리오보험을 콜옵션을 복제하기 위하여 포트폴리오의 수익분포를 변경시키는 것이라고 정의하기로 하자.

예를 들어, 주가지수선물의 매입포지션을 취하고 있는 상태에서 행사가격이 $100인 풋옵션 1계약을 매입하는 포지션을 가정해 보자. 이때 풋옵션의 프리미엄은 $1.80이다. [그림 13-11]은 이러한 포지션의 손익구조를 나타내고 있다.

만약 지수선물가격이 만기 시에 $100이라면, 지수선물로부터의 이익은 전혀 없으며 또한 풋옵션은 행사되지 않고 소멸된다. 따라서 이때의 총손실은 $1.80이 된다. 그러나 만약 지수선물가격이 $100 이하로 하락하면 지수선물에서는 손실이 발생하지만, 풋옵션에서 동일한 금액의 이익이 발생되어 서로 정확히 상쇄된다. 예를 들어 만약 지수선물가격이 만기 시에 $95이라면 지수선물에서는 $5의 손실이 발생하지만, 풋옵션의 행사로 $5의 이익이 발생하여 서로 정확히 상쇄된다. 따라서 만기 시에 지수선물가격이 $100 또는 그 이하가 되면, 이 결합포지션에서는 총 $1.80의 손실이 발생함을 알 수 있다. 그리고 만약 만기 시에 지수선물가격이 $100 이상이 되면, 풋옵션은 행사되지 않고 소멸되지만 지수선물에서는 이익이 발생한다.

[그림 13-11]에서 보듯이 투자자는 풋옵션을 매입함으로써 지수선물에서의 커다란 손실이 발생할 위험을 제거하였다. 이와 같이 포트폴리오보험 포지션은 행사가격이 $100이고 프리미엄이 $1.80인 콜옵션의 손익구조와 동일한 손익구조를 가진다는 것을 알 수 있다.

그림 13-11

포트폴리오보험의 손익구조

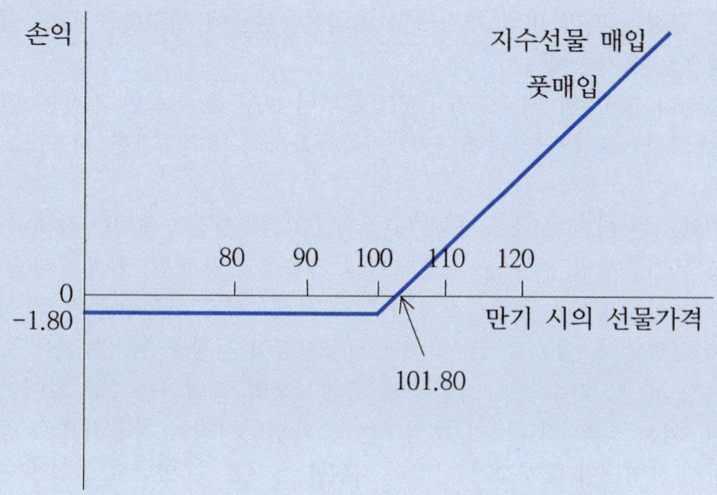

코스피200선물 美 NAL 발급

해외 신규투자자 유입 촉진 가속화

코스피200선물시장은 대한 미국 투자자의 투자가 가능하도록 인정을 받는 NAL(No-Action Letter: 비조치 의견서)을 미국 파생상품감독기관(CFTC)으로부터 발급받았다.

이에 따라 주식시장의 FTSE 선진국시장 편입에 이어, 국내 선물시장도 국제적인 시장으로 도약의 계기를 마련했다. 즉, 우리나라를 대표하는 파생상품인 코스피200 선물시장에 해외 신규투자자 유입을 촉진시킴으로써 새로운 성장동력을 확보하게 될 것으로 기대된다.

금융위원회와 증권선물거래소에 따르면 30일 미 CFTC는 코스피200 선물 시장에 대해 NAL을 발급했다.

이에 따라 NAL 취득 전제조건인 해당상품의 투자적격여부 심사 및 불공정행위 규제를 위한 CFTC와 한국감독기관 간 정보 공유 합의가 완료됐다.

미국 상품거래법상 규정된 '미국 외 거래소에 상장된 선물상품에 대한 투자권유 등 미국 내 영업행위를 금지' 하고 있는 조항으로 이 같은 규정에 따라 미국 투자자가 해외선물상품에 투자하는 것이 원칙적으로 불가능하다.

그러나 미국 외 거래소가 CFTC로부터 NAL을 취득한 경우에 한해 예외적으로 해당상품에 대한 미국투자자의 해외투자를 허용하고 있다.

거래소는 이번 발급에 대해 "코스피200 선물시장과 증권시장의 시장조작 가능성이 없는 등 시장운영의 자율성과 투명성, 규제체계 등 중요한 심사요건을 충족함으로써 투자 적격시장으로 인정받은 것"이라고 설명했다. 앞으로 코스피200 선물시장이 시장조작 가능성에 노출되지 않고, 지수의 대상종목인 증권시장의 조작가능성도 없어야 하며, 이는 향후 거래소가 운영하는 증권·선물시장이 자율적으로 공정하게 운영돼야 투자적격 시장의 지위를 유지할 수 있다고 설명했다.

거래소는 코스피200선물시장이 △지수요건(기준 구성종목 10개 이상)을 충족할 것 △지수의 조작가능성(지수구성, 시가총액 등)이 없을 것 △투자자 보호(시장운영, 감리/규제체계)가 철저할 것 △거래소의 안정성 및 시스템의 신뢰성이 높을 것 등의 모든 조항을 통과했다고 밝혔다.

이에 따라 앞으로 국내 선물업자가 미국에서 미국 투자자를 대상으로 영업활동을 하기 위해서는 CFTC에 FCM(Futures Commission Merchant)으로 등록하는 절차가 필요하기 때문에 절차가 복잡한 국내선물업자의 개별 등록 대신 거래소가 CFTC에 일괄적으로 FCM 등록 면제 절차를 추진키로 했다.

또 코스피200옵션 및 국채선물도 미국투자자의 직접 참여가 허용될 수 있도록 SEC, CFTC 등 미국 규제기관으로부터 관련 절차 추진할 예정이다.

(*Fntimes*)

연습문제

기본문제

1. 포트폴리오보험에 대한에 대한 설명으로 가장 거리가 먼 것은?

① 주식과 채권의 합성포트폴리오를 이용하는 포트폴리오보험을 동적 자산배분전략이라 한다.

② 동적 자산배분전략을 이용하는 경우 상당한 거래비용이 발생한다.

③ 동적 헤징전략은 주가상승시에는 헤지비율을 확대시킴으로써 주가상승에 따른 이익을 획득하는 것이다.

④ 동적 헤징전략은 주식포트폴리오의 가치와 주가지수가 다르게 움직일 위험 등의 거래에 따르는 위험이 존재한다.

2. 스프레드 거래에 대한 설명으로 가장 거리가 먼 것은?

① 상이한 선물계약을 대상으로 한 매매이다.

② 하나의 선물을 사고 동시에 다른 선물을 파는 거래이다.

③ 거래자의 손익은 두 선물의 절대가격의 변화에 따라 결정된다.

④ 투기거래에 비해 절대적인 손익변동의 크기가 작은 편이다.

▶ 다음 빈 칸에 알맞은 말을 넣으시오.

3. 선물옵션은 일반적으로 (   )식이기 때문에 만기일을 포함하여 만기이전에 어느 때라도 행사가능하다.

4. 미국식 선물옵션의 가치는 (   ) 때문에 유럽식 선물옵션의 가치와 동일하거나 더 크다.

5. (   )는 지금 현재 옵션을 행사가격으로 행사하고 그에 따른 선물포지션을 현재의 선물가격으로 청산함으로서 실현될 수 있는 가치이다.

6. (   )는 만기이전에 옵션의 가치증가 가능성에 관한 옵션거래자들의 일치된 견해를 나타낸다.

7. 옵션이 (   )가격 상태에 있으면 있을수록, 옵션의 시간가치는 작아진다.

▶ 다음 문장이 맞으면 0, 틀리면 X를 하시오.

8. 선물계약에 대한 콜옵션(futures call option)의 보유자가 옵션을 행사한다면, 그는 콜옵션의 행사가격으로 선물의 매입포지션을 취하게 된다. (   )

9. 옵션의 만기가 길면 길수록, 옵션의 가치는 더 커진다. (   )

10. 다른 모든 조건이 동일하다면, 낮은 행사가격을 가지는 콜옵션은 높은 행사가격을 가지는 콜옵션보다 더 높은 프리미엄을 가질 것이다. (   )

11. 유럽식 옵션 매입자는 만기 이전에 어느 때고 옵션을 행사할 수 있다. (   )

12. 행사 혹은 청산의 시기는 전적으로 옵션보유자에게 주어진다. (   )

13. 내재가치를 가지고 있는 옵션은 그 내재가치만큼 내가격(ITM; in-the-money) 상태에 있다고 하며, 현재 내재가치를 가지고 있지 않은 옵션은 외가격(OTM; out-of-the-money)상태에 있다고 한다. (   )

제14장 스왑거래

제 14 장 스왑거래

외환사정 좋아졌다는데..단기자금 시장은 왜? 원화값 오르는데 스왑포인트는 오히려 하락

한 때 1500원을 넘나 들었던 달러-원 환율이 1200원대까지 떨어지면서 외환수급 사정이 한결 나아졌다는 진단이 이곳저곳서 나오고 있다.

실제 달러를 주고 원화를 받을 때 지불해야 하는 통화스왑(CRS) 금리도 플러스권에서 안정적으로 유지가 되고 있다. 올해 초까지만 해도 마이너스권에 머물렀던 CRS 금리는 4월을 기점으로 플러스로 돌아섰다. 국내 자금시장에 달러 기근 현상이 사라지면서 이제는 달러를 받고 원화를 빌려줄 때 적어도 웃돈을 얹어줘야 하는 일은 없어진 셈이다.

하지만 이는 어디까지나 표면적으로 보이는 현상일 뿐이다. 단기 외화자금 시장에선 지난달부터 이와는 반대되는 일이 벌어지고 있다. 단기 외화자금 수급 상황을 나타내는 스왑포인트가 지금의 환율과 정반대 현상을 나타내고 있는 것.

스왑포인트는 선물환 가격에서 현물환 가격을 뺀 가격으로, 단기 외환자금 시장 상황을 설명해 주는 지표다. 보합 수준에서 견조함을 잃지 않던 스왑포인트는 5월 이후 급격히 하락하기 시작, 갈수록 마이너스 폭이 확대되는 추세에 있다.

마켓포인트에 따르면 8일 기준으로 스왑포인트 1개월물은 -2.8원, 3개월물은 -6.2원을 나타내고 있다. 달러-원 환율이 올해 최고점을 찍었던 지난 3월2일에도 각각 -0.45원(1개월) -2.5원(3개월)에 불과했던 수치들이다.

이는 요즘 단기성 외화자금을 구하려면 지난 3월보다 훨씬 더 이자를 줘야 한다는 뜻이다. 그동안 달러-원 환율이 300원 넘게 하락했다는 점과 비교해보면 더욱 두드러지는 결과다.

(이데일리)

1. 스왑거래의 개요

1.1 스왑거래의 개념과 역사

스왑(swap)은 원래 '맞바꾸다' 또는 '교환하다'는 뜻을 가진 용어로서, 자본시장에서 스왑이란 두 거래당사자가 일정 기간 동안 주기적으로 원금이나 이자 지급 등의 현금 흐름을 교환하는 것을 말한다. 즉, 스왑이란 일련의 현금흐름(cash flow)을 다른 현금흐름과 서로 교환하는 것이다. 이때 두 거래당사자가 서로 교환하는 현금흐름은 들어오는 현금흐름의 현재가치와 나가는 현금흐름의 현재가치가 원칙적으로 서로 같아야 한다.

스왑은 교환되는 현금흐름의 종류에 따라 크게 금리스왑과 통화스왑으로 구분할 수 있다. 금리스왑은 원금의 교환 없이 동일 통화의 이자지급만을 교환하는 것이고, 통화 스왑은 이종 통화의 원금과 이자 지급을 모두 교환하는 것을 말한다. 스왑거래는 통상 거래소시장 밖에서 양 당사자간의 합의에 의해 거래되는 장외거래의 성격을 갖고 있다.

스왑거래는 외환시장에서 장기적 환위험을 관리하기 위해 외환스왑의 거래나 선물환거래의 만기를 장기화하려는 시도에서 통화스왑이 거래되었다. 그리고 이종통화 표시 스왑은 평행대출(parallel loan)과 백투백론 또는 국제상호직접대출(back to back loan)형태에서 비롯되었다. 백투백론에서는 양 당사자가 리스크 커버를 위하여 자금을 상호 교환하는 반면에, 평행대출(parallel loan)에서는 양 당사자가 직접 자금을 교환하는 것이 아니라 각각 상대방의 지사에게 자금을 대출하는 형식을 취한다. 즉, 백투백론은 서로 다른 두 나라에 소재하고 있는 독립된 두 기업이 상대기업에 대해 상대국 통화표시의 자금을 제공하고자 할 경우에 각각 자국소재 상대국기업에 계약시점의 현물환율로 환산한 동일한 금액의 자국통화 표시 자금을 동일한 만기 조건으로 대출하는 거래이다. 이러한 거래는 스왑거래의 초기 형태로 자회사를 통하지 않고 직접 상대국기업에게 자국통화자금을 융자해 준다는 점에서 평행

대출(parallel loan)과 상이하나 나머지는 동일하다. 특히 이러한 거래는 대출 자체의 원금측면만을 보면 자국통화를 대가로 한 외국통화의 선물환 매도거래와 유사하다는 것을 알 수 있다. 또한 어느 일방이 특정통화표시(주로 자국통화표시)로 된 잉여유동성을 확보하고 있어 동 자본시장에의 접근은 용이하나 타 통화자금의 조달이 여의치 못할 경우에 필요로 하는 통화가 서로 반대이면서 유사한 입장에 있는 상대방이 있는 경우 유용하게 쓰일 수 있다.

스왑거래는 처음에는 주로 상호간의 부채를 교환하는 부채관리를 위한 스왑거래가 대부분이었으나 점차 자산관리 및 포트폴리오관리로 이용목적이 확대되고 다양한 거래형태가 개발되고 있다. 최근에는 계약당사자간에 다양한 형태의 일정한 현금흐름을 상호 교환하는 계약이 되고 있다.

스왑시장의 초기에는 투자은행이 지배적인 중개기관이었으나, 이후 시장의 발달에 따라 상업은행이 주축이 되었다. 이는 상품의 발전과정과 일맥상통하는 것으로서 초기의 거래는 단순한 중개기능만을 요구하여 투자은행이 자연적으로 중개기능을 담당하였으나, 스왑이 보다 표준화됨에 따라 중개기관이 스왑거래의 일부 또는 전부를 중개하는 것은 물론 자기거래로 시장을 조성할 수 있어야 했다. 따라서 보다 자본금이 큰 상업은행이 중개기능을 주도해 갔다.

1.2 스왑거래와 비교우위

비교우위(comparative advantage) 논리는 스왑거래의 당위성을 논의할 때 주로 이용되는 개념이다. A기업은 고정금리로 차입하면 10%, 변동금리로 차입하면 LIBOR로 차입할 수 있다고 하자. 이에 비해 B기업은 고정금리로 차입하면 12%, 변동금리로 차입하면 LIBOR+1%로 차입할 수 있다고 하자.

표 14-1 A, B 두 기업의 차입금리와 비교우위

기업	고정금리	변동금리
A	10%	LIBOR
B	12%	LIBOR+1%

위의 표에서 보듯이 A기업은 고정금리와 변동금리 차입시장 모두에서 B기

업보다 절대적인 우위에 있다. 즉, A기업은 신용면에서 B기업보다 상대적으로 더 양호한 상태에 있다고 할 수 있다. A와 B 두 기업 간의 고정금리의 차이는 2% 또는 200 베이시스 포인트(bps)인 반면에, 두 기업 간의 변동금리의 차이는 1% 또는 100 베이시스 포인트에 불과하다. 따라서 A기업은 고정금리 시장에서 비교우위에 있고, B기업은 변동금리 시장에서 비교우위에 있다.

비교우위 상태가 존재하면, 양 거래당사자는 스왑거래를 통해 차입비용을 절감할 수 있다. 이 경우에는 두 기업의 고정금리 차이 2%와 변동금리 차이 1%의 차이인 1%가 차입비용 절감액이 된다. 따라서 이 경우 양 거래당사자는 스왑거래를 통해 각각 0.5%씩 차입금리를 절감하게 된다.

우선 두 기업은 자신의 비교우위가 있는 시장에서 차입을 한 후에 고정금리와 변동금리를 교환하는 스왑거래를 하게 된다. A기업은 10%의 고정금리로 차입을 하고 B기업은 LIBOR+1%로 차입을 하였다고 하자. 그리고 A, B 두 기업은 각자의 부채를 서로 교환하는 스왑계약을 체결하였다. 즉, 이 경우에 A기업은 B기업에게 LIBOR에 기초한 변동금리를 지급하고 B기업은 A기업에게 고정금리를 지급하게 된다. 만약 두 기업이 차입금리 절감액을 서로 공평하게 양분한다고 가정하면, 스왑거래의 결과 A기업은 LIBOR-0.5%로 차입하고 B기업은 11.50%로 차입한 효과를 얻게 된다. 이 두 기업은 각각 0.5%씩 차입금리를 절감하였으며, 총 1.0%의 차입금리를 절감하였다.

A: -10% + (-LIBOR + 10.50%) = -(LIBOR-0.5%)

B: -(LIBOR+1%) + (+LIBOR - 10.50%) = - 11.50%

2. 금리스왑

2.1 금리스왑의 개념

금리스왑(interest rate swaps)은 1980년대 가장 중요한 금융혁신중의 하나이다. 전형적인 단순금리스왑("plain vanilla" rate swap)은 두 당사자 간에 명목원금(notional principal)을 기준으로 고정금리와 변동금리를 교환하는 것을 말한다. 이 경우에 양 거래당사자가 지급하는 통화는 동일통화이다. 따라서 원금은 교환되지 않고 이자만이 교환되기 때문에 명목원금이라고 부른다. 대부분의 스왑에서 변동금리는 3개월 또는 6개월 LIBOR(런던은행간 대출금리)가 적용된다. 그리고 결제는 순베이시스(net basis)로 이루어진다. 즉, 고정금리와 변동금리의 차이에 원금을 곱하고 경과일수(n/360)를 계산한다.

고정금리의 경우에는 처음에 약정한 금리가 스왑의 전체 기간 동안 적용되며, 변동금리의 경우에는 계약당시 시장에서의 변동금리 LIBOR가 6개월 후의 결제시점에 적용된다. 다음의 예제를 통해 이를 살펴보기로 하자.

예제 14-1

1년에 3월 15일과 9월 15일 두 번 결제되고 고정금리가 9%인 1천만 달러의 금리스왑을 가정해 보자. 그리고 6개월물 LIBOR는 3월 15일에 7.5%라고 하자. 고정금리와 변동금리가 360일을 기준으로 한다면, 고정금리 지급자는 만기일인 9월 15일에 \$76,666.67(= (9% − 7.5%) × (184/360) × 1천만 달러)를 지불해야 한다. 그러나 만약 LIBOR가 10.5%라면, 고정금리 지급자는 오히려 \$76,666.67를 지급받게 될 것이다.

금리스왑에서 고정금리를 지급하고 변동금리를 수취하는 자를 스왑매입자(the buyer of the swap)라 하며, 그 반대의 경우에 있는 자를 스왑매도자(the seller of the swap)라 한다. 즉, 고정금리 지급자는 스왑에서 매입포지션을 취하는 자이고, 고정금리 수취자는 스왑에서 매도포지션을 취하는 자를 말한다. 따라서 액면스왑(par value swap)의 매입포지션은 액면 무제약 변동금리채(par value unristricted floating-rate note)의 매입포지션과 액면 고정금리채(par value fixed-rate note)의 매도포지션의 합성포트폴리오와 동일하다.

$$\underset{\left(\begin{array}{c}\text{고정금리지급}\\ LIBOR\text{수취}\end{array}\right)}{+\text{ 금리스왑}} = \underset{[\text{ LIBOR }]}{+\text{ 변동금리채}} - \underset{[\text{스왑의 고정금리}]}{\text{고정금리채}} \tag{14.1}$$

여기서 무제약 변동금리채라는 것은 변동금리에 대해 (하한 0을 제외하고는) 어떠한 제약조건도 없는 변동금리채(FRN)를 말한다. (식 14.1)의 양변에 -1을 곱하면 다음과 같이 변형된다.

$$\underset{\begin{pmatrix}\text{고정금리 수취}\\ LIBOR\ \text{지급}\end{pmatrix}}{-\text{금리스왑}} = \underset{[\ \text{LIBOR}\ ]}{-\text{변동금리채}} + \underset{[\text{스왑의 고정금리}]}{\text{고정금리채}} \tag{14.2}$$

(식 14.2)에서 보는 바와 같이 고정금리를 수취하고 변동금리를 지불하는 액면스왑의 매도포지션은 무제약 변동금리채를 발행하고 고정금리채를 매입하는 것과 동일함을 알 수 있다. 여기서 액면스왑(par value swap)이라 함은 두 당사자 간에 최초의 현금교환이 없는 스왑을 말한다. 즉, 위 식에서 무제약 변동금리채와 고정금리채가 모두 액면발행증권이라는 것을 의미한다. 따라서 스왑의 설정 시에 매입포지션과 매도포지션의 현재가치가 정확히 상쇄되어 원금의 교환금액이 정확히 일치하는 경우의 스왑을 말한다.

금리스왑은 일련의 금리선도계약(FRAs)의 집합으로 간주할 수 있다. 즉, 금리스왑은 스왑계약의 각 결제일에 만기가 도래하는 선도계약의 집합으로 볼 수 있다.

예를 들어, A와 B 두 기업이 만기 2년의 단순금리스왑계약을 체결하였다고 하자. 스왑의 현금흐름은 6개월마다 교환되며 변동금리에 적용되는 기준금리는 6개월 LIBOR을 사용한다고 하자. 명목원금은 1억 달러이고, 고정금리는 3.784%라고 하자. 이제 LIBOR가 〈표 14-2〉와 같다고 할 때, 고정금리를 지급하는 A기업의 현금흐름을 계산해 보기로 하자.

표 14-2 6개월 LIBOR

시점	LIBOR
현재	3.00%
6개월 후	3.50%
1년 후	4.00%
1년 6개월 후	4.50%
2년 후	5.00%

첫 번째 현금흐름의 결제는 6개월 후에 발생하며, 이때 적용하는 변동금리는 계약 당시(6개월 전)의 LIBOR를 이용한다. 이는 스왑계약의 결제일에 두 거래당사자는 이미 자신들의 이자지급액을 서로 알고 있다는 것을 의미한다. 즉, 고정금리는 매 결제일마다 고정되어 있으며 변동금리는 현재 시점의 6개월 LIBOR가 다음 결제일에 적용되므로, 지금 시점에서 다음 결제일의 양 거래당사자의 지급액이 이미 알려져 있게 되는 것이다. 지금부터 6개월 후에 도래하는 첫 번째 결제일의 양 거래당사자의 현금지급액은 다음과 같다.

$$\text{변동금리 수취} = \$100{,}000{,}000 \times 0.03000 \times 0.5 = \$1{,}500{,}000$$
$$\text{고정금리 지급} = \$100{,}000{,}000 \times 0.03784 \times 0.5 = \$1{,}892{,}000$$

따라서 고정금리를 지급하는 A기업의 순지급액(net payment)은 $392,000가 된다. 물론 여기서는 영업일 기준의 일수조정을 생략하였다. 다음 〈표 14-3〉은 각 결제일에서의 A기업의 순지급액을 나타내고 있다.

표 14-3 스왑거래의 현금흐름

결제일 (기간 말)	LIBOR (기간 초)	변동금리 CF	고정금리 CF	순현금흐름(A)
1	3.00%	$1,500,000	$1,892,000	-$392,000
2	3.50%	$1,750,000	$1,892,000	-$142,000
3	4.00%	$2,000,000	$1,892,000	$108,000
4	4.50%	$2,250,000	$1,892,000	$358,000

이와 같이 스왑거래는 일련의 6개월짜리(6개월 LIBOR를 기준금리로 하는 경우) 선도금리계약이 이어진 거래라고 할 수 있다. 최초 결제일에서의 현금흐름은 계약 당시에 알려져 있지만 그 이후의 결제일에서의 현금흐름은 그 결제일에서의 6개월 LIBOR에 의해 결정되므로 양 계약당사자가 알 수가 없다.

[그림 14-1]에서와 같이, 고정금리 지급자인 A기업의 손익은 처음 두 기간에서는 손실을 보였으나 나머지 두 기간에서는 이익을 얻고 있음을 알 수 있다. 물론 변동금리 지급자인 B기업의 손익은 처음 두 기간에서는 이익을 보이고

그림 14-1

금리스왑의 손익도

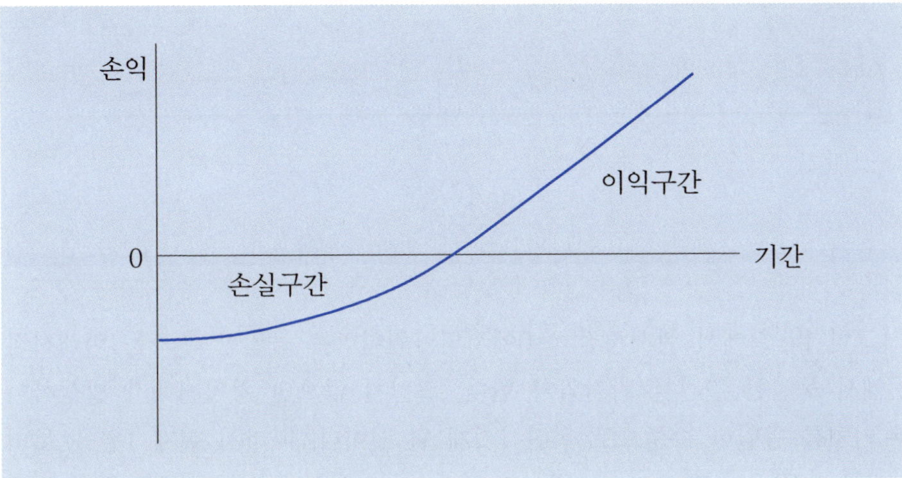

나머지 두 기간에서는 손실을 얻고 있다. 결국 고정금리 지급자인 A기업은 변동금리인 6개월 LIBOR가 상승할 것을 예상하여 금리스왑을 체결하였다는 것을 추론해 볼 수 있다.

2.2 금리스왑의 가치결정

금리스왑은 앞서 설명한 바와 같이 선도금리계약의 현금흐름이 정해진 계약기간 동안 이어진 것에 지나지 않는다. 따라서 스왑의 가치는 일련의 현금흐름을 현재시점에서 평가한 현재가치라고 할 수 있다. 이때 사용되는 할인율은 일반적으로 선도금리계약에 내재된 내재선도금리(implied forward rate)가 이용된다.

현재시점(t=0)에서 T_1 까지의 현물이자율을 R_1, 현재시점(t=0)에서 T_2까지의 현물이자율을 R_2, 그리고 미래시점 T_1에서 미래시점 T_2까지의 선도이자율을 F라고 하자.

그림 14-2

선도계약

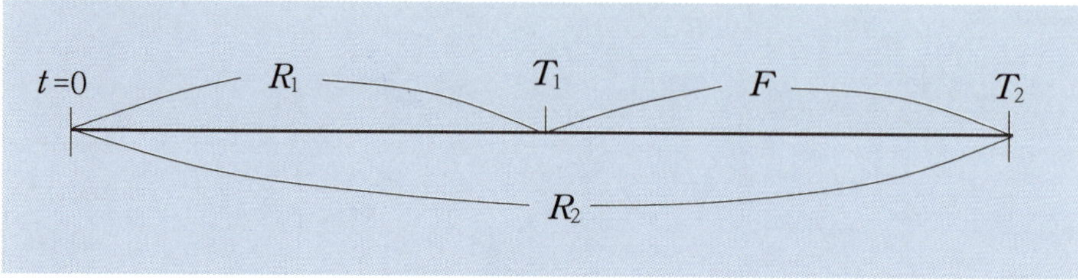

[그림 14-2]에서 현재시점 t=0에서의 1원이라는 동일한 투자는 미래시점 T_2에서 동일한 결과를 가져와야 한다. 그렇지 않으면 차익거래가 발생하여 두 가치를 동일한 수준으로 회귀시키게 될 것이다. 따라서 현재 1원을 R_1의 수익률로 T_1까지 투자한 후 T_1시점에서 그 당시의 수익률인 F로 T_2까지 재투자했을 때의 가치와 현재 1원을 R_2의 수익률로 T_2까지 투자했을 때의 가치는 동일하여야 한다.

이를 수식으로 표현하면 다음과 같다.

$$R_1 T_1 \times F(T_2 - T_1) = R_2 T_2$$

$$F(T_2 - T_1) = R_2 T_2 - R_1 T_1$$

$$F = \frac{R_2 T_2 - R_1 T_1}{T_2 - T_1}$$

이상과 같은 방식으로 구한 내재선도금리가 각 시점에서의 현금흐름을 할인하는 할인율로 사용되어 금리스왑의 가치를 결정하게 된다.

금리선도계약의 각 결제일에서의 지급액(payment)은 명목원금에 시장에서의 변동금리(예를 들어, LIBOR)와 금리선도계약에서 정한 고정금리의 차이를 곱한 금액이 된다. 이는 금리스왑의 결제일에서의 지급액과 동일하다. 따라서 금리스왑은 금리선도계약이 일정한 기간 동안 연결된 계약이라고 할 수 있다. 이를 이용하여 다음 예제와 같이 스왑의 가치를 구해보도록 하자.

예제 14-2

남서울기업은 명목원금이 1백만 달러이며 6개월 LIBOR에 기초한 변동금리를 지급하고 6%의 고정금리를 6개월 단위로 수취하는 금리스왑을 체결하였다. 여기서는 편의상 스왑기간이 1년이 남아있고 다음 결제일은 6개월 후라고 가정한다. 지금부터 6개월간의 현물이자율은 4%, 지금부터 1년간의 현물이자율은 5%라고 하자. 지난 결제일에서의 LIBOR는 4.5%였다. 남서울기업의 입장에서의 금리스왑의 가치를 구해보기로 하자.

지난 결제일에서의 LIBOR가 4.5%였으므로, 6개월 후의 변동금리 현금흐름은 다음과 같이 계산된다.

$$1{,}000{,}000 \times 0.045/2 = \$22{,}500$$

마지막 결제일에서의 변동금리 현금흐름은 다음과 같이 계산된다.

$$\begin{aligned} \text{내재선도금리} &= \frac{R_2 T_2 - R_1 T_1}{T_2 - T_1} \\ &= \frac{(0.05 \times 1) - (0.04 \times 0.5)}{1 - 0.5} \\ &= 0.06 \end{aligned}$$

그런데 여기에서 구한 내재선도금리는 연속복리금리(continuously compounded rate)이다. 따라서 이를 다음과 같이 반년 단위 연속복리로 전환해 주어야 한다.

$$\boldsymbol{F} = 2 \times [e^{(0.06/2)} - 1] = 0.0609$$

1년 후의 변동금리 현금흐름은 다음과 같이 계산된다.

$$1{,}000{,}000 \times 0.0609/2 = \$30{,}450$$

따라서 일련의 금리선도계약의 합으로서의 금리스왑의 가치평가는 다음과 같다.

기간	고정금리 *CF*	변동금리 *CF*	현가요소	*PV*(고정)	*PV*(변동)
6개월	30,000	22,500	0.9802	29,406	22,054
1년	30,000	30,450	0.9512	28,536	28964
계				57,942	51,018

금리선도계약의 가치 = 57,942 - 51,018 = $ 6,924

3. 통화스왑

통화스왑은 서로 다른 통화에 대한 원금과 이자를 교환하는 스왑계약이다. 통화스왑에서 이용하는 환율은 현물환율(spot exchange rate)이다. 통화스왑에서의 원금은 동일한 통화가 아니기 때문에 계약 초기에 서로 교환되는 원금의 가치는 현물환율을 이용하여 동일하게 조정되어야 한다. 그리고 통화스왑에서는 금리스왑과는 달리 매 결제일에서 이자지급금액이 차감되어 지급되지 않는다.

통화스왑에 적용되는 가치결정은 금리스왑과 동일한 원리를 따른다.

A와 B 두 기업이 연간 이자가 지급되며 고정금리를 서로 교환하는 통화스왑(fixed-for-fixed currency swap)을 체결하였다고 하자. A기업은 영국 파운드화(GBP)에 대해 6%의 이자율을 B기업에게 지급하고 B기업으로부터 미국 달러화(USD)에 대해 5%의 이자율을 받는다고 하자. 스왑계약 초기에 A기업은 B기업에게 1억 7,500만 달러를 지급하고, B기업은 A기업에게 1억 파운드를 지급한다고 하자.

매 1년마다 A기업은 B기업에게 6백만 파운드를, 그리고 B기업은 A기업에게 875만 달러의 이자를 지급하게 될 것이다. 그리고 스왑기간 말에는 원금이 서로 교환될 것이다.

이 통화스왑을 A기업의 입장에서 살펴보기로 하자.

A기업의 입장에서는 고정된 영국 파운드화의 유출과 고정된 미국 달러화의 유입이라는 두 가지 현금흐름이 발생한다. 즉, A기업은 영국 파운드화로

표시된 채권을 발행하고(영국 파운드화 표시 채권의 매도포지션) 미국 달러화로 표시된 채권을 보유하고 있는(미국 달러화 표시 채권의 매입포지션) 경우라고 할 수 있다.

영국 파운드화 표시 채권의 현재가치를 PV(GBP), 미국 달러화 표시 채권의 현재가치를 PV(USD)라 하면, A기업의 입장에서 이 통화스왑의 가치는 다음과 같다.

$$\text{통화스왑의 가치(A)} = PV(USD) - [PV(GBP) \times X_0]$$

여기서, X_0; GBP에 대한 USD의 현물환율

이제 다음과 같은 예제를 통해 통화스왑의 가치결정을 살펴보기로 하자.

예제 14-3

미국과 영국의 금리가 각각 2%와 4%로 고정되어 있다고 가정하자. 현재의 현물환율은 USD 1.50 = GBP 1이라고 하자. 위에서 언급한 것과 동일한 조건의 만기 3년의 통화스왑의 가치를 결정해 보자.

$$\begin{aligned} PV(USD) &= 8.75e^{-0.02\times 1} + 8.75e^{-0.02\times 2} + 183.75e^{-0.02\times 3} \\ &= \text{USD } 190{,}030{,}000 \\ PV(GBP) &= 6e^{-0.04\times 1} + 6e^{-0.04\times 2} + 106e^{-0.04\times 3} \\ &= \text{GBP } 105{,}320{,}000 \end{aligned}$$

$$\begin{aligned} \text{통화스왑의 가치(A)} &= 190{,}030{,}000 - (105{,}320{,}000 \times 1.50) \\ &= \text{USD } 32{,}050{,}000 \end{aligned}$$

4. 스왑계약의 활용

스왑계약을 이용하면 기존의 자산 및 부채를 보유한 상태에서 그 속성을 변화시킬 수 있다. 다음 [그림 14-3]에서 보는 바와 같이 스왑계약을 이용하여

그림 14-3

스왑을 이용한 자산관리

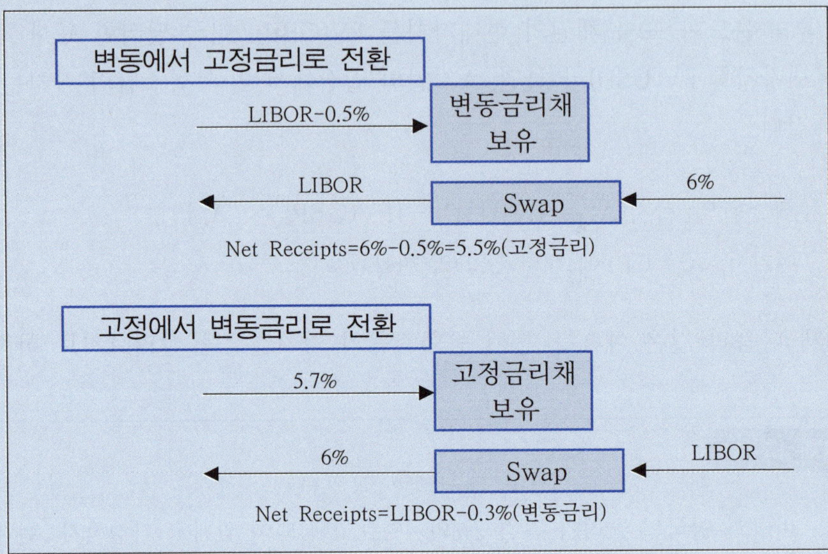

변동금리자산을 고정금리자산으로 또는 고정금리자산을 변동금리자산으로 변환시킬 수 있다.

A기업이 LIBOR - 0.5%를 받는 변동금리채권을 보유하고 있다고 하자. A기업이 시장금리의 하락을 예측한다면 현재 보유하고 있는 변동금리채권을 매도하고 고정금리채권을 매입하고자 할 것이다. 그러나 현재 보유중인 변동금리채권의 매매가 원활하지 않은 등의 매도가 어려운 상황이라고 하자. 이때 A기업은 금리스왑계약을 이용하여 변동금리채권을 고정금리채권으로 그 속성을 변환시킬 수 있다.

[그림 14-3]과 같이 A기업이 LIBOR를 지급하고 고정금리 6%를 수취하는 금리스왑계약을 체결하면, A기업은 고정금리 5.5%를 받는 결과를 얻게 된다.

$$+(\text{LIBOR} - 0.5\%) - \text{LIBOR} + 6.0\% = +5.5\%$$

이제 A기업이 5.7%의 고정금리채권을 보유하고 있는 상황을 고려해 보자. A기업이 금리상승을 예측한다면, A기업은 자신이 보유하고 있는 고정금리채권을 변동금리채권으로 변화시키기를 원할 것이다. 동일한 논리로 A기업은 고정금리 6%를 지급하고 LIBOR를 받는 금리스왑계약을 체결할 수 있다. 그 결과 A기업은 LIBOR - 0.3%를 받는 변동금리채권을 보유한 결과를 얻을 수 있다.

$$+5.7\% - 6\% + \text{LIBOR} = +(\text{LIBOR} - 0.3\%)$$

이제 금리스왑계약을 이용하여 변동금리부채를 고정금리부채로 또는 고정금리부채를 변동금리부채로 변환시키는 경우를 살펴보기로 하자.

A기업이 LIBOR - 0.5%를 지급하는 변동금리채권을 발행하고 있다고 하자. A기업이 시장금리의 상승을 예측한다면 기존에 발행한 변동금리채권을 매입하고 고정금리채권을 발행하고자 할 것이다.

그림 14-4

스왑을 이용한 부채관리

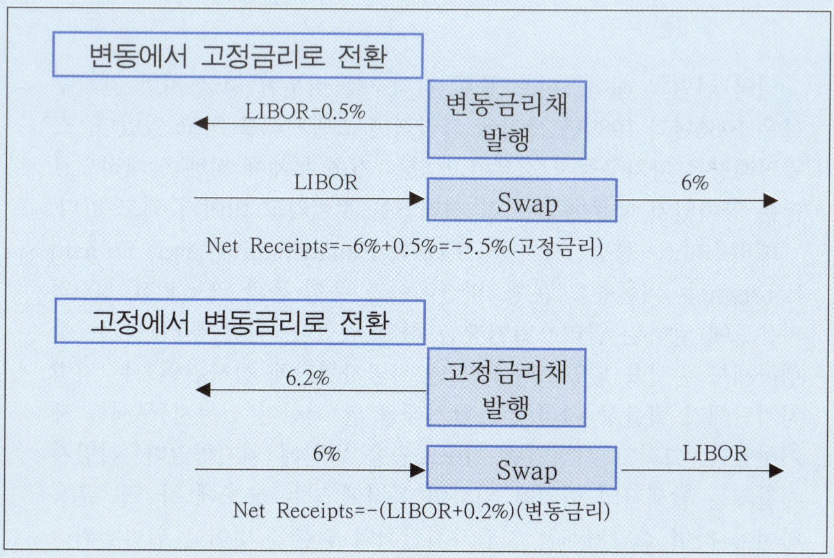

그림과 같이 A기업이 LIBOR를 받고 고정금리 6%를 지급하는 금리스왑계약을 체결하면, A기업의 순지급액은 고정금리 5.5%가 된다.

-(LIBOR - 0.5%) + LIBOR - 6.0% = - 5.5%

이제 A기업이 6.2%의 고정금리채권을 발행하고 있는 상황을 고려해 보자. A기업이 금리하락을 예측한다면, 발행한 고정금리채권을 변동금리채권으로 변화시키기를 원할 것이다. 동일한 논리로 A기업은 고정금리 6%를 받고 LIBOR를 지급하는 금리스왑계약을 체결할 수 있다. 그 결과 A기업의 순지급액은 LIBOR + 0.2%를 받는 변동금리채권을 보유한 결과를 얻을 수 있다.

- 6.2% + 6% - LIBOR = -(LIBOR + 0.2%)

파생상품거래 실패사례

해머스미스 플럼 자치구 사례

1. 사례내용

영국 런던의 해머스미스 플럼 자치구를 비롯한 영국 지방 자치구들은 1986년과 1989년 사이에 적극적인 스왑거래를 하고 있었다. 스왑거래량은 자치구들이 소유하고 있는 기초 부채에 비해 상대적으로 많은 양이었기 때문에 투기적 거래였을 것이라고 이야기 되고 있다.

해머스미스 플럼 자치구(HFB : Hammersmith and Fulham Borough)는 미들랜드 은행, 바클레이즈 은행 등과 약 600건, 600억 파운드에 달하는 금리스왑거래를 하고 있었다. 이런 투기거래는 불행하게도 손실을 낳았으며 1998년 지방자치단체 감사위원회는 지방자치단체가 법률상 이러한 스왑거래를 할 권한이 있는지 문제를 제기하였다. 그리고 시정명령 청구소송을 법원에 제기하였다. 지방자치단체는 납세자의 이익을 위하여 목적에 맞는 용도에 자금을 운용하여야 하며 스왑거래는 지방자치단체의 권한을 벗어난 위법행위라는 주장이었다.

이에 대하여 스왑거래 상대은행은 이의를 제기하였다. 1심은 감사위원회와 HFB의 주장을 받아들여 지방자치단체의 스왑거래행위는 위법이므로 시정하라는 명명을 내렸다. 거래은행들이 항소하여 2심에서는 투기거래가 아닌 위험관리를 위한 거래는 합법이라는 판결을 내렸다. 이 건은 대법원에 상고되어 최종적으로 HFB의 스왑거래는 지방자치단체의 권한 밖의 거래로서 위법이라는 판결이 내려졌다.

대법원의 판결근거는 크게 세 가지였다. 첫째, HFB는 스왑거래를 통하여 지방세 납부자의 이익을 위하여 신중한 행동을 할 의무를 위반하였다. 둘째, 스왑거래는 차입과는 별개계약이다. 셋째, 스왑이 지방자치단체의 일반권리인 채무관리에 부수되는 것이라는 주장을 인정할 수 없다는 것이었다.

이러한 대법원의 무효판결로 상호간 스왑거래 이행을 요구할 수 없게 됨에 따라 거래은행들이 큰 손실을 입었다. 이 문제는 이미 지급한 금액의 반환문제와 함께 런던의 국제금융시장으로서의 적합성 문제까지 확대되었다. 해머스미스 플럼이라는 자치구만의 문제가 아니라 비슷한 거래를 하고 있던 여러 지방 자치구와 은행들의 소송의 효시 역할을 한 것이었다.

해머스미스 플럼이라는 사례에서 보여지듯이 파생상품거래에 있어서 상대방의 법적 권리 능력의 유무를 확인해야 하는 것이 중요하다. 이것은 법적 위험과 관련된 것으로 우선 법적 위험에 대해 알아보자. 법적 위험(Legal Risk)은 계약이 법적으로 무효화되거나 계약 내용의 일부 흠결 등에 따라 발생하는 위험으로 경영진이나 이사회가 승인한 절차에 의해 관리되어야 한다. 거래 전 상대방의 법적 권한 유무 및 계약의 법적 유효성을 확인하는 것이 필요하다. 신용위험 및 유동성 위험을 감축할 목적으로 상계계약을 체결할 때는 계약조건 등의 법적 유효성을 확인할 필요가 있다.

(*www.riskmania.com*)

연습문제

기본문제

1. 외환스왑에 대한 설명으로 가장 거리가 먼 것은?

① 현물환을 매입하고 선물환을 매도하는 외환스왑거래를 buy and sell swap 이라고 한다.

② 외환스왑거래는 환율의 절대적 수준이 중요한 요인이 된다.

③ 외환스왑거래를 이용하면 결제기일의 연장과 단축이 가능하다.

④ 외환스왑거래는 외화자산과 부채의 위험관리에 이용된다.

2. 외환스왑에 대한 설명으로 가장 거리가 먼 것은?

① 외환스왑은 통화스왑과는 달리 주로 이자교환이 없는 단기간의 스왑거래이다.

② buy and sell swap은 현물환을 매입하고 선물환을 매도하는 스왑거래이다.

③ 이자율 평형이론에 의하면 선물환 할증상태는 국내이자율보다 외국이자율이 높다는 것을 의미한다.

④ 스왑거래에서 나타나는 스프레드는 외한스왑에 대한 거래비용으로 생각할 수 있다.

▶ 다음 빈 칸에 알맞은 말을 넣으시오.

3. (　　　)이란 일련의 현금흐름(cash flow)을 다른 현금흐름과 서로 교환하는 것이다.

4. 스왑거래는 통상 거래소시장 밖에서 양 당사자간의 합의에 의해 거래되는 (　　　)거래의 성격을 갖고 있다.

5. (　　　) 논리는 스왑거래의 당위성을 논의할 때 주로 이용되는 개념이다.

6. 전형적인 (　　　)스왑은 두 당사자 간에 명목원금(notional principal)을 기준으로 고정금리와 변동금리를 교환하는 것을 말한다.

7. 금리스왑에서 고정금리를 지급하고 변동금리를 수취하는 자를 스왑 (   ) 자라 하며, 그 반대의 경우에 있는 자를 스왑(   )자라 한다.

▶ 다음 문장이 맞으면 ○, 틀리면 X를 하시오.

8. 스왑에서 두 거래당사자가 서로 교환하는 현금흐름은 들어오는 현금흐름의 현재가치와 나가는 현금흐름의 현재가치가 원칙적으로 서로 같아야 한다. (   )

9. 금리스왑은 원금과 이자 지급을 모두 교환하는 것이고, 통화 스왑은 원금의 교환 없이 이종 통화의 교환하는 것을 말한다. (   )

10. 대부분의 스왑에서 변동금리는 3개월 또는 6개월 LIBOR(런던은행간 대출금리)가 적용된다. (   )

11. 스왑의 가치는 일련의 현금흐름을 현재시점에서 평가한 현재가치라고 할 수 있다. (   )

12. 스왑계약을 이용하여 변동금리자산을 고정금리자산으로 또는 고정금리자산을 변동금리자산으로 변환시킬 수 있다. (   )

제15장 파생상품과 위험관리

제 15 장 파생상품과 위험관리

주요 공공기관 12곳이 지난해 입은 환 손실 평가액이 7,500억 원에 이르는 것으로 나타났다. 이 중 한국컨테이너부두공단은 지난해 1,328억 원의 환 손실을 입었다. 외화채무 중 77%가 그대로 환위험에 노출되어 있었기 때문이다. 공단 관계자는 "1년 미만의 단기 채무만 헤지(hedge)를 하고, 1년이 넘는 채무는 헤지를 하지 않았다"고 말했다.

한국전력은 35억 달러의 전체 해외 채무 중 20% 정도인 7억 5,000만 달러만 파생상품 거래로 헤지를 했다. 그 결과 작년 환 손실이 4,591억 원에 달했다. 한전 관계자는 "외환위기 전 한전이 발행한 만기 100년, 30년인 장기 채권은 헤지할 수 있는 방법이 없다"고 말했다. 석유공사는 1,385억 원의 환 손실을 기록했다. 석유공사의 당기 순이익이 2,000억 원 수준임을 감안하면 적지 않은 액수다. 해외 광구 매입 대금 7억 달러를 외국에서 차입하면서 별도의 헤지를 하지 않았기 때문이다.

환율 변동 위험을 피하기 위한 정부의 가이드라인이 없는 것은 아니다. 기획재정부는 외환위기 이후인 2001년 만든 '공공기관 등의 환위험 관리에 대한 표준지침'에서 "전체 환위험을 헤지하는 것을 원칙으로 한다"고 규정했다. 당시 공공기관이 해외에서 차입한 부채 규모가 환율 급등으로 2배 정도씩 뛰었기 때문이다. 하지만 이 지침은 권고사항일 뿐 공공기관에 환 손실의 책임을 물을 방법은 없다. 백 의원은 "정부는 외환관리 지침을 강화하고, 공공기관은 환율 위험 노출을 피할 수 있는 경영방식을 도입해야 한다"고 말했다.

1. 파생상품과 금융공학

금융혁신(financial innovation)은 최근 급속하게 진전되어 왔다. 금융혁신을 자극해 온 요인은 상당히 많으며, 그 중에서도 이자율, 환율, 상품가격 등의 변동성 증가, 세제 및 규제의 빈번한 변화 등이 주요인이라고 할 수 있다. 1972년 브레튼 우즈 체제의 붕괴에 따라 이자율, 환율, 상품가격 등의 변동성이 급격히 증대되었다. 이러한 변동성의 증가에 따라 기업의 성과도 불안정하게 되었으며, 이러한 위험에 대처하기 위한 각종 기법들에 대한 수요가 증대되었다.

금융혁신의 목적은 기존의 금융수단으로는 달성할 수 없는 목표를 새로운 금융수단을 통해 달성함으로써 투자자의 부를 증대시키고, 더 나아가 궁극적으로 경제 전체의 부를 증대시키고자 하는 것이라고 할 수 있다. 예를 들어, 혁신적 증권이 가치를 증대시키는 이유를 들어 보면 다음과 같다.

1) 발행자와 투자자의 위험을 이를 기꺼이 감수하고자 하는 다른 시장참가자에게 이전시킬 수 있다.
2) 가격 할인이나 높은 거래비용의 부담 없이 증권을 매도할 수 있도록 유동성을 증가시킨다.
3) 경영자, 주주, 채권자 사이의 이해상충으로 인해 발생하는 대리비용(agency cost)을 감소시킬 수 있다.
4) 발행자의 인수수수료(underwriting fees)와 기타 거래비용이 감소된다.
5) 발행자와 투자자의 세금을 절감할 수 있다.
6) 발행자와 투자자에 대한 규제 및 제한조항을 회피할 수 있다.

이와 같이 금융혁신을 통한 새로운 증권의 창출은 증권의 발행자와 투자자의 부를 증대시킬 수 있으며, 궁극적으로는 경제 전체의 부를 증대시킬 수 있을 것이다.

금융공학(financial engineering)은 혁신적인 자산/부채의 구조를 구성하는 것이다.[1)] 금융공학의 기초금융수단(building blocks)으로는 고정수익 증권과 변동금리부 증권 등의 전통적 금융수단과 금리스왑, caps, floors, collars 등 1980년대의 새로운 부외금융수단(off balance sheet) 등이 포함된다.

금융공학자의 역할은 금융공학을 통하지 않고는 얻을 수 없는 위험-수익 구조를 제공하기 위하여 이러한 기초금융수단들을 결합하여 새로운 금융수단을 창출하는 것이다. 그리고 금융공학자들의 목표는 더 낮은 거래비용으로 목표를 달성하거나 또는 헤지효율성을 높이기 위하여 기존의 금융수단 또는 거래전략을 복제(replicate)하는 것이라고 할 수 있다. 이러한 금융공학의 궁극적인 목표는 동일한 금융수단을 서로 다른 가격으로 동시에 매입, 매도할 수 있는 기회인 무위험 차익기회(riskless arbitrage opportunity)를 만들어 내는 것이다. 그러나 효율적 시장에서는 이러한 기회가 거의 불가능하다. 따라서 보다 일반적으로는 위험차익기회(risk arbitrage opportunity)를 창출해 내는 것이라고 할 수 있다. 즉, 주어진 위험수준을 감수하면서 보다 높은 기대수익률을 얻을 수 있는(차입자의 입장에서는 기대차입비용을 감소시킬 수 있는) 기회를 만들어 내는 것이다.

이제 금융공학의 산술적 기초에 대해 알아보기로 하자.

증권 A와 증권 B로 구성된 포트폴리오가 증권 C와 동일하다는 것은 다음과 같이 표현할 수 있다.

$$A + B = C \tag{15.1}$$

여기서 등호는 동일한 표면이자와 원금의 현금흐름을 갖는다는 것을 의미한다. 그리고 만기와 표면이자 지급회수도 동일하다고 가정된다. 또한 (식 15.1)에서 미래기대현금흐름(future expected cash flows)이 동일하다고 볼 수 있다. 투자자의 입장에서 투자수익률 또는 차입자의 입장에서 자금비용은 단지 현재가격이 동일할 때에만 A + B와 C가 같게 될 것이다. 만약 약속된 현금흐름이 불확실하면 할수록, 현재가격은 더 낮아질 것이다. 따라서 신용위험

1) 금융공학의 산술적 접근법에 대한 자세한 내용은 Donald J. Smith, "The Arithmetric of Financial Engineering," *Journal of Applied Corporate Finance*, Vol.1,No.4, 1989, pp. 49~58을 참조할 것

이 크면 클수록, 더 높은 수익률이 요구된다. 여기서 합성포트폴리오(synthetic portfolio)인 A + B와 단일 증권인 C의 신용위험은 동일하다고 가정된다.

만약 다른 조건이 동일할 때 양자의 현재가격이 상이하다면, 투자자와 차입자는 현재가격이 더 낮은 쪽을 선호할 것임은 명백하다. 약속된 미래현금이 동일할 때, 투자자들은 더 낮은 현재가격을 갖는 것을 선호할 것이며, 차입자들은 더 높은 현재가격을 갖는 것을 선호할 것임에 틀림이 없다.

금융공학에서는 흔히 서로 다른 증권에 대한 매입포지션과 매도포지션을 포함하게 된다. 여기서는 매입포지션은 "+"로, 그리고 매도포지션은 " - "로 나타내기로 한다. 매입포지션을 취한다는 것은 어떤 금융수단을 매입, 보유 또는 투자(buy, hold or invest)한다는 것을 의미하며, 매도포지션을 취한다는 것은 발행 또는 매도(issue, write or sell)한다는 것을 의미한다. 따라서 어떤 금융수단의 매입포지션을 취한다는 것은 대출자의 입장에 서는 것이며, 매도포지션을 취한다는 것은 차입자의 입장에 서는 것이다.

따라서 (식 15.1)은 다음과 같이 변형될 수 있다.

$$+A + B = +C \tag{15.2}$$

즉, A와 B의 매입포지션으로 구성된 합성포트폴리오는 C의 매입포지션과 동일하다는 것이다.

(식 15.2)의 양변에 -1을 곱하면 다음과 같이 변형된다.

$$-A - B = -C \tag{15.3}$$

(식 15.3)은 C의 발행은 A와 B를 발행했을 때와 동일한 미래현금흐름을 가져온다는 것을 의미한다.

이제 (식 15.2)의 양변에서 B를 차감해 보기로 하자.

$$+A = +C - B \tag{15.4}$$

(식 15.4)에서 증권 A의 매입포지션과 증권 C의 매입포지션 및 증권 B의 매도포지션의 결합포지션이 동일함을 알 수 있다. 따라서 만약 증권 C를 매입

하고 증권 B를 발행하는 순비용이 증권 A의 매입가격과 같지 않으면, 차익기회가 존재하게 될 것이다.

그리고 (식 15.3)의 양변에 A를 더하면 다음과 같다.

$$-B = -C + A \tag{15.5}$$

(식 15.5)에서 증권 B를 발행하는 것은 증권 A의 매입포지션과 증권 C의 매도포지션을 결합한 포트폴리오와 동일하다는 것을 알 수 있다. 만약 증권 B의 발행수익이 증권 C를 발행하고 증권 A를 매입하는 순수익보다 크다면, 차입자(발행자)는 차익거래를 통한 이득을 추구할 수 있을 것이다.

2. 파생상품을 이용한 위험관리

최근 들어 파생상품시장의 성장은 가히 폭발적이라고 할 수 있다. 금융공학을 이용한 신금융상품의 출현은 파생상품시장을 성장시키는 동력이 되었다. 또한 세계 금융시장의 변동성이 증가함에 따라 변동성 위험을 헤지하기 위한 파생상품의 활용이 급팽창하였다. 여기에 컴퓨터 및 전자통신의 발달에 따라 보다 용이하게 헤지전략을 수행하는 것이 가능해졌다.

최근 들어 금융완화(deregulation)의 급속한 진전과 세계 자본시장의 급속한 성장에 따라 파생상품의 거래가 급증하였으며 그에 따른 거래사고도 빈번하게 발생하고 있다. 영국베어링은행 사건, 독일 메탈게젤샤프트 사건, 미국 LTCM 사건 등 선진국 은행과 기업들에서도 크고 작은 파생상품 거래사고들이 계속 이어지고 있다.

파생상품은 금리, 환율, 주가 및 상품가격 등의 변동위험을 헤지하도록 도입되었으나, 그 복잡성과 손익확대(leverage) 특성으로 인해 사용여하에 따라 위험을 증폭시키는 경우도 발생한다.

은행감독당국들은 파생상품의 거래 증가에 따라 은행의 위험이 증가하자 이를 관리하고 감독하는 방안들을 모색해 왔다. 바젤 은행감독위원회(BCBS;

Basel Committee on Banking Supervision)는 위험관리지침을 제시하고 자본적합성 등에 관한 규제를 시행하고 있다. 이와 더불어 국제 증권감독위원회 International Organization of Securities Commissions)와 국제보험감독협회(International Association of Insurance Supervisors)들이 증권업과 보험업에 대한 감독규정 등을 제정하고 있다.

금융기관이나 기업의 입장에서 시장위험, 신용위험 및 운영위험을 관리하고 통제하기 위해서는 이사회나 최고경영자의 역할이 중요하다. 이사회는 금융기관이나 기업의 위험관리 정책을 입안하고 최고경영자는 이사회에서 입안한 위험관리 정책을 수행하기 위한 위험관리 절차 등을 수립하여야 한다.

금융기관이나 기업의 위험관리는 기본적으로 기능의 분리에서 시작되어야 한다. 거래를 담당하는 일선부서와 관리를 담당하는 후선후서가 기능이 분리되고 독립적이어야 한다. 그리고 이들 부서들과 독립적인 중간부서로서의 위험관리부서가 존재하여야 한다. 또한 위험관리부서의 장은 최고경영자에게 위험관리를 직접 보고하는 체계를 갖추고 있어야 한다.

그림 15-1

위험관리 체계도

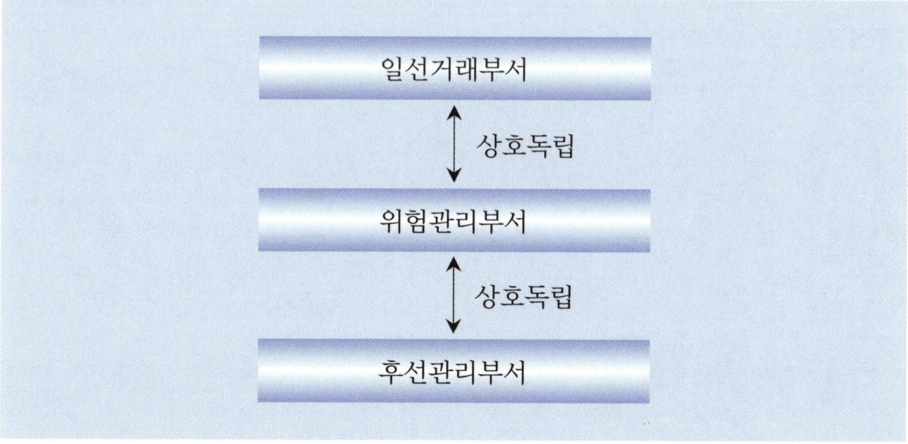

3. VAR(Value at Risk)

금융기관이나 기업에 있어서 위험관리는 필수적인 업무이다. 위험관리를 위해서는 우선 위험에 노출되어 있는 금액이 얼마인지를 측정하여야 한다. 위험노출금액을 측정하는 방법들은 여러 가지가 있으나 그 중에서 가장 탁월한 것으로 인정되고 있는 방법 중의 하나가 바로 VAR(Value at Risk)이다.

VAR는 다른 위험측정수단들에 비해 상대적으로 계산하고 해석하기가 쉽다. 또한 JP Morgan사에서 데이터 베이스를 공개하기 때문에 모형의 투입요소를 얻는 것이 용이하다는 장점이 있다. 따라서 VAR를 이용하면 위험노출금액을 저렴한 비용으로 정확하고 시의 적절하게 측정할 수 있다.

VAR는 정상적 시장상황 하에서 일정 기간 동안 특정 신뢰수준 내에서 발생할 것으로 예상되는 최대가능손실을 측정하는 확률적 방법이다. 예를 들어, 95% 신뢰수준에서 구한 VAR가 100억 원이라면 특정일에 포트폴리오의 손실이 100억 원 이하일 확률이 95%라는 것을 의미한다. 이는 바꾸어 말하면

그림 15-2

표준정규분포와 누적확률

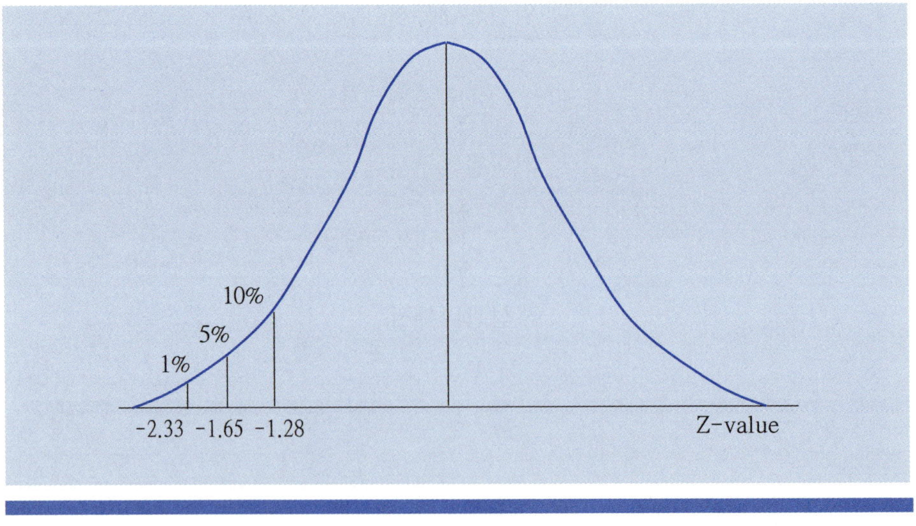

특정일에 포트폴리오의 손실이 100억 원 또는 그 이상일 확률이 5%라는 것을 의미한다.

VAR를 계산하기 위하여 자산수익률이 표준정규분포를 따른다고 가정한다. 표준정규분포는 종 모양의 좌우대칭인 분포이며 평균(μ =0)과 표준편차(σ =1)라는 두 가지 모수에 의해 특징지어진다.

[그림 15-2]에서 평균보다 1.28σ 이하인 가치를 발견할 확률이 10%, 평균보다 1.65σ 이하인 가치를 발견할 확률이 5%, 평균보다 2.33σ 이하인 가치를 발견할 확률이 1%라는 것을 알 수 있다.

VAR는 특정 금액 또는 특정 %로 표시된다. 우선 % VAR를 표현하면 다음과 같다.

$$VAR(X\%) = z_{X\%} \times \sigma$$

여기서, VAR(X%) ; X% 확률 VAR

$z_{X\%}$: X% 확률의 임계 z-value

σ : 일별수익률의 표준편차

따라서 VAR(5%)를 구하기 위해서는 일별수익률의 표준편차에 임계 z-value를 곱해주면 된다. 우리는 또한 금액기준으로의 VAR를 측정할 수 있다. 금액기준의 VAR를 계산하기 위해서는 %VAR에 위험에 노출된 자산가치(위험노출액)를 곱해주면 된다.

$$\begin{aligned} VAR(X\%,\ 금액) &= VAR(X\%) \times 위험노출액 \\ &= z_{X\%} \times \sigma \times 위험노출액 \end{aligned}$$

예제 15-1

남서울은행의 위험관리자가 어떤 자산을 은행의 포트폴리오에 편입시키기 위해 VAR를 계산하고자 한다고 하자. 이 자산의 현재가치는 100억 원이며 일별 표준편차는 1.4%이다. 95% 수준에서 %VAR와 VAR를 구하면 다음과 같다.

$$VAR(5\%) = -1.65 \text{ x } 0.014 = -0.0231 = -2.31\%$$

$$\text{VAR}(5\%,\ \text{금액}) = -0.0231 \times 10{,}000{,}000{,}000$$
$$= -231{,}000{,}000\text{원}$$

앞의 예제에서 구한 VAR는 1일 동안의 최대가능손실액이다. 그러나 위험관리자들은 더 긴 기간 동안의 VAR를 계산하기를 원한다. 예를 들어, 위험관리자가 1주일, 1달, 1분기, 또는 1년 등의 기간에 대한 VAR를 계산하고자 한다고 하자. VAR는 1일 기준에서 더 긴 기간의 VAR로 쉽게 확장할 수 있다. 1일의 VAR를 더 긴 기간의 VAR로 확장하기 위해서는 단순히 1일 기준 VAR에 $\sqrt{T}$를 곱해주면 된다. 여기서 T는 그 기간에서의 영업일을 의미한다. 이와 같이 1일 기준 VAR를 더 긴 기간의 VAR로 확장하는 것을 the square root of rule이라 한다.

$$VAR(X\%)_T = VAR(X\%)_{1\text{일}} \times \sqrt{T}$$

금융기관이나 기업이 직면하는 위험은 세 가지로 분류할 수 있다. 첫째, 금리, 환율, 주가 및 상품 등의 가격변화로 자산의 가치가 변동하는 시장 리스크(market risk)가 있다. 둘째, 거래 상대방의 채무 불이행과 관련된 신용 리스크(credit risk)를 들 수 있다. 마지막으로 금융기관 또는 회사 내부적인 문제나 법률적인 문제, 시스템적인 문제 등 시장이나 신용 외적인 이유로 손실을 입을 수 있는 운영 리스크(operational risk)를 들 수 있다.

금융기관이나 기업이 안고 있는 시장리스크는 VAR로 다음과 같이 표현될 수 있다.

$$\text{VAR} = z_{X\%} \times \sigma \times \sqrt{T} \times \text{위험노출액}$$

바젤II에서는 금융기관에게 99% 신뢰수준(level of confidence. 2.33 표준편차)으로 최소 1년간의 1일 변동성 표준편차 평균을 고려하여 10일간의 최대가능손실액을 산출하도록 요구하고 있다. 따라서 바젤II에서 요구하는 델타-노말 VAR 산출방법은 다음과 같이 표현될 수 있다.

$$\text{VAR} = \text{최소 1년간의 평균 } \sigma \times 2.33 \times \sqrt{10} \times \text{위험노출액}$$

바젤II에서는 금융기관이 직면하는 신용위험(credit risk)에 대해 표준화방법(standardized approach), 기초 내부등급법(internal ratings-based foundation approach) 및 고급 내부등급법(internal ratings-based advanced approach)이라는 세 가지 방법 중에서 선택하여 적용하도록 하고 있다.

표준화법(SA)에서는 각 자산에 대한 위험가중치를 그 자산의 신용위험(부도확률)에 입각하여 부과한다. 각 자산의 위험가중치는 기본 8%의 가중치에 0부터 100% 또는 그 이상의 가중치가 부과된다. 일반적으로 신용상태가 양호한 국가의 국채는 0%의 가중치가 부과된다.

예제 15-2

남서울은행은 1,000억 원의 포트폴리오를 보유하고 있으며, AAA 등급의 미국국채와 BBB 등급의 회사채를 각각 절반씩 보유하고 있다고 하자. 그리고 BBB 등급의 회사채에 대해서는 100%의 가중치가 부과된다고 하자. 이 경우 남서울은행의 포트폴리오에 대한 자본금 부과액은 다음과 같다.

$$\begin{aligned} K &= \text{500억 원} \times 8\% \times 0\% + \text{500억 원} \times 8\% \times 100\% \\ &= \text{500억 원} \times 0.08 \\ &= \text{40억 원} \end{aligned}$$

신용위험 평가방법 중 내부등급법은 표준화법에 비해 일반적으로 더 적은 요구자본금이 계산된다. 내부등급법에서의 기대손실은 다음과 같이 계산된다.

$$\text{기대손실(Expected Loss)} = PD \times LGD \times EAD$$

여기서, PD : 부도확률(probability of default)
LGD : 부도시 손실률(loss given default)
EAD : 위험노출액(exposure at default)

이제 마지막으로 운영위험 또는 영업위험(operational risk)에 대한 요구자본금을 살펴보기로 하자. 바젤II에서는 금융기관이 직면하는 영업위험에 대해 기본지표법(basic indicator approach), 표준화법(standarized approach) 및 고급측정법(advanced measurement approach)을 이용하여 요구자본금을 계산하도록 하고 있다.

일반적으로 영업위험에 대한 요구자본은 경제적 자본(economic capital) 관점에서 다음과 같이 표현할 수 있다.

경제적 자본 = 영업위험 VAR - 기대손실
= 비기대손실(unexpected loss)

이를 그림으로 나타내면 다음과 같다.

영업위험에 대한 요구자본을 계산하는 방식은 기초지표방식(basic indicator approach), 표준화법(standardized approcah) 및 고급측정방식(advanced measurement approach)이 있다.

먼저 기초지표방식(BIA)은 은행의 총수익(gross income)에 알파계수(15%)를 곱한 값을 자본금으로 부과하는 방식이다. 이 방식은 비교적 간단한 방식으로 주로 소형은행들에서 이용된다.

그림 15-3

영업위험의 경제적 자본과 비기대손실

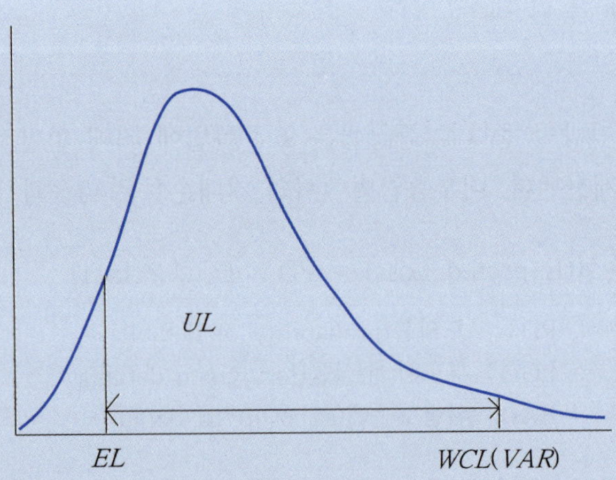

둘째, 표준화법(SA)은 은행의 영업을 8개로 구분하여 각 영업의 위험에 따라 상이한 베타계수(12%~18%)를 부과하여 각 영업의 자본금을 구한 후 단순히 합산하는 방식이다. 기초지표방식과 표준화법은 3년간의 평균치를 이용한다.

마지막으로 고급측정방식(AMA)에는 IMA, LDA, Scorecard approach 등이 있으며, 현재 LDA(loss distribution approach)가 가장 많이 이용되고 있다. LDA법은 은행의 내부자료, 외부자료 및 시나리오분석에 의해 추출된 자료들을 이용하여 빈도분포와 손실분포를 각각 구한 후 합산하여 손실분포를 구하는 방식이다. 이때 8개의 영업과 7개의 위험형태에 따른 56개 각각의 셀에 대해 손실분포를 구한 후 은행 전체로 합산한다. 이렇게 구한 손실분포에 대해 꼬리분포를 고려한 VAR를 구하여 영업위험 VAR를 구하고 그에 따른 요구자본을 할당한다.

최근 세계적으로 금융위기가 발생하면서 VAR를 통해 추정한 손실예측치가 실제 손실발생액을 과소평가하는 것으로 나타나고 있다. 이에 대한 여러 가지 요인 중 위기상황에서의 유동성 위험(liquidity risk)를 고려하지 못한 것이 주요인인 것으로 파악되고 있다.

일반적으로 시장에서의 유동성은 호가스프레드(bid-ask spread)로 측정된다. 호가스프레드는 투자자가 딜러가 제시하는 가격에 즉시 거래를 성사시키고자 할 때 지불하는 비용으로 간주할 수 있다. 즉, 투자자들은 특정 증권을 매입하고자 할 때에는 딜러가 제시하는 매도호가(ask price)에 매입하여야 하며, 매도하고자 할 때에는 딜러가 제시하는 매입호가(bid price)에 매도하여야 한다. 따라서 투자자가 어떤 증권을 즉시 매입하여 매도하는 경우 호가스프레드 만큼의 손실을 감수하게 되며, 이 경우 그 비용은 매입하여 다시 매도하는 왕복 거래비용(round-trip transaction cost)이 된다.

일반적 호가스프레드는 다음과 같은 비율로 계산된다.

$$\text{호가스프레드} = \frac{\text{매도호가} - \text{매입호가}}{(\text{매도호가} + \text{매입호가})/2}$$

그리고 유동성 비용(liquidity cost)의 경우 보유하고 있는 자산 또는 포트폴리오의 매도와 관련된 비용이므로 왕복거래비용인 호가스프레드의 절반만 고려하면 된다.

따라서 유동성을 고려한 VAR(liquidity-adjusted VAR)는 다음과 같이 표현될 수 있다.

$$\begin{aligned} \text{LVAR} &= \text{VAR} + \text{유동성비용} \\ &= z_{X\%} \times \sigma \times \text{위험노출액} \\ &\quad + 0.5 \times \text{호가스프레드율} \times \text{위험노출액} \end{aligned}$$

이제 다음의 예제를 통해 LVAR를 구해보기로 하자.

예제 15-3

남서울은행은 현재 100억 원의 주식포트폴리오를 보유하고 있으며 일별 표준편차가 2%라고 하자. 현재 호가스프레드는 1%이다. 스프레드가 일정하다고 가정할 때 95% 신뢰수준에서 LVAR를 계산하면 다음과 같다.

$$\begin{aligned} \text{LVAR} &= (100 \times 1.65 \times 0.02) + (0.5 \times 0.01 \times 100) \\ &= \text{3억 8,000만 원} \end{aligned}$$

로켓공학자들이 美 금융가에서 일한다?

"미사일 다루듯 리스크 관리하라"

로켓 공학자들이 금융가에서 일한다? 미국 금융시장에는 인도 출신 수학 천재들이 많이 근무한다. 학생 여러분 중에 수학에 뛰어난 재능이 있다면 아마 나중에 미국의 금융중심지인 월가에서 수십억 원의 연봉을 받으며 근무할 사람도 나올 것이다.

그러면 이 천재 수학자들은 월가에서 무엇을 하나. 이들은 대부분 대학이나 대학원에서 로켓공학을 전공한 사람이다. 로켓공학은 수학 분야 중 특히 미분을 잘해야 한다. 로켓은 포물선을 그리면서 날아가는데 이 포물선을 설계하고 적절한 연료에 의해 일정한 포물선을 그리도록 날아가도록 유도하는 것이 로켓공학이다.

무조건 멀리 날아간다고 좋은 것이 아니라 정확하게 목표지점에 떨어지도록 포물선을 관리하는 것이 로켓공학이다. "북한의 대포동 미사일이 정말 위험한 것은 아무도 떨어지는 장소를 모르기 때문"이라는 우스갯소리가 있는 것도 이런 사정을 말하는 것이다.

• 인도 출신 로켓 공학자들

그런데 이 로켓공학과 금융시장은 도대체 어떤 관계에 있을까? 고등학교에서 미분의 기초를 골머리를 앓으면서 배우는 학생들에게는 매우 어려운 이야기지만 주의 깊게 들어보자.

어떤 기업이 자금이 필요하면 채권을 발행해 투자자에게 팔아 자금을 조달한다. 채권은 장래의 어느 시점에 빌린 돈을 갚겠다고 약속하는 증서를 일정한 법적 양식에 따라 규격화해 만든 것을 말한다. 투자자들은 이 채권을 사서 만기까지 보유하고 있다가 이자와 원금을 상환받거나 아니면 중간에 다른 제3의 투자자에게 팔아 자금을 회수한다.

3년 후에 1억 원을 받기로 하는 채권이 있다고 하자. 그런데 이 채권의 현재 가격은 8,000만원이라고 하자. 지금 이 채권에 투자하면 3년 만에 2000만원을 벌게 되고 이때 수익률을 계산하면 대략 연 7.7%가 된다.

채권을 발행해 돈을 빌리는 사람도 계산은 같다. 3년 후에 1억 원을 갚기로 하고 지금 8,000만 원을 빌리는 셈인데 이자는 7.7%가 되는 것이다. 수익률이 곧 이자인 것이다.

그런데 채권가격은 여러 가지 복잡한 이유로 오르고 내리는 것이 보통이다. 시중에 돈이 말라 아무도 채권을 사주지 않는다면 채권 가격은 떨어진다. 다시 말해 3년 후 1억 원을 받는 채권이 8,000만 원이 아니라 7,000만 원, 6,000만 원 식으로 떨어진다.

이 경우에는 채권수익률은 19%까지 높아진다. 채권을 발행하는 사람 입장에서는 3년 후 1억 원을 갚기로 하고 6000만 원밖에 빌리지 못하는 것이다.

물론 채권을 사겠다는 투자자가 늘어나면 수익률은 낮아지고 투자자가 적으면 수익률은 높아진다. 이 수익률을 만기에 따라 점점이 2차원 좌표 상에 옮겨 놓으면 정확하게 포물선 형태의 그림이 나온다. (이제 이해하셨지?)

바로 이 때문에 첨단금융기법으로 무장한 미국의 세계 금융중심지에서는 로켓공학을 공부한 천재들이 매일매일 이 포물선을 그리면서 다양한 금융상품을 만들고 있는 것이다.

• 탐욕에 눈이 멀어

최근 세계적인 금융위기는 미국의 서브프라임모기지(비우량 주택담보대출) 부실로부터 출발했다고 한다. 그런데 주택을 담보로 대출받은 사람들이 주택가격이 떨어져 대출금을 갚지 못하게 되자 주택금융회사는 물론 리먼 브러더스와 같은 세계적 금융사가 망하고 대형 보험사인 AIG까지 무너지게 된 것이다.

사태가 이처럼 크게 확산된 원인으로 지목되는 것 중 하나가 우리가 위에서 읽었던 채권보다 훨씬 복잡한 신용부도스왑(CDS)이나 부채담보부증권(CDO) 같은 신용 파생상품들이다.

서브프라임 대출은 이자가 높았고 이 높은 이자 수익을 올리기 위해 수많은 금융기관들이 앞 다투어 몰려들었다. 그런데 금융기관은 돈을 빌려 간 사람들이 혹시 돈을 못 갚을 경우에 대비해 다양한 파생상품을 만들어내면서 투자자들을 끌어 모았는데 여기서 다양한 로켓공학이 응용됐다.

물론 공학자들은 여러 가지 요인을 고려해 위험을 최소화한 상품을 만들어 냈다고 자신했지만 결과는 처참한 파국으로 연결되고 말았다.

일부 공학자들의 주장에 따르면 주택담보대출을 받아간 사람들이 돈을 갚지 못하고, 그리되면 돈을 빌려준 금융사들이 돈을 받지 못하고, 이번에는 금융사에 돈을 빌려준 사람들이 부도나고, 그렇게 돼서 금융시장 전체에 위기가 닥칠 가능성이 0.0001%였다고 하지만 결국 이 위험이 터지고 말았던 것이다.

포물선을 설계하는 것에 잘못이 있었을까. 아니면 로켓이 날아가는 과정에서 태풍이 불고 기압대가 바뀌는 등의 위험을 잘못 계산한 것일까.

• 스트레스 테스트

이번 위기의 근본 원인은 역시 리스크 관리가 잘못된 것이다. 감수할 수 있는 위험보다도 훨씬 더 높은 수익을 추구한 탓이다.

금융사들은 물론 공학자들의 도움을 받아가며 리스크와 수익 간 상충관계를 분석하고 또 포트폴리오를 구성하는 방법으로 위험을 분산시킨다.

그러나 역시 본질적인 원인은 위험에 둔감한 "탐욕" 때문이었을 것이다. 계산은 틀려버리고 말았다. 미국 정부는 지금도 어디서 잘못이 있었는지를 파악하는 중이다.

또 장차의 위험에 대비하기 위해 금융기관들이 어느 정도까지 위험상황에서 견딜 수 있는지를 평가하는 스트레스 테스트도 실시하고 있다고 한다.

스트레스 테스트는 지진 테스트와 비슷하다고 생각하면 된다. 인간의 역사는 위험을 감수하고 거기에 맞서는 긴 여정이라는 생각도 든다.

▶ 리스크메트릭스(Risk Metrics Group) 리스크 관리 9가지 규칙

1. 리스크 없이는 수익도 없다. 리스크를 지는 자만이 추가 수익 얻는다.
2. 투명하게 하라. 리스크가 완전히(fully) 이해돼야 한다.
3. 경험을 중시하라. 리스크는 결국 사람이 측정하고 관리한다.
4. 당신이 모르는 게 무엇인지 알아야 한다.
5. 대화하라(communicate). 리스크는 공개적으로 토론돼야 한다.
6. 분산하라.
7. 일관적이고(consistent) 엄격한(rigorous) 규칙(discipline)을 제시하라.
8. 상식(common sense)을 사용하라.
9. 수익은 고려대상의 절반일 뿐이다. 나머지 반이 리스크임을 잊지 말라.

(한국경제, 2009.5.15)

연습문제

기본문제

1. 혁신적 증권이 가치를 증대시키는 이유에 대한 설명으로 가장 거리가 먼 것은?
① 발행자와 투자자의 위험을 이를 기꺼이 감수하고자 하는 다른 시장참가자에게 이전시킬 수 있다.
② 가격 할인이나 높은 거래비용의 부담 없이 증권을 매도할 수 있도록 유동성을 증가시킨다.
③ 발행자와 투자자의 세금을 절감할 수 있다.
④ 발행자와 투자자에 대한 규제 및 제한조항을 철폐할 수 있다.

2. 주식포트폴리오의 가치가 100억 원, 수익률의 연간 변동성이 4%일 때, 99% 신뢰수준에서의 일일 VaR와 가장 가까운 것은?(단, 1년은 250영업일로 가정한다)
① 3,728,000원 ② 9,320,000원
③ 400,000,000원 ④ 932,000,000원

▶ 다음 빈 칸에 알맞은 말을 넣으시오.

3. (   )의 목적은 기존의 금융수단으로는 달성할 수 없는 목표를 새로운 금융수단을 통해 달성함으로써 투자자의 부를 증대시키고, 더 나아가 궁극적으로 경제 전체의 부를 증대시키고자 하는 것이라고 할 수 있다.

4. (   )은 혁신적인 자산/부채의 구조를 구성하는 것이다.

5. (   )는 정상적 시장상황 하에서 일정 기간 동안 특정 신뢰수준 내에서 발생할 것으로 예상되는 최대가능손실을 측정하는 확률적 방법이다.

▶ 다음 문장이 맞으면 O, 틀리면 X를 하시오.

6. 금융기관이나 기업의 위험관리는 기본적으로 기능의 분리에서 시작되어야 한다. 거래를 담당하는 일선부서와 관리를 담당하는 후선후서가 기능이 분리되고 독립적이어야 한다. (　　)

7. 95% 신뢰수준에서 구한 VAR가 100억 원이라면 특정일에 포트폴리오의 손실이 100억 원 이하일 확률이 95%라는 것을 의미한다. (　　)

연습문제 정답

제 1 장

1. ② (선물거래는 조직화된 거래소에서만 거래되어야 한다)
2. ③ (거래자는 의무적으로 증거금을 납부하여야 하며, 증거금은 계약이행의 보증금 성격을 갖는다. 거래소는 거래대상상품, 계약조건 등을 정하고 증거금 등 계좌관리는 청산소에서 이루어진다. 마진콜에 대한 불이행은 다음 날 계좌 강제청산이 뒤따른다)
3. ④ (선도거래와 달리 선물거래는 계약이 표준화되어 있으며, 선물거래는 지정된 거래소에서만 거래가 이루어진다. 선도거래가 아닌 선물거래에서만 청산소에서 거래의 이행을 보증한다. 그리고 선도거래와 선물거래 모두 가격변동 위험의 전가가 가능하다)
4. ① (이익 = (1,200 - 1,180) × 10,000 × 2계약 = 400,000원)
5. ③ (청산소는 거래소 기구의 일부분으로 설치되기도 하고, 거래소와는 별도의 기관으로 설치되기도 한다)
6. ④ (선물거래의 경제적 이익으로는 가격변동위험의 전가, 미래시장가격에 대한 정보제공, 파생상품거래의 활성화, 금융시장의 효율적 자원배분, 새로운 투자기회의 제공 등을 들 수 있다)
7. ④ (9월 1일에 일일정산의 결과 150만원[=(100 - 97) × 500,000원]의 손실이 발생하여 증거금이 1,350만원이 되었고, 9월 2일에 일일정산의 결과 250만원[=(97 - 92) × 500,000원]의 손실이 발생하여 증거금이 1,100만원이 되었다. 따라서 마진콜이 발생하였으며, 이 투자자는 개시증거금 수준이 되는 400만원을 추가로 납입하여야 한다)
8. 인도, 인수
9. 증거금
10. 개시증거금
11. 일일정산
12. 청산소, 청산소
13. 레버리지

14. 헤징
15. 차익거래
16. X
17. O
18. X
19. O
20. X
21. O
22. O
23. X
24. O

제2장

1. ② (파생상품계약의 공정한 거래를 위한 규정을 제정하고 시행하는 기관은 거래소이다)
2. ① (신용거래로 주식을 매입할 경우 보증금은 매입대금의 일부가 된다)
3. ③ (거래소는 거래대상상품, 계약조건 등을 정하고 증거금 등 계좌관리는 청산소에서 이루어진다)
4. ④ (내부통제제도는 공정성 제고 및 위법, 부당행위의 방지를 위한 제도이다)
5. ① (파생상품거래의 청산방식에는 실물인수도, 현금결제 및 반대매매가 있다)
6. ③ (만기일 이전에 파생상품거래를 결제하기 위하여 매도한 경우에는 이전과 반대로 매수하는 것을 환매 또는 환매수라 하고, 매수한 경우에는 이전과 반대로 매도하는 것을 전매 또는 전매도라 한다)
7. ③ (최유리 지정가주문은 종목 및 수량은 지정하되 가격은 매도의 경우 가장 높은 매수호가의 가격, 매수의 경우 가장 낮은 매도호가의 가격을 지정한 것으로 보아 거래를 하고자 하는 주문이다)
8. 청산소
9. 청산증거금 또는 거래증거금
10. 결제월
11. 인수도
12. 미결제약정
13. 이하, 이상

14. 조건부 지정가주문
15. MIT 주문
16. O
17. O
18. O
19. X
20. O
21. O
22. X
23. O
24. X
25. O

제3장

1. ② (만기 이전에는 베이시스의 변화가 일정하게 움직이지 않는 경향이 있다)
2. ① (편의수익률은 현물재고를 보유한 자가 현물가격 급등으로 얻는 수익이다)
3. ③ (선물이론가격 = 50,000 × {1 + (0.04 - 0.02) × 0.25} = 50,250원
따라서 50,250원의 선물가격은 균형가격이므로, A주식을 매입(도)하고 A주식 선물을 50,250원에 매도(입)하는 매수(도)차익거래를 통해 어떠한 수익도 얻을 수 없다)
4. ④ (베이시스가 변동이 없는 경우에는 거래손익의 변화가 없다)
5. ① (베이시스는 다른 변수들이 모두 변하지 않는다 하더라도 만기일에 근접할수록 0에 수렴한다)
6. ③ (가격상승시 현물가격이 선물가격보다 상대적으로 더 상승하는 경우를 의미한다. 현물가격이 선물가격보다 큰 경우, 현물가격이 선물가격보다 상대적으로 더 상승하면 양(+)의 베이시스의 절대값이 커진다. 반대로 선물가격이 현물가격보다 큰 경우, 현물가격이 선물가격보다 상대적으로 더 상승하면 음(-)의 베이시스의 절대값이 작아져서 베이시스가 강화된다)
7. ② (일시적으로 공급이 수요보다 부족하게 되면 현물가격이 파생상품가격보다 높아지게 되는 현상이 발생한다)
8. 베이시스
9. 보유비용

10. 기대모형
11. 차익거래
12. 이자비용
13. 보유비용
14. 호가스프레드
15. 완전보유비용시장
16. O
17. X
18. O
19. O
20. O
21. X
22. O
23. X
24. X
25. O

제4장

1. ③ (약세시장의 경우 근월물의 가격하락폭이 원월물의 가격하락폭보다 작을 것으로 예상하는 거래이다. 특별한 경우이지만 매입한 근월물의 가격이 상승하는 반면에 매도한 원월물의 가격이 하락하면 이익을 얻을 수 있다)
2. ④ (3월물 매입 손익 = (105 - 100) × 50만원 = 250만원
6월물 매도 손익 = (102 - 107.50) × 50만원 = -275만원
총 손익 = 250 - 275 = -25만원)
3. ② (헤징의 핵심은 헤저가 이자율, 환율 또는 주식가격의 변동에서 야기되는 위험을 다른 시장참여자에게 전가하는데 있다)
4. ④ (주식포트폴리오의 가격하락을 예측하고 있는 경우, 투자자가 취할 수 있는 전략으로는 주식포트폴리오의 매도 또는 주가지수선물을 이용한 매도헤지를 들 수 있다)
5. ① (헤지하고자 하는 현물 금융수단을 동일한 현물을 기초증권으로 하는 파생상품으로 헤지하는 것은 현실적으로 쉽지 않다. 따라서 교차헤지는 드문 경우가 아니다)

6. ④ (투기적 거래자들은 일반적으로 변동이 심하고, 위험이 큰 금융수단을 이용한다)
7. ② (스프레드 거래에 있어서 거래자는 두 개의 선물가격간의 관계에 대한 일정한 견해를 가지고 거래에 참가하게 된다)
8. 헤징
9. 매입헤지
10. 매도
11. 베이시스
12. 교차헤징
13. 매도, 매도
14. 차익거래
15. 스프레드
16. O
17. O
18. O
19. X
20. X
21. X
22. O
23. O
24. X
25. O

제5장

1. ② (대부분의 경우 반대매매가 되지만, 일부는 실물인수도 되지 않고 현금결제된다)
2. ④ (거래시간은 09:00-15:15이다)
3. ③ (필요한 선물계약수는 다음과 같이 계산할 수 있다.

$$\frac{100\ \text{억원}}{100.00 \times 50\text{만원}} \times 1.10 = 220\text{계약})$$

4. 주가지수
5. 단순

6. 프로그램
7. O
8. X
9. O
10. O
11. O

제6장

1. ① (선도수익률)
2. ④ (유로달러선물의 만기는 90일이며, 3개월 LIBOR를 사용한다)
3. ① (3개월 LIBOR를 기초상품으로 하고 있다)
4. ① (각 현물채권 및 각 결제월별로 하나의 유일한 값을 가진다)
5. ① (첫 영업일, 15년 이상)
6. ④ (금리가 상승하면 채권가격하락으로 헤지의 필요성이 없다)
7. ④ (거래단위는 $100,000이고, 인도적격물의 만기는 15년 이상이다)
8. T-bill
9. 1.50
10. 유로달러 정기예금
11. 현금
12. 31.25
13. 15
14. 100
15. 매도
16. X
17. O
18. X
19. O
20. O
21. O
22. O
23. X
24. O
25. X

제 7 장

1. ② (거래장소가 지정된 거래소로 한정되어 있다)
2. ① (시장선물환율이 이론선물환율보다 높은 상태이므로, 과대평가된 선물환달러를 매도하고 원화자금을 차입하여 현물달러를 매입 운용한다)
3. ④ (₩/¥ = (₩/$) / (¥/$) = 1,350/90 = 15.00
   따라서 100¥=₩1,500)
4. ② (거래당사자 간에 미래의 외환결제에 적용할 환율은 거래시점에서 미리 약정된다)
5. ③ (선물환계약의 만기는 거래당사자 간의 합의에 따라 결정되는 것이 원칙이다. 그러나 일반적으로 편의상 1개월, 3개월, 6개월, 9개월, 12개월 등을 기준으로 은행들이 고시하고 있는 것이다)
6. ① (선물환거래이익 = 1,000,000 × (1,128.50-1,120.00) = 8,500,000원)
7. ① (외환 초과 매입포지션)
8. 재정환율
9. 매입, 매도
10. 스프레드
11. 2
12. 스왑율
13. 할인
14. 10,000
15. 반대매매
16. X
17. X
18. O
19. O
20. X
21. O
22. O
23. X
24. O
25. O

제8장

1. ② (금선물은 실물인수도 방식으로, 미니금선물은 현금결제방식으로 결제된다)
2. ④ (국내 금선물의 증거금율은 해외 금선물에 비해 높은 수준이다)
3. ② (돈육선물은 현금결제방식을 택하고 있다)
4. ① (금 현물을 실제로 매도한 가격은 11,600원이며, 금선물의 매도로부터 얻은 이익은 500원(=12,900-12,400)이다. 따라서 선물거래를 통해 실현한 순매도가격은 12,100원(=11,600 + 500)이다)
5. ② (매입헤지는 현물의 매도와 선물의 매입으로 구성된다.
   현물손익 = 12,000 -12,500 = -300원
   선물손익 = 12,800 -12,600 = +200원
   매입헤지 손익 = 200 - 300 = -100원)
6. ① (육가공업체는 돈육을 원재료로 사용하므로 돈육선물이 돈육가격 상승에 대비할 수 있는 수단을 제공한다)
7. 현금
8. 보유비용
9. 편의수익률
10. 매도
11. O
12. X
13. O
14. O

제9장

1. ① (옵션매입자는 권리에 대한 대가로 매도자에게 거래 초기에 프리미엄을 지급한다)
2. ③ (콜옵션 시간가치 = 프리미엄 - 내재가치 = 0.75 -0 = 0.75)
3. ④ (시간가치는 등가격에서 가장 크다)
4. ② (옵션 매입자는 옵션을 행사할 때가 아니라 옵션을 매입하는 시점에 매도자에게 옵션프리미엄을 지급한다)
5. ③ (행사가격이 기초물의 현재가격보다 낮으므로 이 풋옵션은 내재가치를 갖

지 않는다. 즉 이 풋옵션의 내재가치는 0이다. 따라서 풋옵션의 시장가치 1.32 포인트가 모두 시간가치이다)

6. ③ (콜옵션의 경우 대상자산의 가격이 행사가격보다 크게 상승하면 내가격이 되고 심내가격에 근접할수록 옵션이 대상자산화되어 시간가치가 9로 근접하게 된다)
7. 미국식, 유럽식
8. 행사
9. 매입자
10. 내가격
11. 클, 작을
12. 등가격(ATM)
13. $2, $3
14. 클래스, 시리즈
15. X
16. O
17. O
18. X
19. X
20. O
21. O
22. O

제 10 장

1. ① (콜옵션 가격은 행사가격이 낮을수록 상승한다)
2. ②
3. ④ ($p = c + Xe^{-rT} - S$이므로, 풋옵션 매입은 콜옵션 매입, 액면가가 행사가격과 같은 할인채 매입, 기초자산 매도의 합성포지션으로 구성이 된다)
4. ③ (풋옵션의 델타는 기초자산의 가격이 상승할수록 0에 근접하고 기초자산의 가격이 하락할수록 -1.0에 근접한다)
5. ② (감마는 콜옵션과 풋옵션에서 모두 매수포지션에서는 양(+)의 값을 갖고, 매도포지션에서는 음(-)의 값을 갖는다)
6. ③ (p=5.50 + 150 × $e^{-0.04 \times 0.25}$ - 150 = 4.01)

7. 0(zero)
8. 상승
9. 민감도 또는 민감도 지표 또는 Greeks
10. 세타
11. O
12. X

제 11 장

1. ④ (콜옵션의 가격을 설명할 수 있는 변수는 기초자산의 가격뿐이다)
2. ① (이자율은 만기까지 고정디며 알려진 상수로 가정한다)
3. ④ (상승과 하락시 콜옵션가격은 5와 0, 헤지확률 p = 0.0667, 따라서 콜옵션 가치는 다음과 같다.

   $$c = \frac{5*0.0667+0*0.0333}{1.04} = 3.2053)$$

4. ④ ($C = P + S - Xe^{-rt} = 5 + 27 - 28.82 = 3.18$)
5. ① ($P = Xe^{-rt}N(-d_2) - SN(-d_1) = 20*0.9802*0.0336 - 25*0.0235 = \$0.07$)
6. ② (기준물의 1일 가격변동치가 로그정규분포를 따르고, 기준물수익률의 1일 가격변동치는 정규분포를 따른다)
7. 위험선호도
8. 현가(현재가치)
9. 무위험이자율
10. 풋-콜 등가식
11. O
12. X

제 12 장

1. ③ (버터플라이 매도가 변동성 상승을 노린 거래전략의 하나이다)
2. ① (최대이익 = (고행사가격 - 저행사가격) - 프리미엄 차액
   = (98 - 96) - (3 - 2) = 2 - 1 = +1
   최대손실 = 프리미엄 차액 = -(2 - 1) = -1)
3. ② (강세스프레드는 대상자산 가격이 상승하는 강세시장에서 이익이 발생하

고 대상자산 가격이 하락하는 약세시장에서 손실이 발생하는 구조이다)
4. ① (합성콜 매입 = 풋 매입 + 옵션기준물 매입)
5. ② (프리미엄 차액 = 3 - 1 = 2)
6. ③ (버터플라이 매도는 대상자산의 변동성이 작으면 손실이 발생하고 변동성이 커지면 일정한 이익을 보는 구조를 갖는다)
7. ② (만기일의 지수가 203포인트이므로 행사가격 200포인트의 콜옵션만 행사된다.

    203 옵션의 손익 = 203 - 200 = 3포인트
    프리미엄 손익 = -1.0 + 0.3 = -0.7
    순이익 = 3 -0.7 = 2.3)

8. 한, 프리미엄
9. 스트래들
10. 매입, 매도
11. 스트랭글
12. 컴비네이션
13. 강세, 약세
14. 버터플라이, 나비
15. 약세
16. O
17. O
18. X
19. O
20. X
21. O
22. O
23. X
24. O
25. O

제 13 장

1. ③ (동적 헤징전략은 주가상승시에는 헤지비율을 축소시킴으로써 주가상승에 따른 이익을 획득하는 것이다)

2. ③ (거래자의 손익은 두 선물의 절대가격 변화와는 무관하고 상대가격의 변화에 따라 결정된다)
3. 미국
4. 조기행사권
5. 내재가치
6. 시간가치
7. 외
8. O
9. O
10. X
11. O
12. O
13. O

제 14 장

1. ② (외환스왑거래는 환율의 절대적 수준보다는 현물환과 선물환의 차이가 중요하다)
2. ③ (이자율 평형이론에 의하면 선물환 할증상태는 국내이자율이 외국이자율보다 높다는 것을 의미한다)
3. 스왑
4. 장외
5. 비교우위
6. 단순금리
7. 매입, 매도
8. O
9. X
10. O
11. O
12. O

제 15 장

1. ④ (발행자와 투자자에 대한 규제 및 제한조항을 회피할 수 있다)
2. ① (VAR = (0.04/250) * 2.33 * 100억원 = 3,728,000원)
3. 금융혁신
4. 재무공학 또는 금융공학
5. VAR
6. O
7. O

[부록] 표준정규분포표

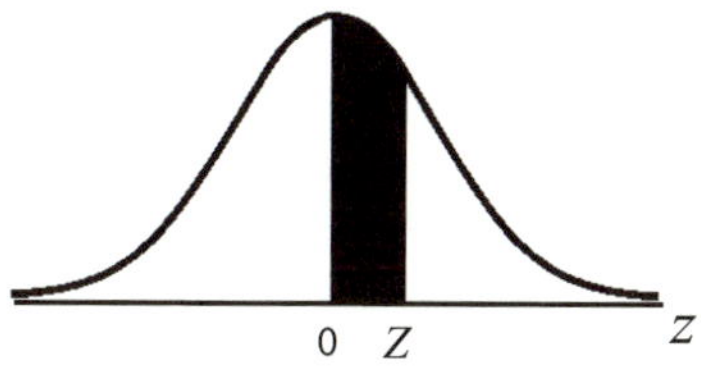

z	.00	.01	.02	.03	.04	.05	.06	.07	.08	.09
0.0	.0000	.0040	.0080	.0120	.0160	.0199	.0239	.0279	.0319	.0359
0.1	.0398	.0438	.0478	.0517	.0557	.0596	.0636	.0675	.0714	.0753
0.2	.0793	.0832	.0871	.0910	.0948	.0987	.1026	.1064	.1103	.1141
0.3	.1179	.1217	.1255	.1293	.1331	.1368	.1406	.1443	.1480	.1517
0.4	.1554	.1591	.1628	.1664	.1700	.1736	.1772	.1808	.1844	.1879
0.5	.1915	.1950	.1985	.2019	.2054	.2088	.2123	.2157	.2190	.2224
0.6	.2257	.2291	.2324	.2357	.2389	.2422	.2454	.2486	.2517	.2549
0.7	.2580	.2611	.2642	.2673	.2704	.2734	.2764	.2794	.2823	.2852
0.8	.2881	.2910	.2939	.2967	.2995	.3023	.3051	.3078	.3106	.3133
0.9	.3159	.3186	.3212	.3238	.3264	.3289	.3315	.3340	.3365	.3389
1.0	.3413	.3438	.3461	.3485	.3508	.3531	.3554	.3577	.3599	.3621
1.1	.3643	.3665	.3686	.3708	.3729	.3749	.3770	.3790	.3810	.3830
1.2	.3849	.3869	.3888	.3907	.3925	.3944	.3962	.3980	.3997	.4015
1.3	.4032	.4049	.4066	.4082	.4099	.4115	.4131	.4147	.4162	.4177
1.4	.4192	.4207	.4222	.4236	.4251	.4265	.4279	.4292	.4306	.4319
1.5	.4332	.4345	.4357	.4370	.4382	.4394	.4406	.4418	.4429	.4441
1.6	.4452	.4463	.4474	.4484	.4495	.4505	.4515	.4525	.4535	.4545
1.7	.4554	.4564	.4573	.4582	.4591	.4599	.4608	.4616	.4625	.4633
1.8	.4641	.4649	.4656	.4664	.4671	.4678	.4686	.4693	.4699	.4706
1.9	.4713	.4719	.4726	.4732	.4738	.4744	.4750	.4756	.4761	.4767
2.0	.4772	.4778	.4783	.4788	.4793	.4798	.4803	.4808	.4812	.4817
2.1	.4821	.4826	.4830	.4834	.4838	.4842	.4846	.4850	.4854	.4857
2.2	.4861	.4864	.4868	.4871	.4875	.4878	.4881	.4884	.4887	.4890
2.3	.4893	.4896	.4898	.4901	.4904	.4906	.4909	.4911	.4913	.4916
2.4	.4918	.4920	.4922	.4925	.4927	.4929	.4931	.4932	.4934	.4936
2.5	.4938	.4940	.4941	.4943	.4945	.4946	.4948	.4949	.4951	.4952
2.6	.4953	.4955	.4956	.4957	.4959	.4960	.4961	.4962	.4963	.4964
2.7	.4965	.4966	.4967	.4968	.4969	.4970	.4971	.4972	.4973	.4974
2.8	.4974	.4975	.4976	.4977	.4977	.4978	.4979	.4979	.4980	.4981
2.9	.4981	.4982	.4982	.4983	.4984	.4984	.4985	.4985	.4986	.4986
3.0	.4987	.4987	.4987	.4988	.4988	.4989	.4989	.4989	.4990	.4990
3.1	.4990	.4991	.4991	.4991	.4992	.4992	.4992	.4992	.4993	.4993
3.2	.4993	.4993	.4994	.4994	.4994	.4994	.4994	.4995	.4995	.4995
3.3	.4995	.4995	.4995	.4996	.4996	.4996	.4996	.4996	.4996	.4997
3.4	.4997	.4997	.4997	.4997	.4997	.4997	.4997	.4997	.4997	.4998
3.5	.4998	.4998	.4998	.4998	.4998	.4998	.4998	.4998	.4998	.4998
3.6	.4998	.4998	.4999	.4999	.4999	.4999	.4999	.4999	.4999	.4999
3.7	.4999	.4999	.4999	.4999	.4999	.4999	.4999	.4999	.4999	.4999

찾아보기

ㅇ

ㅈ

ㅊ

ㅋ

ㅌ

저자약력

장경천

[학력 및 경력]

서울대학교 경영학과 졸업
서울대학교 대학원 경영학과 졸업
University of Massachusetts 졸업(경영학박사)
University of Massachusetts 경영대학 조교수
재정경제부 금융발전심의회 위원 역임
정보통신부 체신금융발전위원회 위원 역임
서울시 투자기관 경영평가위원 역임
현, 중앙대학교 상경학부 교수
전자상거래진흥원 e-Trust 심사위원
한국능률협회 인터넷대상 심사위원

[저서 및 논문]

「증권투자입문」, 삼영사, 1997
「금융선물개론」, 중앙대학교 출판부, 1997
「증권투자의 이해」, 삼영사, 1999
「사이버주식.com」, 북마크, 2000
「경영학의 이해」, 삼영사, 2003
「재무관리의 이해」, 삼영사, 2007
「증권금융시장」, 서울시교육청(성림출판사), 2008
Tax-Loss Trading, Is the Game Over or Have the Rules Changed?
주가수익률과 보통주 투자성과에 관한 연구
우리나라 시가발행제도의 정착방안
주가지수선물의 국내 도입에 따른 거래대상지수 개발에 관한 연구
한국증권시장에서 주가지수선물의 헷징효과에 관한 의태분석
Low Price Stocks and the January Effect
우리나라 외환시장에서의 주중효과의 존재여부에 대한 실증적 분석
한국증권시장의 주가과잉반응에 관한 연구
Chaos 이론을 이용한 증권시장 특성에 관한 연구
그 외 논문 다수

정헌용

[학력 및 경력]

중앙대학교 경영학과 졸업
중앙대학교 대학원 경영학과 졸업(경영학박사)
대신증권, 대신경제연구소, 국회사무처 근무
필리핀 Holy Angel University Visiting Professor
중국 대외경제무역대학 Visiting Professor
금융자산관리사, 파생상품투자상담사 등 자격시험 출제위원
현, 남서울대학교 경영학과 교수
FRM(국제재무위험관리사), AP(미국선물거래중개사)

[저서 및 논문]

「금융선물옵션」, 형설출판사, 1998
「경영학의 이해」, 삼영사, 2003
「파생상품의 이해」, 삼영사, 2009
「자산관리와 재테크」, 형설출판사, 2009
「재무관리」, 탑북스, 2010
한국기업의 위험관리에 대한 연구
Use of derivatives by Korean Banks
The determinants of the Korean banking industry profitability
VECM analysis on the variation factors of the Korean banks' profitability
Interdependence and linkages in Asian stock markets 외 다수

파생금융상품론 [제2판]

2012년 8월 25일 1판 1쇄 발행
2013년 8월 10일 2판 1쇄 발행
2018년 8월 10일 2판 3쇄 발행

저 자 장 경 천 · 정 헌 용
발행인 김 광 식
조 판 아 람 기 획

07285
발행처 서울특별시 영등포구 선유로 3길 10, 617호
도서출판 **탑 북 스**
등 록 2009.12.21 제 2016-000101 호
전 화 02)365-2223 팩스 02)365-2224

정가 25,000 원

ISBN 978-89-97519-81-1-93320